フェヒナーと心理学

山下恒男

現代書館

フェヒナーと心理学

*

目 次

プロローグ　謎の男フェヒナー …………………………………………… 11
　1．フェヒナーとは何者か？　11
　2．断片的なフェヒナー像　14
　3．わが国のフェヒナー研究の歴史と現状　16
　　(1)　戦前のフェヒナーについての著述等　16
　　(2)　戦前の心理学者の見方　18
　　(3)　戦後のフェヒナー研究と現状　27
　4．本書の課題と目的　31
　　(1)　心理学の立場からのフェヒナーの仕事の再考　32
　　(2)　精神物理学はどこまで物理学か？　35
　　(3)　科学者と詩人と道徳学者のはざまで──フェヒナーの謎　37
　　(4)　なぜ、いまフェヒナーなのか？　40

I. フェヒナーの生涯と仕事 ……………………………………………… 45
　1．フェヒナーの生涯　46
　　(1)　生い立ち　46
　　(2)　学校教育　47
　　(3)　生計のための翻訳と家庭用百科事典の編集　48
　　(4)　文学的志向と美術への関心　50
　　(5)　影響を受けた人物と交友関係　51
　　(6)　物理学研究と視覚研究　55
　　(7)　ライプチヒ大学での勤務　55
　　(8)　きょうだい関係と結婚生活　57
　　(9)　闘病生活　58
　　(10)　フェヒナーと政治　59
　　(11)　フェヒナーの晩年と死　62
　2．フェヒナーの著作物　64
　3．主要著書について　66
　4．フェヒナーの仕事への心理学者の評価　73

(1)　ヴントの見方　73
　　　(2)　ジェームズの見方　75
　　　(3)　ボーリングの見方　80
　　　(4)　城戸幡太郎の見方　81

II. 精神物理学の構想（1）——物理学から ……………………… 87
　1．物理学的背景について　88
　　　(1)　用語の問題——lebendige Kraft をめぐって　88
　　　(2)　ボスコヴィッチの「ダイナミズム」　89
　　　(3)　カッシーラーの『実体概念と関数概念』　92
　2．『精神物理学原論』にいたるまで　97
　　　(1)　天啓？　97
　　　(2)　『ゼンド＝アヴェスタ』の補遺　100
　　　(3)　フェヒナーの原子論について　105
　　　(4)　『原論』出版直前　111
　3．『精神物理学原論』について　114
　　　(1)　タイトルと構成について　114
　　　(2)　『原論』に先行する人たち　116
　　　(3)　近代心理学の誕生とフェヒナー　118
　4．物理学から精神物理学（＝心理学）への転換——一つの推測として　126
　　　(1)　物理学応用の意味　126
　　　(2)　自然哲学における物理学　129
　　　(3)　実証的志向の到達点　130

III. 精神物理学の構想（2）——心理学へ ……………………… 135
　1．精神物理学の前提と基本的考え方　136
　　　(1)　肉体と精神の関係——心身一元論について　137
　　　(2)　精神物理学の概念と課題　140
　　　(3)　基礎的問題　141
　　　(4)　感覚と刺激についての概念的なこと　142

2．精神物理学的測度理論　143
 (1)　身体的活動の測度。活力。　143
 (2)　物理学的説明の限界の自覚？　147
 (3)　感受性と感覚の測度原理　148
 (4)　精神物理学的実験の測定方法　150
 (5)　基本定式と測度定式　152

3．精神物理学的な実験　154
 (1)　草創期の実験について　154
 (2)　ウェーバーの法則とフェヒナーが取りあげた諸感覚　155

4．根本概念としての閾値　156
 (1)　閾値研究の系譜　156
 (2)　内包的な閾と外延的な閾　158
 (3)　閾に関する一般的考察　161

5．負の感覚値について　162

6．内的精神物理学へ　165
 (1)　精神物理学的運動あるいは精神物理学的活動について　166
 (2)　内的精神物理学の問題　168

7．波動シェマについて　171

8．精神物理学的運動の本質——フェヒナーの結語　178

9．精神物理学の評価　181
 (1)　さまざまな専門領域からの批判　181
 (2)　心理学者による評価　185

10．精神物理学の心理学的着地　189

IV．美学入門の方法　195

1．美学研究の背景と『美学入門』にいたるまで　196
 (1)　「黄金分割」について　197
 (2)　「ホルバインのマドンナ」をめぐって　198

2．『美学入門』の構成と内容　200
 (1)　「下からの美学」の提唱　201

(2)　前提概念について　201
　3．美学法則あるいは諸原理について　206
　　(1)　美学的閾の原理　206
　　(2)　美学的補助あるいは増進の原理　207
　　(3)　多様性の統一的結合の原理　207
　　(4)　無矛盾性、一致あるいは真実性の原理　208
　　(5)　明確性の原理、三つの最上の外形原理の統合　210
　　(6)　美学的連想原理　211
　4．黄金分割と正方形に関する実験例　215
　　(1)　実験方法　216
　　(2)　結果　217
　　　(a)　好ましさと判断の拒否　217
　　　(b)　内省報告　218
　　　(c)　他の被験者たちに対する実験　220
　　　(d)　実物を用いた調査　221
　　(3)　「考察、結論、あるいはまとめ」について　222
　5．美学入門のその他の内容　224
　　(1)　機知の問題　224
　　(2)　美学的法則および原理の第二の系列について──快・不快の問題　226
　　(3)　芸術（作品）等について　232
　6．本章のまとめ──美学入門の心理学的意義　233
　　(1)　心理学としての実証的研究　233
　　(2)　心理学的な美学研究　235

V．「快・不快」と数理心理学の系譜　239

　1．「効用」理論の歴史の概観　240
　2．数学的心理学とフェヒナー　245
　3．セントペテルスブルクのパラドックス　248
　4．ベンサムの幸福計算　253
　5．鍵概念としての「快・不快」──フェヒナーの場合　257

6．エッジワースの『数学的心理学』　266
　7．「快・不快」論の背景にあるもの　271
　　（1）行為選択論の場合　271
　　（2）道徳論と快の問題　273
　　（3）社会改革のための「数量化」——ベッカリーアの場合　276
　　（4）「不快」と「苦痛」のちがい　281
　8．本章のまとめ　282

VI. フェヒナーとフロイト …… 287

　1．夢問題をめぐって　289
　　（1）フリースへの手紙　289
　　（2）夢解釈　290
　2．快・不快の問題をめぐって　296
　　（1）快原理の彼岸　296
　　（2）快機制と機知の心因　305
　3．機知とその他の問題　308
　　（1）機知の技法　308
　　（2）機知と夢、および無意識との関係　310
　　（3）みずからを語る　313
　4．エランベルジェ、ハイデルベルガー等による見解　315
　5．フェヒナーとフロイトの共通点と違い　320
　　（1）フロイトが影響を受けた人たち　320
　　（2）フロイトの「科学的心理学草稿」などについて　322
　6．本章のまとめ　326

VII. フェヒナーにおける宗教・科学と世界観 …… 329

　1．フェヒナーと宗教　330
　　（1）「異教」への関心？　330
　　（2）『死後の生についての小冊子』について　339
　　（3）目覚めよ！——「魂（Seele）」の問題について　341

(4) フェヒナーとキリスト教　343
   (5) 「ゼーレ（魂）」をめぐって　344
 2．フェヒナーの世界観（Weltanschauung）　347
   (1) 世界像について　347
   (2) 昼の見方と夜の見方　350
 3．フェヒナーの科学観　352
   (1) 自然科学者としての基礎　352
   (2) プラクティカルな側面と「原理（法則）」好き　355
 4．科学的であることへの疑義　357
   (1) 球形への偏愛　357
   (2) フェヒナーと神秘主義　363
 5．アナロジーという方法　366
 6．本章のまとめ　372

エピローグ　それでも残る謎　378

 1．心理学との関係について　378
   (1) 精神物理学の父としてのフェヒナー　378
   (2) 心理学者による批判と擁護　379
   (3) 心理学の父としてのフェヒナー、あるいはその功績　383
   (4) 「集合測定論」——きたるべき心理学のために　386
 2．フェヒナーの多様性と一貫性について　390
   (1) その多様性と難解さ　390
   (2) 一貫していた問題意識——主著『ゼンド＝アヴェスタ』と『昼の見方と夜の見方』の重要性　397
   (3) こだわっていた諸点——一元論、汎心論、目的論、非決定論、快・不快論等　401
   (4) 関係性および相互作用・共同作用の重視　404
 3．フェヒナーの矛盾と調和　405
   (1) 哲学的物理学者フェヒナー　405
   (2) 自然哲学的背景　409

（3）実証科学と哲学の狭間で　412
　4．おわりに——「フェヒナーと心理学」のまとめ　415

附録：G.Th.フェヒナーの著作および論文の年代順目録 …………… 426
本書を終えるにあたって ………………………………………………… 439

凡　例

1. 本書で参照したフェヒナーの著書の大部分はウエッブ上で取得したものである。したがって、例えば『精神物理学原論』は初版ではなく、第二版を使用している。具体的には、本書のⅠ章「3. 主要著書について」にその大部分が示されている。
   例外は、彼の死後に出版された次の本で、復刻版を使用した。
   Gustav Theodor Fechner（herausgegeben von Gottlob Friedrich Lipps）
   1897　*Kollektivmasslehre*, Leipzig, Wilhelm Engelmann.

2. 本書で引用しているフェヒナーの著書等の訳文は筆者によるものであるが、次の本の「宇宙光明の哲學」についてはそのまま利用させてもらった。ただし、訳出されていない第18章については、筆者の訳による。
   Die Tageansicht gegenüber der Nachtansicht, Leipzig. Breitkopf & Härtel. 1879.
   （上田光雄訳　1948　『宇宙光明の哲學・靈魂不滅の理説』、光の書房．）

3. フェヒナーの著書における Theil (Teil) Ⅰ（あるいは erster Theil）は第一部と、また、項目の見出しに使用されているローマ数字（Ⅰ, Ⅱ, Ⅲ, …）は「章」と訳した。ただし、『精神物理学原論』などでは、XLVIII (48) 章にまで達して、煩雑なので、必要に応じてアラビア数字を用いた。

4. フェヒナーの著書では、人名や強調する部分にゲシュペルト（隔字体）が用いられることがあるが、訳文では強調する部分のみを｜｜で表示した。

5. 文献の引用にあたっては、筆者による訳文を示す場合には、その末尾に原著のページ数を示した。英語の場合は p. (pp.)、ドイツ語の場合は S. である。また、日本語の著書・論文の場合は、翻訳書を含めて「頁」と表記した。

   なお、『精神物理学原論』、『美学入門』等は二部から構成されている二巻本なので、第一部の場合はそのままページ数だけを、第二部の場合のみⅡ.S.56等と表記した（『ゼンド＝アヴェスタ』は三部構成だが、三部は引用していない）。

6. 同一文献を同じ章の中で、複数回引用・言及する場合には、前掲書（ibid, ebd.）として註記せずに、引用した文の末尾にページ数を示すのみにした。

7. 日本語の文献の引用にあたっては、可能なかぎり原文のまま（旧字、旧仮名を含む）とした。

プロローグ　謎の男フェヒナー

1. フェヒナーとは何者か？

　グスタフ・テオドール・フェヒナー（Gustav Theodor Fechner, 1801-1887）は19世紀ドイツの「学者」である。
　ふつう、学者に対しては数学者とか、歴史学者とかと具体的に言うのが、自然だと思うのだが、フェヒナーの場合、そうするにはためらいがある。ここに、フェヒナーのフェヒナーたる所以があるのだが、このことについてはおいおいと述べてゆきたい。
　もちろん、辞典のたぐいを引けば、フェヒナーが物理学者、自然哲学者、そして、何よりも精神物理学（Psychophysik）の創始者、であることが述べられている。
　また、少し詳しいものなら、フェヒナーが「実験美学」の創始者でもあることが記されているだろう。
　さらに、心理学を学んだことのある人なら、ウエーバー・フェヒナーの法則を思い出すかもしれない。手のひらの上に置いた100gのおもりに何gのおもりを重ねて置いたら重くなったと感じるか、はじめに200gのおもりを置いていた場合にはどうか、などの問題を実験的に扱い、重さなどの物理量の増分とそれに対応する人間の感覚量の変化との間に、一定の関数関係があると主張するものである。
　ここで、各種の感覚において、人がはじめてかろうじて感覚できる刺激の強さを絶対閾と言い、それに対して、刺激の強さを少しずつ増やしていって、はじめてその増加を感じられる時の、増加分の刺激を弁別閾と言う。
　もともと、ウエーバーはこの弁別閾が、比較される刺激の値の絶対値に比例するということを見出していた。フェヒナーはこれを「ウエーバーの法則」と

名付けたのである。

　そして、彼自身は後に、フェヒナーの法則、あるいはウェーバー・フェヒナーの法則と呼ばれる式を提案するのだが、それは刺激の絶対値の代わりにその対数を使用するものであった。

　こうした考えに基づいて、さまざまな感覚についての実験を重ね、それまでの彼の思索をもとにして、1860年に『精神物理学原論』という本を出版する[1]。

　筆者もまた、心理学科の出身なので、フェヒナーと言えば精神物理学の創始者、あるいは感覚的弁別閾を測定するために、極限法、調整法、恒常法などの測定法を考え出して実験心理学の基礎を築いた一人、という知識はあったが、それ以上の関心はなかった。

　ただ、いまでも覚えているのは、若い頃の愛読書であった『現代心理学とは何か』の中の次の一節である[2]。

　……一八二四年翻訳の功績が認められて、ライプチヒ大学の物理学講師になった。次いで一八三一年オームの法則を実験的に証明して、一やく一流の物理学者として認められ、一八三四年三三歳にして教授に進んだ。ところが、フランスの自然科学的精神が骨の髄までしみ込んでいるかに見えたフェヒナーの心にやがて、ドイツ的、ローマン主義的、神秘主義的なものがうずいた。この傾向は残像の研究のため失明しかけたことによって拍車をかけられた。こうして一八四六年から、ミーゼス博士というペン・ネームで一連の神秘主義的な著作を刊行した。彼の中で科学主義は死んでいた。(20頁)

　実は、この文章は「しかしやがて両者を融合する方向へと進んだ。」と続き、彼が精神物理学を打ち立てるまでの過程が述べられている。

　しかし、当時の筆者には「彼の中で科学主義は死んでいた」という文章だけが強く残った。

　いま、読み返してみると、全体として非常にていねいに書かれた解説であるが、いくつかの誤りもある。そして、それはこの文章の執筆者のものというより、当時の（そして現在も続く）心理学界全体の誤りであったように思われる。

もう一つ、同じような例を挙げてみよう。
　ロバート・トムソンは『心理学の歴史』の中で、フェヒナーの前半生の仕事の一部についてかなり正確に紹介しながらも、次のように書いているのである[3]。

　　実験心理学における最も数量的でしっかりした一つの技術の発達が、宗教的理想にかられ超世俗的な生活をしていた神秘家によって考え出され、かつ広く科学者にいきわたっていた学説を論破する目的で考え出された、ということは科学史上一つのパラドックスである。しかしながら、フェヒナーの生涯は、一八三九年の発病およびその後の回心の前は、立派な科学的才能の持ち主であったことを示しており、この才能の最大の成果が、あのような状況下で実を結んだということはただただ驚くばかりである。（46頁）

　筆者がまだフェヒナーのほんの一面しか知らない頃、『フェヒナー博士の死後の世界は実在します』[4]という表題の本の広告を見たが、この人物が精神物理学のフェヒナーと同一人物であるとは、にわかに信じられなかった。
　後に実際にこの本を読んだのだが、はじめは、このような本を書く人物について自分の研究対象とすることなど、想像できなかった。
　しかし、フェヒナーについて少し勉強した後の現在では、また違った考え方を持つようになっている。
　この19世紀のドイツの学者は、彼について取り上げる人びとの立場や意図に応じて、それに都合のよい部分だけに焦点が当てられているのではないか、という疑問である。
　逆に言えば、フェヒナーはそれに応えるだけの多様性を兼ね備え、また、多くの仕事を成し遂げていた、あるいは成し遂げようとしたということでもあろう。
　というわけで、できるだけフェヒナーの実像を、ひいては全体像を丸ごととらえてみたいという気持ちが募っていったのである。
　さらには、心理学史ではフェヒナーと精神物理学は必ず言及されているのだが、もう少し広く、深く調べてみたいとも考えた。なぜなら、フェヒナー以降、

心理学は哲学から少しずつ離れて、独立した「近代科学」の道をたどり始めるからである。

２．断片的なフェヒナー像

フェヒナーの甥であるヨハネス・エミール・クンツェ（Johannes Emil Kuntze, 1824-94）はフェヒナーの伝記を書いている[5]。

その構成であるが、まずⅠ章とⅡ章でそれぞれ「出自と青少年期」、「不気味な友人」[6]を書いた後に、フェヒナーの生涯を次のように年代順に記述している。

Ⅲ.	文学者ミーゼス博士	1822-1832
Ⅳ.	物理学者フェヒナーとフェヒナーの家庭	1833-1839
Ⅴ.	危機	1840-1843
Ⅵ.	哲学者	1844-1852
Ⅶ.	自然研究者フェヒナー	1853-1864
Ⅷ.	美学者フェヒナー	1865-1876
Ⅳ.	精神物理学者フェヒナー	1877-1887

そして、最後のⅩ章で、フェヒナーの全体像、というよりも、非常にさまざまな観点から、彼の―それらは身近にいた人間だからこそ記せるものも多いが―あらゆる側面について述べている。

それは「フェヒナーとライプチヒ」というテーマで終わるが、全体としてフェヒナーという一つの像を結ぶのが困難であることを示しているように思える。

このクンツェの本をも参考にして、米国の心理学者ボーリングがその著『実験心理学史』の第14章で「グスタフ・テオドール・フェヒナー」を書いている。そして、フェヒナーの生涯を次のようにまとめている[7]。

　……彼は7年間は生理学者（1817-1824）として、15年間は物理学者

(1824-1839) として、12年間は寝たきりのような状態 (1839からほぼ 1851) で、14年間は精神物理学者 (1851-1865) として、11年間は実験美学者 (1865-1876) として、この間を通じて少なくとも40年間は、周期的、持続的に哲学者 (1936-1879) であった。そして、最後に、彼の最後の11年間は人びとの称賛と批判によって精神物理学 (1876-1887) への関心を再び呼び覚まされた一人の老いた男であった。(p.283)

　これらの記述はフェヒナーの生涯を簡明に描いており、わかりやすくはあるが、一方である種の固定観念を植えつけかねない。
　そうして、クンツェの言う「危機」の時代、ボーリングの言う「寝たきりのような状態」におけるフェヒナーの病状と生活状態に対して、いつのまにかフェヒナーが「神秘主義者」であるというレッテルが貼られ、先に紹介したような「彼の中で科学主義は死んでいた」というような見方も出てくるのである。
　フェヒナーが病んでいた時期があり、寝たきりのような状態にあったことはもちろん事実であるが、彼はいつも科学的な精神を失わなかったし、神秘的な傾向や精神的な繊細さはあったが、神秘主義者ではなかった。
　いずれにせよ、彼の多彩さもあってか、さまざまな角度から論じられ、さまざまな解釈がなされた。
　とりわけ心理学者の多くは、フェヒナーの『精神物理学原論』と、それにせいぜい『美学入門』[8]という、実証的な部分を含んだ著作にしか注目しない。そして、その他の大部分は「形而上学」に属するものだとして無視する。
　しかし、こうした見方は、どこか、フェヒナーという人間をバラバラにして、取り上げているように見える。『原論』にせよ、『美学入門』にせよ、彼らの言う「形而上学的な部分」を多分にもっているもので、本来それらと「実証的な部分」は切り離すことはできない。
　したがって、問題はいかにして、「実証的」なものと「形而上学的」に思えるものが一人の学者の中に存在していたかということなのである。
　例えば、精神分析のフロイトはフェヒナーから多くの影響を受けたことを自著の中で述べている。しかし、彼が引用しているフェヒナーの著書は『精神物

理学原論』、『美学入門』、『有機体の創造と発達の歴史のための二、三の考え』、それに『ミーゼス博士の謎々本』など多岐にわたっている。

つまり、特定の著書に影響を受けたのではなく、フェヒナーという人間の思想に影響されたのである。

それにもかかわらず、フロイトがフェヒナーから受けた影響については、精神医学者エランベルジュなどの少数の学者を除いてほとんどふれられてこなかったし、研究もされていない。

本書では、彼の諸労作を互いに関連づけて、新しい視点から見直してみたいと考えている。

例えば、『ナナ』(1848年)[9]は、副題に「植物の精神生活」とあるように、人間以外の存在を取り上げ、一方、『ゼンド＝アヴェスタ』(1851年)[10]では、「天界のことがらと来世」を扱っているのだが、フェヒナーは前著の『ナナ』では「下方へ下って」行き、ここでは「上方へ上って」行く、と『ゼンド＝アヴェスタ』の「序言」の中で対比させている。

また、「閾」の考えは『精神物理学原論』(1860年)の中の重要な概念だが、その後の『美学入門』(1876年)の中でも、美学的閾として用いられている。

さらに、本論で詳しく見ていけば明らかにされるように、例えば「閾」は『原論』の中でも、刺激の強度を増加させてゆけば、ある段階から感じられるようになる、感覚の問題からはじまって、意識と無意識の境界の問題にも適用されてゆく。

3．わが国のフェヒナー研究の歴史と現状

(1) 戦前のフェヒナーについての著述等

まず、フェヒナーについてのみの著書（彼についての研究書あるいは伝記など）は、岸本惣吉の『日本心理學書年次・種類・著者類別』(1937)で探してみたが、一冊もなかった[11]。

訳書についても同様で、後述のように『死後の生活』についての訳書は戦前

でもあるのだが、この本では『死後の生存』（ロッヂ著）、『死後は如何』（マーテルリング著）、『死後の運命』（セヴラユー著）といった題名の本があるにもかかわらず、フェヒナーのものはなぜか見当たらなかった。

次に、国立国会図書館の「近代デジタルライブラリー」を検索してみると、「フェヒネル」で10件以上がヒットした。

やはり、フェヒナー個人を中心として記述された著書は一冊も無かった。

しかし、彼の著書の翻訳は、『死後の生についての小冊子』（1836）に関しては次のものがある。

1910（M.43）平田元吉訳　『死後の生活』、丙午出版社
1916（T.15）田宮馨訳　『死んだら如何なるか』、帝國神秘會

このうち、平田訳のものは「附録」として「フェヒネルの生活及び哲學」がついているが、これはかなり詳細なものである。また、文中に「ラスヴィッツは言つて居る」などの表現があるが、ラスヴィッツもフェヒナーの伝記を書いた人物である。前記のクンツェによる伝記とラスヴィッツのそれは、フェヒナー研究における基本文献と言ってよいだろう[12]。

平田自身はラスヴィッツの本と、フェヒナー誕生百年祭におけるウィルヘルム・ヴントの講演を挙げている。特に、「哲學の叙述は殊にヴントに負ふ所が多い」と述べている。

なお、平田元吉（1874-1942）には『心霊の秘密』（1912）他の著書があり、スピリチャリズムの啓蒙的役割を担っていたらしい。また、旧制第三高校のドイツ語教授であったという。

この二冊以外に、厳密には「戦前の」とは言えないが、敗戦直後の1948年に出版された次の二冊も、実質的には戦前のものに含めてよいかもしれない。

1948（S.23）上田光雄訳　『宇宙光明の哲學・靈魂不滅の理説』、光の書房
1948（S.23）佐久間政一訳　『死後の生存』、北隆館

このうち、上田訳のものは筆者も持っていて参考にさせてもらっているが、当時としては非常に苦労した労作と思われる[13]。

　『宇宙光明の哲學』（暗黒觀に対する光明觀）は本書では『夜の見方と昼の見方』としているが、フェヒナーの思想の集大成とも言われる後期の代表作である。また、『靈魂不滅の理説』（本書では、『死後の生についての小冊子』）は、フェヒナーが三十代の時に、Dr. ミーゼスの名前で書かれた有名な本である。

　以上は、フェヒナーについての著書、フェヒナーの訳書についてであるが、近代デジタルライブラリーでヒットしたその他のものはほとんどが哲学者によって書かれた概論書、あるいは教科書的なものである。その中の一部にフェヒナーの仕事あるいは生涯についてふれられているものがある。

　しかし、前記の平田によるものを別にしては、似たようなもので、あまり掘り下げて述べられているものはない。

　そうした中で、滝村斐男の『美學思潮』（1922年）は[14]、その「第二篇　現代に於ける美學思想」の「第一章「フェヒネル」の實験的美學」において、「美學楷梯」（本書では『美学入門』）について、かなり詳しく紹介している。

　これについては、本書の「III. 美学入門の方法」でも取り上げているので、ここでは述べないが、フェヒナーの美学法則（原理）についても詳しく説明し、批判も加えているのはきわめて異例なことである。

　なお、滝村は初期の心理学研究誌である『心理研究』に「感覺と藝術」（1913年）という論文を書いている。また、1924年に設立された大阪府女子専門学校（現大阪府立大）の初代校長を務めている。

　フェヒナーについての記述がある前記以外の心理学関係の著作は、筆者の手持ちの本でもかなり多くある。

　ここでは、その中から特に元良勇次郎と松本亦太郎の二人によるものに限って、「戦前の心理学者の見方」として以下に紹介したい[15]。

(2) 戦前の心理学者の見方

　まず、わが国で最初の職業的心理学者である元良勇次郎のフェヒナーについての見方から見てみよう。

元良の『心理學十回講義』(1897年)[16]の「第二回　意識及注意」においては、「識域ヲ論ス」という項目を設け、「識域」を定義して、「辨別ナキ狀態ヨリ辨別スル狀態ニ移ル區域ヲ稱シテ之ヲ識域ト云フ」としている。そしてそれには「差別域」と「絶對域」の二つがあるとして重さの変化とそれに対する感覚の変化を具体例として示している。また、「最少可知差異」という言葉も用いている。
　そのうえで、ヘルバルトからウエーバー、さらにはフェヒナーにふれて、以下のように記述している。

へるばるとノ思想
　識域ノコトハへるばるとヲ以テ之ガ唱首トナス、彼レハ意識ヲ恰モ舞臺ノ如クニ看做シ、其意識上ニ現ハレタルモノヲ舞臺中ノ現象トシ、意識以外ニ隠レタルモノヲ舞臺外トシテ其區域ヲ識域ト唱ヘシモノナリト雖モ未ダ精密ナル研究ヲナシヽニハアラザルナリ。

うぇべるノ發見
　うぇべるナル生理學者ハ皮膚ノ全面ニ於ケル觸覺其他ノ感覺ニ就テノ研究ヲナセリ、彼レハ識域ノ比例ヲ發見シ、今日うぇべるノ法則トシテ心理學者中ニ知ラル、即チ前ニ所謂識域ノ最少可知差異ハ元量ノ比例ニ由リテ常ニ變化スルモノナルカ故ニ、元量若シ十ニシテ之ニ増加ス可キ最少可知差異ヲ一トスルトキハ十分ノ一トナリ、元量百ナルトキハ最少可知差異ハ十トナリ、可知差異ハ常ニ元量ノ十分ノ一ナル比例ヲ有シテ變ズルコトナシト云フニアルナリ。

ふぃひねるノ推論
　ふぃひねるハうぇべるノ發見ニ基キ、更ニ數理ヲ應用シテ精神活動ト物質活動トノ關係ヲ發見セリト自稱セリ、其説ニ據レバ物質活動ガ幾何學的級數ノ割合ヲ以テ増加スルトキハ、精神活動ハ算數的級數ノ割合ヲ以テ増加スルモノトナス。然リト雖モ其如何ニシテ此ノ如キ結果ヲ得タルカハ茲ニ論ズル能

ハズ。彼レノ思想ハ根本的誤謬ニ陥レルガ故ニ推論ノ複雑ナルニモ拘ラズ、其結果亦誤レルヲ免レズ。此説一タビハ出デ獨逸ノ學者社會ヲ動カシ、多クノ熱心ヲ惹起セシモ遂ニ其誤謬ヲ發見シ、今日ニアリテハ一般ニ<u>うぇべる</u>ノ法則ノ確實ナルニ如カズトスルニ至レリ。

現今ノ説
<u>ふぃひねる</u>ハ<u>うぇべる</u>ノ法則ヲ以テ精神活動ノ分量ニ關スル發見ナリトナシ、自ラ物質ト精神トノ分量的關係ヲ發見セント試ミシナリ、然レ圧種々ナル經驗ノ結果、今日ヨリ考フレバ<u>うぇべる</u>ノ法則ハ分量ノ關係ヲ現ス可キモノニアラズシテ、唯吾人ガ判断ノ法則ニ過ギザルナリ、即チ元量ト最少可知差異トノ關係ハ、吾人ガ物ヲ判断スルノ域ニシテ、其分量ノ大小如何ハ敢テ關スル所ニアラズ。<u>ふぃひねる</u>ノ根本的誤謬モ亦之ヲ分量的ニ解釋シタルニアリ故ニ今日ハ其ノ分量的釋解ヲ捨テヽ<u>うぇべる</u>ノ發見ヲ以テ單ニ判断ノ法則ト看做スニ至レリ。(27-29頁)

このように、元良はウェーバーの法則そのものは認めるものの、フェヒナーについては「フェヒネルノ根本的誤謬」として誤りである、としている。

しかし、その根拠については、やや曖昧である。ここで詳しくは説明することはできないが、ドイツの学界も現在では認めていない、という感じである。

ただ、元の刺激を基準として、最少可知差異という変化を判断することはできるが、それを量的に測ることはできない、と言わんとしているようである。

さらに元良は、同じ本の「第五回　認識作用ヲ論ズ」において、感覚が精神活動において最も単純な要素である、としたうえで、厳密に考えて本当に「単一なる感覺」は存在するのか、と問う。なぜなら、外的刺激が人間にふれる場合、一個の神経を刺激するだけでなく、同時に多くの神経を刺激する。したがって、複雑な感覚が生ぜざるを得ない。それゆえ、純粋な単一の感覚など決して存在しない、という論理である。

それゆえ、感覚の合同と差別（合同の反対で分離すること）が生じる。この現象についての量的研究の結果によれば、感覚は必ず一定の強度をもち、一定の

法則がある。例えば、分量がほぼ同じ二感覚があるときはそれらが合同、差別することはできない、とした後で、次のように書いている。

　感覺ノ合同差別ニ關スル分量的研究ノ結果
　……若シ二者ヲ差別セントスルトキハ必ズ一定ノ比例以上ノ差ヲ有セザル可カラズ、即チ一ニ對スル一・〇五或ハ一ニ對スル一・三ノ比例以上ノ差ヲ要スルナリ、此一點ヨリ之ヲ考フル片ハ凡ソ感覺ヲ分量的ニ研究スルコトハ恰モ吾人ガ物理學ヲ研究スルニ物ノ分量ヲ定ムルト相等シキガ如シト雖モ同種類ノ感覺ガ、漸々合同シ同化スルニ數理ヲ應用スルコト能ハザルハ既に<u>フェヒネル</u>ノ誤謬ニヨリテ明ナリ即チ赤色ノ感覺ハ如何ニ合同スルモ同一ナル視覺ニシテ聽覺モ亦其合同ノ數ニ從フテ差異ヲ生ズルコトナシ、故ニ同種類ノ感覺ノ互ニ合同スル㋥ニ關シテハ數理ヲ應用スル㋥能ハズ、唯差別ノ上ニ於テノミ之ヲ應用スル㋥ヲ得可シ、固ヨリ同量二感覺互ニ合同スル片ハ其感覺ノ分量モ亦増加スル可シト雖モ、其分量ノ増加ヲ計ルニハ主觀的感情ノ外他ニ比較スベキ標準ヲ要スルヲ以テ是レ既ニ間接ノ部ニ屬ス、他日或ハ測定法ノ發見サルヽコトアルヤモ計リ難シト雖モ、今日ノ知識ノ程度ニテハ數理ヲ應用スル能ハザルナリ。（84-85頁）

　つまり、元良は「赤い色にいくら赤を重ねても、その赤は変わることはない」と言っているのである。何となく説得されそうになるが、フェヒナーがそうした類いの実験をしていたわけではない。もちろん、元良はたとえ話をしているのであって、そもそも、そのような実験をする心理学者がいるとは思えない。
　問題は赤い色を重ねる方法にある。元良が絵の具のようなものを想定していたのか、光の波長を考えていたのかによってだいぶ違う。後者であれば、おかしなことになろう。
　筆者には、心理学科に入学してすぐに、色彩を研究している大学院生の専属の被験者として、毎日のように、混色器で、その人が呈示した色と同じ色をつくったり、色の比較をさせられたりした経験がある。そこでは、色光の三原色である赤、緑、青の光を混色して実験を行っていた。多分、元良の時代と実験

環境などが変わっているので、何ともいえないが、あまり適切な例とはいえない。

　そして、元良は彼の死後、1915（T.4）年に発行された遺著『心理學概論』では[17]、第一章「心的活動と物質活動の異同」の「力學論」の「丙　活動の測定」において、物理学における活動の分量を測定する方法をあげ、一方、生理活動については測定法が確定していない、と述べる。そのうえで、心的作用については以下のようにフェヒナーを例に挙げている。

　　心的作用に就いて考ふれば、心的活動に強度の存するや否やは、フェヒネルこのかた一般心理學者の一問題とする所なり。フェヒネルは、心的活動にも強度が存し、物質活動が幾何學的級數の割合によりて増加するときは、心的活動は算術的級數の割合に於て増加するものとし、之を精神物理的法則として發表せり。此説に對しては種々の批評あり。其の批評の詳細は姑く措き、其の要點とする所を言へば、心的活動の強度は、分量として知覺せらる、ものにあらずとし、分量的感覺を以て感覺の性質の差異に帰せんとするものなり。例へば手を以て十匁の物體を扛ぐるときと、二十匁の物體を扛ぐるときとの感覺の差異を内觀のみによりて知覺すれば、即ち此等兩感覺の間に唯性質上の差異を認むるに過ぎずとするが如きものなり。
　　然りと雖も、強度を、内度と外延とに分つときは、其の内度の差異は、或は全く之を性質上の差異と見るを適當とするなるべしと雖も、其の外延は、却つて之に分量的思考を應用するを得べきにあらざるか。外延とは即ち強度の心的活動上に及ぼす結果にして、其の大小は注意活動の範圍と比例し、外延大ならば、注意の活動の範圍も大となり、注意は活潑に活動し、之に反して外延小ならば、注意活動の範圍も亦小となる。故に心的活動の外延的分量は、注意活動の範圍の廣狹によりて、之を測定し得べきにあらざるか。（43-44頁）

どうやら、元良が問題にしているのは、量的な差異（問題）と質的な差異（問題）にかかわることのようである。そして、感覚の質には「數理ヲ應用スルコ

ト能ワザルナリ」と考えているのである。

　しかし、フェヒナーが感覚の質を無視して実験を行ったかというと、そんなことはない。どうも、元良は次に紹介する松本などのいう「基数」と「序数」の違いを問題にしようとしていたらしいがはっきりはしない。

　このように、元良はフェヒナーの「精神物理学」には否定的なのであるが、フェヒナーの著作すべてを否定しているわけではない。

　というのも、興味深いことに、元良は同書においてフェヒナーの『ナナ』についてもふれ、「彼のフェヒネルの如きは、即に千八百四十八年に著したる『ナンナ』（古代神話にある女神の名）なる書に於て、植物にも感覚的性質のあることを論ぜり。此の書は童話的にして、而も科學的著書なり。要するに十数年以来、生物學者はます／＼植物の感覺的生活を認むるに至りとなす。」（150-151 頁）と書いているのである。

　以上、元良は「フェヒネルの誤謬」などと書いてはいるが、彼の「心元説」などは「エネルギー」概念などを用いていて、むしろフェヒナーと共通するところも多い。

　しかし、この点については、本書の「II. 精神物理学の構想（1）」であらためて取り上げることにしたい。

　次に、松本亦太郎の精神物理学に対する見解について見てみよう。

　松本亦太郎（1865-1943）は、戦前の日本の心理学界の最大のボスとして君臨した人物である。

　松本は最初（1896年）米国に行き、エール大学のスクリプチュア（Scripture, E. W., 1864-1943）のもとで、実験心理学を学んだ。

　しかし、米国に滞在中の 1898（M.31）年に恩師の元良勇次郎より「文部省より欧州留学を命ぜらるる」旨の連絡があった。

　そこで彼はまず、英国に向かい、その後欧州の各国を訪れて、最後にドイツのライプチヒ大学に行き、まず、ヴントの「心理学概論」を受講している。ついで、ヴントの心理学研究室への出入りを許可されるようになった（「ヴントの心理學研究室は少なくともヴントの心理學概論を聴講し了つた者で無いと仲間入りを許

可しない」と松本は書いている）。この間の経緯については、松本の『實驗心理學十講』[18]や『遊學行路の記』[19]に詳しく記されている。

また、『遊學行路の記』の中で松本はフェヒナーについて次のように述べている。

> ……此のウエーベル法則に微分積分の考方を適用し、又意識的考察を加へ精神物理的測定の公式を導き出したのが矢張ライプチツヒ大學教授のテオドール・フェヒネルであつた。フェヒネルは物理學者數學者であつて又哲學的瞑想家であつた。彼の精神物理學的測定の公式を導き出だした考方には宇宙はモナド（精神的単元）の複合からなるとしたライプニッツの哲學的考方が根底になつてゐる。（257頁）

精神物理学の根底にライプニッツのモナド論があるという指摘は、実は当初筆者も考えていたのであるが、この点については、後であらためて検討してみたい。

松本はまた、「ヴントの實驗法は厳格狭義のものであるがヴントの先驅たるフェヒネルやヴントの後進門下は實驗を稍広義に解釈した。フェヒネルは實驗により得たる資料を統計的に取り扱ひ確率曲線の公式に従ひ構想を進めた、スピーヤマンは實驗の結果を相關係数的に整理し、（後略）」（259頁）とも書いている。これは後述（エピローグ）する「集合測定論」とも関係している。

このように見ると、松本は元良よりもはるかにフェヒナーの精神物理学などに正確な理解をもっていたように思える。

しかし、それでも松本はフェヒナーの精神物理学を彼（松本）の時代の心理学として認めたわけではなかった。

松本は彼の『智能心理學』の「第四章特殊智能の測定」の「第一節精神物理學より智能検査へ」の冒頭で、次のように書いている[20]。

> フェヒナーの立てたる精神物理學的法則は學者の承認する所とならなかつたが、物理界に關係せしめて、精神界を研究すると云ふフェヒナーの方針は、

其後の心理學者を支配し、フェヒナー以後の實驗心理學者の問題としたる所は、矢張外界に聯関した心の働を考察するにあつた。(後略)(117 頁)

だが、なぜ「学者の承認する所とならなかつた」のであろう。
その答えは松本の『心理學史』(1937 年) に、以下のように詳しく述べられているが、それは心理学研究法の時代の趨勢にかかわるものでもある[21]。

……心の量的表示に反對する有力の學者があるに拘はらず實驗心理學の大勢は量的表示に向つて進んできた。併し基数を以て心の状態を測定せんとしたのはフェヒネル (Fechner) 時代の企圖であつたが、精神物理的束縛を脱したる心理學者は寧ろ序数の意義を有する数を用ひ心の働を表示し、心の變化或は進行する段階を序数を以て示さんと努力する。尤も理想的に云へば心現象の變化する段階は同等なるを欲すれど、實際の場合に於て各段階の隔は同等なるを必し難いのが通例であるから、心理學者は絶對に同等である單位の集合と云ふ意味の数でなく、各單位に蓋然錯誤 (p.e.) を許し、然る單位から成り立つ数を用ひて心的機能を表示する途に出でた。

心の働を量とすればその量は常恒的の量ではなく趨異的の量であると云ふ事を心理學者は意識するに至り、物理學的測定とは趣を異にする量的考察法を案出した。夫は即ち品等法と品等法を基礎とする相關測定法とである。精神驗査法などは其形の種々なるに拘はらず矢張品等法に属する。是等兩考察法は統計的研究法であるが、通例統計なる語により了解される如き單純のもので無い。是等統計的研究法は一方に於て實驗的測定及考察を含蓄している。而して亦其考察に主觀的評價を大に斟酌し、現象の序列に重を置き之を量的に表示する。又一方に於て數學的思考を多大に用ひる、而して一現象と他現象との相關を係数により示す。(中略)要するに品等法及相關法を檢討すれば、從来の心理學及實驗心理學にて用ひたる諸研究法及其結果を陶冶、統合するに足る性質を具へてゐる。而して序数を用うる量的考察法は心理學の領域に於て前途甚だ有望である。(435-436 頁)

プロローグ　謎の男フェヒナー　25

ここで、「基数」と「序数」という言葉が出てくるが、「基数」とは、ものの多さを数える計量数（cardinal number）に対応し、また「序数」とは、ものの順序を数える順序数（ordinal number）に対応するものである。つまり、基数は cm, gram, second などの物理量であり、序数は心理量と考えられているのである。

　そして、フェヒナーらは「重さ」とか「明るさ」といった物理量で測定可能な刺激に対する人間の反応つまり感覚が、物理量のように厳密に測定できないので、これを関数関係を示す数式で表示することは不適切であろうと「学者」たちが考えた、というのが松本の主張であろう。

　たしかに、厳密に言えば松本の言うことは正しい。

　しかし、物理学や天文学においても、18世紀末から19世紀はじめにかけて、測定機器の目盛を読みとる人間の「誤り」が問題になっていた。

　これについては、ボーリングが『実験心理学史』第8章「個人方程式」の中で、観察における"過誤"あるいは観察者の個人差について詳述している。

　その後、測定技術の進歩によって、機械自身に機械の目盛等を読みとらせることができるようになっている。つまり、人間は介在しないでもよくなったのである。

　しかし、新たな問題もある。例えば、気温の問題について考えてみよう。天気予報などでは、気象予報士が、明日の最高気温と最低気温を予報したりする。しかし、風が強いと予想される時には、「体感的には低く感じられるかもしれません。」などと言ったりする。つまり、「体感気温」ということを考える時には、物理的な温度と人間が感じる温度とは違って感じられる場合が生じる。

　また、松本が推奨する品等法にしても、はじめから基数であることを放棄し、「序数」として扱うとしているのだが、その後、S.S. スティーブンスが「四種の測定尺度」として整理したように[22]、彼が言う「序数」は順序尺度ではなく、事実上間隔尺度で得られた数値でないと困ることになる。

　というのも、引用文中で松本が言う相関測定法では、通常ピアソンの相関係数（積率相関）を用いている。これは品等法で得られる序数ということになるが、この序数は序列尺度でなく間隔尺度でなければならない（ケンドールの順序尺度

の相関があるが実質的にピアソンのそれと同一である)。しかし、品等法で得られる値はあくまで順序数であり、間隔が等しいとは言えない。

この他、戦前から戦後にかけて活躍した心理学者・教育学者である城戸幡太郎もフェヒナーについて、何冊かの本でふれているが、これらについては第Ⅰ章「フェヒナーの生涯と仕事」で取りあげることにしたい。

(3) 戦後のフェヒナー研究と現状

敗戦後のわが国のフェヒナー研究について、それほど詳しく調べたわけではないのだが、原典に基づいて、ある程度深く掘り下げて行なわれたものはあまり多くはないようである。

心理学史の一部にフェヒナーの名前が出てきても、W. ジェームズや E.G. ボーリングの本を下敷きにして書かれている。

そうした中で、本書で取り上げるのはすべて最近の 2000 年以降に発表された論文と著書(一冊)の著者である三人の研究者によるものである。

まず最初は、表象文化論を専門とする門林岳史で、雑誌『現代思想』の〈特集＝心理学への招待〉で、「G. Th. フェヒナーの精神物理学——哲学と心理学の間、精神と物質の間」(2000 年) という論文を書いている[23]。

これは、それまでの「心理学史」関係で取り扱われていたフェヒナー論とは違って、「精神物理学」の理論構成そのものを、当事者のフェヒナーの立場からスケッチしようとした、貴重な論文である。

彼はまた、次の二論文も書いている。

2003 年 「名の流通 〈フェヒナー〉をめぐって」、『表象文化論研究』1、98-127.
2012 年 「美はどこへ行ったのか？——神経美学の批判的系譜学」、『美学芸術学論集』8、52-61.

前者は「心理学者」を自称したことのないフェヒナーが、心理学者あるいは心理学史の中で、どのような扱いを受けてきたのかを、主としてボーリングの

論述を通じて考察したものである。

　また、後者は、フェヒナーそのものを取りあげたものではないが、「G. Th. フェヒナーの実験美学」という一節を設けて、その方法の一部を紹介している。

　次は、生命論・生命思想史の岩渕輝で、以下の論文と著書を書いている。

2007年　「グスタフ・フェヒナーの生命思想―精神物理学との関わりにおいて―」、『明治大学教養論集』、No.416, 1-27.
2008年 a　「グスタフ・フェヒナーの〈光の世界観〉― 一九世紀生命思想の現代的意義―」、『明治大学教養論集』、No.434, 1-29.
2008年 b　「グスタフ・フェヒナー1850年10月の日記― 解題と翻訳―」『明治大学教養論集』、No.436, 65-75.
2009年「フェヒナーの法則の着想に関する精神物理学史的考察― 着想日1850年10月22日を巡って」、『心理学史・心理学論』, 10・11, 29-40.
2010年「前期グスタフ・フェヒナーの伝記研究」『明治大学教養論集』、No.459, 1-45.
2015年「グスタフ・フェヒナーの〈意識の閾〉概念―1870年代から1970年代にかけてのわが国におけるその変容―」、『明治大学人文科学研究所紀要』、第76冊、209-239.

　これらの論文は岩渕の専門とする「生命思想」関係のものと、「心理学史」にも含まれるフェヒナーの伝記研究関係のものとに大別される。
　最初の二つの論文は前者のもので、次の三つは後者のものである。
　そして、最後の「識閾」に関するものは、日本の心理学史にも関わるもので、筆者には最も興味深い論文だった。
　ただ、「ヘルバルトの〈識域〉とフェヒナーの〈識域〉」について論じた前半部分と、「1870年代から1990年代にかけてのわが国におけるフェヒナーの〈識域〉概念の受容」について述べた後半部分を合わせて一つの論文とするよりは、別個の二つの論文にする方がよかったのでは、という感想を持った。

前半部における、「マイナスの感覚量」や「身体的活動」（精神物理学的活動）」は本来もっと取りあげられるべきもので、それらを含めて「精神物理学」の理論構造を全体的に説明するものは、事実上わが国ではまだない。

　また、後半部で、城戸幡太郎のフェヒナーの記述について、「他の著者たちの文献と比較し、」「非常に詳しく充実したものが見られた。」というのは筆者も同感である。

　さらに、岩渕は、2014年に『生命（ゼーレ）の哲学 —知の巨人 フェヒナーの数奇なる生涯』（春秋社）という著書を出版している[24]。

　この本では、前記の二つのテーマである、フェヒナーの生命思想と伝記研究が融合されていると言ってよいと思われる。

　まず、伝記研究であるが、日本人が書いたものとしては最も詳細なものであることは間違いない。

　また、19世紀のドイツを取り巻く科学思潮や哲学思想、社会背景などを含めてフェヒナーの生きた時代を詳しく描写している。さらに、フェヒナーを取り巻く人間関係、とりわけ交友関係などはこまかく述べられている。

　次に、生命思想であるが、岩渕はフェヒナーが書いた著書の中で『死後の生についての小冊子』（1836年）を最も重視して、様々な角度から取り上げている。そして、この『小冊子』において、後年の「精神物理学」の思想的萌芽がすでに見られるとあらためて主張している[25]。

　総じて、この本はわが国のフェヒナー研究に多大の貢献をしていることは疑いない。ただ、フロイトに関する章は、筆者が期待していたほどの内容がなかったのは残念だった。

　三人目はドイツ語学・ドイツ文学の福元圭太で、現在までに以下のフェヒナー関係の論文を書いている。

2009年　「魂の計測に関する試論— グスタフ・テオドール・フェヒナーとその系譜（1） — 」、『かいろす』47号，33-48.
2011年　「フェヒナーにおけるモデルネの「きしみ」：グスタフ・テオドール・

フェヒナーとその系譜（2）」、『言語文化論究』、26，1-21.
2012 年 a 「『ツェント・アヴェスター』における賦霊論と彼岸：グスターフ・テオドール・フェヒナーとその系譜（3）」、『言語文化論究』、28，121-134.
2012 年 b 「『精神物理学原論』の射程：フェヒナーにおける自然哲学の自然科学的基盤」、『西日本ドイツ文学』、24，13-27.
2013 年 「フェヒナーにおける光明観と暗黒観の相克— グスタフ・テオドール・フェヒナーとその系譜（5）—」、『かいろす』51 号，18-39.
2014 年 「フェヒナーからフロイトへ（1）—グスタフ・テオドール・フェヒナーの系譜（6）—」、『言語文化論究』、33，39-54.
2015 年 「フェヒナーからフロイトへ（2）—グスタフ・テオドール・フェヒナーの系譜（7）—」、『言語文化論究』、34，1-20.

　上記のように福元は「グスタフ・テオドール・フェヒナー［とそ］の系譜」として、七本の論文を書いている。その（1）は、フェヒナーの生涯、とくにその青年期までをかんたんに見た後で、フェヒナーに大きな影響を与えたと言われるオーケンの『自然哲学教本』を紹介したものである。
　その（2）は、フェヒナーを襲った重篤な眼疾と、身心の不調、つまり彼の「病い」について論じたあとで、『ナナ、あるいは植物の魂の生活について』を中心に考察している。
　その（3）から（5）までは、それぞれ『ツェント・アヴェスター』、『精神物理学原論』、『光明観と暗黒観の相克』というフェヒナーの重要な著作について論じたものである。
　福元の論文における、フェヒナーの哲学的・思想的背景についての考察は参考になるところが多い。
　特に、（6）の「光明観と暗黒観」では、その成立の経緯にふれ、エードゥアルト・フォン・ハルトマンの『無意識の哲学』への批判、またゴットヒルフ・ハインリヒ・シューベルトの『自然科学の夜の側面について』の影響、さらには学生であったジークフリート・リピナーの勧め、等に言及している。

一般に、フェヒナーがフロイトに与えた影響について言及する人は多いが、総論的なものに終っていて、フロイトがフェヒナーのどういうところに影響を受けたかを具体的に示すものは少ない。

　福元の「フェヒナーからフロイトへ（1）」も、精神分析とフロイトとフェヒナーの共通性などについて論じているが、やや間接的な感じは否めない。

　その点、（2）においてはより具体的な引用部分なども用い、『美学入門』も重視し、また、非常に重要な「機知」の問題も詳しくとりあげていて、貴重な論考である。

4．本書の課題と目的

　本書は「フェヒナーと心理学」をテーマにしているが、フェヒナーの思想と研究業績は「近代心理学」というような小さな器に収斂され、吸収されるようなものではないということを、まずはじめに確認しておきたい。

　そのうえで、ボーリングらによるある種の歪曲あるいは従来の心理学者による全体像無視の状態をできるかぎり正して、その実像を明らかにしなければならない。

　とは言え、現代の心理学がそのような作業を必要としているかというと、それはまったくない、と言ってよいだろう。

　科学的心理学の成立のためには形而上学的な哲学という「非科学的」なしっぽを切り離す必要があると、当時の人たちは考えた。

　そうして、フェヒナーの仕事もそうした扱いを受けた。すなわち、「精神物理学」は条件付きで受容された。「実験美学」も、大多数の人たちにはその膨大な原理・法則の存在を知ることもなく限定的に受け入れられた。

　つまり、フェヒナーもその仕事も心理学史上の出来事として、歴史的な闇の彼方に埋もれたままになっている。

　本書はいたずらに過去の亡霊を呼び戻すことを目指しているわけでなく、フェヒナーが現代心理学の誕生にどうかかわっているかをあらためて考えるために書かれた。

以下に、そのためにまず明らかにすべき課題を挙げておきたい。

(1) 心理学の立場からのフェヒナーの仕事の再考

前節の (3) でも見たように、最近のわが国でも、少数の研究者によるものではあるが、フェヒナーの研究は急速に進んでいるように思われる。

しかし、心理学（史）の立場からの新しい研究は残念ながら見られない。

ここでは、とくに以下の五点に着目して、フェヒナーの仕事を心理学の立場から再考してみたい。

(a) 刺激と反応の関数関係のモデルを示し、実験を試みたこと

まず、刺激とは外界から与えられる刺激一般で、反応とはその刺激に対応して人間が示す反応である。ここで、刺激を受け取る一方で、それに対する何らかの反応を示す「人間」であるが、一体その人間とはどのような存在なのか？ 人間とはAさん、Bさんといった個人でもあるが、「普遍的な」人間でもある。

関数関係のモデルでは、人間は刺激を受けとめ、それに対応する反応を出力する一種のブラックボックスであると考えられる。したがって、中身はわからない。

実験においては、さまざまな刺激をそのブラックボックスにインプットして、それに対応する反応をアウトプットさせる。実験者はその対応関係から何らかの傾向性を読みとって、中身を推量するわけである。

従来からこのようなモデルは考えられていたが、実際に組織的な実験を行ったのはフェヒナーがはじめてと思われる。

(b) 心理学的方法の原型を示していること

フェヒナーが「精神物理学の父」であることに異論を唱える人はいないと思われる。

しかし、彼が「実験心理学の父」であるかどうかについては、意見が分かれるだろう。まして、「心理学の父」などと言えば、疑問を持つ人も多いだろう。

本書も別に彼が「心理学の父」であるかどうかを問題にしたいわけではない。

そもそも、一人の人間がそのような役割を果たせるのかどうかということ自体が疑問である。

本書で主張したいことはフェヒナーの仕事が今まで考えられてきた以上に、その後の心理学に関連し、あるいはそれを先取りしていたのではないか、ということである。

このことに関して、心理学者が同意しているのは、フェヒナーが実験心理学における測定方法の原型をすでに提示していることである。

それは、精神物理学において示された、「最小弁別法（後に極限法）」、「正誤法（後に恒常法）」、「平均誤差法（後に再生法）」の三つの方法である。

しかし、フェヒナーが心理学的であるのはこのような方法だけのことではない。このことを最もよく示しているのは「実験美学」を目指したとする次項で取りあげる『美学入門』である。

(c) 『美学入門』の重要性

筆者はこの本の中に、フェヒナーのいわば隠された意図のようなものがある気さえする。

フェヒナーの数多くの著書の中でも、『美学入門』はやや異色な本ではないかと思える。多くの人がこの本について、いちおうはふれるが、深くはふれない。

それはおそらく、この本が「美学」についての本だと思っているからだろう。もちろん、そのことに間違いはない。しかし、「美学」という名前に惑わされてはならない。

『美学入門』は『精神物理学原論』とならんで、フェヒナーがみずからの実験データも示している、フェヒナーの本の中では珍しく実証的な本である。

それにもかかわらず、この本の内容に即した紹介がほとんどないのは不思議なことである。ひとつには、心理学には直接関わりがないと考えられているからかもしれない。実際、『美学入門』の内容を紹介しているのはほとんど美学関係の本に限られている。

しかし、実際にこの本の内容、特に第一部の内容はきわめて心理学的で、「連想原理」に多くの頁が割かれ、また、特に第XIV章「美しさの基本形を定め

るためのさまざまな実験。実験美学。黄金分割と正方形。」は、その実験目的、方法や考察も含め、ほとんど心理学そのものである。

　つまり、心理学的「方法」だけでなく、心理学的「思考法」もすでに示しているということである。

　この本の中であらためて提案されている「下からの美学」は、物理学などの「厳密科学」であることを放棄したうえでの「実証的」研究で、それはまさにその後の心理学のあり方を先取りしたものなのである。

　(d) 数学的心理学の系譜に連なること

　フェヒナーは、『ゼンド＝アヴェスタ』の補遺において「数学的心理学の新しい原理についての短い説明」を書いている。

　これについては、本論（特に第Ⅱ章と第Ⅲ章）で詳しくふれるが、彼が「数学的心理学（Mathematische Psycholigie）」（数理心理学）という言葉を用いたことは事実である。

　また、彼の『精神物理学原論』では、その測度理論に影響を与えた先人として、ベルヌーイ、ラプラス、ポアソン、オイラー、ヘルバルト、その他の研究者の名前を挙げている。このうち、ベルヌーイからオイラーまでの四人は数学者として有名である。

　これらの人たちについては、本書の第Ⅴ章「「快・不快」と数理心理学の系譜」の中で、とりわけ、近代の「快・不快」研究の流れの中であらためて論じることにしたい。

　(e) フロイトへの影響

　フロイトは精神分析学者であって、心理学者ではないと思われる人もいるかもしれないが、彼は広義の心理学者であり、また、少なくとも、狭義の心理学者に多くの影響を与えているのはまぎれもない事実である。

　そのフロイトが、自分に影響を与えた人物の一人としてフェヒナーをあげ、また、実際、彼の著書の中でフェヒナーの文章を引用している。

　たとえば、フェヒナーは「夢」について『精神物理学原論』の中で論じているが、

フロイトは「夢の舞台は覚醒時の表象活動の舞台とは別である」というフェヒナーの言葉を何度も引用している。(なお、「舞台」という言葉は、前記のように元良がヘルバルトのものとして紹介しているが、フェヒナーはそれを借用したのかもしれない。)

この他、フェヒナーの「快・不快」、「安定性への傾向原理」、「機知」の考え方などでも多くの影響を受けている。

このように、(a)から(e)までの五点からフェヒナーと心理学とのかかわりを考えるが、特に(a),(b)は「精神物理学」を論じるⅡ, Ⅲ章で、(c),(b)は『美学入門』を論じるⅣ章で、(d)は「快・不快」を論じるⅤ章で、(e)は「フェヒナーとフロイト」を論じるⅥ章で、それぞれ考察することにしたい。

(2) 精神物理学はどこまで物理学か？

われわれは「精神物理学とは何か？」ということについて、まだほとんど何も知らない。

それなのに、それを(根本的に)見直しをするなどということが出来るのか、という疑問が当然生じることだろう。

だが、筆者は、精神物理学がどこまで「物理学」なのか、それとも、そもそも物理学などとはほとんど関係のないものなのか知りたいと思う。

また、フェヒナーは「外的精神物理学」と「内的精神物理学」に区別しているのであるが、「内的」と「外的」とは実のところ何なのか知りたいと考えている。

このような問いは、ただちに答を見つけることは難しいかもしれない。

しかし、「精神物理学」が既知の、ただ充分には完成されていない「科学」だとかんたんに了解してしまってよいのだろうかという疑問があるのである。

もちろん、こんにち、「精神物理学」を物理学の一つの分野と考える人は、物理学者であろうとなかろうと存在しないだろう。

しかし、19世紀の中頃において、ライプチヒ大学の物理学の教授にもなったことがある人物が、たんに「言葉のあや」としてこの言葉、精神「物理学」を選んだだけとは考えられないのである。

フェヒナーはなぜ、精神「物理学」という名前を彼の新しい学問に与えたのだろう。

　本章の3－(2)でも見た元良勇次郎なども、II章の4－(1)でも取りあげるように物理学について言及していて、かつては心理学と物理学の距離も近かったとも考えられる。

　P. M. ハーマンは『物理学の誕生』の中で[26]、十九世紀中頃までに明らかになってきた物理学のテーマとして、次の四つを挙げている。

> 1850年までには、19世紀物理学における主要な主題のいくつかが姿を現した。それらは、さまざまな物理現象を単一の説明の枠組みの中に統合すること、説明のプログラムとしては力学的な説明が優越的な地位を占めること、物理現象を数学的に把握するとともに物理理論を定式化する際に数学的なアナロジーが寄与すること、さらに、普遍的で統合的な法則としてのエネルギー保存の法則が定式化されたこと、であった。（12頁）

1850年と言えば、その年の10月22日、フェヒナーに精神物理学のはじめての構想がひらめいた年として重要な意味を持っている。彼はこの日のことについて「日記」に書き残しているのである[27]。

　また、後で本論で詳しくふれたいが、彼の精神物理学で重要な意味を持つ（はずであった）活力あるいはエネルギーに関するヘルムホルツの『エネルギー保存の法則について』が発表されたのは1847年のことである。

　フェヒナーも活力 (lebendige Kraft) に着目し、はじめは精神活動の基礎となっている身体活動 (Körperlich Thätigkeit) の強度をその活力によって測定しようとし、その微小な変化に対応する精神活動の強度の変化との関数関係を考えた。

　さらに、従来心理学者の間ではあまり注目されてこなかったことだが、フェヒナーが1855年に『物理学的及び哲学的原子論について』という本を書いていることがある[28]。

　この本は、1864年に大幅に加筆された増補版が出版されている。つまり、『精神物理学原論』(1860年)前後に書かれた本ということである。さらにこれは、

書名にもあるように、物理学的な考察を含んでいるもので、その後、一部の物理学者からも注目されたようである。

しかし、誤解を避けるために言っておけば、フェヒナーが自分が創始した「精神物理学」が事実上物理学になっていたとは考えていなかった。彼はそれを求めて苦闘したが、ついに不可能であることを悟って、そして、『精神物理学原論』が出版された、というのが本書における仮説である。

求められるべきは心的活動の生理学的対件（Correlate）つまり、具体的には脳の働きであったが、それが不可能であることはフェヒナーも分かっていた。当時の生理学の水準ではまったく無理であったし、現在でも人間の精神的活動を脳の血流の変化や代謝の変化との対応づけなどの間接的な方法によって、非常におおまかなことがらしか読みとることはできない。

そこで、フェヒナーはなかなか理解しがたい、入り組んだ説明を用意しなければならなかった。

その説明の中核にあるのは、おそらく精神物理学的活動（Psycholphysisch Thätigkeit）あるいは精神物理学的運動（Psychophysisch Bewegung）であろう。

また、波動シェマという物理学由来とも思える図式も示している。

これらについての詳しい説明は、第Ⅱ章「精神物理学の構想（2）」にゆずる。しかし、少なくとも、こうした概念は、フェヒナーの精神物理学の枠内でのみ通用するものであることは否定できないであろう。

(3) 科学者と詩人と道徳学者のはざまで——フェヒナーの謎

城戸幡太郎は、次章でもふれるように、「フェヒネルにおける科学的天才と詩人的天分の矛盾の調和」ということを書いている[29]。「矛盾の調和」というところがみそである。

しかし、これに、さらに「道徳学者」ということもつけ加えなければならないだろう。道徳は宗教と読み替えてもよいが、かなり広い意味をもったものである。

科学について言えば、フェヒナーが物理学者であったことは間違いないことである。

フェヒナーは生計を立てるためにも二十代の頃、フランス語の書物の翻訳にいそしみ、その結果、フランスの物理学や化学に精通するようになり、やがては彼自身が物理学の実験研究を行い、特に電磁気学の分野ではすぐれた功績をあげた。
　しかし同時に彼は、「こころなき死んだ科学」を「唯物論的」と攻撃し、それと対極にある、後年彼が「昼の見方 (Tageansicht)」と呼んだ立場を強めてゆく。
　ところで、フェヒナーはたんに哲学者ではなく、「自然哲学者」とよばれることも多い。自然哲学はおそらく終生彼のバックボーンをなしていたと想像される。また、思想としてだけでなく、日常の生活においても「自然」そのものを彼は感じ、愛していたのであろう。
　フェヒナーの自然観でユニークなのは、人間対自然という対立図式をとらないことである。
　彼は動物はもとより植物も、地球上で共に生きてゆく仲間として受け入れるし、植物の「感覚」さえも認める。それはアニミズム的な感覚に似てはいるが、より精神的なもので宇宙のすべてのものの共在を認めている。
　彼の主著『ゼンド＝アヴェスタ』はある意味では「自然讃歌」の書と言ってもよいだろう。
　しかし、それだけでなく、宗教的な色彩も帯びている。彼は身近な自然を、庭の草木を愛し、一方で自然科学的な視点も忘れず、そして、同時に彼は生涯きわめて宗教的でもあった。
　ヴントと同じように牧師の子として生まれたフェヒナーは、もちろんのこととしてキリストの偉大さを認めていたし、キリスト教にも何度も言及しているが、それよりも宇宙における最高次の絶対神を信じていた。
　ところで、前記したように、フェヒナーについては、「多彩な」あるいは「多才」という表現がなされることが多い。ボーリングも「多才」(versatile) と呼んでいる。
　このような言い方の背景にはフェヒナーが書いた本の分野がかなり「多様」であることがあるように思われる。
　悪くいえば「何でも屋」である。

実際彼は、次章でも見るように、風刺的エッセーから、物理・化学の教科書の翻訳、家庭用百科事典の編集・執筆、詩集を含めた文学的エッセーや、謎謎の本、などを哲学的諸著作や、実証的著作と並行して書いている。
　しかし、彼はこれらの研究や著作を興味や才能にまかせて次々に書いていったのであろうか？　ここで、われわれはフェヒナーの著作物のほとんどが相互に関連性を持っていることに注目しなければならない。
　まず、閾であるが、これは波動図式（Wellenschema）とならんで、精神物理学における中心的な概念である。
　閾の考え方自体はフェヒナーの独創ではないが、精神的な力が働くところで、あるいは働かないように思えるところでも、つねに閾というものを考えるのはフェヒナーの特徴である。
　一般に閾とは感覚や知覚の領域で使われている。だが、フェヒナーは覚醒や睡眠といった意識段階にも用いるし、量的な閾だけでなく、質的な閾も考える。さらには、美学的閾などということについても書いているのである。
　たしかに、いつの時代でもさまざまな分野に才能を示す人は多い。
　それらが、一見するとバラバラで興味が集中していないように思える場合もある。
　しかし、城戸は「矛盾の調和」と言っているのである。
　ここでの「調和」というのはどういうものを意味しているのであろうか。
　おそらく、表面的には互いに矛盾しているように思えるさまざまな見方や主張の根底には一つの統一的な原理が存在しているのであろう。そう考えることができる原理をわれわれが見つけることができるのか、それも本書の課題であろう。
　例えば、「死後の生」について書かれた小冊子では、書名にもあるように人間が死んだ後の精神（霊魂）について考えている。それはオカルト的な内容を想像させるが、フェヒナーなりに理論的で、物理的な考え方さえ含んでいる。
　そうして、何よりも重要なのはそこで展開されている考え方が、後年の著作にも引き継がれている、ということである。
　しかしながら、フェヒナーの思想の中心概念はむしろ、快・不快概念である

と考えられる。そして、この快（Lust）と不快（Unlust）については、フェヒナーについての研究でもなぜかほとんど重視されてこなかった。

その理由は不明だが、実はフェヒナーの思想の中核にはこの快・不快という概念が疑いなく存在するのであって、フェヒナー自身、これについて多く書いている。

快・不快というと英国のベンサムの効用理論が想起される。

彼はベンサムには言及していないが、効用理論のもう一つの出発点である「セントペテルスブルクのパラドックス」については、『精神物理学原論』の中で、取り上げている。

また、フェヒナーの快・不快の理論とはかなり違うが、フロイトの快原理にも影響を与えている。

前者については、本書の「IV.「快・不快」と現代心理学の源流」の中で、後者については「V. フェヒナーとフロイト」の中で詳しく取り上げることにしたい。

そして、もう一つ重要なことは、この「快・不快」概念の背後に、さらに「真・善・美」という普遍的価値を考えていることである。

「真」は説明するまでもないかもしれないが、「美」は『美学入門』で扱われ、そこで「美」と「快」をフェヒナーは結びつけているのである。

また、「善」も彼の『最高善について』[30]などで、たんに感覚的な「快・不快」にとどまらず、その「快」の先にある「善」というものを考えているのである。

(4) なぜ、いまフェヒナーなのか？

いままで、現時点で検討し、明らかにすべき三つの課題、すなわち、心理学の立場からフェヒナーの仕事を再考する、精神物理学はどこまで物理学か？

科学者と詩人と道徳学者とのはざまで、という三つの点について述べてきた。

最後に、本書執筆の動機とも重なるのであるが、なぜいまフェヒナーなのかということについて考えてみたい。それは同時に、フェヒナーの思想と仕事の現代的意義についても探ってみることでもあろう。

筆者が自著で取り上げたいと思う人は、もともとどこかで共感できるところ

のある人か、批判の対象とすべき人物であった。

　しかし、フェヒナーの場合はこのどちらにもあたらない。筆者としては、前記のようにフェヒナーにおける科学主義と神秘主義というものの共在に興味を持ったこともあるが、共感しようにも、批判しようにも判断する材料がない。いわば、彼に対してまったくの無知であった。

　それにもかかわらず、フェヒナーを対象とする人物として取りあげようと考えた理由は、彼を取り巻く客観状況にあった。

　すなわち、社会経済的な状況としては、英仏にくらべれば当時のドイツは後進国であったが、産業革命後にあって、その科学技術のレベルにおいては決してひけをとるものではなかった。

　筆者のこだわりつづけてきたテーマは「近代化と心理学」であって、前著でも近代のヨーロッパにおける近代化と「写真・指紋法・知能テスト」との関係を取りあげている[31]。

　当時フェヒナーが置かれていた状況はその渦中にいて、しかも心理学者を自称していない本人は、晩年の「同僚」ヴントが心理学の「制度化」を急いだのを横目に見ながら、自身の仕事に没頭していた、ということになる。

　つまり、心理学が制度的に社会化される直前、あるいは同時期の学者としてどのような人物であったのか、という興味もあった。

　フェヒナーは1887年に世を去るが、その前後の心理学を取り巻く状況を簡単に見てみよう。

　まず、欧米の大学で心理学実験室が次々につくられ、はじめは哲学の枠の中であったが、次第に心理学として独立し、それを専攻する学生も出てきた。

　ドイツでは、ライプチヒ大学に世界ではじめて心理学実験室をつくったヴントを筆頭に、G. E. ミュラー（George Elias Müller, 1850-1934）もつづき、特に精神物理学的方法に関して大きな貢献をした。

　また、ドイツで特記すべきはヘルマン・フォン・ヘルムホルツ（Hermann Ludwig Ferdinand von Helmholtz, 1821-94）の存在であろう。彼は19世紀ドイツの最も偉大な学者の一人として、物理学を中心に生理学や心理学にも多大な貢献をした。とりわけ、視覚と聴覚に関する研究は実質的に実験心理学であった。

そして、万能の学者ではあったがフェヒナーとは異なり、形而上学的色彩はもたず、あくまでも経験論者であった。

英国では、心理学者というよりは優生学者として有名なフランシス・ゴールトンが、『遺伝的天才』(1869) と『人間能力の研究』(1883) を公表している。彼はとりわけ個人差の研究をすすめ、彼の弟子のピアソンはデータの分析方法として相関分析法を発展させ、この方法は以後心理学で非常に重視されるようになる。

ゴールトンがその後の英米の心理学に及ぼした影響は非常に大きなものだったと言わざるを得ない。

そして、米国ではハーバード大学で生理学と解剖学の講師をしていたウィリアム・ジェームズが1875年から76年にかけて心理学実験室をつくった。彼はまた、「……『生理学と心理学の関係（The Relation between Physiology and Psychology)』という課程を提供した。この課程が、総合大学における最初の正式な実験心理学の授業であったということができる。」(R.トムソン 1968)、ということである。

つまり、フェヒナーが1860年に『精神物理学原論』を刊行して以後、心理学はその草創期に入ってゆき、急速な変化を遂げたのである。

フェヒナーの存在と研究は、たまたまのもので、近代心理学の成立にどれほど貢献したかはわからない、という意見もあり得るであろう。

しかし、彼はそれ以前の思弁的な心理学の最後の段階における大物であるヘルバルトに影響を受けつつも、自身実験を行ない、数量的なデータを得た。そして、彼の方法は次の世代のヴントらに引き継がれた。

とするならば、心理学の誕生の秘密、あるいはその秘密のヒントをフェヒナーの研究を通じて探るということも、あながち無意味なことだと言えないだろう。

筆者は、その評価は別にして、「科学的心理学」と言われるものの条件は、それが客観的な方法を備えた実験等によって得られる「数量化」の過程を経ている、ということにあると考える。

フェヒナーは実際に物理学者としての経歴を持ち、厳密科学としての心理学を求めてはいたが、それが不可能と知って、身心の間に関数関係が存在すると

いうモデルでとどめ、不可量物の数量化という課題をクリアした。

いわば、「擬似厳密科学」を彼は構想したが、もちろん彼の形而上学的部分は内部にとどめて、意外にもプラクティカルな測定法等を案出した。

それが、本書における筆者の仮説である。

もちろん、フェヒナー一人が科学的心理学の誕生にかかわっているなどと言うことはあり得ないことは承知している。

しかし、一見理解し難い風変わりな彼の壮大な思想体系の中から、なぜか実験心理学の基本的方法が生みだされ、彼の異様に多いさまざまな原理や原則が、例えばフロイトの精神分析に影響を与えたのは事実である。

註）

1) Gustav Theodor Fechner 1860 *Elemente der Psychophysik*, 2 Bände, 2. Auflage. Leipzig 1889.
2) 南雲与志郎編 1957 『現代心理学とは何か』(『新心理学講座』別巻)、河出書房新社
3) ロバート・トムソン（北村晴朗監訳）1968（1973）『心理学の歴史』、金沢文庫
4) グスタフ・フェヒナー（服部千佳子訳）1836（2008）『フェヒナー博士の死後の世界は実在します』、成甲書房
5) J.E. Kuntze 1892 *Gustav Theodor Fechner : Ein Deutsches Gelehrtenleben*, Leipzig, Druck und Verlag von Breitkopf und Härtel
6) フェヒナーより二歳年長のマルティン・ゴットリープ・シュルツェ（Martin Gottlieb Schulze）のことである。シュルツェは詩的な傾向をもった破滅型の天才ともいうべき友人で、フェヒナーに強い影響を与えたという。
7) Edwin G. Boring 1950 (2nd Ed.) *A History of Experimental Psychology*, Prentice-Hall, ING.
8) Gustav Thedor Fechner 1876 *Vorschule der Aesthetik*, Leipzig, Druck und Verlag von Breitkopf & Härtel.
9) Gustav Theodor Fechner 1848 *Nanna oder über das Seelenleben der Pflanzen*, Leipzig, Leopold Voß.
10) Gustav Theodor Fechner 1851 *Zend-Avesta oder über die Dinge des Himmels und das Jenseits. Vom Standpunkt der Naturbetrachtung*, Leipzig, Leopold Voß.
11) 岸本惣吉 1937 『日本心理學書年次・種類・著者類別』、モナス

12) Kurd Lasswitz　1910　*Gustav Theodor Fechner*, Stuttgart. Fr. Frommans Verlag（E. Hauff）
13) 上田光雄訳　1948　『宇宙光明の哲學・霊魂不滅の理説』、光の書房
　　この本における「宇宙光明の哲学」の原著はフェヒナーの *Die Tageansicht gegenuber der Nachtansicht*, Leipzig, Breitkopf & Härtel.（1879）、また、「霊魂不滅の理説」のそれは *Das Büchlein vom Leben nach dem Tode*,（初版は 1836 年だが、上田は「臺本（底本？）」としてドイツの合本を用いたとしていて、ここで何年版を用いたかは未詳）である。
14) 滝村斐男　1922　『美學思潮』（最近思潮叢書、第七編）、日進堂
15) 山下恒男　2004　『日本人の「心」と心理学の問題』、現代書館
　　（この本の第六章「日本の心理学の創始者たち」で二人を取りあげている）
16) 元良勇次郎　1887　『心理學十回講義』、冨山房
17) 元良勇次郎　1915　『心理學概論』、丁未出版社・寶文館
18) 松本亦太郎　1914　『實驗心理學十講』、弘道館
19) 松本亦太郎　1939　『遊學行路の記』、第一公論社
20) 松本亦太郎　1925　『智能心理學』、改造社
21) 松本亦太郎　1937　『心理學史』、改造社
22) S.S. Stevens 1946 On the Theory of Scales on Measurement, *Science*, Vol. 103, No. 2684, pp. 677-680.
23) 門林岳史　2000　「G. Th. フェヒナーの精神物理学—哲学と心理学の間、精神と物質の間」、『現代思想』、28（5），142-166.
24) 岩渕輝　2014　『生命（ゼーレ）の哲学 —知の巨人 フェヒナーの数奇なる生涯』、春秋社
25) 岩渕輝　2007　「グスタフ・フェヒナーの生命思想—精神物理学との関わりにおいて—」、『明治大学教養論集』、No.416，1-27.
26) P.M. ハーマン（杉山滋郎訳）1982（1991）『物理学の誕生—エネルギー・力・物質の概念の発達史—』、朝倉書店
27) Gustav Theodor Fechner（ Herausgegeben von Anneros Meischner-Metge, Bearbeitet von Irene Altmann ）2004 *Tagebücher 1828 bis 1879*, Leipzig, Verlag der Sächsischen Akademie der Wissen-schaften zu Leipzig.
28) Gustav Theodor Fechner　1856　*Physikalische und Philosophische Atomenlehre*, 2. Aufl., Leipzig, 1864.
29) 城戸幡太郎　1968　『心理学問題史』、岩波書店、446 頁
30) Gustav Theodor Fechner　1846　*Ueber das höchste Gut*, Leipzig. Breitkopf & Härtel.
31) 山下恒男　2012　『近代のまなざし—写真・指紋法・知能テストの発明』、現代書館

I. フェヒナーの生涯と仕事

1．フェヒナーの生涯

　フェヒナーの生涯について述べている本や論文ではほとんどの場合、同じようなことが書かれている。
　それも当然で、参照する文献が限られているからである。ドイツ語で書かれたフェヒナーの伝記としては、J.E. クンツェ（1892）によるものと[1]、K. ラスヴィッツ（1910）によるものくらいしかない[2]。英文で書かれたE.G. ボーリングの『実験心理学史』（1950,2nd Ed.）にしても[3]、フェヒナーの章の参考文献としてクンツェとラスヴィッツの本があげられているくらいである。
　この他、現代のものとしてはH.J. アーレント（1999）によるものがあり[4]、他書で取りあげていないようなことの記述もあって貴重である。また、同じく現代の研究者、M. ハイデルベルガー（1993）によるものもあり、これは英訳版（2004）が出ているので[5]、本書ではそれを使用している。
　フェヒナー自身が書いたものとしては、彼の「日記」とそれを編集した本の巻末に掲載されている「履歴書（Lebenslauf）」がある[6]。しかし、「履歴書」であるから、当然短いものである。
　なお、フェヒナーの厳密な「伝記研究」を求める人向けには、岩渕輝の「前期グスタフ・フェヒナーの伝記研究」（2010）という論文他がある[7]。
　以下、フェヒナーの履歴書とクンツェとラスヴィッツによる伝記、ヴントの追悼文、その他の文献を参考にして、彼の生涯をできるだけ簡潔に辿ってみることにしよう。

（1）生い立ち

　フェヒナーは1801年4月19日の日曜日に、現在ではポーランド領になっているドイツ東部のムスカウ（Muskau）とトリーベル（Triebel）の間の、ニーダーラウズィッツ地方（Niederlausitz）の、グロースゼールヒェン（Großsährchen）の小さな村に五人きょうだいの二番目として生まれた。エドアルトという兄と、エミリェ、クレメンティーネ、マティルデの三人の妹がいた。

父、ザムエル・トラウゴット・フェヒナーはグロースゼールヒェンの牧師だった。母、ヨハンナ・ドロテァはニーダーラウズィッツのゴルツェンの出身だった。父方、母方の祖父はいずれも牧師で、親戚には聖職者が多かったという。
　父親は当時としては非常に開明的な人で、教会の塔に初めて避雷針を取り付けたり、当時は当たり前だったカツラを着けずに説教をしたりしたという（こうしたエピソードは、どのフェヒナーの伝記にも出てくる）。

(2) 学校教育

　グスターフ・フェヒナーは幼時から両親に教育を受け、五歳の時（1806年）父が亡くなってからは、母方の伯父に引きとられ、そこで教育された。
　彼がはじめて学校に入学したのは1814年のことで、ゾーラウ（Sorau）のギムナジウムに通うことになった。また、兄のエドアルトはドレスデンの画家アカデミーに行くことになった。
　しかし、一年あまり後に母と三人の妹たちもドレスデンに移り、グスターフも1815年の復活祭から一年半の間、クロイツ・シューレ（Kreuzschule）に転じた。それから、半年間は医学・外科アカデミーに通い、1817年の復活祭の時期に、ライプチヒ大学で医学の勉強をするためにライプチヒに移った。フェヒナー16歳のときであった。
　しかし、当時のライプチヒ大学における医学教育は設備や施設を含めて不充分なもので、医学の成果に不信感を持つ一方、彼自身が医療の実際を行なう技量に欠けていると感じていたため、しだいに医学から遠ざかった。
　学生としてのフェヒナーは所属していた医学部からみれば、あまり良い学生ではなかったかもしれない。
　フェヒナー自身が語っているところによれば、ライプチヒ大学で受けた講義には、クルーク（Krug）の論理学、シュヴェーグリヒェン（Schwägrichen）の植物学と動物学、ギルバート（Gilbert）の物理学と化学、エッシェンバッハ（Eschenbach）の薬物学、ローゼンミュラー（Rosenmüller）の解剖学、キューンとエルンスト・ハインリヒ・ヴェーバー（Kühn und Ernst Heinr. Weber）の生理学、イェルク（Jörg）の産科学、モルヴァイデ（Mollweide）の代数学、な

どがあるという。(クンツェ、S.37)

　これらの講義にもあまり熱心に出席していたわけはなさそうだったが、例外はE.H. ウエーバーの生理学と、モルヴァイデの代数学で、彼らからは強い影響を受けたという。

　なお、フェヒナーは学校生活から社会人への移行について、履歴書では、「1823年、私は哲学博士（いわゆるマギスター）となり、同じ年、大学教授の資格を得、1831年と1832年に臨時の教授となった。そして、その後1834年にブランデス教授の死去によって正規の物理学教授となった」と簡単にふれているだけである。

(3) 生計のための翻訳と家庭用百科事典の編集

　前記のように父親を早くに亡くしたフェヒナーの一家は生活に余裕がなかった。しかし、そうした中でも、母親は子どもたちに教育を受けさせていた。したがって、青年時代のフェヒナーは非常に貧しかった。それを助けたのは彼の文筆の才と精力的に行なった翻訳の仕事である。

　学生時代、医学から遠ざかったフェヒナーが関心をもったのは文筆活動であった。それは、彼に生活費をもたらすとともに、新しい友人たちとの交友関係をもたらしたし、後にはフランスの物理学と化学の書物の翻訳を通じて、物理学研究の道へも導くことになる。

　具体的には、まずバウムゲルトナー書店、ついでフォス書店という出版業者との関係ができたことである。

　彼はフランスの学者ビオによる物理学と、同じくテナールによる化学の教科書の翻訳を、いずれもフォス書店から出版している。

　ジャン＝バティスト・ビオ（Jean-Baptiste Biot）(1774-1862) は、フランスの物理学者、天文学者、数学者である。1820年代に電流と磁場の関係を研究し、ビオ・サヴァールの法則を発見したことで知られている。

　ビオについては、P. M. ハーマンの『物理学の誕生』の中でも次のように書かれている[8]。

……ビオ（1774-1862）は、大きな影響力を持った『実験的および数学的な物理学について』（1816）で、精密な実験を行い物理量の大きさを数値的に求めることの重要性を認め、新しい実験手順と実験装置を採用して実験の正確さと精密さを改善する必要があると強調した。ビオは、物理学にとっての範例として、数学的で実験的な方法を提示した。定量化が、物理理論の達成すべき目標とされたのである。（18頁）

　ここで、わざわざビオについて引用したのは、フェヒナーがこのようなビオのあり方に影響を受け、後の自分の研究のお手本としたと考えられるからである。
　また、この本には、「ビオの『物理学論考』に掲載されている、J. ワットが設計した蒸気機関の図。」も収められており、「ビオも彼の著名な教科書の中でそれを扱ったのである。」（50-51頁）と書かれている。
　一方、ルイ＝ジャック・テナール（Louis-Jacques Thénard）（1777-1857）は、同じくフランスの化学者で、1808年、ゲイ・リュサックとともにホウ酸からホウ素を単離したことで知られている。
　貧しい農家の息子として生まれたが、16歳のとき、薬学の勉強のためパリに出た。苦学をしながらもルイ・ヴォークラン（Luis-Nicholas Vauquelin）の知己を得て、後にはコレージュ・ド・フランスの教授、エコール・ポリテクニークの化学の主任教授などをつとめた。
　彼はとりわけフランスの科学教育に力を注ぎ、特に彼の『基礎化学論―理論と実践』（全四巻、パリ、1813-16）は非常に影響力のあった教科書で、彼の研究よりも科学の発展に寄与したと言われているという。
　フェヒナーはこれらの本の翻訳を通じて、収入を確保しつつ、物理と化学についての知識を積み重ね、また後にライプチヒ大学で職を得るための「業績」をつくったことにもなる。
　なお、この間、1827年にはザクセン政府からの300ターレルの奨学金の助成を受けてパリを訪れ、三ヶ月間の滞在中には、ビオ、テナール、それに物理学者のアムペア（André-Marie Ampère, 1775-1836）に会っている。（クンツェ、S.72;

ハイデルベルガー，p.28）

　さらに、これは彼の結婚後のことであるが、1834 年からは『家庭用百科事典』（Das Hauslexikon）の編集並びに分担執筆の仕事を行っている。同年に第一巻を出した後、翌 35 年に第二巻、第三巻を、36 年に第四巻、第五巻を、37 年に第六巻、第七巻、そして 38 年に第八巻（最終巻）を、と立て続けに発行されている。各巻とも 860 頁程度（最終巻は 993 頁）という厖大な仕事に多大な労力を費やした。

(4) 文学的志向と美術への関心

　フェヒナーは若い頃から、文学とりわけロマン主義的文学に関心を持っていた。

　しかし、彼が最初に書いたのは、Dr. ミーゼスの名前による「月がヨードでできているという証明」（1821）という当時の医学を風刺した小文であった。

　1835 年にはリュッケルトとハイネについてのエッセイを書いている。

　フェヒナーは特にリュッケルトには特別な愛着をもち「完全に彼から詩作の試みの影響を受けている。」（ラスヴィッツ，S.36）という。

　1841 年には『詩集（Dr. Mises Gedichte）』を出版したが[9]、これには Dr. ミーゼス名が使われている。この詩集は「バラード」と「その他」に分けられているが、本文 187 頁に、54 の詩が載せられている。

　だが、詩作の分野でフェヒナーが特に才能を示したという評価はないようである。

　それどころか、ラスヴィッツは、「しかしながら、われわれはフェヒナーに対するあらゆる尊敬をもってしても、われわれがもちろん今日その様式に関してもまた、大きな要求をするこの分野で、とにかく平凡以上のレベルに進んでいるということを見いだすことはできない。」（S.36）と書いているくらいである。

　フェヒナーの場合、むしろ、狭義の文学だけでなく、美術、音楽などを含めた文化一般への志向と影響を考えた方がよいかもしれない。

　ラスヴィッツ（S.91）も指摘するように、フェヒナーの兄エドアルトは画家だったし、甥と姪の何人かは芸術家だった。また、フェヒナーが出入りし、彼

の著書を多く出版したブライトコプフ＆ヘルテル商会の社長ヘルテルの息子ヘルマン・ヘルテルとは友人関係があり、彼らの家は、外国からの芸術家のたまり場だった。

さらに、後述する彼の親友ヴァイセは美学研究で名声を得ていた。

(5) 影響を受けた人物と交友関係

医学の勉強に嫌気がさしていたフェヒナーは、1820年にオーケンの自然哲学に出会い、内容がよくわからないながらもその魅力に取りつかれたという。

ローレンツ・オーケン（Lorenz Oken, 1779-1851）は、ドイツのフライブルク大学、ビュルツブルク大学で博物学と医学を学んだが、シェリングの自然哲学に大きな影響を受けた。彼はイェナ大学、ミュンヘン大学、チューリッヒ大学などで、医学や博物学を教えた。

一方、フリードリッヒ・シェリング（Friedrich Wilhelm von Schelling, 1775-1854）は、はじめテュービンゲン神学校で学んだが、カントらの観念論的哲学に興味を持ち、1796年にはライプチヒ大学で自然学の授業を聴講している。後にイェーナ大学、ヴュルツブルク大学、エアランゲン大学、ミュンヘン大学、ベルリン大学など多くの大学で哲学を教えた。

フェヒナーが関心を持った自然哲学は、狭義にはドイツ観念論の流れの中で登場したものであると同時に、哲学と科学が分離する直前の近代自然科学の発展の中で生まれたものでもある。

また、十九世紀ヨーロッパまでは、ごく普通に見られた、宗教家と科学者が矛盾なく同居できるような入れ物としての思想である。

例えば、イタリア（生れはクロアティア）のボスコヴィッチなどもその一人である。彼の『自然哲学の理論』における「原子論」は次章において見るように、フェヒナーの「精神物理学」の成立に大きな影響を与えたものと思われる。

さて、ライプチヒ大学での医学生時代に受けた授業の中でも、E.H. ウエーバーの生理学と、モルヴァイデの代数学には興味を示し、彼らからは強い影響を受けたということは前記したとおりである。実際に、それらはフェヒナーの

以後の実証的な研究や著作にも関係してくる。

　エルンスト・ハインリヒ・ウェーバー（Ernst Heinrich Weber, 1795-1878）は生理学者、解剖学者で、後にフェヒナーから「ウェーバーの法則」と名付けられるそのウェーバーである。

　彼は12人きょうだいの長男であったが、他に物理学者の弟のウィルヘルム・エドアルト・ウェーバー（Wilhelm Eduard Weber, 1804-1891）、解剖学者の弟のエドアルト・フリードリッヒ・ウィルヘルム・ウェーバー（Eduard Friedlich Wilhelm Weber, 1806-1871）の二人がいて、彼らは「ウェーバー三兄弟」として知られている。

　このうち、エルンストはフェヒナーより六歳年長で、彼の生理学の先生であったが、触覚や聴覚に関する研究をしており、その中で、いわゆる「ウェーバー・フェヒナーの法則」が誕生したわけである。

　また、物理学者のウィルヘルムは、本項の（10）でも取りあげている、1837年の「ゲッティンゲン七教授の罷免」事件で追放された一人で、その後一時ライプチヒ大学の教授を務めた。なお、エドアルトもライプチヒ大学に所属していた。

　もう一人のカール・ブランダン・モルヴァイデ（Karl Brandan Mollweide, 1774-1825）だが、ヘルムシュテット大学で数学とその天文学への応用を学んだ。1800年には、ハレ大学で数学と天文学の教授となった。1811年にはライプチヒ大学に移り、天文学の教授となったが、大学の天文台長も兼務した。しかし、1814年には、彼の希望もあってか、数学の教授に移った。

　彼の業績の中では、モルヴァイデ図法が有名である。一般に地図は球体である地球を二次元の平面上に描くわけだが、その際には必ず歪みが生じる。モルヴァイデ図法は地球を楕円形にして、南北両極地の歪みを少なくしたところに特徴がある。長所としては、実際の面積との比が等しくなる「正積」であることであるといわれる。

　フェヒナーの友人関係であるが、親友で後に哲学者になるクリスティアン・ヘルマン・ヴァイセ（Christian Hermann Weiße, 1801-1866）とヴァイセの紹介で出会ったマルティン・ゴットリープ・シュルツェ（Martin Gottlieb Schulze）の

二人が重要である。

　ヴァイセはフェヒナーと同年に生まれており、最も親しい友人であったが、福音主義神学者であり、後期観念論哲学者であった。はじめ、ヘーゲル派の哲学を信奉していたが、後年はシェリングの思想に転じた。

　1828年から37年、41年から66年までライプチヒ大学で哲学を教えたが、45年に正教授になっている。彼の著書は神学や哲学に関するものが中心だが、美学の本も書いている[10]。

　フェヒナーの交友関係は、学問や研究の仲間でもある友人たちとの間のものが多かった。しかし、その中でもシュルツェとの関係は特別だった。

　クンツェはシュルツェを"不気味な友人"（Der unheimlich Freund）として、次のように書いている。

> マルティン・ゴットリープ・シュルツェは、フェヒナーより二歳くらい年上だったが、個人的なつきあいの中でも、何かしら不気味（デモーニッシュ）な魅惑するものを持っていたに違いない。フェヒナーに宛てた不運な友人のたくさんの手紙が遺品の中に見つかっている。それらは皮肉と不満に満ち、不穏で、あてどのない、一瞬のうちに感じた気持ちをもらしている。詩的な傾向は彼にとって否認されるべきものではなく、詩句はペン先から軽やかに次々とわき出した。彼の姉の非常に心を打つ、とがめ立てに満ちた手紙の中では、"あるいはむしろ、自分の精神力についての高い評価が幽霊のようにどこでも邪魔になっているのではないかしら？"という言葉が、そのような性質が高慢の傾向と結びついていることを示している。気まぐれとうぬぼれが狂気への道を塗り固めている。すなわち、それは、この生活の暗い結末をもまた示している。(S.44)

　つまり、感受性に富んだ、才気ある、それでいて傷つきやすい、われわれがしばしばイメージしがちな破滅型の天才のような存在であったらしい。そして、実際に世間に知られることなく、病院で亡くなったという。

　彼はフェヒナーの研究に直接影響を与えることはなかったろうが、フェヒ

I. フェヒナーの生涯と仕事

ナーのものの考え方、感じ方の深いところで、影響を及ぼしたようである。

もう一人、ルドルフ・ヘルマン・ロッツェ（Rudolf Hermann Lotze, 1817-1881）もあげる必要があるだろう。彼は「友人」というよりも、E.H. ウェーバー、フォルクマン、そしてフェヒナーから数学や物理学に関して教えを受ける一方で、ヴァイセからは美学及び芸術関係で影響を受けていた。

つまり、「弟子」のような関係にあったが、ヴァイセやフェヒナーと一週間に一回程度集う小さなサークルをつくっていたという。それはロッツェがライプチヒに住んでいた1844年まで続いたらしい。

この中で、アルフレッド・ヴィルヘルム・フォルクマン（Alfred Wilhelm Volkmann, 1801-77）であるが、彼は生理学者、解剖学者、哲学者であった。1828年にライプチヒ大学の私講師の資格を得たが、34年には動物解剖学の非常勤教授となった。1837年には、エストニアのドルパト大学で生理学、病理学、症候学の教授となった。しかし、1843年にはハレに移り、1854年から72年まで解剖学を教授した。

彼の主要な業績は中枢神経系の組織学にあるという。

さて、再びロッツェにもどるが、彼ははじめライプチヒ大学で哲学と自然科学の学生として授業を受けていたが、17歳のとき、医学生として正式に入学した。そして、前記のように、E.H. ウェーバーらによる教育を受けるのだが、彼は科学に興味を持っている一方で、J.G. フィヒテ、F.W.J. シェリング、G.W.F. ヘーゲル等の哲学にも関心を持っていた。

彼は1838年に哲学博士の学位を受けるとすぐに医学博士の学位も得た。はじめはライプチヒ大学で教えていたが、1844年、J.F. ヘルバルトの後任として、ゲッティンゲン大学に移った。彼は『医学的心理学あるいは精神の生理学』(1852) という著書を残している。

このように見てくると、フェヒナーの周囲には多くのよき師や問題意識を共有し、論じ合うよき友人たちがいたことがわかる。

また、財政的な支援につながるような翻訳や出版を可能にしてくれる、いわばパトロンのような人にも恵まれている。

貧しくはあったにしても、学者の環境としては決して悪くはなかったと思わ

れる。

(6) 物理学研究と視覚研究

　フェヒナーが自身で物理学の研究をはじめる前に、フランスの物理と化学の教科書等をドイツ語に翻訳する仕事をしていたことはすでに見たとおりである。
　彼が取り組んだのは電磁気学の分野であった。
　それは当時盛んになり始めた領域で、1836年にはオーム（Ohm）が有名な法則を発見し、フェヒナーもそれに関連する研究を行なっていた。
　1831年には著書『ガルヴァーニ電池の量的測定』をまとめている。
　彼は1830年代後半には視覚研究も行うようになる。それは眼の生理学的研究ではなく、光の物理学的研究でもない、人間の感覚様式についての研究である。（ボーリングは「擬似心理学的な関心の最初の徴候」(p.278) と述べている。）
　これらの研究はもうすでに十分「(実験) 心理学」と言ってもよいものである。すなわち、1838年には「主観的補色」についての二論文を発表し、1840年には「主観的残像」についての論文を書いている[11]。
　前者は、「主観的補色について」と「主観的色彩を生じさせる円板（Scheibe）について」であり、後者は、「主観的残像と副像について」である。
　なお、前者の円板をヒントにして、後に英国のおもちゃ業者 C. ベンハムが主観色を生じさせる「ベンハムの独楽（Benham‐Scheibe）」を発売している。

(7) ライプチヒ大学での勤務

　フェヒナーがライプチヒ大学ではじめて講義を受けもったのは、1824年のギルバート教授（L.W. Gilbert）の死後、ブランデス教授（H.W. Brandes）が就任するまでの半年間で、物理学を担当した。（クンツェ, S.72）
　はじめはその職をそのままつづけさせようという意向であったが、フェヒナーが若すぎるという理由で立ち消えになったという。（Heidelberger, p.27）
　1831年、1832年、フェヒナーはライプチヒ大学の無給の講師だったが、1834年には前記のハインリヒ・ウイルヘルム・ブランデス（Heinrich Wilhelm Brandes）教授の死去にともない、その後任として、物理学の教授になった。

しかし、すぐに喜んで教授職に就いたのではなかったようである。クンツェはその間の事情を次のように書いている。

それから遠からずして、彼は（ライプチヒ）大学における物理学の正教授となった。そこに、1834年10月3日、就任した。友人たちからなされた勧めに従って、彼は思いきってこのポストに応募していたのだ。そして、彼がより安定した身分を得たことはおそらくよかったのだ。これがなかったとしたら、彼は後年、生活の心配と戦う苦労をしなければならなかっただろう。もちろん、人はフェヒナーが教授でなくても、物理学の諸実験を行っていたかどうか、問いを投げかけるかもしれない。その諸実験が後に、彼のなかなか治らない眼病の原因となったのである。それは、あたかも彼がその結果についてのひそかな予感を持っていたかのようである。なぜなら、彼は長い間、彼の身近にある教授職への志願に抵抗していたからである。その上さらに、彼が生涯失うことのなかったあらゆる業務上の束縛に対する、深く根づいた嫌悪が生じた。すなわち、文学的仕事と創作のまったくの自由さは、昔から彼の前に一つのパラダイスとして現われていたが、それを大学組織の天使が許すことはないだろう。しかし、彼はどこか別のところに、大学の自由という天国だけを偏見なく見ることに自分を縛りつけるという犠牲を払った。(S.82)

そして、(9)で後記するように、フェヒナーは残像の研究によって眼を痛め、教授職を続けられなくなってしまう。

その後のフェヒナーの生活であるが、それはザクセン政府から支給される年金でまかなわれることになった。

「……フェヒナーは850ターレルの休職給（Wartegeld）をもらえるようになったが、それは後に200ターレルずつ二回増額された」（クンツェ、S.139；ラスヴィッツ、S.47）ということで、いちおう最低限の生活は保障されることとなった。

彼は二度と正規の教授職に戻ることはなかったが、回復後の1846年以来毎週二時間の公開授業を行うようになった。それは、もはや「物理学」について

ではなく、「最高善」、「世界の終末のことがら」、「人類学」、「心身関係」、「精神物理学」、「美学」、「自然哲学」など、その後彼の著書となったテーマについての講義だった（「履歴書」, S.1221-1222）。（ただし、「履歴書」の記述とクンツェ，ラスヴィッツの本とでは、講義題目が若干異なっていて、後者では「魂の座（Sitz der Seele）」が加わっている。）

そして、(11) でも述べるように、「1873年以来、講義を免除してもらうよう申請していたが、」とあるように、年金で生活が保障されていたとはいえ、また、教授の肩書きはそのままであったにせよ、大学での地位は形のみのもので、きちんとした処遇はなされていなかったようである。

しかし、これは一つにはフェヒナー本人が望んだことでもあるようだが、社会的には必ずしもエリート学者としての人生を歩んだのではないのだろう。

(8) きょうだい関係と結婚生活

ここで、フェヒナーのきょうだいについてあらためてふれておこう。

前記のように、兄のエドアルトはドレスデンの画家アカデミーに通ったが、1820年にはミュンヘン芸術アカデミーに入学して画家の勉強を続けた。そして、1825年にはパリに赴き、生涯をパリで暮らした。

妹のエミリエは1823年に、ヨハネス・ゴットリープ・クンツェ（Johannes Gottlieb Kuntze）と結婚した。翌年、エミールと名付けられた長男が生まれたが、彼が後年に伯父フェヒナーの伝記を書くことになるクンツェである。

二番目の妹クレメンティーネは1828年に、フリードリヒ・ヴィーク（Friedrich Wieck）と結婚した。ヴィークと離婚した先妻との間の次女クララはピアニストとなり、後に作曲家ロベルト・シューマンと結婚している。

成人したフェヒナーの家庭生活であるが、彼自身によって、「1833年の4月18日にクララ・マリア、旧姓フォルクマンと結婚した。彼女は（(5) でふれた…筆者）ハレの生理学者 A.W. フォルクマンの妹で、人気のあった童話の本『黒いおばさん』（Die schwarze Tante）の作者だった。われわれの結婚生活は子どもはいなかったが、とても幸せだった。」（「履歴書」, S.1222）と簡単にまとめられている。

（9）闘病生活

　フェヒナーの生涯を考える場合に、特筆すべき出来事は何といっても、彼の人生を変えることになった重篤な眼疾であろう。

　フェヒナーについての研究者の中には、この病気の前と後とではフェヒナーの思想が大きな転換を遂げ、より形而上学的色彩を強めるようになったとする人もある。また、病跡学的研究もあるようである。

　しかし、本書ではこのような見方はとらない。彼の生活上の大きな転換になったにせよ、思想的に深まったとしても基本的に変化は遂げていないというのが、本書の立場である。

　1839年から1843年にかけて、フェヒナーは眼の状態の悪化と精神的疲労によって研究生活が送れないようになった。その間のことについてフェヒナーは履歴書で次のように書いている。

　　その結果、私の両眼は1839年のクリスマスの頃には、完全に使用不能の状態におちいり、講義を中断せざるを得なかった。そして、完全に光を忌み嫌うまでに容態を悪化させた。私の地位は放棄せざるを得なかった。同時に、以前の頭痛をともなった精神的緊張があとに残った。ところが、1843年の秋になると、私の両眼と頭の十分な治療なしではあったが、かなり早く、独自の状況で突然、はっきりとした回復を始めた。そのことは、私が再び科学的活動ができる状態へ戻してくれた。それでも、私は以前の地位に再び就くように要求はしなかった。（S.1221）

　フェヒナーの眼の状態は一度回復してからも、たびたび悪化したようである。例えば、1873年の『有機体の創造と発展の歴史に対する二、三のアイディア』の序文でも、ダーウィンの学説についての膨大な文献も、自分の眼の状態が悪くて、充分目を通すことができなかった、と書いている。

　履歴書にも、「再び、次第に悪化した私の眼の状態は、両眼に灰色の白内障を発症させた。そのために、私は1873年から1877年までの間に何回もの白内障の手術をハレのグレーフェ教授によって受けたが、その結果は十分に満足で

きるものだった。」という記述があるくらいである。

(10) フェヒナーと政治

　フェヒナーの父親は牧師であったが、当時としては開明的な考えを持っていたことについては、本章のはじめにも述べたことである。

　しかし、伝統的な考えに疑問を持つことと、政治的にリベラルな立場を取るということは、もちろん直接の関係はないだろう。

　フェヒナーが社会的問題や矛盾に対して彼の著書の中で言及しているということがまったくない、ということはない。

　若い頃の彼は、『月がヨードでできていることの証明』など、社会風刺的あるいは社会批判的な文章を書いていたことは事実であろう。

　しかし、そうした著書はあるにしても、それが具体的な社会的活動につながったり、政治体制の批判をしたりということではない。そのかわりに、『宇宙光明の哲學』の中で次のような批判はしている。

　　われわれは愚かな考へでつまつたかゝる智慧を誇りながら、黒人やトルコ人の單純な、謙遜な愚かさを見下して憐れんでゐる。そして自分達が過去の世紀より遙に進歩したと信じてゐるのだが、その理由は彼らがわれわれの持つてゐるやうな愚かしさをいくらか少く持つてゐたといふことによるのだ。しかし、實を云へばわれわれはむしろわれわれの燐寸をこそ誇るべきであらう。何故なら燐寸はあゝした暗黒觀のあらゆる鬼火が消え去つた後にも長くわれわれを照らしてくれるであらうから。（11頁）

　これは社会批判ではなく文明批判であり、進歩に象徴される物質主義批判であろう。こうしたことこそが、フェヒナーの真骨頂なのであり、彼に社会の現実や、政治を語ることを求めるのはお門違いなのである。

　クンツェは彼の本のⅥ章「哲学者フェヒナー（1844-1852）」の終わりの方で、おそらく年代記的な記述と対応させる意図もあってか、やや唐突とも思える「政治的なこと」について一つの節を設けている。

そこでは、二つの政治的事件と二、三の訪問客にふれられている。

一つの事件は1837年の「ゲッティンゲン七教授の罷免」である。

すなわち、この年、ハノーファー国王となったエルンスト・アウグストは、即位すると、七月革命の影響下に生まれた、四年前に制定された民主的な新憲法の破棄を宣言した。

これに反対して、ゲッティンゲン大学の七人の教授が大学に抗議書を提出したが、中心メンバーの三人は国外追放に、その他の四人も免職となった。

この事件では、ダールマン（Dahlmann）を筆頭に、ゲルビーヌス（Gerbinus）、アルブレヒト（Albrecht）、ヤーコブとヴィルヘルムのグリム兄弟（Jakob und Wilhelm Grimm）、エヴァルブ（Ewalb）、それにウエーバー三兄弟の次男で、フェヒナーの親友であるヴィルヘルム・ウエーバー（Wilhelm Weber）が含まれていた。

ヴィルヘルムはその後、眼疾等の病気のために正教授としての職務を続けられなくなったフェヒナーの後任として、1843年にライプチヒ大学の教授となったが、1849年にはゲッティンゲン大学に復職している。

クンツェがあげる二つ目の政治的事件は、1848年フランスの二月革命に端を発し、ドイツを含めてヨーロッパ各地に波及した革命のうねりである。

これは従来の革命とは性質を異にしていた。1789年のフランス革命はブルジョワ革命と言われているが、産業革命後に大量に増加した労働者階級と貧困者層が一大勢力となっていた。かくて、プロレタリアート、ブルジョワジー、反動勢力による三つどもえの争いとなっていた。

フェヒナーは1848年の日記に、次のように書いている。

5月

　悲しい時代、その時代に私の性向はまったく折り合わない。時代の馬車はゆっくりと進んでいた。私はそれを押しとどめることはできない。そして、それに私を連れてゆかせることも私はさせないだろう。そこで私は、多くの人と同様, 不機嫌に並んで走っている。ドイツの団体[603]の会員として二、三のちょっとした論説を『ライプチヒタ刊誌』に提供した。

[603] 1848年4月6日に結成された革命期のザクセンにおけるリベラリズムの指導的なセンター。設立メンバーその他の人々として、ヴァイセ、E.H. ウェーバー、ハウプト、クリー、ヒルツェル、R. ヘルテル、ゲオルク・ヴィーガンド、アーデルベルト・ホルクマン、エミール・クンツェ。フェヒナーは6日と13,4日の間の日に入会したと思われる。(以下略)(S.404)

ここで、フェヒナーの言う「論説」とは国民議員の選出法や国民主権（主権在民）に関するものである。

このように、彼の日記から見るかぎり、彼が一時期リベラルなグループに所属し、参政権を求める運動にかかわっていたらしいことがうかがえる。

クンツェは次のように書いている。

もう一つの政治的事件がわれわれの時代のほぼ中頃に起きた。すなわち、1848年の運動である。私はその時のフェヒナーの姿をまだ眼の前に見ることができる。市中の物騒さが増大し、要請された援軍が市外から到着し、市役所が志願兵からなる鎮圧のための中隊の編制を要請し、几帳面にもその指令に応じたフェヒナーを。若ものたちは小銃で武装し、小隊ごとに群れをなしていた。それは前々から存在する市民兵（いわゆる民兵団）の仲間に加わったものだった。フェヒナーが所属する年長者たちは長い槍で武装し、市民らしく、軍服もなく、あまり戦闘的には見えなかったが、間違いなく、市当局によって配置された詰め所に入っていたが、そこに、ドレスデンで反乱者たちとの決戦を行なうためすべての兵士が市内から集められていた。(S.194-195)

このクンツェの描いた出来事は、1848年の翌年、1849年五月の「ドレスデン五月蜂起（Dresdner Maiaufstand）」のことと思われる。この蜂起は結局一週間で鎮圧されてしまったのだが、フェヒナーは穏健なリベラルのブルジョワの一員としてそこに加わっていたのであろう。

(11) フェヒナーの晩年と死

　前記のイレーネ・アルトマンが編集して発行された日記は、1879年で終わっている。しかし、クンツェは、フェヒナーが世を去る一年前の1886年10月8日の最後の日記のようなメモには、次のように書き残されているという。(S.305)

　　6月の中頃くらいから、私の眼の状態は再び悪化し、仕事を止めなければならなかった。私は確かに長い間、続けて執筆することはできる。しかし、いまや長いパラグラフでは一行ずつしか行間を読むことができず、そして長く続けることもできない。対数を探し出しての計算もまったく行なうことができない。眼の前での光のちらつきや明るい光を前にした時の不安感も著しく強まっている。
　　いま取りかかっている主な仕事、私が言うところの"集合測定理論"も、いまや完全に未完成のままになるに違いない。なぜなら、状態が再び良くなるとは思えないからだ。そんなわけで、私はしばしばやりきれぬ退屈に身をまかせる。つまり、読み聞かせにしても一日中もつわけではないし、主として散歩に行くことが暇をつぶす助けにはなるに違いない。しかし、それもまたもちろん、家にいて静かに座っているか、居間を歩き回るよりもましではあるが、退屈ではある。

　このメモからは、眼の不調に苦しみつつ、老境にあってもなお、彼が好きな対数表を友とし、死後に出版されることになる「集合測定論」に取り組もうとする姿をうかがい知ることができる。
　それから約一年後、フェヒナーは世を去った。ハイデルベルガーは、「フェヒナーは卒中に襲われた12日後、1887年11月18日にライプチヒで亡くなった。三日後、ウィルヘルム・ヴントはヨハニス墓地への埋葬にさいして、弔辞を読み、ポール・ユリウス・メビウスはライプチヒのローゼンタール公園にフェヒナーの記念碑（1983年に修復された）を寄贈した」(p.70) と書いている。

　ところで、フェヒナーの86年間の生涯とはどのようなものだったのか？

履歴書では、「私の人生は全体として何の重要な出来事も提供することはない。主に、勉強机に向かっていたのだ。」と謙虚に述べている。
　だが、これを「謙虚さ」とのみ受け止めてよいのか疑問がある。この文章のすぐ前に、「1873年以来、講義を免除してもらうよう申請していたが、言うなれば、私は大学にとって衛星にすぎなかったのだ。」とあるのである。筆者は最初、この「衛星」を「走り使い」と訳そうとさえした。原文のBeiläuferには、「走り使いの少年、衛星」と二つの意味があげられているのだ。いずれにせよ、中枢から隔たって重要な役割をもっていないという共通性はあるが、天体好きのフェヒナーを考えて、衛星とした。
　しかし、この履歴書であるが、そもそも何のために書かれたのか、よくわからないのである。19世紀後半のドイツで履歴書とはどのような意味を持っていたのかわからないので、以下に述べることはあくまでも推測の域を出ない。
　当時、84歳にもなっていたフェヒナーが職を求めて履歴書を書いたとは考えられない。可能性があるのは、どこかの大学あるいは協会、アカデミーなどの名誉会員などの推薦を受けて、それに必要な書類として履歴書を求められていたというようなことだが、それにしては宛先が「面識のない人」となっていて、「謹啓」とあるが、内容も奇妙である。
　学者であるならば、自分の研究業績、著書などのリストなども示すのが普通だと思われるが、それについては言及すらしていない。そのかわりに、プライヴェートな些事や心情、それにネガティブなことも書かれている。
　実際、この履歴書が附録として収められている『日記』でも、編集者による「前書き」の中で、この履歴書が取りあげられ、その内容について次のように述べられている。

　……日記は彼の伝記と研究活動史に対する多面的な像を伝える。日々の出来事の記述について、科学的論争の記録による再現から美術の鑑賞までこの厖大な手記のアーチがかかる。一つの自筆の履歴書の中で、彼は1885年、彼の人生が"全体として重要な出来事（を提供すること）もなく、主として勉強机に向っていた。"と書いている。この言明は日記の知識とは明らかに

矛盾するだろう。それはむしろ繁栄する都市において興味深い、才気に満ちた人たちの仲間の中で、70年にわたる現代史を生き、共に作り上げた一人の学者の像が判明するものである。(Tagebücher, Einleitung, S.IX)

　誰しも、日記がもたらす厖大な情報と、わずか二、三枚の紙に書かれた本人の「総括」との間のギャップ、矛盾に戸惑いを感ぜざるを得ないのである。
　あるいはフェヒナーは、この履歴書を一種の「遺書」として書いたのではないか、という疑いさえ生じるくらいである。

2．フェヒナーの著作物

　フェヒナーは非常に厖大な著作物を残している。数が多いというだけでなく、主要な著作は一つ一つがⅠ部、Ⅱ部などとなっていて、実際には2巻本と呼びうるような分量を持っているものが少なくない。
　彼の生涯にわたる著作物の一覧が、彼の死後に出版された『精神物理学原論』第二版（1889年）の第一部の附録として示されている。これは、同書の「編者」であるW．ヴントの「前書き」によれば、ドレスデンの軍医大尉・医学博士ルドルフ・ミュラー作成のリストを基にしたものである。
　筆者が数えたところでは、全部で178篇にのぼる。
　ただし、ヴントによれば、文芸誌などに匿名で書かれたものは特定しようがないので、完全なリストとは言えない、としている。
　なお、ミーゼス博士のペンネームが用いられているものは、全部で14篇となっている。
　以下、主としてこのリストをもとにして、彼の著作物を幾つかの種類に分けてみることにする。ただし、前記の「フェヒナーの生涯」と内容的に重複している面があるので、詳しい説明は省くことにする。

1）風刺的著作～フェヒナーのはじめての著作は、ミーゼス博士の名前で書かれた『月がヨードで出来ていることの証明』(1821)である。これは当時の医

学に対する批評となっている。その後も、『スタペリア・ミクスタ』(1824) など、一種独特のエッセイを書いている。

『天使の比較解剖学』(1825) も風刺的、空想的な側面をもったエッセイではあるが、すでにフェヒナーの基本的考え方、すなわち球形に対する偏愛などが現われている。これについては、第VII章で取りあげる。

2) 教科書等の翻訳〜フェヒナーは生活の糧を稼ぐために、フランスの科学関係の教科書の翻訳を行なった。彼の翻訳した本が出版されたのは1825年からのことで、フランスのビオーの物理学の教科書、同じくテナールの化学の教科書などの翻訳を精力的に行っている。

3) 家庭用百科事典の編集〜1834年に『家庭用百科事典』の第一巻を出版し、翌35年にその二、三巻、36年に四、五巻、37年に七巻、38年に八巻（最終巻）と五年間にわたって、精力的に編集、執筆している。

4) 文学的著作〜1835年にはミーゼス博士の名前で、「フリードリヒ・リュッケルト」と「叙情詩人としてのハインリヒ・ハイネ」という文章を雑誌に書いている。また、闘病中の1841年にはやはりミーゼス博士の名前で『詩集』を出版している。

この他、前記のように文芸誌などに書かれたものが存在すると思われる。

5) 滑稽本、謎謎本〜1850年にはミーゼス博士名で、『謎謎の本』を出している。謎謎は「機知」の問題とも関係していて、フロイトもフェヒナーのこの本に言及し、その具体例を紹介している。

フェヒナーにとっては趣味であると同時に、研究対象でもあったのであろう。

6) 物理学関係〜1820年代後半から電磁気学関係の論文を書きはじめ、著書としては、1831年の『ガルヴァーニ電池についての測定』がある。闘病中の1840年、42年にも論文を発表し、45年には「ファラデーの誘導現象とアムペールの電

気 − 力学的現象の結びつきについて」を書いている。

7) 自然哲学（哲学・世界観）～『死後の生についての小冊子』(1836)、『ナナ』(1848)、『ゼンド＝アヴェスタ』(1851)、そして『夜の見方に対する昼の見方』(1879) など、多くの著作がこのカテゴリーに入る。しかし、他の「精神物理学」、「美学」なども、これらの本で示されているものと無関係ではない。また、宗教的な色彩を帯びているようなものも多いが、いわゆる「宗教」のカテゴリーに入れるべきではない。

8) 精神物理学～『精神物理学原論』(1860)、『精神物理学の問題』(1877)、『精神物理学の要点の改訂』(1882) がこの関係の主要な著書である。他にも、多くの論文が残されている。

9) 美学～この関係では、1839年のミーゼス博士名による、「第二回ライプチヒ美術展覧会の二、三の絵画について」という文章がはじめてのものと思われる。その後、1865年の「黄金分割の問題について」、1871年の「実験美学のために」というモノグラフを書いていたが、1876年に『美学入門』というそれまでの成果の集大成と言える本を出版した。

10) 統計学関係～死後に出版された『集合測定論』(1897) が唯一の著書である。ただし、1850年代から「確率」の問題に関心をもち、『原論』(1860) 以降に「中央値(median)」についてや、誤差の問題についてのいくつかの論文を書いている。

3．主要著書について

1) 死後の生についての小冊子 (1836)
 原題：*Das Büchlein vom Leben nach dem Tode*, Dresden, Ch. F. Grimmer. ドイツ文字で印刷されている[12]。

初版はミーゼス博士の名前で出版されたが、第二版（1866）、第三版（1887）、は実名になっている。本書では、1906年の第六版（Leopold Boß）を用いている。

この本はフェヒナーの本の中では最も多くの人びとに読まれていると思われる。わが国でも、フェヒナーの本としては例外的に、戦前から何度か翻訳がなされている。

「人はこの世で一度だけ生きるのではなく、三度生きる。その最初の生活段階は絶え間ない眠りであり、二度目は睡眠と覚醒の交替であり、そして三度目は永遠の覚醒である」と書き出されている。

人間の「死後」について言及されているわけだが、個別の自己意識を持った人間が、死んだ後もそのまま永遠に生き続けたり、輪廻転生を繰り返す、というものではない。

ただ、「人が生きたあかし」は他人への影響を通じて何らかのものが残りつづけるという主張は説得力があるものである。

2）最高善について（1846）

原題：*Ueber das höchste Gut*, Leipzig, Breitkopf & Härtel.
ドイツ文字で印刷されている。

全67ページの小冊子で、章としては立てておらず、I～XV節で構成されている。

フェヒナーが病気回復後に初めて書いた本格的な本で、快・不快の問題の背景にある善悪や道徳律について追求したものと言えよう。

フェヒナーは「最高善（höchst Gut）」が人間がめざすべき最終目標であるとする。そこでは、「快」が「善」とも「道徳」とも切り離せないものとして位置づけられている。

3）ナナあるいは植物の精神生活（1848）

原題：*Nanna oder über das Seelenleben der Pflanzen*, Leipzig, Leopold Voß.
ドイツ文字で印刷されている。

I〜XVIII 章までの全 18 章よりなっている。

『ナナ』というのは、北欧神話の光と春の神バルデュル（Baldur）の妻である月の女神の侍女の名前である。筆者が調べたかぎりでは、ナナは花の女神とは確認できなかったが、フェヒナーが光（バルデュル）と植物（ナナが象徴する）の交感をを示すために用いたのは確かである。

ここでは、植物の（人間にたとえれば）精神生活について論じているのだが、植物が人間と同じような意識や神経組織などをもっていると主張しているわけではない。

フェヒナーはほとんどすべてをアナロジー（類推）によって説明し、すべての植物も内的世界をもっているはずだと言っているのである。

4) ゼンド＝アヴェスタあるいは天界と彼岸のことがら（1851）
   原題：*Zend=Avesta oder über die Dinge des Himmels und des Jenseits. Vom Standpunkt der Naturbetrachtung*, Leipzig, Leopold Voß.
   ドイツ文字で印刷されている。

第一部（I〜XI 章）、第二部（XII〜XX）、第三部「来世のことがらについて」（XXI〜XXXII 章）の三部構成。

一般的に彼の主著と見なされることが多い、自然哲学の書である。

特に注目すべきことは、この本の中で、フェヒナーの生涯のテーマのほとんどすべてが呈示されていることである。

ラスヴィッツも、「フェヒナーは『ゼンド＝アヴェスタ』をもって、彼の思索世界の総まとめへと進んだ。彼が後に成し遂げるもののすべてが、すでにこの本において、その萌芽のかたちで埋め込まれている。」(S.63) と書いている。

その中には、その後の「実証的研究」として現代でも評価されている精神物理学の構想を示したものといえる「数学的心理学の原理についての短い説明」なども含まれている。

5) 物理学的及び哲学的原子論について（1855）

原題：*Ueber die physikalische und philosophische Atomenlehre*, Leipzig, Hermann Mendelssohn.

　1864年に増補第二版が出されており、本稿ではこれを用いる。

　内容は、表題のように前半は「物理学的原子論について」にあてられ、後半は「哲学的原子論（単一原子論）について」にあてられている。

　フェヒナーは18世紀クロアチアのボスコヴィッツの影響を強く受けているが、単原子論を唱えるボスコヴィッチとフェヒナーは、物理学者の湯川・井上による「十九世紀の科学思想」の中でも取りあげられている。

　ドイツの哲学者カッシーラーも彼の『実体概念と関数概念』の中で[13]、フェヒナーを引用しているが、それは『精神物理学原論』ではなく、この『原子論』である。そこで問題にされていることの一つは、「不可量物（Imponderabilien）」、すなわち感情や気分、好き嫌いといった計量不能のものである。フェヒナーは、この不可量物の「実体」についても考察している。

　なお、この本は次に書かれる『精神物理学原論』とも深く関係している。

6) 精神物理学原論（1860）

原題：*Elemente der Psychophysik*, Leipzig, Breitkopf & Härtel.

　全二部で、第一部（I～XIII章）は主として外的精神物理学にあてられており、第二部（XIV～XLVIII（48）章）は外的精神物理学の続きと内的精神物理学にあてられている。

　第二版がフェヒナーの死後、1889年にW.ヴントの序文付きで刊行されている。本書では、この第二版を用いている。

　『原論』は心理学者を中心にしてフェヒナーの主著と見なされることが多い。

　しかし、一般に紹介されているのは外的精神物理学の部分のみで、内的精神物理学については、フロイトなどにも影響を与えたにもかかわらず、ほとんど知られていない。

外的精神物理学では、外的な刺激と内的な感覚の関数関係を示す、いわゆるフェヒナーの基本定式や閾の問題などを中心として論じられている。
　また、内的精神物理学では、外部世界と内部世界を媒介する説明概念としての精神物理学的活動を用いて、意識や夢などの高次の精神現象を説明しようとしている。

7) 魂の問題について（1861）
　　原題：*Ueber die Seelenfrage. Ein Gang durch die sichtbare Welt, um die unsichtbare zu finden*, Leipzig, C. F. Amelang.
　ドイツ文字で印刷されている。

　全12章。第Ⅰ章の一般的な魂の問題からはじまって、魂（Seele）、精神（Geist）、身体（Körper）、肉体（Leib）、それに自然（Natur）などの諸概念についての第Ⅱ章、その他、動物や植物の魂についても論じられている。
　さらには、天体（Gestirne）、や宇宙（Welt）の魂についても論じているのが、フェヒナーの本の特徴であろう。

8) 有機体の創造と発展の歴史に対する二、三のアイディア（1873）
　　原題：*Einige Ideen zur Schöpfungs- und Entwickelungsgesichte der Organismen*, Leipzig, Breitkopf & Härtel.

　全体として、自然哲学的な色彩が強い著作である。
　特に、ダーウインの進化論を強く意識して書かれているが、フェヒナーはダーウインに対しても、そのドイツにおける代弁者ヘッケルに対しても反対している。
　第十一節「安定性への傾向原理の目的論的及び精神物理学的活用」の「補遺」（S.94）がフロイトの『快原理の彼岸』の中で引用されている。
　全体として、「安定性への傾向原理」などの記述が、精神物理学の理解にも有効であると考えられる。

9) 美学入門（1876）

原題：*Vorschule der Aesthetik*, Leipzig, Breitkopf & Härtel.

第一部（I~XVIII章）、第二部（XIX~XLIV章）の全二部44章よりなる。

「上からの美学と下からの美学」の説明から始めて、自らのものを「下からの美学」として、実験などに基づいた実証的美学（実験美学）を提唱している。最初に、「満足と不満足」、「快と不快」などの基本概念を定めて、美学法則あるいは原理について論じ、実際の実験例についても詳細に紹介している。

フェヒナーは概して原理、原則を定めることが多いが、この美学に関してはとりわけその傾向が強い。「連想」などに関連した美学法則も含まれている。

しかし、黄金分割に関して、一般の人を対象にして、いくつかの矩形を用いた実験は、精神物理学における感覚実験などとは異なる心理学実験としても注目に値する。

10) 夜の見方に対する昼の見方（1879）

原題：*Die Tageansicht gegenüber der Nachtansicht*, Leipzig, Breitkopf & Härtel.
ドイツ文字で印刷されている。

なお、本書では上田光雄訳の『宇宙光明の哲學』の訳文を使用させてもらっているが、「夜の見方」＝「暗黒觀」、「昼の見方」＝「光明觀」などに関しては、引用文以外の本文では例外的に扱っている。

また、上田訳では省略されている章は必要に応じて筆者の訳文を用いている。

フェヒナーの思想の集大成と見なされている晩年の著書。

第一部「概要」、第二部「各論」の全25章よりなっている。

「夜の見方」とは、自然科学の知見をもとにした唯物論的世界観であり、宇宙は音もなく、光もない暗黒の世界である。それに対して「昼の見方」は精神と物質は同じものの二つの側面であり、意識あるいは感性現象は、宇宙にあまねく存在する。そして、それらを最終的に統括しているのは最高神であるというものである。

『ナナ』や『ゼンド゠アヴェスタ』などを含むそれまでの著書での主張を理論的に整理しようとしたと考えられる。

特に、第十五章「快不快についての世界的問題。楽天主義と厭世主義。」、第二十二章「光明觀から見た單子論—連關論的見解と單子論的見解との對照—」などが重要と思われる。

11) 精神物理学の問題（1877）
　原題：*In Sachen der Psychophysik*, Leipzig, Breitkopf & Härtel.

大半は精神物理学に対する批判や異議、対立する見方にあてられている。
　IV章では、ヘルムホルツからマッハ、ブレンターノ、デルボア、ヘリングなどの反対〈敵対〉者（Gegner）たちを取り上げ、彼らの見解や理論について、それぞれ紹介している。
　ボーリングによれば「『原論』の学説につけ加えるところのほとんどない本」であるが、I~XXIVまでの全24章（人名索引を含む）よりなっている。

12) 精神物理学の要点の改訂（1882）
　原題：*Revision der Hauptpunkte der Psychophysik*, Leipzig, Breitkopf & Härtel.
　ドイツ文字で印刷されている。

全体を八部より構成している。第一部は「精神物理学の射程について」の章、第二部は「精神物理学の測度原理と測度方法」（十の章よりなる）、第三部は「精神物理学の法則」（三つの章）、第四部は「精神物理学的見方と生理学的見方との争い」など二つの章、第六部は「内的精神物理学の二、三の対象について」（三つの章）、第七部は「さまざまな著者たちとの討論」（五つの章）、そして、第八部は「さまざまな精神物理学的な一連の実験の修正」（五つの章）となっており、全三十一章である。
　ボーリングは前書とは対照的に、「非常に重要な書物」と評価している。そして、「この中で、彼への批判を考慮に入れて、彼への実験心理学の予想して

いなかった要求に答えようとした」と書いている。

13) 集合測定論 (1897)
　　原題：*Kollektivmasslehre*, Leipzig, Wilhelm Engelmann.

　本書は発行年からもわかるように、フェヒナーの死後に発見された草稿をもとにして、G.F. Lipps の編集で発行された。
　第一部「一般研究」と第二部「特殊研究」に大別されているが、大半が前者に充てられている。
　内容は草創期の統計学にかかわることで、ベルギーの数学者、天文学者であったケトレー（J.C.F. Quetelet, 1796-1874）の社会統計学の流れをひいている。
　また、数学者ガウス（J.C.F. Gauss, 1777-1855）の誤差の分布（正規分布）の考え方から出発して、分布が非対称の場合についても考察した。
　なぜ、フェヒナーがこの問題に取り組むようになったかというと、彼は1850年代から被験者の観察誤差（Beobachtungsfehler）の問題に関心をもち、晩年にいたるまで、「正誤法」や「平均誤差法」などに関連して、いくつかの論文を書いている。
　後に、確率論に功績を残したフォン・ミーゼス（Richard von Mises, 1883-1953）の「コレクティーフ」の理論に未完成ながらも先行するものとも位置づけられている。

4．フェヒナーの仕事への心理学者の評価

(1) ヴントの見方
　ヴィルヘルム・ヴント（Wilhelm Wundt, 1832-1920）は心理学の歴史において、フェヒナーよりもはるかに大きな役割を演じたと言われている。
　彼は1875年にライプチヒ大学へ哲学教授としてやってきた。
　フェヒナーの方が年長で、ライプチヒ大学での経歴も長いが、ヴントはいわゆる「正教授」であるのに対して、当時フェヒナーは本章の1－(11)にも述

べたように、いわば大学の「衛星」あるいは「走り使いの少年」にすぎなかった。
　研究経歴はともかく、学内での客観的力関係は圧倒的にヴントが上だった。そして、後年にはライプチヒ大学の副学長にもなっている。
　ヴントは彼の「自伝」の中で、フェヒナーについて次のように書いている[14]。

　……彼はもしあまりにも独自の道を歩まなかったならば、さらにまた物理学者として、哲学の専門家たちのサークルの外に身を置いていたならば、もっとも容易にロマン主義者のひとりに数えられることができたであろう。それは精神物理学の創始者であるグスタフ・テオドール・フェヒナーである。彼はその著書『ツエントアヴェスタ、または天と彼岸のことについて』によって、多数の短い著作と並び、問題なくその時代全体のもっとも独創的な思想家としての地位を占めている。しかし哲学自体の威信や影響が衰微しようとした時代にあって、彼はほとんど注目されなかった。専門領域の仲間である自然科学者たちには、才気に満ちた著作はほとんど知られていなかったし、哲学者たちは無理解な態度をとった。もしわれわれが今日過去の哲学の様々な傾向の中に彼を位置づけようとするならば、その思想が類似しているのはとりわけ中世の神秘主義である。しかしながらフェヒナーの著作は、当時の自然科学の影響を受けながらも、全体の構造においては、伝統的な哲学の教義を顧慮することによってよりも、むしろこの独創的な思想家の活発な空想力によって明確になっているきわめて独特な方向をとっている。(333頁)

　古賀行義は1922年に、米国のキャッテルを訪問した時のことを書いているが[15]、その中に「キャッテルはうつ向きがちにぽつぽつ話をした。この人がライプチッヒにいたとき社会主義者のリーブクネヒトなどと交わり、貴族主義のヴントをはらはらさせた人かと、私は一老人を見まもった。」という箇所がある。
　一方、古賀がやはりヴントのもとで学び、その忠実な継承者の一人となったコーネル大学のティチナーを訪ねたとき、「心理学者となるには三つの資格が必要である」として、「第一にヒゲをたくわえること、ヴントがそうであった」、「第二に音楽を楽しむこと、まさにヴントがそうであった」、「第三にシガーを

くゆらすことがそれで、ヴントがそうであった」と語ったというエピソードを紹介している。

しかし、ここで語られているヴント像は「自伝」における彼の若い頃の「政治活動」や「政治生活」の思い出と矛盾するではないか、という批判があるかもしれない。

たしかに、彼が一時期「ハイデルベルク労働者協会の会長」であったのは事実であるが、それは「エネルギーの保存について」、や「ダーウィン理論」の講演のような啓蒙活動であった。ヴントにとっては、労働者の生活よりは「ドイツ帝国」の行く末の方が重要だったのである。

なお、筆者はややもするとヴントに批判的な見方をしてしまうのだが、それにはわけがある。筆者の「ヴント像」に若い頃、強い影響を与えたジェームズの語る逸話を愛読書であった『現代心理学とは何か』から紹介しておこう[16]。

すなわち、「一八八七年ジェームズはシュトウンプにこう書いた。」として、手紙の一部を示している。

> ヴントは知的世界のナポレオンをめざしています。しかし不幸なことですが、彼はウオーターローの戦いをもつことはないでしょう。といいますのは、彼は天才ではないナポレオン、もし敗北するなら建物全体がこなごなになるようなかなめとなる観念をなに一つもっていないナポレオンだからです。
> (31頁)

ジェームズはもちろんウィリアム・ジェームズである。いまさらながら、ジェームズの毒舌ぶりには感嘆するが、この一節が心に残ってしまったのである。

(2) ジェームズの見方

次に、心理学草創期の「大物」である米国のウイリアム・ジェームズ（Wiliam James, 1842-1910）のフェヒナーへの見方を紹介しよう。ジェームズは他の（心理）学者についても、しばしば辛口の批評をしているが、フェヒナーについて

の記述も多い。

　ジェームズは、その著『心理学原理』第Ⅰ巻の第XIII章「弁別と比較」において[17]、フェヒナーの「精神物理学的法則」の解釈と批判を行ない、「妥当な心理学的結果は皆無である」（p.534）と手厳しく決めつける。

　しかし、それにもかかわらず、多くの頁を割いて、フェヒナーの精神物理学関係の仕事を紹介している。

　それは、フェヒナーの測度定式からはじまり、さまざまな測定法に及んでいるが、なかなか辛辣なものである。

　そして、最後に、次のように述べている。

　　フェヒナー自身は実際、典型的なドイツの学者（Gelehrter）であり、単純であるとともに明敏、神秘的であるとともに実験家、地味でありながら斬新であり、自分の理論に関する諸事実には忠実であった。しかし、もしこのような敬愛すべき老人が彼の辛抱強い奇抜な考えを永遠にわれわれに押しつけ、すべての未来の学生に、関心を払うべき滋養分いっぱいの世界で、彼自身の労作だけでなく、彼への反論のために書かれたさらに不毛なものにも苦労して取り組むように強いるとするならば、何と恐ろしいことであろう。この恐るべき文献を望む者はそれを見つけることができるだろうし、'鍛錬のための価値'は持っていよう。しかし、私は脚註にさえ挙げたいとは思わない。

　　唯一の面白いことは、フェヒナーの批判者たちが彼の理論を容赦なくやっつけ、はるかに差をつけているのに、それにもかかわらず、その理論をはじめて定式化し、それによって心理学を厳密科学にしたという不滅の栄光を結局は彼に帰せしめることにいつもなってしまうことである。（p.549）

　この文章を素直に読むと、ジェームズは本来フェヒナーの仕事はその価値はないのに、不当にも歴史に残ってしまっていると断じ、そのことを嘆いているようにとれる。（ただ、彼は「唯一の面白いことは、…」と書いている）

　そして、この後に次のような詩を載せて締めくくっている。

「そしてだれもかれもが、この大戦争で勝利を博した公爵をほめそやしたとさ」。
「しかし結局どういう利益があったんだい」
と小さなペーターキンがいいました。
「そうだね。おれにはそれはいえないが、ともかく有名な勝利だったのさ！」
と彼が申しました。(『現代心理学とは何か』, 21頁)

この詩は、ボーリングの『実験心理学史』にも引用されている。また、前出の『現代心理学とは何か』にも載っている。

しかし、そもそもこれがジェームズの自作の詩なのか、古い寓話か小話なのかもわからないが、もし後者であるとしたら、実に適切な詩を探し出したと言うべきであろう。

このように、ジェームズのフェヒナーへの批判は終始厳しいものである。しかし、一見辛辣に見えて、実は親愛の情さえ感じているのではと筆者には思える。

実際、彼はフェヒナーの『死後の生についての小冊子』の英訳本（1904）には、その「解説」を書いているくらいである[18]。まず彼は、フェヒナーの各分野における功績を次のように称賛する。

フェヒナー博士の名は、物理学においては真空の誘電率に関する最初にして最高の決定者として、また、原子論の最高の系統的擁護者として今に残っている。心理学においては、経験心理学の手法を最初に用いて、物事の正確さを重要視した研究者として彼を讃えるのが通例となっている。

そして、宇宙論の分野では、進化のシステムに関する著作を残し、物理的要素とメカニズムの概念に重きを置く一方で、意識と物理的世界との相関関係を明らかにしたことでその名を知られている。

文学においては、ミーゼス博士のペンネーム——本書も最初はこの名前で出版された——でユーモアに富むとともに、哲学的でもあるエッセイを出版している。美学の分野では、体系的経験主義にいち早く取り組んだ研究者と

して名を残している。さらに、形而上学では、理路整然とした倫理体系に関するものだけでなく、詳細に研究された神学理論に関する著書を独力で残している。（148-149頁）

ここでは、前の批判と違って、「原子論」なども含めてフェヒナーの仕事の全体像がほぼわかるほど、丁寧に彼を讃えている。それでも、「心理学においては」以下のところで、「……彼を讃えるのが通例となっている。」という皮肉っぽい言い方がジェームズらしさを残している。

さらに、「夜の見方」、「昼の見方」にもふれ、「精神物理学的運動」へと進む。

　フェヒナーが「精神物理学的運動」と呼ぶものは、あらゆる現実にとって最も含蓄に富む名称である。「運動」であるから、これは「方向」を持ち、「精神的」なものとして、その方向は「傾向」として感じることができる。
　この「方向」と「傾向」が結びついて、たとえば願望、努力、成功といった、傾向を伴う内面的経験が生じる。一方、「物理学」であるから、方向は空間的用語として定義でき、数学的な公式として、あるいは言葉による「法則」として表すことができる。（152-153頁）

そして、次章以降で説明する「波動図式」についてもふれたうえで、「神」についても次のように述べる。

　フェヒナーにとって、神とは全宇宙の統合された意識であり、その宇宙の要素を地球の意識が形成し、その地球の意識の要素を、私やあなたの個人の意識が生成している。
　フェヒナーを理解するにつれ（本当に理解できているのか自信はないが）、全宇宙——ゆえに神もまた——は歩調を合わせて進化していることがわかる。すなわち、神は真実の歴史を持っているのだ。（155-156頁）

つまり、「神」というものはあがめるものでも信じるものでもなく、われわ

れすべてに内在していると同時に、全宇宙を統べてもいるのである。

そして、最後に、「フェヒナーの理論を理解するには、多くの困難がつきまとう。彼がいかに複雑な思考をもってその理論を理解したか、いかなる精妙さをもってその理論を発見したかについてはまさに称賛を禁じえない。」とまで讃えている。

ジェームズがフェヒナーをどう見ていたかは、「エピローグ」でも取りあげる米国の実験心理学者 S.S. スティーブンスの精神物理学についての記述からも読み取れる[19]。

スティーブンスは、「彼自身直観主義者であったジェームズは、方法論に関する議論を『おそるべき文献』と悪口をいっているが、別にそれによって彼らの新発明・発見をけなしているわけではない。」(1951) と書いている。「新発明・発見」をした人にはもちろんフェヒナーが含まれている。

そして、この文章のすぐ前には、次のように述べられているのである。

　数学と同様に、精神物理学もまた、奇妙な歴史をもっている。前者に比べるとずっと若いが、この学問は既にいくつかの価値ある貢献を行なってきた。フェヒナーは、ピタゴラスと同様、神学を証明しようとして科学を進歩させたのである。以後、感覚は単位と量を有するものか否か、という点に関する議論がうるさくなされたが、数の通約可能性が否定された時、あるいは無以下の数がある（負数の存在）、無以下の数に平方根がある（虚数の存在）と主張されたときの騒ぎに比べれば、はるかに小さかったといわねばなるまい。精神物理学の方法と解釈の、些細な点に関する議論のつまらなさは、幾何学における点や線の存在に関する無用な議論と同等のものというべきである。(110 頁)

つまり、批判の多くは「些細なこと」なのである。まさに、操作主義者スティーブンスの面目躍如といったところだが、彼はボーリングについては、「ここでは、フェヒナー (Fechner, 1860) が、この学問によって精神と物質の区別を追放し、唯心論的哲学を建設しようとしたこと、あるいは、感覚は間接的にのみ

（フェヒナーの法則によって）測定しうるという偏見を抱いていたこと（Boring）、などの欠陥のあげ足をとる必要はない。(109頁)」と述べている。次に、そのボーリングについて見てみよう。

(3) ボーリングの見方

　ボーリングはフェヒナーについてやや皮肉な見方をしているように感じられる。彼もまた、他の多くの人と同じようにフェヒナーを「多才な男」と呼んでいる。
　しかし、「彼は、彼の精神物理学で有名であり、この名声はどちらかというと彼におしつけられたものだった。彼の名前が精神物理学者として後世まで残ることを望んでいなかった。彼はヴントのように実験心理学を創設することを求めていなかった。」(p.275) と書いている。
　そして、「もし、彼が実験心理学を創設したにしても、彼はそれを偶然に、意図せずになした。」(p.283) と結論づけている。つまり、フェヒナーがつねに心理学と距離をとり、それにこだわっていなかったというのである。
　だが、彼の「科学的見地」からフェヒナーの「形而上学的」な仕事から目をそむけたボーリングだったが、同じ「科学的見地」からフェヒナーがはじめた心理学的測定法の試みについては、以下のように最大限の賛辞を惜しまなかった。

　　しかしながら、フェヒナーの心理学への偉大な貢献は、これらの心理学的諸概念によるものでも、彼の有名な法則の定立によるものでもない。彼がなし遂げた偉大なこととは新しい種類の測定であった。彼が測定したものが何であったかについては、批評家たちによる論争があるかもしれない。しかし、彼が新しい"測定方法"を思いつき、発展させ、確立したという事実、そして後にどのような解釈がそれらの産物についてなされようとも、これらの方法が本質的に精神測定の最初の方法であり、それゆえ量的実験心理学のはじまりであるという事実、も揺らぐことはない。さらに、これらの方法は時の試練にも耐えている。それらはフェヒナーが夢想もしなかったあらゆる種類の心理学的問題と場面に適用可能だということを示している。そして、それ

らはすべてほんのわずかの修正を加えて、今なお今日の心理学実験室における量的作業の大きな部分で用いられている。(p.293)

そして、フェヒナーが案出した三つの基本的な方法を示している。すなわち、(1) 丁度可知差異法（後に極限法）、(2) 正誤法（後に恒常法）、(3) 平均誤差法（後に、「再生法」、「調整法」）である。

このように、ボーリングは彼の考える「科学的心理学」を守るために、フェヒナーの形而上学的部分を除いて、彼の「測定方法」を中心とした心理学への貢献を大いに評価している、といってよいだろう。

(4) 城戸幡太郎の見方

最後に、日本の心理学者・教育学者である城戸幡太郎（1893-1985）であるが、彼はおそらく日本の心理学者としてはフェヒナーの理論について最も深い理解をもっていた人物の一人であろうと思う。

すでにフェヒナーはもちろん、ヴントも亡くなっていたが、1922年から二年間ほどライプチヒ大学に留学した経験も持っている（『教育科学七十年』, 1978) [20]。

彼が戦前に書いた本として、ここでは『心理學概説』(1931) [21] と、『現代心理學の主要問題』(1932) [22] の二冊を取りあげてみよう。

まず、『心理學概説』であるが、フェヒナーについては、少なくとも五カ所で取りあげているが、本の性格もあるのか、それほど踏み込んだ記述はない。ただ、フェヒナーの「精神物理學的基本公式」についてはやや詳しく取りあげている。

しかし、次の『現代心理學の主要問題』は、学者・研究者等の個人別にその理論や学説が論じられるという形式になっており、フェヒナーは「第三編　心理學と性格學」の「第二章　フェヒネルの精神物理學と「心の限界」」として独立に取りあげられている。

ここで、まず驚かされるのは城戸がフェヒナーの"Elemente der Psycho=physik"をすでに『精神物理學原論』と訳していることである。この訳語につ

いては本書の次章でも取りあげるが、「綱要」という訳語が一般的な時代にあって、城戸独特のセンスを表わしているのでは、とまず思った。しかし、後で彼の『心理学問題史』を読むと[23]、そこでは『精神物理学綱要』(446頁)とあったので、どういうことかと思った。

　それはともかく、城戸も初めの部分では、「彼の精神物理學は歴史的遺物として現代の心理學では余り問題にされないようである。」とか、「吾々はフェヒネルの精神物理學によつて説明される刺戟と感覺との函數關係については幾多の疑問を抱き得るであろう。」などと否定的な見方を示している。

　そして、「しかし彼が精神物理學的測定法として吾々に遺した厳密な實驗法はフェヒネルが建築しかゝつた精神物理學を継續するためには使用されてゐないとしても、現代の實驗心理學は全く新しき建築をやはりその方法を用ゐてやつてゐるのである。」(299頁)として、「丁度可知差異法」など三つの方法の意義を評価している。

　さらに、彼の精神物理学の「根本問題は身心の關係を説明せんとするものであつて、フェヒネルはその原理として函數の理論を適用したのである。」として、次のように述べている。

　　そして函數論の原理となつてゐるものは連續的變化における極限概念の設定である。かゝる函數論における極限概念の設定は心理學においては何を意味するのであるか。これは函數論を發見したライプニッツのモナドロギーの思想において明らかにされるやうに、意識の連續並びにその發展における無意識の認容と關係を有するものである。無意識は意識の連續に對する極限概念として設定される、恰も實數の連續に對して要求される有理數に對する無理數の如きものである。(300頁)

ここでも、ライプニッツのモナドロギーに言及しているのは興味深いことである。ただ、城戸が強調したかったのは、意識の連続に対する極限概念としての無意識の定義のようで、直接閾とは結びついていない。

　次に、城戸の戦後の本としては『心理学問題史』(1968)があるが、そこでは、

「第三篇　人間精神の探究―近世の心理学」の「第三章人間の理解」の「第四節十九世紀後半の心理学の発達」の「二、自然科学の方法による心理学の発達」の中で、フェヒナーについて詳しく記述されている。

> ……ヴントの心理学では意識は直接経験としての現実性を問題としたので、識閾を論じてもそれは無意識や素質からは説明されなかった。このような立場の相違から、フェヒネルの精神物理学は批判される。ブレンターノの如きも、彼の経験心理学の立場から、精神物理学的測定に対しては反対している。しかし、フェヒネルの精神物理学に対しては単に理論の立場からだけではなく、観察の事実からも批判が行われた。生理学者のクリース（J. v. Kries）が批判したように、物体の領域では同じ要素が空間と時間の数量によって測定されるが、精神の領域ではそれは不可能であろう。刺激量の増加を表わす数量は基数であるが、それに対応する感覚量の増加を表わす数量は丁度可知差異法による弁別の可能は序数によって表わされるとしても、基数によっては表われない。この二つの数量を同様に取扱うことは妥当ではあるまい。（465頁）

興味深いのは、松本亦太郎などと異なり、日本の心理学界の主流からはずれ、批判精神や社会的関心も旺盛であった城戸にしても、「基数」と「序数」にはこだわっていることである。しかも、松本が「時代の流れ」によって説明しようとするのに対し、城戸の批判は原理的である。

これを読むと、「物体の領域では同じ要素が空間と時間の数量によって測定されるが、精神の領域ではそれは不可能であろう。」としていて、城戸も「精神の物理学」は不可能であると考えていたことがわかる。

しかし、一方では城戸は前記の批判に先立って、「……当時の自然科学者にはワグネルのように、科学的知識と宗教的信仰とが分離して、同時に存在したり、矛盾して同じ思考を形成したりする場合が多かった。」(445頁) として、フェヒナーもその一例である、と述べている。

そして、フェヒナーが『精神物理学原論』を公にする以前に『死後の生につ

いての小冊子』や『ナナ』、『ゼンド＝アヴェスタ』などを書いていることをあげ、「これはフェヒネルにおける科学的天才と詩人的天分との矛盾の調和であって、心理学はこのような矛盾の調和を認めるには格好の科学であるかもしれないが、心理学の発達はむしろその自然科学的方法によって推進されていった。」（446頁）と書いている。

　城戸が、心理学を科学と詩的なものの矛盾の調和と表現しているのは大変興味深い。

　本書の「プロローグ」でも述べたように、「矛盾」で終らせないで、「矛盾の調和」と表現しているところに意味がある。

　しかし、城戸は心理学がその後、その一方の性質を切り捨てて、「自然科学的方法」のみによって矛盾を解消しようとしたことに不満を感じているようである。

　フェヒナーの場合は、その矛盾を彼の力業によって解消しようとしたように思われる。

　筆者は、その後の心理学が現実主義あるいは便宜主義をもっぱらとして、米国心理学に典型的に見られるような操作的な方法をとっていったことに問題があると考えている。

　しかし、そのような現実主義の萌芽こそが、実はフェヒナーの実証的研究にも含まれていたのではないか、というのが筆者の仮説である。

註）
1) Johannes Emil Kuntze　1892　*Gustav Theodor Fechner : Ein Deutsches Gelehrtenleben*. Leipzig, Druck und Verlag von Breitkopf und Härtel
2) Kurd Lassvitz　1910　*Gustav Theodor Fechner*, Stuttgart, Fr. Fromanns Verlag（E. Hauff）
3) Edwin G. Boring,　1950（2nd Ed.）*A History of Experimental Psychology*, Prentice-Hall, Inc.
4) Hans-Jürgen Arendt　1999　*Gustav Theodor Fechner. Ein deutscher Naturwissenschaftler und Philosoph in 19. Jahrhundert*, Peter Lang.
5) Michael Heidelberger（Translated by Cynthia Klohr）1993（2004）*Nature from*

within: *Gustav Theodor Fechner and his psychophysical world view*. University of Pittsburgh Press.

6) Gustav Theodor Fechner (Herausgegeben von Anneros Meischner-Metge, Bearbeitet von Irene Altmann) 2004 *Tagebücher 1828 bis 1879*, Leipzig, Verlag der Sächsischen Akademie der Wissen-schaften zu Leipzig.
7) 岩渕輝　2010　「前期グスタフ・フェヒナーの伝記研究、『明治大学教養論集』、通巻459号、pp.1-45. schaften zu Leipzig.
8) P. M. ハーマン（杉山滋郎訳）1982（1991）『物理学の誕生—エネルギー・力・物質の概念の発達史—』、朝倉書店
9) Dr. Mises 1841 *Gedichte*, Leipzig, Druck und Verlag von Breitkopf und Härtel.
10) ヴァイセは1830年に『美学大系』（全二巻）を出版している。
11) G.T.Fechner 1838 a Ueber die subjectiven Gomplementärfarben. *Annualen der Physik und Chemie*, 44. Bd. p. 221-245 u. p. 513-535.
    G.T.Fechner 1838 b Ueber eine Scheibe zur Erzeugung subjectiver Farben. Ibidem, 45. Bd. p. 227-232.
    G.T.Fechner 1840 Ueber die subjectiven Nachbilder und Neben-bilder. *Poggend*. Ibidem, 50. Bd. p.193-221 u. p.427-470.
12) ドイツ文字（Fraktur）はいわゆる「ひげ文字」である。以下、特に「ドイツ文字」と明記されていない場合は、「ラテン文字」（現在欧米を中心に広く用いられているアルファベットの一種）による印刷である。
13) エルンスト・カッシーラー（山本義隆訳）1910（1979）『実体概念と関数概念』、みすず書房.
14) ヴィルヘルム・ヴント（川村宣元・石田幸平共訳）1921　『体験と認識—ヴィルヘルム・ヴント自伝—』、東北大学出版会、（原題は、"Erlebtes und Erkanntes"）
15) 古賀行義　1974　『現代心理学の群像—人とその業績—』、協同出版
16) 南雲与志郎（編集責任者）1957　『現代心理学とは何か』、河出書房新社.（フェヒナーについての記述は、第一章「心理学のおいたち」（担当：安田一郎）でなされている。後出のフェヒナーについての「詩」の翻訳も安田によるものと考えられる。）
17) William James 1890 *The Principles of Psychology* Vol.I, New York, Henry Holt and Company.
18) グスタフ・フェヒナー（服部千佳子訳）2008　『フェヒナー博士の死後の世界は実在します』、成甲書房. 本書は、1904年刊のリトル・ブラウン社（在ボストン）の英訳版をもとにしている、ということである。）
19) S.S. スティーブンス（吉田正昭訳）1951（1968）「数学、測定、精神物理学」（吉田正昭訳編『計量心理学リーディングス』（第Ⅱ部 第2章）、誠信書房.

20）城戸幡太郎　1978　『教育科学七十年』、北大図書刊行会．
21）城戸幡太郎　1931　『心理學概説』、岩波書店
22）城戸幡太郎　1932　『現代心理學の主要問題』、同文書院
23）城戸幡太郎　1968　『心理学問題史』、岩波書店

II. 精神物理学の構想（1）——物理学から

1．物理学的背景について

　本章の冒頭では、次章の「精神物理学の構想（2）」と、この「構想（1）」の章をなぜ二つに分けて書くことになったのかについて、述べておきたい。
　本書の「精神物理学」の章も、はじめは他の章と同じように、一つの章としてふつうに書き進めていた。
　それが、途中から量的にも増加し、内容的にも新しい異質と思えるものが入り込んできて、これらを一つの章にまとめるのは困難であると考えるようになった。そこで、思い切って、精神物理学の章をやや性質の異なる二つの章に分けることにした。
　以下、なぜそのようになったのか、そのプロセスについて述べてみたい。

（1）用語の問題——lebendige Kraft をめぐって
　まず、はじまりは用語の問題であった。
　フェヒナーの『精神物理学原論』はもちろん、そこにいたる過程にふれた『日記』や『ゼンド＝アヴェスタ』などでは、（Kraft や）lebendige Kraft という言葉がよく出てくる。
　門林岳史はそれを「運動エネルギー」（146 頁）と訳している[1]。
　また、福元圭太は「生きた力」（8 頁）と[2]、岩渕輝は「活力」という言葉を充てている[3]。
　筆者は当初は「運動エネルギー」の方が意味として分かりやすいのではと考えていたのだが、19 世紀中頃のドイツで「エネルギー」という言葉は一般的ではない、ということで「活力」にするか迷っていた。
　さらに、用語の問題としてだけでなく、いわゆるエネルギー概念やその理論について勉強する必要を感じ、ヘルムホルツの論文「力の保存についての物理学的論述」の原文[4]（の一部）と、訳文[5]（高林武彦）の両方を読んでみた。
　すると、次のようなことがわかった。

I. Das Prinzip von der Erhaltung der lebendigen Kraft.
  （活力の保存の原理）
 II. Das Prinzip von der Erhaltung der Kraft.
  （力の保存の原理）

つまり、lebendige Kraft は「活力」、Kraft は「力」と訳されていた。
　これで、用語の問題はいちおう決着したと思ったのだが、それで終わらなかった。というのは、近代の物理学についての基礎知識を得ようとしているうちに、次項で見るようなボスコヴィッチという 18 世紀の学者の「ダイナミズム」という立場にフェヒナーも属していることがわかったからである。

(2) ボスコヴィッチの「ダイナミズム」
　ところで、（前記の高林訳の）ヘルムホルツ等の論文が収められている本には、物理学者の湯川秀樹・井上健による「十九世紀の科学思想」という長文の「解説」があった[6]。ついでに、これも読んでみた。すると、次のような文章が眼に入った。

　……物理的刺激と感覚との強度の関数関係についてのウエーバー・フェヒナーの法則を発見し、実験心理学の開拓者の一人となったフェヒナー (Gustav Theodor Fechner, 1801～87) は、ボスコヴィッチのダイナミズムによって彼の体系を基礎づけ、いわゆる精神物理学を展開した。この種のダイナミズムの形而上学的体系への逆流は、ショーペンハウアー、ニーチェ等の思想の中にたどることもできる。(47-48 頁)

　つまり、フェヒナーの精神物理学は「ボスコヴィッチのダイナミズム」によって基礎づけられているというのである。
　しかし、ボスコヴィッチとは何者なのか、「ダイナミズム」とは何なのか、物理学の門外漢である筆者には見当もつかない。
　まず、ボスコヴィッチであるが、百科事典には次のようにある。

イタリアの数学者、自然哲学者、クロアティア（現、ユーゴスラビア）、ドゥブロニクの生れ．イエズス会の学校で学んで司祭となり、ローマのイエズス会学院の数学教授、さらにパビア大学の数学教授となり、ミラノの天文台の創設に尽力した．
　……むしろニュートンに対する批判者として知られる。主著《自然哲学の理論》（1758）は、一種の力一元論であり、物質のさまざまな物理・化学的性質を、引力と斥力のみによって説明しようとした．ライプニッツにも影響を受け、原子の実体性を否定し、物質、粒子も一種の場（19世紀の概念を用いれば）であると考えた．（村上陽一郎）

（平凡社、世界大百科事典（26）2006年改訂版）

さて、ボスコヴィッチについて湯川は次のように書いている。

　こういう一般的傾向の中から、ボスコヴィッチ（R. J. Boscovich, 1711～87）という、やや特異な人物が出現した。一七五八年に出版された彼の『自然哲学の理論』は古典力学の立場に立って想定し得る最も単純な原子論ともいうべきものであった。すなわち彼は、この世界は完全に同等な多数の点粒子から成り、それらのどの一対の間にも、相互の距離に依存する同一の力が働くという大前提の上に立って、すべての物理現象を、それらの点粒子相互の位置の時間的変化として説明したのである。この考えを現代の教科書的表現に直せば、同一の質量を持つ多数の質点の間に同一の力が働いているような非常に単純な古典力学的質点系を一つだけ想定することによって、すべての物理現象を説明しつくそうということである。（12頁）

フェヒナーが、ボスコヴィッチの『自然哲学の理論』を読んだのは、自然哲学に関心を持っていた彼にとって、ごく自然なことだったろう。そして、すべての物理現象が、「点粒子相互の位置の時間的変化」として説明されるというのである。
　この物理現象を、もし「心理現象」に置きかえることができるなら、「非常

に単純な古典力学的質点系を一つだけ想定する」ことによって、すべての心理現象は説明されることになる。

　実際に、フェヒナーがそのように考えたのかは、筆者にはわからない。しかし、それを示唆するような、一つの「質点系」というごく単純なモデルが後に出てくる。これについては、そのとき、あらためて考えてみよう。

　次に、「ダイナミズム」であるが、これについては井上が次のように説明している。

　　　ここでダイナミズム（dynamism）というのは、物質を含めてすべての自然現象を基底にある力の顕現とみる立場である。元のdynamismという語は「能力」というような意味をもち、古代ギリシャ語では羃の意味に用いられ、英語でpowerと訳され、力学（dynamism）の語源になっている。dynamismをenergeiaと対にして、前者を「可能性」「可能態」に、後者を「現実性」「現実態」に対応させる用法はアリストテレス以来のことである。自然哲学の体系としてのダイナミズムとしては、すべての現象を力の場の交錯の結果としたボスコヴィッチの体系を最初のものとしてあげることができよう。もちろんボスコヴィッチの思想は、それに先行する科学・哲学上の議論、特にニュートンおよびライプニッツの影響を無視することができない。よく知られているように、ニュートンは質量と加速度の積としての力の定義を最初に与えると共に、全宇宙的なメカニズムを支える力としての、重力のダイナミカルな役割の重要性を示した。さらにニュートンは、物質の最も根本的な性質としての慣性の定義を「内在力」（vis insita）として与えていることは、物質の深奥の中核はダイナミカルに解釈されるべきであることを示唆した意味で、ボスコヴィッチの立場に通じるものがあったといえよう。（43-44頁）

ここで、「すべての自然現象を基底にある力の顕現とみる立場」は、あとで示されるように、まさに、フェヒナーの立場でもあるのである。
　その「力」は、物理学的にも認められるようになり、また、その「力」を顕

現させる主体というものを考えるとき、「神」以外には考えられない。

　いずれにせよ、実際、後で詳しく見るように、フェヒナーの『原子論』にはボスコヴィッチの章があるのである。

(3) カッシーラーの『実体概念と関数概念』

　さらに、カッシーラーの『実体概念と関数概念』の中でも「ボスコヴィッチとフェヒナー」は取りあげられている[7]。

　カッシーラーのこの本は筆者には難解で、どれほど理解できたのか心もとないが、以下、フェヒナーに関する部分を見ていこう。

　まず、「第一部　事物概念と関係概念」の「第四章　自然科学的概念形成」のⅣ（節）の物理学的「測定」の前提をめぐって、「われわれは、あるがままの感覚を測定するのではなく、われわれがその感覚を関連づける〈対象〉のみをつねに測定しているのである。たとえわれわれが精神物理学（Psychophysik）に感覚の測定可能性を認めたとしても、この所見はそのことには左右されない。というのも、このような前提のもとでも、あきらかに〈物理学者〉は、少なくとも感性的体験や感性的内容の色や音ではなく、もっぱら振動に関わっているのであり、温かさや接触の感覚ではなく〈温度〉と〈圧力〉とを問題にしているからである。」（164頁）と述べている[8]。

　つまり、この段階ですでに「あるがままの感覚の測定」などは、物理学者にとって虚構に過ぎないとしているのである。

　そして、Ⅴ（節）の原子論、原子概念を扱った部分では、「矛盾は、思惟の合理的措定でしかありえない原子に、もっぱらわれわれの知覚世界の感性的物体との類推から推論される諸性質が与えられていることの結果であって、認識論的考察の立場からは、まさにこの類推こそしりぞけられねばならないというのである。」（182頁）としている。つまり、原子概念に対しては、直接に観測可能な現象などに頼ることはできないし、既知の「物理的現実」などは役に立たない、「力学の一般的法則と原理」が規範なのであるということである。

　そのうえで、カッシーラーは次のように述べる。

しかしその考え方を突き詰めるならば、自然科学がボスコヴィッチ以降になし遂げた原子概念の再編成に、論理的な側面からもゆきつかざるをえないであろう。広がりはあるが分割不可能な粒子のかわりに、いまや絶対的に単純な〈力点〉が登場する。ここで、すでにデモクリトスにとって特徴的であった直感的諸性質の削減がいかに大幅に推進されたかが見て取れる。いまでは原子の〈大きさ〉や〈形状〉までもが消滅し、原子を区別するものは、動力学的な作用と反作用の体系において原子に相互的に割当てられる位置に限られる。延長の否定が感性物質の否定に仲間入りし、こうして、一般にある経験的「事物」を他のものと区別するあらゆる内容的規定もまた否定される。すべての独立自存の性質はいまや完全に払拭され、残るものは、力点の相互的な引力と斥力の法則における動力学的共在の関係だけである。というのも、〈力〉そのものが、ここで理解されているところでは、法則概念に解消されているということ、つまり力は関数的な量の委属の表現にすぎないということ、このことはボスコヴィッチとその後フェヒナーによって精力的に強調されてきたことなのだ(35)。その起源においては純粋の数概念に由来した原子は、紆余曲折を経てのちここでふたたびその起源に帰りついた。それは体系的多様一般の項以外の何ものをも意味しない。原子に与えうるすべての内容は、関連から生み出され、原子はその関連の思考上での中点なのである。
（183頁、山本義隆訳）

　つまり、「〈力〉そのものが、………法則概念に解消されているということ、つまり力は関数的な量の委嘱の表現にすぎないということ、………」が、フェヒナーによって精力的に強調されてきたのだ、ということである。
　こうして、経験的「事物」というものも否定され、残るのは力点（Kraftpunkt）の引力と斥力だけとなる。
　さらに、カッシーラーはこの本の「第二部　関係概念の体系と現実の問題」の「第六章　現実の概念」のIII（節）の中で、再びフェヒナーを引用している。

　「……ここにある問題を精確に把握しているのは、哲学的な物理学者のなか

II. 精神物理学の構想（1）――物理学から

では、なかんずくフェヒナーである。」として、以下のようにフェヒナーの「原子論」中の文章を長々と引用する。

　現象の世界においては、ひとつのものは、他のものとともに、かつ他のものを通してのみ存立しうるということは、すべての現象一般にたいしては真の実在性を否定することに、そして、多彩に変化する現象にたいする窮極的に維持されうる安定した根拠としてそれ自身で独立して存立する確かな事物をその背後に想定することに、かんたんに導きうるし、またじっさいに導いてきた。そして、この事物は、決して自体的には現象に顕われえないで、むしろ、外的な相互作用を通して相互的にであれ、あるいは内的な作用を通してそれ自身においてまたはそれ自身からであれ、ともあれ、現象の完全に従属的な外観を生み出す。というのも、あるものがその実在の根拠に関してつねに他のもののみを証拠として引き合いに出すときには、つまるところすべての実在に対する根拠が失われていると語られるからである。つまり、Aは、Bが存立するかぎりで自分は存立しうるといい、Bは逆に、Aが存立するかぎりで自分は存立するというとき、そのとき両者を根拠づけるものは何もないとされる。……しかし、AとBとは、その一方または双方には見出すことのできないそれらの実在の根拠を、さらにさかのぼってその外見に根拠と核を与える背後の何ものかに探し求めようとするかわりに、それらの両者がその項であるところの全体のなかに求めるべきである。全体が、全体とそのなかにあるすべてのものの根拠であり核である。……総じて、個別のいっさいの根拠を、個別的な何ものかに、あるいは、個別の背後のその根拠をあらためて問わねばならない他の何ものかに求めるべきではないが、いかなる規則にのっとって個別が全体に結合されるのか、そして、何が窮極の要素であるのか、このことを問うことはできる。……われわれがある物質的事物に即して見出しうる客観的なものとは、現象の背後にある知覚には左右されない謎めいた事物に依拠するのではなく、事物が呈する個別的知覚や個別的現象を越える固く結合したひとつの法則的連関に依拠しているのであり、それぞれの現象はこの連関の一部分を現実化するものである。(351頁)

この引用された文章は、フェヒナーの「原子論」のXV章「物質と実体の概念について」の一節である。
　ここで、フェヒナーはいくつかの個別の現象があるとき、しかも、その現象の背景に存在する実体あるいは根拠が見いだせないとき、いくつかの個別の現象を結びつける「法則的連関」を求めるべきである、と言っているようである。
　しかし、この引用に、すぐに続けて、カッシーラーはフェヒナーについて次のように批判している。

　　この命題は、形而上学と物理学の分離をきわめて鮮明に決定的に実行しているけれども、フェヒナー自身においては、物理学の対象の概念規定のなかに、いまなお内的な不明瞭さが現われている。物質を感性的に知覚可能な性質の「根拠にある」あるまったく未知で無規定な何ものかとして捉えることを避けるために、彼は物質を、ほかならぬこの感性的性質自身によって規定している。すなわち、物理学者にとっての物質とは、「言葉のもっともありふれた使用法と完全に一致し」、それは〈触覚〉によって覚知されるもの以外の何ものでもないとされている。そのときには物質は、「手で捉えうるもの（das Handgreifliche）」と同じ意義になる。物理学者は、触れて感じられるものそのものの背後になおもあるかもしれないものを気にしなくともよい。彼にとっては、手で捉えうるもの自身が、唯一呈示できるものであり、経験によって捉え跡づけうるものである。そして、概念に彼の目的のために必要とされる確実な根拠を与えるためには、これで充分である［と語られている］。したがってここでは、物質という概念から形而上学的な成素を排除しようという試みが、それに固有の本来の〈論理学的〉契機まで無くしてしまうという結果をふたたび招いている。（351-352頁）

　ここで、カッシーラーが批判している「手で捉えうるもの」等については、フェヒナーが「原子論」の中で論じていることなのだが、順序が逆になるが、後であらためて見ることにしよう。

しかし、カッシーラーの論旨は一貫しているのである。
　とくに重要なことは、彼が「精密科学が唯一関わりを持つ物質は、決して「知覚（Perzeption）」としてではなく、つねに「概念（Komzeption）」としてのみ存在する。」（194頁）と述べていることである。
　また、彼は微分方程式などの使用を例として、科学的な概念が、「経験的な自然考察の〈事実〉からではなく、精密物理学の〈方法〉自身の条件から導き出されるもの」（183-184頁）としている。
　このように、カッシーラーはフェヒナーについて長々と引用し、一方で評価し、一方で批判しているのであるが、一つ気になることがある。
　それは、カッシーラーが引用しているのは、すべて『原子論』であることである（「精神物理学」という用語を用いている箇所はあるにせよ）。フェヒナーの著書である『原論』にはまったくふれていない。
　しかしながら、カッシーラーが心理学的なものに関心を持っていないわけではない。彼は、この本でジェームズなどにも言及しつつ、第八章「関係の心理学によせて」まで書いているのである（その一部は本章でも後でもう一度取りあげる）。
　このことは何を意味するのだろうか？
　カッシーラーの『実体概念と関数概念』にもはや直接関係があると考えなかったからであるのか、それとも、フェヒナーの『精神物理学原論』を取りあげて論評するに値しないと考えたのか。これがどちらの理由によるとしても、大きな問題である。「精神物理学」の「科学性」に重大な疑念を生むことになるからである。
　つまり、カッシーラーは、物理的刺激と感覚の強度の関数関係を認めるフェヒナーの基本的考え方には同意しているにせよ、いや、それゆえに、感覚の強度を"実際に"測定しようとする「精神物理学」はもはや認められる存在ではなかったのかもしれない。
　言い換えれば、フェヒナーは自分の出発点に矛盾するような立場へと足を踏み入れたと考えたのであろう。例えば、数学的な意味での点の面積や、線分の幅を測定しようとするようなことを試みようとしたというようなものであろ

うか。

　とするならば、フェヒナーは「物理学的刺激強度と人間の感覚との間には何らかの関数関係が存在する」というところまでで、留めておけばよかったのだろうか？

　しかし、たとえ、そうであったとしても、フェヒナーはそれに満足することができなかったのだ。これについては本章の最後で再度取りあげることにしたい。

　以上のような流れの中で、「精神物理学の構想」として考えていた章を（1），（2）の二つに分け、(1)では1850年10月22日付のフェヒナーの「日記」から、『精神物理学原論』の「序言」までを、(2)ではそれ以降の部分を主に対象として取扱うこととした。

2．『精神物理学原論』にいたるまで

(1) 天啓？

　フェヒナーは1828年から1879年まで日記を付けていた[9]。

　その中でも、1850年10月22日付のそれは、フェヒナーの研究者たちの間で注目されてきた。その理由は、彼の主著と見なされることの多い『精神物理学原論』の最初のアイデアが記録されているからである。

　この日記については、岩渕輝による前掲[3]の「グスタフ・フェヒナー1850年10月の日記―解題と翻訳―」（2008年）という論文がすでにあるが、これからの話に必要なのであらためて取りあげて見ることにしたい。ただし、22日以前の日記の内容がどんなものであるかについては、簡単にふれるにとどめておく。

　実は、この日記の日付についてはフェヒナー自身がふれているのである。すなわち、『精神物理学原論』第II部の最後は「歴史と補遺」に充てられているが[10]、その第XLVII（47）章は「歴史」である。その中に次のような記述がある。

純然たる体系的なある関係を証明するが、正確には適切でない表現のかわりに、精神と肉体の間の実際の依存関係に対する表示を得るという考えが、その時あらたに、自然に私の心に浮かんだ。すなわち、何かはっきりしない思考過程をへて、いまや（1850年10月22日）私は等比級数という図式に辿り着いたのだ。それは、βが活力を意味する時、身体的な活力の増加比、すなわちdβ／βを、それが属している精神的強度の増加量に変えるという図式だった。(II.S.554)

　一方、この文章に対応するフェヒナーの『日記』であるが、次のようなものである。

1850年10月22日

第一草稿

　活力とこれを用いた{生命力}は、ある任意の瞬間における系の有効な生命力をその増分の総和と見なすことができるだろう。その総和はその零値からかわりに見いだされるまでのものである。{ここで、この系が…のように感じると仮定する}。

　活力が経験するすべての増分はまさに現在ある活力に対する一つの関係を持っている。そして、われわれが仮定する{総和}は精神がすべての各微小部分に対してこの比例した増分を知覚し、すべての増分を総計するということを前提としている。そして、さらに再び、その間のこの総和の増分は、ある任意の瞬間における精神状態の強さが、零からすべての増分の総和が問題になるというふうに、まとめて知覚される。— それは瞬間の個別の増分だけではない。なぜなら、第一に、これは無限に小さい大きさであろうから。第二に、われわれは後の精神状態において、初めの方のものは少し変化するようになるからである。{系の活力が…であると仮定すれば}

　系の活力は、個々の部分の活力の総和であり、系全体の活力の変化は、個々の部分の活力がこうむる変化の総和である。

ここで、われわれはまず第一に、系全体の活力がどのくらいの比率で変化するのか、第二に、すべての個々の微小部分の活力が全体の活力とくらべていかなる比率で変化するか、第三に、すべての個々の微小部分の活力はそれだけでどの程度変化するのか、を考慮に入れることができるのである。(S.411)

この「草稿」を読んだだけでは、何のことかよくわからない、というのが大方の読者の感想であろう。
　ただ少なくとも、「ある任意の瞬間における精神状態の強さ」を活力として把握し、われわれの精神がその微小な増分に比例する増分を知覚することができるということを仮定する、ということだけはわかる。
　実は「日記」の中のこの「草稿」の前には次のようなことが書かれているのである。
　それは、11月と12月を一括して、要約してあるものの中にある。
　まず、最近は心理学と身体と精神の関係の数学的原理に没頭しているとあって、精神的強度は身体的強度の関数であり、身体の活力の微分によって得られるに違いないなどということが書かれている。(S.409)

　しかし、いま、私がそのうち出版しようと思っている天界と彼岸のことがらについての私の本の執筆にさいして、この本の中で、それを使用するために以前にスケッチした数的な図式を肉体と精神、そして低次の精神と高次の精神（級数による）の間の一定の根本的関係の表現のために再び取り組むということを始めた。現実の、たんなる図式的でも象徴的でもない表現という問題は、再び私の心に浮かんできた。そして、そこで私は図式の一層の発展において、等差級数の代わりに等比級数を用いることを思いつき、このため若干の関係はよりよく表示されるように思われた。そうして、私はこれを、私の以前からの考え、すなわち、もはや絶対的増分ではなく、{比例的な}増分を考慮することによって、活力の微分を精神的強度の測度とするということと組み合わせた。さて、いまや、この結び付きによって、活力があ

る一定の初期値からの絶対的増分の総和によって生じる時、精神もまたそれに属する｛比例的な｝増分を総和するのではないか、ということに幸運にも気がついた。そして、このことによって、その一層の発展にいま私が取り組んでいる原理が基礎付けられた。この考えが私に浮かんだのは10月22日の朝、ベッドの中でだった。(S.409-410)

「天界と彼岸のことがら」すなわち、『ゼンド＝アヴェスタ』が出版されたのは[11]、この日記が書かれた翌年の1851年のことである。その「補遺」の中で、この「思いつき」は整理したかたちで公表されたのである。

そこで、フェヒナーがこだわっていたのは、肉体と精神の関係を具体的な数式、すなわち関数関係で表示することであった。その関数は、活力（身体活動の強度）の増加と精神的強度の比例的な増加を対応させることで表現され、そのために対数が用いられた。

(2) 『ゼンド＝アヴェスタ』の補遺

フェヒナーの1850年10月22日付の「日記」より後に出版された『ゼンド＝アヴェスタ』（1851年）の中に精神物理学の構想を示すもう一つの「証拠」が示されている。

それは第II部XIX (19) 章「第XI (11) 章の補遺」の中の「補遺2. 数学的心理学の新しい原理についての短い説明」(S.373-386) である。少し煩雑になるが、第XI章は「神と世界について」であり、XIV章はA～Dより構成されており、「D. 肉体と霊魂の関係についての基本的観点」の「C」創始と実証」の二つ目の「補遺」がここで取り上げるものである。

つまり、もともとは「肉体と霊魂」、すなわち「物質と精神」という大きな枠組みの中で考察されているものである。

「序論」ではまず、物理的な現象と心理的な現象が相互に関連しているという一般的で、根本的な観点の確認にとどまらず、両者の間に一定の数学的関数関係が存在することを主張する必要があると述べられる。

心理学者と生理学者の関心、それは同時に数学者の関心でもあるのだが、その関心を、私は特にあの基本的見方と関連づけて数学的心理学の新しい原理へ向けたいと願っている。それは同時に肉体と精神の全体的な関係の数学的な扱いの原理である。根拠の説得力が他者の支持による発展よりもなお検証を必要とするように思われそうだからである。私はそれがこの本の他の内容から独立して評価にさらされるように、第II部、373頁でそのことを説明すべく努めた。
　前々から様々な方法で、肉体と精神の密接な関連をどこでも認めているのであってみれば、鋭い表現のもとにそれらの変化の相互の依存関係を把握する最初の試みは、二、三の注意を払うに値するであろう。(S.xvii)

引用文中の第II部373頁とは、前記の「補遺2.」の最初の頁である。彼はこれが「独立して」評価されることを望んでいる。
　なお、ここでは、心理学者と生理学者、それに数学者という言葉が出てくるのだが、心理学者として具体的にどのような人物を想定していたのかはわからない。あるいはヘルバルトのような「数学的心理学」を構想した「心理学者」を念頭に置いていたのだろうか。
　しかし、同時にフェヒナーはこの時点では、心理的な現象をも物理学の枠組みでとらえられる、あるいはとらえようと考えていたのではないかと思われる。
　それは、活力 (lebendige Kraft) という概念にも表われている。
　フェヒナーはまず、心理的領域における現象を直接、正確に測ることはできないが、その極端な場合は、感覚あるいは意識から、ある程度判断できるのではないか、と考える。そして、次のようなことを考える。

　精神活動の基礎となっている身体活動の強度を、一定の場所と時間に対して、その活力 β (力学の意味で解釈された活力) によって測定してみる、そして、無限小の空間量と時間量におけるその変化を $d\beta$ としてみよう。すると、感覚あるいは意識によって推定された精神活動の強度の付随する変化は活力の絶対的変化 $d\beta$ のそれではなく、$d\beta/\beta$ に比例した比率変化の

II. 精神物理学の構想 (1) ——物理学から　101

それである。それゆえ、kdβ／β、あるいはきっちり k=1 と置くならば、dβ／βとして表示される。(II.S.374)

そして、フェヒナーは増加分の総和として、積分

$$\int d\beta／\beta \quad \cdots\cdots\cdots (1)$$ を考える。

これは、当該の要素（原註）の精神的あるいは心理的な強度を与える。かくて、第二の要素の求める精神的強度 γ は次のようになる。

$$\gamma = \log\cdot\beta／b \quad \cdots\cdots\cdots (2)$$

ここで、$\gamma=0$ の場合、b は β の値を示している。（つまり、γ が0になることは、β が0の場合にはありえない）
（ここで、フェヒナーは原註として、「ある要素の精神的な強度は、他の意味をもたない数学的な虚構であり、諸要素のシステムを結びつけるための計算を行なうためのものである。だから、認められる大きさの感覚は無限小の場所にも時間にも属すことはできない。」と述べている）

いま、ある一定の空間と時間内で作用する心理的強度を得るために、時間 t と空間 s の関数として β が定められ、当該の範囲内の積分を行う。

$$\int\int \log\cdot\beta／b \, dt\,ds \quad \cdots\cdots\cdots (3)$$

もし、一瞬の感覚が弁別されず、つねに一定の時間の感覚が統合されるならば、単一の感覚の測定可能な強度が、(3)式の積分によって表わせるだろう。

いま、（次元の大半を考慮せずに）、一本の直線あるいは平面上に整然と広げられた感覚系の点と活力の大きさを考えてみよう。それは、当該の点から下されることによって表現される縦座標の高さによって、活力の大きさが示されていると考えてみよう。そうすると、一般に、直線あるいは波動列（Wellenzug）の形のもとに系全体の活力が表される。その形態は活力の変

化に応じて変化する。系の主運動の活力を表現する主要＝波動列に対して、系の個別の部分の特別な相互作用あるいは外的な作用によって、より小さなさざ波あるいは波動列が発生しうる。大きな波動列や副次的な意識規定、あるいは大きな波動列と結びつく主意識の、外的に興奮させられた感覚が属するのとは異なった周期に、それらのさざ波や波動列がしたがうのである*。

　このより小さなさざ波あるいは波動列は非常にさまざまな関係に主要波（Hauptwelle）と互いに入ることができる。例えば、特定の意識の閾の上あるいは下であれ、その力によって主要波を、その主要波が正反対の状態にある間、上昇させる。主要波にそして相互に関連してさまざまな周期を指し示し、より高い秩序の非連続性の関係に連れてゆく、等々である。ここにまた、多くの重要な心理的な関係をあらわす可能性、あるいは可能性の見通しが結びつくのである。(II.S.382)

　*　特別な感覚に属するこのさざ波の活力を明らかに特に顧慮すべきで主要波の活力と、一緒に扱ってはならない。そこで、問題になるのは、意識一般の全般的な強さではなく、意識一般の所与の状態へのこの特別な感覚の強さなのである。

上記の原註*で述べられていることは、次章で扱う『原論』の中における「一般意識と特殊意識」の問題と対応していると思われる。

　注目すべきことは、この段階でもうすでに、「主要波（Hauptwelle）」という言葉が用いられており、「さざ波（Kräuselungen）」や「波動列（Wellenzüge）」が考えられていることである。それらはおそらく物理学における光の波動説と関係があるものと思われる。当時、光の波動説と粒子説という二つの見解が対立していたが、フェヒナーは波動説の立場を取っていた。

　しかし、実は、フェヒナーは『死後の生についての小冊子』(1836) の中でも[12]、すでに、人間の意識や存在というものが引き起こす相互連関的な「波紋（Wellen-kreis）や「さざ波」についてふれているのである。すなわち、水中に沈んでゆく石の残す「波紋」(S.9) や、大きな波にのまれる「さざ波」(S.44)

などにたとえて言及している。

　なお、ここで述べられている波動列や、主要波などは『原論』にも引き継がれて、「波動図式」として閾や無意識の問題と関連させて、論じられているが、ここでもいくつかの例が示されている。

　たとえば、われわれは誰かがしゃべっているのを生理学的には聞いているのだが、心理学的には知覚していないということがある。われわれが注意を聴力に向ければ聴くことができるが、これは内的な聴覚の働きの活力の波を、閾下にあったさざ波とともに閾上に引き上げることによってなされる、という。

　さらに、フェヒナーはいくつかの疑問を示す。

　これまで積み上げられてきた発達の立場によれば、過去の理論によってより詳しく要約されるのは、非常に良くカバーされた次の点である。すなわち、精神的機能はたしかに全体として身体的な機能と並行して働き、それと関連した変化と転換点を示すが、それでも、身体的活動の絶対的な大きさに比例して生じることはない、ということがどうしてそうなるのか。なぜ、とりわけ、感覚印象の増大が感覚刺激よりも遅れて留まるのか、また刺激の分散は、全体としての大きさの変更なしに、感覚を知覚不能にまで弱めることができるのか。――なぜ、精神的機能は、全く単純ではないのに（II.S.330 参照）、根底に横たわる身体的機能より、いつも単純に見えるのだろうか。――つまり、精神の睡眠と覚醒が身体と関連している場合のように。なぜ、特に意識の閾下にある個別の精神活動の睡眠あるいは沈下はそこに属する身体活動の停止ではなく、その下降に対応するのか。どのような状況に睡眠と無意識の深化は基づいているのだろうか。―― 一定の精神活動の意識の閾下への沈下は、他のものの高揚をそれより上へといかにしてもたらすことができるのだろう。――どのようにして、感覚の質は量的な規定と関連していることが可能なのか。――いかにして、われわれの生体に独特な活力の主要波の機能として、注意の集中と弛緩は、外的な感覚刺激によってひき起されるそれのさざ波を、一般的な意識の閾の上方に持ち上げさせるのか、あるいはそれの下方に沈めさせることができるのか。――いかにして、より高次の精神活

動はより低次のものの上方に築かれるのか、そして両者は同一の身体的基盤の脈略の中でいかになされうるのか。(II.S.385-386)

ここで示された疑問や問題は、まず、精神的機能は身体的機能に対応して生じ、変化するが、「身体的活動の絶対的な大きさに比例して生じることはない」ということ、「刺激を分散すると、全体の大きさは変わらないのに、知覚不能になるのはなぜか」、などをはじめとするさまざまなことがらにかかわっている。

とりわけ、精神活動の意識レベルの変化にともなう身体的活動の変化や活力の主要波の状況、さざ波と意識の閾の関係、などに関心が向けられている。

これらの中には、問いそのものが筆者にはよく理解できないものもあるが、さまざまな問題点について、フェヒナーは自問自答している。

そのうえで、「しかし、この理論はまだはじめの基礎、いわばおむつをした幼児の段階にある。すなわち、まだ充分これ以上の成長を期待できる。しかし、もちろん、この状態の幼児が再び死んでしまう可能性もある。なぜなら、私はむろん、この理論がすでに確実に確立されているなどと主張することはできない。そのためには厳密な科学が要求するような決定的実験（Experimentum crucis）がまだ欠けている。(II.S.386)」と書いている。

そして、その後、彼自身がその実験を始め、とうとう『精神物理学原論』として結実するのである。

(3) フェヒナーの原子論について

さらに、『ゼンド＝アヴェスタ』が出版されて六年後の1856年にフェヒナーは『原子論』を発表する[13]。その内容は、「物理学的原子論について」(I～XIII章) と「哲学的原子論について」(XIV～XXVI章) の二つの部分から構成されており、「附章」(XXVII～XXVIII章) が加えられている。

この本の二つの部分について、フェヒナーは初版の序言の冒頭で次のように述べている。

　この本の二つの別個のタイトルによって区別された部分のうち、第一の部

分は、身体世界の原子論を、新しい厳密な物理学によるその具体化によって、それがさらされている哲学的な異議に対して、自然界に基礎を築くものとして、それゆえ自然科学によって要求されている、より高次な普遍的な関心にかなうだけでなく、それらに役に立つ見方として明るみに出すという、そして、ここからそれが違反する哲学的な見解へ若干のより普遍的なまなざしを投げかけるという目的を持っている。

　第二の部分は、その敵対者がいままでないのに気付いていたのかもしれない、原子論の哲学的終結が、そのいままでの本質といままでに確認された法則という課題のもとではなく、いままで好評だった方向性の目標の先取りによって、いかにしてあり得るか、を示すことである。(S.iii)

ここでは、「身体世界の原子論を、新しい厳密な物理学によるその具体化によって、……」という表現があるが、これこそフェヒナーが当初めざした「身体の物理学」ではないか、と考える誘惑にかられる。

そして、彼は増補版の序言では、次のように述べる。

　それゆえ、そのことの進歩の跡をたどることが、この新しい版の課題ではない。そうではなくて、その本質的課題は原子論的見解の根本的視点が、一方において、それに対して哲学に唱えられた異議に対して正当性を証明する（第Ⅰ部）、ことにあるということである。他方においては、物理学的原子論の哲学的な終結可能性の方法を示すことである（第Ⅱ部）。そういうわけで、両方の観点にはまだかなり以前の視点と根拠が存続している。それゆえ、初版に対して"本質的な"この第二版に手を加え、あるいはそれを深める動機はこの面からではなかった。(S.xvii)

しかし、フェヒナーが身体世界の原子論を構築するためには乗り越えなければならない大きな問題があった。

それは、「不可量物 (Imponderabilien)」の測度あるいは測定の問題である。「不可量物」とは、感情や気分、好き嫌いといったものである。

フェヒナーは「不可量物の実体についての前置き」において、「残念ながら、われわれは同時に、物理学者にとってはかなり無意味と思われている考察からはじめなければならない。」として、次のように述べている。

　原子であろうとなかろうと、問題は計量可能の領域に関してと同様に、計量不能の実体に関しても投げかけられ得る。その問いは、両方の領域に関して、以下で論じられ、承認される。運動の実体として、エーテルもまた、──そこに光、輻射熱、磁気、そして電気の現象が（おそらく共通に）基づいているのだが──原子論的に構成されている。しかし、いまや、反対する哲学者たちは似たような意味で、計量不能なものの現象に計量可能なものの現象のようにある実体が横たわっている、ということをはじめから疑っているかもしれないし、事実何度でも反論している。しかし、不可量物の実体が存在しないとしたら、自ずからそれをたんにここで実体の間違った{前提}と同行し、あるいは追随するこの領域に対する原子論も存在することはない。人が、計量可能な身体あるいはその内部の間の不可量物の動きとして理解するものは、部分的には、計量可能な身体相互の力の表現の動きとして、あるいはその計量可能の質量の力の表現の動きとしてのみあるだろう。しかし、人が不可量物について{特別に}語るべきという点では、純粋な行為、実体なき運動であるだろう。しかし、それは空間的な前進を慣性的な質量はそれ自体ではもはや持たず、身体運動に移される。空間を通して伝播される際の光や輻射熱、そして、空気、水、結晶などを自由に光を通すこともそうなのである。また、われわれの神経系で動くものの計量不能性もそうである。後者のことを考えて、人はまた、計量不能なものをカテゴリーのもとの精神と身体の間の仲介項あるいは媒介概念として解釈する。
　それは計量不能なものにあれこれの自然を貸し与えることなしに、媒体そのものがあれこれの自然に関与するままにさせておく。
　さまざまな動力学者たち（ダイナミカー）によるさまざまな修正された見解の最も困難で遂行が難しい理由づけに同意することなしに、それに対して一般にここで以下の点を述べることにしよう。われわれの目的にはそれで十

分である。(S.17)

　ここには、後の精神物理学にとって重要な諸点がすでに述べられていると筆者は考える。
　特に不可量物の実体を求め、それが得られないなら、実体なき運動、身体運動に委嘱されたものを考える。「われわれの神経系で動くもの」もその一つである。それは精神と身体の媒体（概念）でもある。
　そのうえで、次の四点を挙げているが、それらは当時の物理学を反映したもので、筆者にはそれらを正確に紹介する自信がない。そこで、表面的にのみ述べておこう。
　まず第一に、太陽から地球への光と熱の放射の実体的な媒介概念としてのエーテルの存在が否定されるなら、物質の連続性はもはや空間を埋め尽くす力という概念に裏づけられるものではなくなる。
　第二に、天体の星あるいはまた地球上の物体の間の光と熱の放射を、人がそれに対比させる重さの作用と同じような意味で、互いの距離を計算できる物体の力の作用と見なすことは、うまくいかない。
　第三に、それに反して、光と熱の伝播は音の伝播のように、確かに一つの相似的な運動と見なしておくが、しかし、その伝播なしに、同じ意味で一つの実体を基にしているのである。動きのない運動がそもそも|想定可能|であるだろうか、という疑問があろうが、私は想像上の連続する空間の並立を通り抜けて行くことができる。これは運動の抽象的な概念を与える。そして、少なくとも、|明らかに|その際、私が動きを考える必要はない。それは物理学的には|使用可能|なものではないけれど、質量なくして質量に作用する運動が|想定可能|なものかどうか、という新しい論争に入り込むことはない。
　第四に、最後に、不可量物が実際に、計算できる物体間の力の表現に、あるいは実体のない運動に、還元できるとしてみよう。それは有効かもしれないが、しかし、そのための原子論が成り立つかどうかは、まだわからない。

　それでは、フェヒナー（等）が考える単原子論とは具体的にどのようなもの

なのか、彼は第XX章「根本的視点」において、以下のように比較的わかりやすく説明している。

> われわれの単一の存在が何の大きさも形も持たないということが、それから構成される肉体が大きさと形を持つということを妨げるものではない。そう、それに人はまた、無数のものの大きさと輪郭を、それから構成する根幹の大きさと輪郭によって決めるのではなく、それらの全体が占める場所の大きさと輪郭によって決める。単一の存在は何の密度も持たないかもしれないが、だからまた、それらから成り立っている肉体も密度を持たないということを妨げない。そう、それに人はまた、総人口の密度を、個々の人間の密度によってではなく、ある一定の空間を占める集合体そのものによって測る。それらはそれ自体、質を持たず、あるいはどうでもよい質からできているのかもしれない。それで、これらは、そこから構成された肉体が単一の存在のさまざまな配列と運動にそれぞれしたがってさまざまな質を持つということを妨げない。すなわち、人間でも、動物、植物でさえも同じ成分から成っているのである。ただ、それらのさまざまな配列と運動のみがそれらにさまざまな質を与えているのである。それらは、それ自体では精神のない存在であるのかもしれない。そこで、精神がその結合に結びついているということを妨げることはない。さらに、人間の場合には、精神はその結合に結びついているのであって、その部分にではない。(S.153)

ここに引用した文章につけ加えて、「私たちの見解と完全によく一致する、以下の物理学的単原子論の最初の生みの親であるボスコヴィッチ（Boscovich）の単一原子面という"概念"の見解 (in s. Theoria philos. Nat. §133. p.60 ff.) を、少なからぬ関心をもってここで見いだすことであろう。」とボスコヴィッチについて紹介している。

ボスコヴィッチについてのさらに詳しい解説は、附章の一つ、第XXVII章「ボスコヴィッチの自然哲学の理論からの単一原子論の根本的視点の記述の抜粋」の中でなされている。しかし、それらは若干のフェヒナーの注釈等をのぞいて

は、原文がラテン語で書かれているので、ここでは紹介できない。

アーレントは、フェヒナーの単原子論を次のように解説している[14]。

フェヒナーはとりわけクロアチアの数学者R・ボスコヴィッチの原子論を受け継いでいた。彼の1758年に出版された『自然哲学の理論』を近代物理学的原子論の起源であると考えていた。ボスコヴィッチと同様にフェヒナーは原子を単一で、無限に小さい質点（materielle Punkte）（"瞬間的な強度、単一の実体"）で、原子は肉体の本質的な要素を構成し、それによって"量的な観点における存在することの究極の限界"に達するだろう、とみなした。原子は大きさを持たないでも存在するが、点から点への引力として理解すべき力の作用の所有物でもあるだろう。原子は、"それ自体破壊できないものであるか、あるいは少なくとも物理学と化学の分野で、それらを破壊すべきいかなる方法も与えられないものとして"ある。

フェヒナーは原子論はいかなるものも、"直接、経験の中で打ち倒される"ものであることを認めていた。—その実験的な証明は、ようやく次の世紀の課題であった。—しかし、『原子論』の著者は1855年以降すべてを原子の物質構造を弁護して語るということ、そう、原子の理論が自然科学にとってまさに不可欠である、ということを始めた。そして、彼はまた、非常に多くの化学者と物理学者がこのことの理解から出発して、その結果、彼らに対して原子論の擁護がほとんど必要となくなったことを満足のうちに確認した。すでに1854年に、彼は自分の論文の中で次のように書いている。すなわち、"原子論によって化学は結晶学等々、とりわけ最小物についての学説に足を踏み入れ、天文学では平衡と運動についての一般的原理のもとで、最大物の学説に踏み込む。それによって自然科学はいたるところで明晰さと成果を獲得する。そして、これによってはじめて、首尾一貫した相互に関連した体系となる。原子論なしにはこれらの相互連関は崩壊する。"

フェヒナーはまず最初に、物理学の分野から原子理論に対して反論の余地のない彼の理解を語っている三つの証拠物をあげる。すなわち、1. さまざ

まな彩色された光線の混和は、それがある原子の構造を持ったエーテルの存在を仮定することによって、ただ波動理論だけを説明できる。2. 横の振動による光の偏光は同じくこれを仮定している。3. また、原子の物質構造によってのみ、熱放射法則は説明される。つまり、放射は物体の表面に対して垂直に生じる時、その最大値に達する。フェヒナーはこの論拠を引き合いに出した、─原子論のための"第一級の主な理由"─その論拠は、フランスの数学者と物理学者であるオーギュスト・ルイ・コーシー、オウグスティン・フレンゼル、そしてジャン・バプティスト・フーリエの研究成果である。とりわけ、フェヒナーはウイルヘルム・ウェーバーとともに、物理学の全体分野にとっての彼らの理論の有効範囲を検討した。フェヒナーとウェーバーは、原子論が物理科学にとって不可欠な必要性を持つという確認において、完全に一致した。(S.138-139)

引用文中の1854年の論文とは、「原子論について」(Fichte's Zeitschr. f. Philos. U. philos. Kritik.) と思われる。

彼の著書『物理学的および哲学的原子論』は、二年後の1856年に出版されているので、この論文もそのもととなっているかもしれない。

アーレントの記述からは、フェヒナーがこの原子論に大きな期待をもっていたことが伺われる。

(4) 『原論』出版直前

まず、フェヒナーの「日記」が1851-1859年にわたって残されていないことを述べておかねばならない。『原論』が発表される前の重要な時期であるので、いちおう参照しておこうと考えたのだが、この間は完全に抜け落ちている。

それが何らかの意図を持ってなされたのか、たんに忙しかったからなのかどうかもわからない。

ボーリングは、フェヒナーが『精神物理学原論』を出版する前の1858年と1859年に二篇の短い先行的な論文を書いていると述べている[15]。

そして、「1858年の論文はヘルムホルツとマッハの関心を引いた。ヘルムホ

ルツは1859年に、フェヒナーの基本定式の修正を提案した。マッハは1860年に時間感覚におけるウエーバーの法則の検証を始め、1865年に出版した。」とも書いている。

フェヒナーのこの二篇の論文は筆者自身は未見だが、Dr. ミュラーが作成した著作物リストにもあるように1858年の論文は「心理学的測度」（原題：Das psychische Mass.）、1859年のそれは「精神物理学的根本法則と星の大きさの評価へのその関係について」（原題：Ueber ein psychophysisches Grundgesetz und dessen Beziehung zur Schätzung der Sterngrössen.) である。

このうち、前者については、アーレントが次のように書いている。

　この他に、彼は1858年に刊行した『哲学批評雑誌』の中の論文「心理的測度」において、さらに前進した。哲学の読者ははじめてある一つの科学分野について、聞き知った。それを著者は精神物理学と名付け、それを彼は肉体と精神の間の関係についての一つの学説と定義した。"物理的測度と心理的測度の結び付きに立脚し、それを手段として、厳密な学説の列に加わるもの"である科学の一分野である。フェヒナーは精神物理学にとってのウェーバーの法則の意義を参照するように指示したが（彼はそれをまさに重力の法則と比較した）、同時に、『ゼンド＝アヴェスタ』における付説（補遺）の根本思想に再び立ち戻り、その頃その草稿に集中的に仕事をしていた彼の著書『精神物理学原論』を予告していた。それに加えて、彼は哲学者たちが、精神物理学においてはただ身体性と感覚性の間の関係についての言明のみを期待するよう、注意を喚起した。いや、むしろ、彼らは、"精神と肉体の間のすべての量的関係が同一の原理に依存していること"を認識すべきであった。哲学は、"それほど頻繁にではないにせよ、ここで厳密な科学がある方向に向かっての突出物を得て、それを強化した時、いつの日か、有難くない譲歩と軌道修正を強いられるということ"を顧慮すべきである。(S.149)

なお、この文章につづけて、アーレントもまた1851-1859年の間のフェヒナーの日記が残されていないことに注意を喚起している。

日記のことはさておき、前記した二論文のうち、後者については、『原論』本文中の第XXV章「星の大きさの評価への弁別測度定式の適用」で扱われている内容と関係があると思われる。
　そこでは、次のように述べられている。

　　弁別測度定式の次のような適用は、この定式がもっぱら最も単純な図式においてふさわしい一般的な適用可能性の例として用いることができる。
　　簡単にするために、ここでわれわれは {明るさ} を {光感覚} の測度と、{強さ} を明るさをひき起す物理的光刺激の測度と呼ぶことにしよう。そして、いつも明るさ弁別をその測度が弁別測度定式によって規定される特別に解釈されたものとして用いる。
　　いま、pをそこに星が見える空の背景の星がないときの一区画の強さとし、iをそこへ移動してくる星の強さとしよう。すると、β＝p+i, すなわち（星の強さ＋背景の強さ）となる。νは比例定数、ωは弁別定数である（第I部、S.224 参照）。われわれはiを固有のもの、β＝p+iを全体のもの、i／pを星の比例した強さ、と名付ける。(II.S.107)

　そして、フェヒナーは地上からの星の明るさの違いDについて、数式を用いて検討しているが、「それを私は『ザクセン協会報告』(1859) の論文でかなり詳しく書いている。」(II.S.113) と述べている。
　なお、ここでいう『ザクセン協会報告』の論文は、前記の1859年の「精神物理学的根本法則と星の大きさの評価へのその関係について」と思われる。
　また、同年には「この論文の補足」という論文（三十頁弱）が、同じ『ザクセン協会報告』に掲載されている。
　さらに、星の大きさをめぐっては、『原論』の「歴史」の章で次のようにも書いている。

　　対数関数による星の測光上の強さと星の大きさの結び付きは、シュタインハイル（1837）とポグソン（1856）によって互いに独立に、確かにウェー

バーの法則に直接にではなく、大きさの等差級数に対する星の測光上の強さの等比級数のそれに関連した経験上の生起に基づいている。

　星の大きさについてのシュタインハイルの研究はまだ私は知らなかった。そして、ここではあまり役に立たなかったろう。そう、その研究は一つの法則というよりはむしろ星の大きさの配列方法についての慣例に基礎を置いていた。そこから、それがある精神物理学的法則と出会うことは立証できなかった。なぜなら、シュタインハイル自身は彼の式をウェーバーの法則と関連づけようとはしていなかった。それゆえ、たとえ基礎定式と測度定式がすでに提出されていても、いわば、まだ空中に浮いていたのである。(II.S.555-556)

フェヒナーが星の大きさに注目した直接の理由はわからない。

しかし、『原論』の中で述べられる「先行者たち」の中に、ポグソンとシュタインハイルは含まれている。また、『原論』の中にも前記のように「星の大きさの評価への弁別測度定式の適用」の一章が含まれていて、重要視していたことがうかがえる。

　二人の研究は十九世紀中頃近くになされ、いわばフェヒナーの同時代人であった。また、フェヒナーは月や星などの天体に関心をもっていたが、この場合は、特に等比級数→対数の関係が決定的だったと思われる。

　星の大きさは人間の感覚の問題であると同時に、宇宙の法則性を示すしるしの一つだったのかもしれない。

3．『精神物理学原論』について

(1) タイトルと構成について

　まず最初に、"Elemente der Psychophysik" に対する『精神物理学原論』という訳語であるが、従来、日本の心理学では『精神物理学綱要』という訳が一般的であった。

　「綱要」とは「①綱領となる大切な点。骨子。②文章などの主要なところ。」(『広

辞苑』第七版）という意味である。

　これに対して、本書では『精神物理学原論』という訳語を当てることにしたい。「原論」とはやはり同じ辞書によれば「根本になる理論を論じたもの。」とある。両者とも大して違いはない、と思われようが、すでに完成された学としての精神物理学ではなく、これから成し遂げようとする、そのもととなる著書という意味で、この「原論」を用いたい。
　フェヒナーはその序論で次のように書いている。

　　かんたんに言えば、精神物理学はまだ生成の最初の段階にある一つの学説という形態の中に存在する。だから、この本のエレメンテという標題をあたかもそれがすでに基礎づけられ形づけられた学説の最も本質的なものの表現、すなわち一つの入門用教科書（Elementarlehrbuch）にかかわる問題と考えることは当を得ていない。そうではなく、むしろまだ初期状態においてある一つの学説の発端の表現と考えるべきである。だから、この本は、入門用教科書において果すべき要求に応えるものではない。この本は様々な研究、論述、構成を内容としているので、そのような教科書になるにはまったくふさわしくないであろう。私が思うに、必要とされたことは、明確な観点に従った結果の一定の論点と要約をもとにした研究のまとまりであることを人は気付かないであろう。
　　一冊の入門用教科書よりはむしろ、精神物理学の集められた素材の蓄積をここに求めるべきであるが、とりわけ精神物理学の測度理論の確立に属し、その適用に踏み込むものの蓄積である。（S.viii）

　フェヒナー自身もこのように述べているように、この本は完成したものではないが、基本的なことはすべて提起されている、いわば始まりの書であるからである。同時に、この時点で書いてしまうのはいささか気がひけるが、精神物理学の終わりの書でもある、と筆者は考える。
　つまり、大筋においてはこれ以上の発展可能性は望めないということである。フェヒナーは自身はどう考えていたのだろうか。

彼は他の本でも精神物理学の将来について、楽観的に見えるようなことを書いているが、本音のところはわからない。

さて、この本の内容であるが、本書のⅠ章の「3. 主要著書について」でも簡単に「全二部で、第一部（I〜XIII章）は主として外的精神物理学にあてられており、第二部（XIV〜XLVIII（48）章）は外的精神物理学の続きと内的精神物理学にあてられている。」と述べたように「外的精神物理学」と「内的精神物理学」から構成されている。

しかし、量的にも理論的組み立てという面でも、前者にくらべて後者は不十分という感は否めない。

「外的精神物理学」は人間が知覚しうる範囲での物理量を対象とし、「内的精神物理学」はそれ以外のものも含めたすべての「刺激」の物理量を対象としていると言ってよいだろう。

したがって、内的精神物理学で扱う「夢」などの現象は、例えば特定の夢を見る「刺激」を特定できないなど、刺激と反応の関数関係のようなものを容易に仮定することはできない。

精神物理学においては、外界からの刺激を受けとめ、それに対する反応を行なう内界に、両者を媒介する「精神物理学的活動（運動）」というものを説明概念として仮定しているのであるが、こうした概念の必要性はとりわけ「内的精神物理学」において大きい。

(2)『原論』に先行する人たち

フェヒナーは『原論』第一部の「序言」において、「精神的な測度理論の主要な基礎を形成する経験上の法則は、すでにかつて、さまざまな領域のさまざまな研究者たちによって提示されている」と述べる。

まず、「とりわけ、E.H. ウエーバーによって、相当に普遍性を持ったものが示されている。彼を精神物理学の父と名付けたい」とする。

他方では、ベルヌーイ、ラプラス、ポアソン、オイラー、ヘルバルト、ドロビッシュ、シュタインハイル、ポグソンなどの名前を挙げている。

ベルヌーイからオイラーまでは数学者として有名な人たちである。

また、ヘルバルトは教育学者でもあるが、「心理学」に関する本を二冊書いており、フェヒナーも影響を受けている。
　フェヒナーはE.H.ウエーバーなど一部を例外として、人名はファミリー・ネームだけで表記しているが、これらの人びとについて、本文（S.65）であらためて説明しているので、ドロビッシュは、Moriz Wilhelm Drobisch（1802-1896）というドイツの数学者、論理学者、心理学者、哲学者であることがわかる。
　彼はフェヒナーとほぼ同じ年頃で、同じライプチヒ大学で数学から哲学の教授に移った人である。
　シュタインハイルは、Carl August von Steinheil（1801-1870）である。彼もドイツ人で、物理学者、発明家、エンジニア、天文学者であった。
　最後にポグソンであるが、Norman Robert Pogson（1829-1891）で、彼は英国の天文学者で、星の等級をあらわすポグソン比（Pogson's Ratio）で知られている。
　ここには、ヘルバルトなどを例外として、一つの共通性が見られる。それは、「刺激」と「感覚」のような二つの変数の間に、対数関係などのような関数関係が見られる、ということを研究した人たちであることだ。
　ポグソンにしても、ポグソン比は、ギリシャの天文学者ヒッパルコスの「一等星は六等星の約百倍の明るさを持つ」という「発見」を1856年に標準化したものである。
　つまり、一等星は二等星に比べて100の1/5乗、約2.512倍明るい、この100の5乗根がポグソン比であって、星の明るさの比較に対数が用いられている（式は省略）。
　実際、前記の本文（S.65）では、刺激の大きさと感覚の大きさを結び付けて、それらの関係を数学的関数として表現しようとした人たちの系譜として、これらの人たちの功績が簡単に紹介されている。
　また、ベルヌーイによる「セントペテルスブルクのパラドックス」から始まり、ラプラスによって「物質的幸運」と「精神的幸運」と呼ばれ、ポワソンによってさらに発展させられたウエーバーの法則のモデルは、『原論』の第IX章「ウエーバーの法則」の中で実際に紹介されている。

これについては、本書のⅤ章であらためて取り上げるので、ここでは立ち入らないが、フェヒナーはこのような研究の系譜について、よく承知していたのである。

　さらに、驚くべきことは、フェヒナーはここにあげたベルヌーイ、オイラー等々の人たちについて、『原論』の最後の「歴史と補遺」の第47章「歴史」（Ⅱ.S.548-560）の中で、再々度取りあげていることである。

　なお、心理学との関係が深いヘルバルトとドロビッシュについては、次項であらためて取りあげることにしたい。

（3）近代心理学の誕生とフェヒナー

　前項で述べたように、『原論』に影響を与えたと、フェヒナーに名前を挙げられた人たちの中で、特に心理学と関係の深いヘルバルトとドロビッシュは留保しておいた。

　しかし、ここで名前のあげられていない何人かの人物にも、あえて注目してみたいと思う。それは、ライプニッツ、ヴォルフ、カントなどである。

　彼らを含めて、本項では心理学史の流れの中でフェヒナーに直接、間接に影響を与えた思想について考えてみたい。

　まず、なぜライプニッツかというと、心理学史において、近代心理学の誕生に彼がかなり重要な役割を果たしている、という見方がある。

　例えば、今田恵は、「ライプニッツ（Gottfried Wilhelm Leibnitz, 1646-1716）は、ドイツの最初の哲学者であり、ドイツ心理学の第一声をあげた人である.」と書いている[16]。

　ライプニッツもまた、ライプチヒ生まれであり、大学では数学と法律を学んだが、学問的な業績だけでなく、政治、行政、神学、その他の方面で、国際的に広く活躍した。

　同時代の哲学者スピノザと対比して、次のように述べられているくらいである[17]。

　　…それにたいし、ライプニッツは生涯を通じてほとんどあらゆる方面の実際

的世間的活動に没入し、大小の旅行を行ない、あらゆる人々と交渉をもった。しかもこの間にあらゆる領域の学問に関心をもち、それぞれの学問の専門家としての貢献をなしえたような、全哲学史を通じて最大の博学博識の思想家であった。(44頁)

このように、最大限の言葉で讃えられている。

しかし、「空前絶後の博識にかかわらず、完結的な哲学的な主著と称しうるものは、一小冊子の『モナドロジー』一篇だけである。」(45頁)とも書かれている。

もちろん、ライプニッツが執筆をしなかったということではない。

それどころか、「全集」や「著作集」などにまとめられているほどぼう大な文章が残されている[18]。

さて、今田はライプニッツの心理学説を四つの観点から説明している。

一つは、「単子論 (monadology)」に基づく心理的な宇宙観である。宇宙は「単子(モナド)」と言われる原子のような実体からなっている。モナドは知覚をする作用をもっている。

第二に、モナドはその本性として、表象する作用を持っている。彼は外部からの刺激に対する受動的な面としての知覚とともにそれを認識する内在的な能動的な面としての表象する力を認めた。

第三には、「統覚 (Apperception)」の概念を提示したことである。つまり、意識には明瞭度の差があり、たとえば、一滴の水の音は聞こえなくても、それが集まった波の音は聞こえる。したがって、その前には聞こえなくても表象としてあったと考え、それを微小表象 (petit perception) と名づけ、明瞭な波の音の意識を「意識的表象」または「統覚 (l'appreception) というのである。

今田は、「無意識的な要素はのちに精神分析学に用いられるようになった.」とつけ加えている。

第四は、彼のロックの経験説に対する反対である。ロックはすべての知識は感覚を通しての経験のみによって与えられるとするのに対して、知識は理性によって内から発展し、経験に先立って存在すると主張した。

また、今田はヴォルフについては、「ヴォルフ（Christian Wolf, 1679-1754）はライプニッツの弟子であり、その後継者として、その哲学を組織立てた．」と書く一方で、彼が「多くの点においては、ライプニッツの継承者であるが、独創性は認められず、むしろ人によってはライプニッツの哲学を改悪したともいうが、大学においては、当時一般に用いられていたラテン語によらず、ドイツ語で講義し、多くのドイツ語の哲学用語は彼によって始められた．」とも書いている。

　英国の経験主義的傾向と大陸の理性主義的傾向はしばしば対比して語られるが、大陸における理性主義はヴォルフによって能力心理学に発展したと言われる。

　ここで、「能力心理学は、精密な観察、記述、分析、分類を特徴とする現象主義的なドイツ的心性の産物であり、（中略）ドイツ心理学の底流をなしている特徴であると思われる．」（105頁）と今田は書いている。

　さらに、南博も、「ライプニッツからヴォルフへ」という文章の中で、次のように述べている[19]。

　　現代心理学のドイツにおける源流のひとつは、スピノザやニュートンの同時代者であるライプニッツ（Gottfried Wilhelm Leibnitz, 1646-1716）の哲学である。彼は、物質の属性としてデカルトが考えた「延長」をしりぞけ、世界を無限の「単子」monadからなるとした。

　　単子は心の属性をもつ心的な存在であり、それらが集って「延長」をつくる。単子は、おのおの独立に活動するが、神によって全体が予定された調和を保っている。単子と単子の間には因果関係はなく、しかも互に平行しているのであり、そこに身心並行論の芽ばえがある。すべての単子は多少とも意識をもっており、ただ無生物から生物になるにしたがって意識の度合が高まるのである。ライプニッツは、意識の低い状態を「微小知覚」petites perceptionsとよび、それらが集って意識化されることを「統覚」apperceptionとよんだ。

　　ライプニッツの哲学は、形而上学的ではあるが、意識の低い段階に無意識

のような状態を考えた点で、精神分析の先駆的な形態であるとみなすこともできよう。

　ライプニッツの哲学に含まれる心理学的な部分は、ヴォルフ（Christian Wolf, 1679-1754）によって、独立した心理学体系にまで発展した。その体系は『経験的心理学』（Psychologia rationalis, 1734）にまとめられている。（266頁）

今田と南はライプニッツ（そして、ヴォルフ）の心理学説について、このように説明しているのであるが、「微小表象（知覚）」と「統覚」における、「明瞭度」あるいは「意識の度合」というものは、それぞれ後のフェヒナーの意識の閾の考え方とも対応していると考えられる。

ヴォルフ以後のドイツ心理学については、今田は、「ヴォルフの能力心理学は、カント（Immanuel Kant, 1724-1804）およびテーテンス（Johann Nicolaus Tetens, 1736-1805, Philosophische Versuche über die menschliche Natur, 1777）にうけつがれ、ヘルバルト（Johann Friedrich Herbart, 1776-1841）によって批判されるまで、ドイツ心理学の伝統となった．」と書いている。

テーテンスとはあまりよく知られている人物ではないが、彼については、今田は次のように書いている。

　テーテンスは、心的活動を受動的と能動的とに二分し、受動性を感情といい、能動性を更に内面的思考と外面的意志活動とに分け、いわゆる知情意の三分法を唱えた．カントも彼の影響を受けて同じ三分法を採用した．カントはその偉大な哲学的貢献に比して、心理学には積極的貢献をしていない．テーテンスはこれに反して、内省的心理学者としてすぐれた業績をあげているのであるが、同時代のカントの盛名の陰にかくれて、現実の影響は少なかった．（104-105頁）

こうしたなかで、前記のカッシーラーは「第八章　関係の心理学によせて」の中で、次のように述べている。

〈近代〉心理学において問題の新しい把握に進もうとしたのは、はじめはただ孤立した試みにおいてでしかなかった。ライプニッツは、伝統的理論が「共通感官」に与えるべしとした諸内容、とりわけ〈延長〉、〈形態〉および〈運動〉が、なるほど感性的印象に際会して形づくられるものではあるが、その印象においては決して全面的に基礎づけられえない〈純粋悟性のイデー〉であるということを強調したとき、一足飛びにプラトンに回帰した。近代ドイツ心理学においてこの提起を採り上げ、それを純粋「関係思考」の完成された理論へと発展させたのは、とりわけテーテンスである。しかし、その時点では、総じてロックの図式が支配的であった。（385頁）

ここで、カッシーラーが特にテーテンスに着目しているのは興味深い。それはおそらく、"純粋「関係思考」"ということと関係していると思われる。

最後にカント（Immanuel Kant, 1724-1804）であるが、哲学者として有名である彼は、一方で、「その研究生活の初期に自然科学ないしは自然哲学についてかなりの量の著作を残している。なかでも有名なのは、一七五五年の著書『一般自然史と天体の理論』（Allgemeine Naturgeschichte und Theorie des Himmels）である。」と、前記の湯川・井上による「十九世紀の科学思想」にもある。

カントと心理学の関係であるが、南博は「カントにとっては、人間の認識能力の分析は、あくまでも哲学的な課題であり、心理現象には数学が適用できないから、独立した学問にならないとされた。」（268頁）と書いている。

そして、現在の観点からすれば、彼の『人間学（Anthropologie, 1798）』は実質的に心理学的な考察となっているとして、「カントの哲学が心理学におよぼした影響は、ヴォルフの能力心理学をうけて、人間の能力を認識能力、感情能力および欲求能力にわけ、それらを各々、「純粋理性」、「判断力」、および「実践理性」の批判にかかわらせたところにある。」（269頁）と述べている。

さて、前項で留保しておいたヘルバルト（Johann Friedrich Herbart, 1776-1841）であるが、彼はドイツのオルデンブルグに生まれ、16歳のとき、カントを読

んで感銘を受けたという。

　18歳でイェナ大学に入り、フィヒテのもとで哲学を学んでいる。しかし、三年後に大学をやめ、スイスに行き、教育に興味を持ち、ペスタロッチを訪ねたりしている。

　その後、再び大学に戻り、学位を得て、1809年にはケーニスベルグの哲学教授になり、1833年まで在職した後、ゲッティンゲン大学に転じた。

　彼は教育学者として高名であるが、心理学にも関心を持ち、著書も残している。前記の二冊の本とは次のようなものである。

　　『心理学教科書』(Lehrbuch zur Psychologie, 1816)[20]
　　『科学としての心理学』(Psychologie als Wissenschaft, 1824-25)[21]

　このうち、『心理学教科書』については社会心理学者の南博が〈解説〉を書き、〈原典〉のごく一部の抄訳を紹介しているが、その〈解説〉は次のように書き出されている。

　　「心理学」の名を付けた著書あるいは教科書は、前記のヴォルフの本が最初だといわれているが、テキストとして、その当時から最もよく読まれ、後代まで大きな影響を与えたのは、この『心理学教科書』が最初であるといってよい。のちにヘルバルトは『科学としての心理学』(Psychologie als Wissenschaft 1824-25) を書いたが、それよりもこの教科書の方がよりひろく読まれ、それに触発されて次代の本格的な心理学研究が生まれてきたことは後述の通りである。(306頁)

　一方、今田はヘルバルトの「科学としての心理学」について、次のように書いている。

　　心理学は、ヘルバルトにとって新しい科学である。それは経験的科学であって、その方法は実験ではなくて観察である．彼は'科学（ウィッセンシャ

フト）として'という時、哲学を除外していない。 むしろ、形而上学的性格は心理学を他の物質科学と区別するものと考えていたようである。心理学は形而上学的であり、物理学は実験的である．心理学は実験的ではないが数学的である。しかし、彼の数学の利用は実際の測定を伴わない数学的思考であって、真に数学的とはいえない。彼は生理学と実験と測定とを否定したにかかわらず、結果的には生理的実験心理学促進の役割を果たすことになり、それはヴントによる実験とフェヒネルによる測定によって、はじめて実現したのである．(174-175頁)

なお、最後に残ったドロビッシュについてもひと言ふれておく必要がある。
ドロビッシュもライプチヒ大学に学び、後に同大の教授となった。彼もまた、ヘルバルトの強い影響を受けた。そして、「数学的心理学」についての本を書いている。さらに、彼の葬儀では、W.ヴントが弔辞を読んでいるということである。

上野・野田による『近世心理学史』(1922) にも[22]、「ドロービシュ (Moritz Wilhelm Drobisch, 1802-1896) は "數學的心理學第一原論" (Erste Grundlehren der Mathematischen Psychologie, 1850) の著者で、實にヘルバルトの數學的心理學を代表的に繼承したものである．」(129頁) とある[23]。

さて、いままでながながと初期のドイツの心理学の流れと何人かの学者たちを見てきたわけであるが、ここで、フェヒナーとの関係について結論めいたことを出さねばならない。
筆者ははじめ、フェヒナーがライプニッツの流れを受けているのではないかと漠然と考えていた。
ライプニッツも「単子論 (monadology)」をとなえているし、「微小知覚」というのも閾に関係しているように思えたからである。
また、城戸幡太郎も前章で見たように、フェヒナーの関数論に関係してライプニッツのモナドロジーに言及している。
しかし、同じ「単子論」という言葉を使っていても、フェヒナーの場合は原

子論の単子論である。

　また、次章で見るように、フェヒナーはライプニッツの「予定調和説」に激しく反撥している。フェヒナーの身心一元論が「予定調和説」の身心二元論とは相容れないからである。

　結局のところ、フェヒナーが最も影響を受けた人物は、彼が名前を挙げた中では、ヘルバルトとE.H. ウェーバーであったと思われる。

　ヘルバルトからは、数学を用いた心理学という発想と、以下に引用するような「引力と斥力の競合」という考え方を引き継いだのかもしれない、というのが筆者の推測である。

　……哲学者ヘルバルト（略）はカントと同様に引力と斥力の競合として互いに不可介入な物体が構成されるとしたが、同時にこの種の物質的存在の秩序形式としての空間は実体や力と同じく概念の対象になりうるとして、空間の直観性・非概念性を強調したカントを批判した。ヘルバルトの空間論ないしは実在論は数学者リーマンに影響を与え、リーマン幾何学成立の一背景となった。（湯川・井上、47頁）

　本書のエピローグで、ヴントがリーマンの死後、フェヒナーの『ゼンド＝アヴェスタ』との結びつきを示す資料を発見したというエピソードにふれているが、ヘルバルト、フェヒナー、とリーマンの思想にも関連するところがあるのかもしれない。

　なお、カッシーラーの次のような言葉があることも銘記すべきかもしれない。これはフェヒナーを直接批判しているわけではないが、すでに見たフェヒナーの基本的考え方である感覚の増分についても、間接的な批判となっていると思われるからである。

　……実際の科学的使用においては有効で実り豊かなことが示されている［無限とか微分量とかの］諸概念が、心理学的考察においては唯一「客観性」を担うものと認められ知られている件の要素［感覚内容］には還元されないの

であり、その概念の意義は、それがここ［心理学］で雛形として用いられている現実の範型から遠ざかり、わざわざそむくことにもとづいているのである。——（386頁）

4．物理学から精神物理学(＝心理学)への転換 —— 一つの推測として

(1) 物理学応用の意味

「精神」の「物理学」というのは現在では奇妙な組み合わせとなっているかもしれない。

しかし、それは明治期の日本の心理学の中にも見つけることができるのである。

プロローグでも取りあげた元良勇次郎は「精神物理学」についての雑誌連載論文を書いている[24]。それは、「精神物理學ハ精神ノ現象ヲ物理的ヨリ學ブモノナリ。」と書き出されている。そして、例として、光線が眼に入り、網膜を刺激して光の感覚を生じる、これを物理からみれば神経の波動になり、精神からみれば感覚となる、ここで、物質力と精神現象が互いに関係を持つが、それは原因－結果の関係なのか、それとも他の関係なのか、それを探究するのが精神物理学の目的である、とする。

この元良の論は、フェヒナーの「精神物理学」とは無関係ではないにせよ、それを念頭において説明したものではまったくない。彼はたんに、物理現象と精神現象という相互に関係する現象があるが、その関係についてははっきりしていない、ということを述べているにすぎない。

一方、元良は彼の死後に出版された『心理學概論』の中で[25]、物理学的に重要な概念であるエナージー（エネルギー）について取りあげている。まず、「緒論　公理及び設定概念」の中の「設定概念」においては、時間，空間、数、感覚表象及び概念、感情の五つを挙げ、最後にエナージーを加えている。

そして、「第六　エナージー」において、「エナージーは『仕事を為すの能』にして、之を最広義に用ふ。」と簡単に定義されている。

エナージーは本論においては何カ所かで論じられている。

まず、「第一章　心的活動と物質活動との異同」では、「総論」につづいて、「力學論」となる。そこでは、「空間の性質」、「空間に於ける運動」の後で、「活動の測定」が取りあげられている。
　そして、物理学における質量、速度、運動量の関係にふれ、「活力即ち労作をなし得るエナージーを現すもの、」として、次の式を示している。

$$\text{Vis viva（活力）} = 1/2 \, mV^2$$

　これはおなじみのニュートンの運動方程式における運動エネルギーの式である。
　ただ、これは、生理活動の場合には応用できない、として、次に心的活動の場合に移る。

　　心的作用に就いて考ふれば、心的活動に強度の存するや否やは、フェヒネルこのかた一般心理學者の一問題とする所なり。フェヒネルは、心的活動にも強度が存し、物質活動が幾何學的級数の割合により増加するときは、心的活動は算術的級数の割合に於て増加するものとし、之を精神物理的法則として發表せり。(43頁)

　ここではフェヒナーが出てくるが、「此説に對しては種々の批評あり」として、ウェーバー＝フェヒナーの法則について簡単に説明するにとどめている。
　そして、この後、ニュートンの「運動の法則の第三條」や「引力と反撥力」など物理学の領域の問題を詳しく取りあげている（ここで、「反撥力」とは「斥力」のことと思われる）。
　さらに、「第二章　有機体の力學」においては、「丙　エナージーの新陳代謝」の中で、有機体の生活活動をエナージーという観点から説明している。
　このように、元良は「エナージー」というものに非常にこだわっているように見える。
　この本の「序」を書いている松本亦太郎はその間の事情をかなり詳しく述べ

ている。

　彼はまず、元良が「『内界外界を通じて吾人の研究の對象となるものはエナージーの諸變化に外ならず』と考へ、更に進んで『心理學者はエナージーが觀念及感情となりて現はれたるものを研究するとなり』とせり。」(序・6-7頁) とする。そして、これは従来学者が認めてきた両界非連続説と矛盾するが、エナージーは主観客観を超越する概念と考えればよい、生理学や物理学の知識が進歩すれば解決するだろう、という意味のことを述べている。

　そして、「……心物両界相關は物理學上に於て勢力保存説の出で、以来殊に學問上の難問題とする所なるが、……」(序・10頁) とエネルギー保存説にふれている。

　最後に、「……斯くて一旦デカルトの分離したる心理學と物的科學とは表面獨立を裝ふと雖も實際は前者は後者に接近し、動もすれば相依屬せんとするの傾向を益發展せしむるに至れり。元良教授の心理學概論の如き大體は亦此傾向に屬す、而て此傾向の心理學體系を組織するに教授獨特の思辨法を以てしたるなり。」(序・14頁) として、そもそも欧米の心理学界に説明原理を物理科学に求める傾向があるが、それはどこから来ているのか、疑問を示している。

　元良の本の中で、物理学や物理学的な諸概念が取りあげられているのは、今日から見れば奇異に見える。当時新しく勃興しつつあった心理学という学問のアイデンティティーの確立、学問世界における相対的な位置づけを意図したからかもしれない。だが、松本はそれは欧米の心理学の傾向だと言っているのである。

　しかし、それだけでなく、「物心」と対比させて用いられることも多い。やはり、心理学が出発するにあたって、物理学との関係は避けて通れない問題であったのかもしれない。

　なお、余談になるが、現代の実験心理学者金子隆芳は、精神物理学の測定が閾とか等価という感覚的パラメータを媒介としてはいるが、測定対象はあくまでも物理量であることを強調する。そのうえで、「つまり精神物理学というのは物理学者フェヒナーにふさわしく、やはり物理学の一種なのである。」と述

べている[26]。

(2) 自然哲学における物理学

　フェヒナーが当初、精神の活動を物理学の枠内で捉えられないかと考えていたことはじゅうぶん考えられる。

　それは彼自身が物理学研究を行なっていたという背景からも考えられるだろうし、彼が信奉していた「自然哲学」の本質からも推測することができよう。

　前章でも述べたように、「フェヒナーが関心を持った自然哲学はドイツ観念論の流れの中で登場したものであると同時に、哲学と科学が分離する直前の近代自然科学の発展の中で生まれたものである」。そういう意味では、いわば渦中にいた当事者の一人でもあった。そして、それ以前には全くあたり前であった宗教者と科学者が矛盾なく同居できるような入れ物としての性質も変わりつつあった。フェヒナーがミーゼス博士という名前を用いたことも、こうした時代の空気の中で生じたことかもしれない。

　そうした時に、ボスコヴィッチの「原子論」と出会ったと思われるのである。それは、ちょうどフェヒナーにおける「転換」あるいは「着想」となったことも考えられる。

　ボスコヴィッチは18世紀の自然哲学の枠組みの中で、後世に多大の影響を与えるような物理学研究をなした。

　フェヒナーは物理学的原子論と哲学的原子論を切り離そうとしたが、そのあとで、物理学的原子論に依拠しつつ、それと人間の心身の問題を結びつけようとしたと考えられないだろうか。

　一方、フェヒナーに多大な影響を与えたヘルバルトも「数学的心理学」を書いたけれども、実験や測定を否定した。つまり、「実証」ということからは遠い存在であった。

　フェヒナーはある意味でかれらを超えようとしたのかもしれない。それは形而上学的な信念を保持しつつ、精神世界と物質世界の関係法則をうち立て、それを実証的に検証することであった。

　現代のように物理学と哲学が完全に分離している状態からは考えにくいが、

自己の信奉する宇宙観、自然観を物理学的に説明しようとする試みがあっても、全く不思議はない。そして、フェヒナーは人間の精神の働きを物理的に証明しようとしたのかもしれない。

(3) 実証的志向の到達点
　ほとんどの自然哲学者は、自然界の科学的法則等についてさまざまな仮説を立て、あるいは理論を組み立てようとしてきた。その中には自分の理論を実証しようとする人もいた。
　しかし、いままで述べてきたように19世紀は産業革命を経て、科学技術の力が飛躍的に増進し、それにともなって自然科学的知識も急速に蓄積されていった。また、諸国の研究者間の情報の交換も容易になっていった。
　こうした状況の中で、物理学や化学、生理学といった「厳密な科学」が独立していったのである。
　一方で、フェヒナーは彼の三十代で実証的な物理学実験を経験していた。
　この点が、思弁だけに終った他の自然哲学者たちとは本質的に異なっていたフェヒナーの特質である。
　彼は自らを心理学者と名乗ったことはないが、『ゼンド＝アヴェスタ』の「補遺」に見るように、精神物理学の原型を「数学的心理学の新しい原理についての短い説明」として表している。
　そのなかで、彼は精神の科学も「厳密な科学」（純粋科学）であるべきだと考えていたし、そのためには「決定的実験」が必要だと書いてもいる。
　しかし、1850年代にウェーバーの先行実験を手がかりに自ら実験をはじめて、それが不可能だと感じはじめる。そこで、登場したのが「精神物理学」である。
　精神物理学はどう考えても「物理学」の一分野とは言えないだろう。
　ここで、カッシーラーによる、「フェヒナー自身においては、物理学の対象の概念規定のなかに、いまなお内的な不明瞭さが現われている。」というフェヒナーへの批判を思い起こしてみよう。
　フェヒナーがこだわったのは自己の感覚や感性であったと思われる。それを無くしては、彼の考える「昼の見方」は幻に終わる。

しかし、それらを尊重しつつ「厳密な科学」をめざす、と言う方向性は、結局、批判され、挫折したというべきかもしれない。

　ここで、われわれは「厳密（純粋）科学」と「実証（経験）科学」と言われるものは、必ずしも相容れないのではないか、と考えてしまう。

　もちろん、「実証」と言い、「経験」と言ってもそれ自体を定義することは困難であるが、少なくとも人間が経験できるレベルに限定するとしたなら、後者で可能なことがらは非常にわずかなものになってしまうことは想像できる。

　そうした中で、残ったものが、フェヒナーの「精神物理学」であった、と考えられないだろうか。それは、ある限定された条件では非常に厳密で「実証的」である。ところが、その限定された条件というのが、厳密科学では必ずしも承認されていない仮定をもとにしている。

　ところで、一般に現代心理学は哲学から分離することによって成立したと言われてきた。

　しかし、筆者はあえて、フェヒナーの場合、「心理学」を物理学と結びつけようとする過程において成立した、と考えたい。その結びつきは不十分なものであって、「精神物理学」とよばれたが、それが現代心理学のもととなったのである、と。

　なお、本章では、前記したように、原則として『原論』の「序言」までを考察の対象としているが、『原論』本論の最初の「活力」に関する章では、前記の本書の主張、つまり「はじめは物理学をめざしていた」ということがさらに補強されると考えている。

註）
1) 門林岳史　2000　「G. Th. フェヒナーの精神物理学―哲学と心理学の間、精神と物質の間」（特集：心理学への招待）、『現代思想』、28 (5), 142-166.
2) 福元圭太　2012　「『ツェント・アヴェスター』における賦霊論と彼岸：グスターフ・テオドール・フェヒナーとその系譜 (3)」『言語文化論究』、28, 121-134.
3) 岩渕輝　2008　「グスタフ・フェヒナー 1850 年 10 月の日記―解題と翻訳―」、『明治大学教養論集』、No. 436, 65-75.

4) H. Helmholz 1847 *Über die Erhaltung der Kraft, eine physikalische Abhandlung.* Druck und Verlag von G. Reimer.
   (1847年7月23日、ベルリン物理学会の会合での講演、同年、ベルリンにてG. ライマー書店より出版)
5) H. ヘルムホルツ（高林武彦訳） 1847 （1973）「力の保存についての物理学的論述」（湯川秀樹・井上健 責任編集『世界の名著65：現代科学1』所収）、中央公論社．
6) 湯川秀樹・井上健 1973 「十九世紀の科学思想」（『世界の名著65：現代科学1』所収）、中央公論社．
7) エルンスト・カッシーラー（山本義隆訳） 1910 （1979）『実体概念と関数概念 - 認識批判の基本的諸問題の研究』、みすず書房．
8) Ernst Casssirer 1910 *Substanzbegriff und Funktionsbegriff — Untersuchung über die Grundfragen der Erkenntniskritik*, Berlin, Bruno Cassirer.（本書で引用している部分のみ、原著も参照した。）
9) Gustav Theodor Fechner *Tagebücher 1828 bis 1879.* Herausgegeben. von Anneros Meischner-Metge. Bearbeitet von Irene Altmann. Sächsische Akademie der Wissenschaften zu Leipzig. 2 Teilbände. Stuttgart, 2004,
10) Gustav Theodor Fechner 1860 *Elemente der Psychophysik.* 2 Bände, 2. Auflage. Leipzig 1889.
11) Gustav Theodor Fechner 1851 *Zend-Avesta oder über die Dinge des Himmels und des Jenseits. Vom Standpunkt der Naturbetrachtung,* 3 Bōnde, Leipzig
12) Gustav Theodor Fechner (Dr. Mises) 1906（Sechste Auflage）*Das Büchlein vom Leben nach dem Tode.* Hamburg und Leipzig, Verlag von Leopold Boß.（初版は1836年）
13) Gustav Theodor Fechner 1856 *Physikalische und Philosophische Atomenlehre,* 2. Aufl., Leipzig, 1864.
14) Hans-Jürgen Arendt 1999 *Gustav Theodor Fechner: ein deutscher Naturwissenschaftler und Philosoph im 19. Jahrhundert,* Peter Lang.
15) Edwin G. Boring 1950 （2nd Ed.）*A History of Experimental Psychology,* Prentice-Hall, ING.
16) 今田恵 1962 『心理学史』、岩波書店
17) 下村寅太郎責任編集 1969 『スピノザ ライプニッツ』（『世界の名著25』、中央公論社
18) G.W. ライプニッツ（西谷裕作訳） 1989 「モナドロジー（哲学の原理）」（『ライプニッツ著作集9，後期哲学』）、工作舎
19) 南博 1974 『原典による心理学の歩み』、講談社
20) Johann Friedrich Herbart 1834 （Zweyte verbesserte Auflage）*Lehrbuch zur*

Psychologie, Könisberg, August Wilhelm Unzer.（初版は 1816 年）

21）Johann Friedrich Herbart　1824,25　*Psychologie als Wissenschaft, neu gegründet auf Erfahrung, Metaphysik und Mathematik.*　Könisberg, August Wilhelm Unzer.

22）上野陽一・野田信夫　1922　『近世心理學史』、同文館.

23）ドロビッシュの『数学的心理学の最初の基礎（*Erste Darstellung der mathematischen Psychologie*）』（1850）を指すものと思われる。

24）元良勇次郎　1889　「精神物理學（第一回）」、『哲學會雜誌』第二十六號、63-77.

25）元良勇次郎　1915　『心理學概論』、丁未出版、東京寶文館.

26）金子隆芳　1979　「精神物理的測定法」（依田新監修『新・教育心理学事典（普及版）』）、金子書房、484 頁.

III. 精神物理学の構想 (2)──心理学へ

前章で見てきたように、フェヒナーは当初、物理学のモデルに基づいた人間の身体的及び精神的活動についての新しい理論を考えていたと思われる。
　しかしながら、1860年に出版された『精神物理学原論』においては[1]、本章で見るように、「第Ⅴ章　身体的活動の測度・活力」で、最初に、(活力の総和＝質量×速度の二乗)の数式こそ示しているが、その後は途切れたままになってしまっているように思われる。つまり、物理学的な説明は完結することなく、いわゆる「心理学」の世界へ入ってゆく。
　しかし、彼はそのことを明示せずに弁明らしき文章がフェヒナー特有の冗漫とも思える文体で20頁以上も続いていく。
　このことについての筆者の推測については後でふれることにして、とりあえず『原論』の構成について説明しておこう。
　『原論』は二部構成（二巻本）であるが、第一部では最初のⅠ~Ⅳ章が「序論」、そして、それ以降は「外的精神物理学」となる。まず、「精神物理学的測度理論」としてⅤ~Ⅷ章があり、Ⅸ~ⅩⅢ章が「ウェーバーの法則」の章からはじまり、「閾の事実」も扱っている「基本的法則と諸事実」にあてられている。
　第二部（第二巻）は、「外的精神物理学のつづき」で、ⅩⅣ~ⅩⅩⅩⅤ (35) 章が「精神的測度の定式と推論」に含まれる各章であるが、この本の中核部分と言えるかもしれない。
　そして、36章から「内的精神物理学」がはじまって、46章までつづく。最後の47、48章は「歴史と補遺」である。
　本章では、まず、外的精神物理学がどのように構成されているのか、順番に簡単に見ていこう。ただし、その際の順序は必ずしも『原論』に忠実なものではなく、一部は内容に即して再構成したものである。

1．精神物理学の前提と基本的考え方

　『原論』第一部は「序論」から始まる。といっても、「Ⅰ．肉体と精神についての一般的考察」、「Ⅱ．精神物理学の概念と課題」、「Ⅲ．先決問題」、「Ⅳ．感覚と刺激についての諸概念」の四つの章からなる「序論」である。

以下、一章ずつ見てゆくことにしよう。

(1) 肉体と精神の関係――心身一元論について

　本書の前章では、フェヒナーはライプニッツから影響を受けているかに思えるけれど、両者が決定的に違う相違点があると述べた。

　それはライプニッツが身心二元論をとるのに対して、フェヒナーは徹底した一元論者であることである。彼は次のように述べる。

　　もう一つ：肉体と精神は互いに親密な関係にある。すなわち、一方の変化は他方の変化と対応する。なぜか？｛ライプニッツ｝は言う。：人はそれについてのさまざまな見解を持ちうる。同じ板の上に固定された二つの時計は、この共通の固定の仲介によって相互にその動きを調節する（つまりそれらがあまり大きく逸れない時）。それは、肉体と精神についての通常の二元論的な見方である。また、誰かある人が二つの時計の針をそれらがいつも調和的に進むように押すかもしれない。それは、神が肉体的な変化に対して精神的な変化を、そしてその逆を、不変の調和の中に生み出すという偶因論的なものである。また、それらもまたはじめから非常に完璧に調節されることができるので、助力を必要とすることなしに、おのずからいつも正確に共にうまくゆく。それはまさに予定調和の見解である。｛ライプニッツ｝は、一つの見方を忘れている。しかも、それは最も容易にあり得る見方をである。また、それらはお互いに調和的にうまくゆく。そう、二つの異なる時計などではないので、決して離ればなれになることはない。それによって、共通の板、恒常的な助力が、最初の調整の人工性が省かれる。外部に立っている観察者にとって、有機的な歯車とレバーの駆動装置とギアを持った有機的な時計、あるいはその最も重要で最も本質的なパーツとして現れるものは、それ自体内的には完全に、感覚、欲求、そして思考についてのギアを持つ、その固有の精神とはまったく別のものとして現れる。ここで、人間が一つの時計と呼ばれることは許されない侮辱であろう。人が｛ある｝観点でそのように呼ばれる時、｛あらゆる｝観点でそのように呼ばれるべきではないのである。(S.5)

ライプニッツは肉体と精神を二つの時計にたとえる。それは同じ板の上に固定され、相互にその動きを調節する。しかし、その背後には精神と肉体を調和させようとする神の手がある。

　フェヒナーはライプニッツが忘れている一つの見方として、｛ある｝観点という限定のもとに、「有機的な歯車とレバーの駆動装置を持った有機的な時計」としての人間、をあげている。

　河野与一訳によるライプニッツの原文は、次のようなものである[2]。

　……して見ると、残るのは私の假説即ち［先廻りした神の技巧によつて豫め定められた］調和の途だけである。神｛の技巧｝は、初めにこれら實體の各を造つた時から、各實體がその存在と共に受け取つた自分自身の法則にのみ從つて行つても、他の實體と恰も相互の作用があるかの如くもしくは神が一般的協力以上にいつもそこへ手を下してゐるかの如く一致するやうにしておいたとする。（124-125頁）

　これがいわゆるライプニッツの「予定調和」である。

　フェヒナーはこれに反論する。二つの時計ではなくて、有機的な装置と働きを持つ一人の人間である、と。

　とにかく、フェヒナーにとって内界と外界が一つの世界としてあるということは、根本的な原則である。

　ただ、フェヒナーは一元論であることには間違いないのではあるが、一元論と二元論について比較的柔軟な考え方をしている。

　例えば、『宇宙光明の哲學』（『昼の見方と夜の見方』）では[3]、その「第二十一章　物質の原理と精神の原理との基本的關係。二元論と一元論」で次のように述べている。

　すなわち、「實際また人間および外界におけるこの關係が二元論的に理解されようと一元論的に解釋されようと、いづれの場合でもそれが同じ意味に一貫して考へられまた經驗と矛盾しないやうに考へられるかぎり、光明觀はいづれ

ともよく調和することができるであろう。」(268-269頁)とする。

つまり、フェヒナーは肉体と霊魂が根本的に異なるものとは見るが、「両者が結びついている一定の法則に従って相互作用的乃至協同作業をすると考へられるから」(269頁)同じことになると考えるのである。(もちろん、『宇宙光明』の本と「原論」では書かれた時期が二十年近く違うのであるが。)

そして、フェヒナーは「原論」を次のように書き進める。

　そのような基礎の可能性が、われわれがそこから始める肉体と魂の関係がその経験可能性が取り去られている事実と矛盾していないか、と人は尋ねるかもしれない。しかし、その関係は経験可能性一般ではなく、たんに、｛直接の｝経験可能性の、｛直接の｝関係だけが取り去られているのである。もちろん、肉体と魂の間の一般的関係についてのわれわれの理解は、それとの関係に入らせる最も一般的なやり方の経験に基づいているにしても、それはまた、この本に確実な前提をもって来るどの人にも、同じものの必然的な表現として、出現しないかもしれない。いまに、半ばはわれわれを間接的な関係の領域に向かわせるのに役立つことができ、半ばは直接的関係に基づいて推論を基礎づけるに適しているような、同じ程度に特別な経験が、われわれの意のままであるということを結果が示すだろう。

　実際のところ、たとえそれが受け入れられるべきでも、そのような一般的な見解では役に立ってこなかったのである。一般的な見解の確保、生産性、そして深遠さは、そもそもその一般性にではなく、その基本性にかかっているのである。重力の法則と分子の法則(明らかに前者に含まれる)は基本法則である。それらが徹底的に知られているものであるなら、そして推論での全体の有効範囲が論じつくされるなら、身体世界についてのその学説は最大の普遍性を持って完璧であるだろう。したがって、ある一つの一般的な見解の代わりに、それについての確固たる発展した学説を、身体世界と精神世界の間の関係のための基本法則を得ることが肝要となるだろう。そして、それらはそこでと同様ここでも、基本的事実のみに基礎づけられることができよう。

　精神物理学は、この見解を基礎としなければならない一つの学説である。

それについての詳細は以下の章で。(S.7)

　フェヒナーは従来の「経験可能性」についての考え方をもとにした肉体と魂の関係についての一般的な見解は役に立ってこなかったとして、それに代わる「身体世界と精神世界の間の関係のための基本法則」が必要だとする。
　そこで、精神物理学への期待が生じるのである。

(2) 精神物理学の概念と課題
　「精神物理学」の概念規定であるが、フェヒナーは序章のII.で次のように述べている。

　　{精神物理学}という言葉は、肉体と霊魂、より一般的には、身体的世界と精神的世界、生理的世界と心理的世界との間の関数的あるいは従属的関係についての厳密な学説、とここでは解されるべきである。
　　{精神的なこと}、{心理的なこと}、{魂}の領域へと、われわれは全体として、内的知覚によって理解できるもの、あるいはそこからの抽象可能性があるものを数え入れる。また、{身体的なこと}、{肉体的なこと}、{生理的なこと}、{物質的なこと}の領域へと、外的な知覚によって理解可能あるいはそこから抽象可能であるものを数え入れる。このようにして、ただ、精神物理学がそれらの関係に取り組んでいる現象世界の領域だけが、示されるべきなのである。その際に、人が日常的な用語法の意味で、内的および外的な知覚を活動と関連づけることを心得ていることが前提とされる。それによって、そもそもその存在が明らかになるのである。(S.8)

　ここでは、三つのことが言われている。すなわち、精神物理学が身体的世界と精神的世界との間の関数関係についての厳密な学であること、精神的なことは内的知覚によって、身体的なことは外的知覚によって、それぞれ理解されること、そして、内的および外的な知覚を活動と関連づけること、である。
　第一の点についてはすでに、何回か言及されていることであるが、ここでは

とくに第三の点、すなわち、「内的および外的な知覚を活動と関連づけること」が重要である。

この活動、すなわち「身体的活動」は「精神物理学的活動」とも解されて、以後「精神物理学」の鍵概念となる。

(3) 基礎的問題

序章の III. は「基礎的問題」である。

> われわれは思考、意志、繊細な美的感情、を ｛より高次の精神性｝ と、肉体的な感覚や欲求を ｛より低次の精神性｝ と名づけることにしよう。そうすると、少なくともこの世では——来世の問題を、われわれはまったく自由にまかせている——より高次の精神活動は身体的活動を伴うことなしには、あるいは精神物理学的活動に結びつけられていないかぎり、より低次の活動と同様に、行なわれない。いかなる人間も凍りついた脳で考えることはできないのだ。同様に、｛一定の｝ 視覚、聴覚も、われわれの神経系の ｛一定の｝ 活動が行なわれることに応じてのみ、その状態になることが可能となることを疑うべきではない。これもまた、疑うことはできないだろう。そう、おそらく魂（ゼーレ）の感覚的側面の概念は、それが身体との正確なつながりで止まり、動くということに基づいている。しかし、それだけいっそう、すべての一定の ｛思考｝ もまた、ちょうど同じ程度に脳内の一定の運動に結びつけられているのかどうか疑念を持つだろう。そして、間違いなく、｛一般に｝、活動中の脳は一定のやり方と方向で進行するために、脳内の身体的活動のそのような特別なやり方と方向を必要とすることなしに、そもそも思考とより高次の精神活動に充分である。そう、おそらくより低次の精神領域とより高次のそれの本質的な区別（人間については狭義では精神（Geist）と霊魂（Seele）とに分けられる）はまさにこの点に求められるだろう。(S.13)

フェヒナーは、低次―高次という分類をしばしば用いるが、高次の精神性と低次の精神性を対比させて、前者による「思考・意志・感情」などの働きも、

後者の身体的な「感覚や欲求」も、「身体的活動」を伴う、あるいは「精神物理学的活動」に結びつけられないかぎり行なわれない、という。

これは、彼の根本的立場である。

もう一つの神経系や脳の役割についての言説は表面的には必ずしも一貫していないようだが、ここでは脳のかなりの自立性を認めている。

これらの問題はまた、あとで内的精神物理学で取りあげられる「魂の居場所(Sitz der Seele)」の問題とも関連している。

そして、この引用文につづけて、「いま、仮により高次の精神活動から実際に身体的活動に対する ｛特別な｝ 関係が取り去られるなら、それにもかかわらず事実上是認された ｛一般的｝ 関係が、それ自体、内的精神物理学による考察と研究にさらされるだろう。なぜなら、この一般的な関係は、どんな場合でも、一般的な法則と結びつけられており、突き止められるべき一般的な関係を含んでいるからである。」(S.13) と述べている。

これが「そもそも内的精神物理学の課題の最重要事としてあり続けると言ってよいだろう。」として、Ｖ章「身体的活動の測度。活力」を予告している。

(4) 感覚と刺激についての概念的なこと

フェヒナーは感覚を「内包的（intensive）」なものと「外延的（extensive）」なものに区別するとして、次のように述べる。

　私は、感覚的理解が、その大きさが内包的あるいは外延的として理解され得ると思われる、ということから ｛内包的｝ な感覚と ｛外延的｝ な感覚を区別したいと思う。それゆえ、例えば、内包的感覚に対しては明るさの感覚を、外延的感覚に対しては視覚あるいは触覚を考慮した空間的広さの把握を、である。そして、それに応じてある感覚の内包的および外延的大きさもまた、区別したい。ある対象が他のものよりも明るいと思われる時、彼が認めるその感覚は内包的により大きいことを意味する。他の対象より大きいと思われる時は、外延的により大きいことを意味する。これはたんなる定義の問題でしかない。そして、一般に了解されているように、いまだ感覚の明確な測度

は仮定されていない。

　あらゆる感覚において、内包的であれ、外延的であれ、われわれは｛大きさ｝と｛形｝を区別することができる。ただし、内包的な場合には、その大きさはその時々の強度と、そしてその形は質と呼ばれる。音の場合には、その｛高さ｝は音の質として把握可能であるにもかかわらず、その高さがより大きいかより小さいかが区別されるかぎり、量的な側面も持つのである。(S.15)

ここでは、感覚一般が「大きさ（Grösse）」と「形（Form）」で区別されること、大きさが区別されるかぎり量的であり、形は音の種類のような「質」としてとらえられるが、同時に量的でもあるということなどが述べられている。

この「内包的」、「外包的」という考え方は、後で取りあげられる「閾」に関しても適用される。

2．精神物理学的測度理論

(1) 身体的活動の測度。活力。

前記のように、フェヒナーは「活力」について物理学的な説明をしている。しかし、このⅤ章とは奇妙な章であるとも書いた。なぜ、奇妙なのか？
フェヒナーは次のように述べる。

　ここで話されている活力 (lebendige Kraft) とは、哲学者の言う生命力 (Lebenskraft) とはどう見ても混同されるべきものでなく、次のような意味を持つ厳密な測度概念である。
　物質の部分の活力は、原子論的に理解してもしなくても、その質量 m にその速度 v の二乗を乗じることによって得られる。その結果、当該の部分の活力の表示は mv^2 となる*)。さらに、系全体の活力はその部分の活力の総和である。
　それゆえ、質量 m, m', m''…… と速度 v, v', v'…… の三つあるいはそれ以上の部分よりなる一つの系の場合には、

$$= mv^2+m'v'^2+m''v''^2 \cdots$$

部分が任意の数の場合には、

$$\Sigma\ mv^2$$

と簡単に表わすことになっている。(S.22)

　*）力学では厳密に言えば部分の活力のもとで、積 mv^2 の 1/2 しか説明されない。それでも、多くの場合、積全体に対してこの名前を用いる（ここで私は便利さのために同じくそうしている）。それは、この別の使用は活力に依存している関係に何の影響も与えず、たんにその単位を変えるだけだからである。

このように、フェヒナーは活力について、物理学的な説明を行なっている。それは、彼が言うように「厳密な測度概念」である。
　しかしながら、それが人間の肉体に適用されるとき、その「厳密さ」をしだいに失ってゆくようである。
　活力は「潜在的な力」となって物理学から離れてゆき、そのかわりに身体的活動（Körperlich Thätigkeit）、そして、さらには精神物理学的活動（Psychophysich Thätigkeit）へと微妙に変わってゆく。
　しかし、彼はなおも、潜在的な力（Kraft）について、次のように述べる。

　実際、われわれはすべての有意的な懸命な努力がより強く、より長い間続けられるほど、身体的にも消耗するということ、すなわちそれ以後の力の表示の能力が減少するということを知っている。それが示すものは、われわれの肉体において、活力の有意的な発揮が潜在的な力（Kraft）の消費においてのみうまく行くということである。それはいずれ発生させることができるもので、それゆえ、力の保存の法則に従って、また意欲の場所（Wille Platz）がつかめていない領野における活力の発揮として起こりうる。
　　　（中略）
　われわれの有機体の活力は、全体として栄養、健康、覚醒と睡眠の変動

する状態に応じて、ある変動及び安定において把握されている。それによって、活力は全体として高く上昇し、深く沈下することができる。しかし、正常な状態においては、全体として、いかなる突然の強い変更でもなく、ただ、一部は刺激によって、一部は注意の有意的な方向性あるいは活動領域の移動によって生じるような、突然の他の配分が可能なように思われる。また、観念論者は刺激の作用を精神的な基礎に、物質論者は有意性と注意の作用を物質的基礎に還元するだろう。しかし、われわれはここで、時には物質的、時には精神的な側面あるいは根底の現象様式が変更された配分様式に対立するという観察が直接的に現れるという事実を受け入れる。(S.41-42)

フェヒナーはここで、蒸気機関の例を引く。それは、加熱の程度に応じてその活力が上昇したり、下降したりする。あるバルブを開いたり、閉めたりすることによって機械のあれこれが動いたり、停まったりする。それは、「われわれの有機的な機械の場合、機関士が外部に座っているのではなく、内部にいるという違いだけである。」(S.42)。われわれが激しい運動をするとき、呼吸は速くなり、血液がかけめぐるように蒸気機関は動く。そして、フェヒナーは次のように続ける。

　　われわれの身体にある活力発生の究極の源泉は、われわれが推定することすべてによれば、栄養過程（Ernährungsprocess）にある、ある部分がその栄養過程を自らの内に持っていることにより、それが自らの内に活力の源泉を持っているのである。しかし、経験ではわれわれがここで主張したような性質の事実によって、別の方面から、有機体全体におけるこの過程が、共同のつながりにおいて生じるということが証明されている。その結果、どの部分でもそれだけでは養分を与えることが出来ないだけでなく、さまざまな部分の栄養過程の間に比較考量の量的関係、（それは力の保存の法則の意味でもあるのだが）、が生じるのである。(S.42-43)

これは、力学におけるポテンシャルエネルギーのことをさしているとしか思

えない。

　また、「力の保存の法則」についても言及していることを考え合わせると、
　（力学的エネルギー）＝（ポテンシャルエネルギー）＋（運動エネルギー）
の式を考えないわけにはいかない。

　ポテンシャルエネルギーはもともと位置エネルギーであるが、ここではすべてが有機体の「栄養過程」に置きかえられているかのようである。

　しかし、こうした試みは当然のことながら、実現可能性はない。

　　また、ここでは意志の自由についての論争への立ち入りは意図的に避けられる。そして、ここで欠けているのにここへ引き寄せるのはまったくふさわしくないであろう。むしろ、活力の普遍的な法則がその自由な使用を非常に普遍的な観点から制限するという、はっきりと示された指摘によって、現実と認めるすべての権利を持つことの自由が認められるのである。その法則はわれわれが潜在的な力を活力に置き換えられるかどうか、どのようにして置き換えるのかも、どのような方向にそれらを移し替えるべきかも規定することはできない。この点で、意志は問題になっているのがこの法則がかかわっている障壁であるかぎりでは、完全に自由なままである。しかし、どの程度まで、まだ他の障壁が存在するかは、再びここでは研究すべき課題ではない。そして、後者の問いに対する答は、この点でわれわれの研究の限界を超えるものである。（S.44-45）

ここで、「意志の自由」が問題となるのはそれが決定論か非決定論かにかかわるからでもある。フェヒナーはある程度の決定論を認めながらも、彼自身は非決定論の立場をも志向しようとしたと考えられる。この問題はあとでまた現れる。

　それはさておき、つまり、「活力の普遍的な法則」が「われわれが潜在的な力を活力に置きかえられるかどうか」を規定することができないというのである。

　ここで、いままでの活力についての説明は何だったのだろうか、と思ってし

まう。

　結局のところ、人間は食物を通して栄養分を補給しなければ生きてゆけない、というきわめて重要ではあるが、あたり前の結論を引き出す目的ではなかったはずである。しかし、V 章はここで終わってしまうのである。

(2) 物理学的説明の限界の自覚？

　いままで見てきたように、フェヒナーは身体的活動の測度として「活力」をあげ、その説明をしているのだが、人間の場合について具体的にふれていない。
　実はフェヒナーは、活力や身体的活動のかわりに精神物理学的運動 (Psychophysiche Bewegung) あるいは精神物理学的活動 (Psychophysisch Thätigkeit) に活路を見出そうとするのだが、それらが初めて、まとまって説明されるのは、「内的精神物理学」に入ってからである。
　もちろん、「外的精神物理学」でもこれらの言葉は用いられている（例えば、「第 X 章闥の事実」）し、後で取りあげることが予告されている。
　そして、「外的精神物理学」の内容はほとんどがその後の実験心理学と重なる（というか先取りする）ものである、と言ってよいだろう。
　しかし、予告された「内的精神物理学」においても、そこでは本来の物理学由来の説明はもはやなされることはない。
　実際、フェヒナーの説明の中では、当初あった、質点系のようなものはいつの間にかなくなっている。
　1850 年 10 月 22 日付の日記では明らかに「系」は想定されていたし、『ゼンド＝アヴェスタ』の「補遺」でもそれは引き継がれ、活力の大きさは座標軸によって表現されていた。
　物理学的説明の代わりに登場するのは、脳や神経エーテル（これは、神経が伝達される空間という物理学的な意味で用いたと思うが）といった生理学的な言葉である。
　もちろん、脳や神経系によって精神活動が単純に説明されるという話ではないが、これについては後の章に譲ることにしたい。

(3) 感受性と感覚の測度原理

　フェヒナーは感受性と感覚を区別している。もちろん、両者は似てはいるが明らかに異なる概念であるから、「感受性」という概念を強調しているということかもしれない。ここで、感受性というのはドイツ語の Empfindlichkeit の訳語として用いているが、他に「敏感さ」という訳語もある。

　まず、第 VI 章は「感受性の測度原理」にあてられている。

　　同じように設定された場合でさえも、同一の刺激がある主体あるいは感覚によって、もう一つ別の主体あるいは感覚によるよりも強く、あるいは弱く感じられたり、あるいは、同一の主体あるいは感覚によって、ある時は別の時よりも、強く、あるいは弱く感じられることもある。反対に、さまざまな大きさの刺激が同じ状況で強く感じられる時もある。したがって、われわれはより大きい、あるいはより小さい感受性（Empfindlichikeit）を、そのときどきのそれぞれ主体あるいは感覚のせいにする。
　　また、感覚器官が麻痺しているところでは、最も強い刺激でももはや感じられないだろう。それに対する感受性はゼロである。それに対して、眼あるいは耳の多くの興奮した状況の場合には、最も弱い光あるいは音刺激でさえも、活発な、充分にもう煩わしいほどの感受性を生じさせる。その時の感受性はとてつもなく高まっている。その間に、感受性のすべての中間段階があるのである。したがって、感受性段階を区別し、比較する十分な理由がある。しかし、いかにして厳密な方法で、いかにして実際に測定がなされ得るかは疑問である。(S.45)

　ここではある特定の刺激が必ず一定の感受性を生じさせるわけではないことが強調されている。そうではなくて、刺激と感覚器官の状態によって感受性が決まってくるということを述べているのである。
　具体的には感覚器官が麻痺していれば、いくら刺激が強くても感受性は低下しているし、それが興奮していれば、感受性は亢進する。

したがって、例えば、眼の網膜がカメラのレンズのように対象物を機械的に写し取る、というような機械論的な見方でもない。

ただ、この感受性の具体的な測定方法についてはいまだに確立されていない。

次の第VII章では「感覚（Empfindung）の測度原理」が取りあげられている。

前章で考察した感受性の測度は、感覚のたんなる能力の測度として感覚そのものの測度と混同したものではなく、すでに述べたような意味のようなものを前提としてはいない。そうではなく、半ばは同一の、半ばは変化した刺激状態のもとでの感覚の同一の場合についての観察である。その際、実際のところ、われわれは感覚ではなく、刺激あるいは刺激の違いを測っているのである。それは、同じ大きさの感覚あるいは同じ大きさの感覚の違いを生じさせる。そして、それゆえに感覚そのものと精神の測度がそもそもあり得るのかどうか、どの程度まであるのか疑わしい。

事実上、今日までそのようなものは存在していない。あるいは慎重に言っても、今日までそのようなものは知られていない。いや、むしろ最近の時代まで、そもそもそのようなものが発見されるということが疑われるか否定されてきた。{ヘルバルト}の数学的心理学の研究でさえも、そのようなものを基礎とすることはできていなかった。すなわち、人がそれに昔から異議を申し立ててきた最も重要な異議であるにもかかわらず、{ヘルバルト}はその測度をいわば手中にしていたのである。一方、この測度の原理は以下のように提示され、その実現可能性が理論的にも実験的にも示される。まず、これは感覚に対してのみ生じるだろう。なぜなら、心理的測度原理の適用は感覚についてよりも、ずっと幅広く提供されるにもかかわらず、将来、明らかになるように、ここでの状況を最も単純に、直接の観察に最も近づきやすく表わすという理由で、ここから始められるべきなのである。(S.54)

以上、感受性と感覚のそれぞれの測度原理について見たわけだが、両者の違いをあらためて整理しておこう。

感受性（Empfindlichikeit）は英語の sensibility に対応しており、感覚（Empfindung）は英語の sensation に対応している。前者に関しては、各種の異なる刺激に対応して感受できる機能は目、耳などの感覚受容器によって分担されている。一方、後者では、刺激により、感覚受容器が興奮して生じる意識経験をさしている。

(4) 精神物理学的実験の測定方法

次に、「Ⅷ. 感受性の測定方法」の章では、以下の三つの測定法を提示している。

1）最小弁別法（Methode der eben werklichen Unterschiede）〜「丁度可知差異法」とも呼ばれ、後には「極限法」と言われている。

この方法は、刺激を不連続な段階で変化させ、被験者に感覚強度の変化の有無を報告させるものである。最初は被験者が反応しないような弱い刺激を呈示し、変化が感じられるまで少しずつ強度を増加する。次に、一定の感覚できる強さの刺激を呈示し、今度は感覚ができなくなるまで少しずつ刺激を弱めていく。これらを多数回繰り返し、絶対閾が求められる。

また、弁別閾については、標準刺激と比較刺激の二つを用いて、両者が明らかに違う段階から同一と見なすところまで比較刺激を変化させ、それを決定する。また、逆に、同一と見なすところから違いが感じられるところまで比較刺激を変化させていく。フェヒナーはこのような弁別閾の決定方法を用いて、感覚測度を構成しようとして多数の丁度可知差異（j.n.d）を加算した。

2）正誤法（Methode der richtigen und falschen Fälle）〜「当否法」とも訳され、後に「恒常法」と言われるようになった。

ここでは、いくつかの刺激あるいは刺激差を無作為に呈示し、それぞれの刺激（刺激差）は一定として、各呈示刺激に対する被験者の判断の相対的頻度を求めて、その分布曲線から、感覚の存否が同数になっているような点としての絶対閾を推定する。

なお、弁別閾を求める場合には、刺激を比較する際により大きいか、等しいか、より小さいかの反応を求める。

3）平均誤差法（Methode der mittleren Fehler）〜後に「再生法」、「調整法」
　　と言われるようになった。
　この方法は、等価刺激測定法である。実験者がまず被験者に標準刺激を呈示し、そのうえで被験者自らが比較刺激を操作するようにして、両刺激が同等と思われる刺激の強度を求めるものである。

　これらの方法はフェヒナー以後も、また「精神物理学」そのものへの価値評価はどうであれ、実験心理学において広く用いられてきた。
　フェヒナー自身は、これら三つの方法の歴史について、以下のように説明している。

　　最小弁別法（最小可知差異法）はもうすでに以前に、二、三の事例で用いられている。例えば、デレツェンネによる音程の正確さからのずれに対する感受性の試験がある。しかし、とりわけ E.H. ウェーバーによる主観的重さ測度、触覚測度、視覚測度の分野における感受性の状況の研究においてはより広範で、成果をあげたものとなっている。私自身はこの方法を用いて内包的な光感覚と視覚測度と温覚測度の分野で、ただあまり広範とは言えない若干の実験を試みただけである。
　　正誤法に関しては、この同じ方法を用いた先行研究や他の研究として、視覚測度の分野でチュービンゲン大学の医学部学生ヘーゲルマイヤーによるもの、それと音の測度の分野でレンツとウォルフによるもの以外には、私は知らない。両方ともフィールオルトのもとで若者たちによってなされた。それゆえ、これについてははっきりと書かれてはいないが、フィールオルトがこの方法を提供したと考えてもよいだろう。私自身はそれを重さの測度であまりに拡げすぎた実験で用いている。
　　平均誤差法はある意味で、観察を用いたと同じくらい古い。そして、その

正確さはその際犯した誤りの大きさによって定められる。しかし、現在まで私の知る限りでは、もっぱら物理学的および天文学的観察の客観的な厳密な規定の観点からのものか、その際、生じる誤りのもとの大きさの算出からのものであって、目に入る感覚の鋭敏さの研究のための精神物理学的測定方法として理解され、利用されるのではない。この方法はさしあたり、この目的にとって最もすぐれたものの一つであるように私には思われる。そして、私はこれをフォルクマンと共同で、視覚測度と触覚測度の鋭敏さの研究のために用いた。

　実際的な意味では、最小弁別法は三つの測定方法の中で、最も単純で、直接的で、比較的最も早く目的をかなえてくれ、最小の計算の負担ですむ。(S.73)

　つまり、フェヒナー自身が認めているように、これらの方法は必ずしも彼の独創ではない。
　しかし、彼はさまざまな分野でさまざまな使われ方をしていた三つの測定方法を整理して、精神物理学の測定方法としてきちんと体系づけたのである。
　なお、この引用文中のフィールオルト（Karl von Vierordt, 1818-1884）はドイツの生理学者で1849年にチュービンゲン大学の教授となったが、はじめて脈波グラフ計（Sphygmograph）をつくったことで知られている。
　フェヒナーがさまざまな研究分野に関心をもち、また実際に交流していたことを示すものでもあろう。
　なお、フィールオルトについては、次章の「美学入門」でも「最小エネルギーの原理」の中で取りあげられている。

(5) 基本定式と測度定式

　心理学者などにおなじみのウエーバーの法則やフェヒナーの法則が、数式としてはじめて登場するのは、意外にも「原論」の第二部に入ってからである。
　すなわち、「第XVI章．基本定式と測度定式」において、それらは論じられている。

ここで、「定式」(Formel)とは一般には「公式」と訳されることが多いが、ここでは、「定式」を採っている。

また、「測度」(Maß)とは一般には「尺度」などと訳されることが多いが、筆者は学生時代から、英語の measure を「測度」と訳すように実験心理学で教え込まれたくせがぬけないので、これを用いる。

まず、与えられた刺激を β とし、その増加が感じられる最小増加量を $d\beta$ とすれば、$d\beta$ と β の比は常に一定で、これがウエーバーの経験的な法則であり、次の式であらわされる。

$$d\beta / \beta = K \qquad （ウェーバーの法則）$$

一方、刺激 β に対応する感覚量を γ とし、$d\beta$ によって生じる感覚の微細な増加を $d\gamma$ とする。

$$d\gamma = K \cdot d\beta / \beta \qquad (1) \quad （基本定式）$$

この (1) をフェヒナーは「基本定式」(Fundamentalformel) と呼ぶ。

ここで、増分 $d\gamma$ と $d\beta$ の関係は対数の増分と対応する数の増分の関係に対応する。したがって、両者の最も単純な関係は次の式であらわされる。

$$\gamma = \log \beta$$

しかし、これは一般的な式ではないので、(1) 式を微分方程式として扱い、それを積分すると次式が得られる（詳しくは、次章 XVII 章「測度定式の数学的微分」で述べられている）。

$$\gamma = k (\log \beta - \log b) \qquad (2)$$

このkも一定であり、bは二つ目の定数である。
そして、(2) 式を書き換えると次の式となる。

$$\gamma = k \cdot \log \beta / b \quad (3) \quad (測度定式)$$

この (3) 式が、フェヒナーが「測度定式」と呼ぶものである。

ここで、「感覚の大きさγは刺激の値βの単純な関数と見なされるべきではなく、感覚が始まり、消失するところの閾値bに対するその関係の関数と考えられるべきだということになる。この相対的刺激値β/bは、今後、基本的刺激値、あるいは刺激の基本値と呼ばれるべきである。」とつけ加えている。

その上で、フェヒナーは「言葉で説明すれば、測度定式（Massformel）は次のようになる」として、次のように隔字体で書いている。

{感覚の大きさ（γ）は、刺激の絶対的値（β）に比例するのではなく、後者がその閾値（b）、すなわちその大きさが、感覚が始まり、消失する単位と見なされるとき、むしろ刺激の大きさの対数に比例する。簡単に言えば、それは基本的な刺激値の対数に比例する。} (II.S.13)

次に、フェヒナーは、この測度定式の最も単純な応用例として、ウェーバーの法則と刺激閾の事実を挙げる。

3．精神物理学的な実験

(1) 草創期の実験について

フェヒナーが精神物理学に関する実験をはじめたのは1850年代のことであった。当時の実験がどのような状況で、どのような被験者を対象としていたのか、具体的にははっきりとしたことはわかっていない。

特に、筆者はフェヒナーの実験の「被験者」がどのような人たちで、彼はどのようにして彼らの協力を得ていたかについて興味を持っていたが、これにつ

いては、アーレントが書いている[4]。(S.148-149)

それによると、フェヒナーの義兄にあたるハレ大学のフォルクマンがライプチヒで彼と共に実験を行ない、互いに「被験者」(Versuchspersonen) 役を務めたという。また、フェヒナーの友人仲間から協力を受けた。特にワイゼ、ドロビッシュ、ハンケルらの名前が挙げられている。そして、フェヒナーの「辛抱強い」妻も含まれている。

さらに、それ以外にも、彼の講義などを通じて医学、数学、それに他の自然科学系の学生たちの協力も得ている。

こうした顔ぶれは、現代（少なくとも筆者たちの学生時代）と驚くほどよく似ている。

筆者の体験でも、心理学科の学生が課題の調査や実験、あるいは卒業論文を書くために、実験や調査を行おうとするとき、その性質や対象にもよるが、まず母親とかきょうだいなどの近親者を考える。ついで、心理学科の同級生とか後輩の学生などを考える。

それでも充分でない場合は多いが、そういう時は指導教官や知り合いの教員の授業に出席している受講生たちを狙う。うまくいけば、正規の授業時間中に時間をとってもらって、全員に調査などを行うことができた。

フェヒナーの場合も、肉親である妻や義兄から友人たち、ひいてはまさに自分の講義を受けている学生たちであり、親近感を覚えるくらいである。

(2) ウェーバーの法則とフェヒナーが取りあげた諸感覚

ウェーバーの法則については、まず「ウェーバー自身の叙述」からはじまる第IX (9) 章 (S.134-237) で述べられている。

その対象であるが、1) 光 (S.139-175) に最も多くの頁が与えられているが、その他、2) 音、3) 重さ、4)、温度、5) 外延的大きさ、視覚量と触覚量、そして、最後に 6) 物質的幸運と精神的幸運 (Fortune physique et morale) について述べられている。

この最後の 6) は 1)～5) までの諸感覚とは異なり、快・不快や社会的評価ともかかわるものであるが、これについては本書の第V章3節で取りあげる。

次にフェヒナーはXI章「さまざまな感覚領野における閾値の大きさと依存関係についての詳しい説明」で、内包的な閾と外延的な閾の二つに分けて、「さまざまな感覚領野」を取りあげている。
　前者に含まれるのは、「明るさと色彩」、「音の強さと高さ」、「重さ」、「温度」の四つである。
　また、後者では、「視覚」、「触覚」、「時間の運動の理解」の三つを取りあげている。このうち、特に「視覚」では、最小可知量（kleinste erkennbare Grössen）と最小可知距離（kleinste erkennbare Distanzen）について詳細に論じている。
　すなわち、「最小可知量についての特別な規定」、「最小可知距離についての特別な規定」（α）二つの離れた点または正方形、β）二つの離れた糸、γ）縞および格子縞の形）、「最小可知量における網膜の側部の反応」、などである。
　なお、XI章での説明に用いられている研究例、実験例はフェヒナー自身によるものというより、フォルクマンなど他の研究者のものが多い。

4．根本概念としての閾値

(1) 閾値研究の系譜
　まず、閾値（Schwelle）であるが、これはフェヒナーの精神物理学にとって基本的概念の一つである。
　これについては、第X章で「閾の事実」として説明されている。
　フェヒナーにおいても、閾値は当初、感覚の問題として、すなわち外的刺激に対応する人間の反応から出発している。一定の重さのおもりを人間の手のひらの上に載せる、するとわれわれはその時のおもりの重さを感覚する。そのおもりが少しずつ増やされていくとき、それに対するわれわれの重さの感覚の変化が閾値の測定に用いられるわけである。
　しかし、フェヒナーはその対象とする範囲を拡大してゆく。以下のように、感覚からより高次の意識現象へとである。

それゆえ、最終的には外的な感覚もまた、他のより一般的でより高次の意識現象、例えば睡眠と覚醒へ向う人間の全体意識、個別の思考の意識が、所与の方向における注意が消滅と生起の点を持つ限りでは、われわれは閾の概念と表現をこれに対しても一般化することができるだろう。この場合には、閾への意識の高まりをひき起したり、それに対応する外的刺激の閾値はもはや存在しない。しかし、われわれがそのために基礎になっている精神物理学的運動の閾値を受け入れるべきでないかどうか、そして、それは内的精神物理学の入り口において取りあげられるであろうそのような問題と置き換えられる限り、感覚において刺激閾・弁別閾・比率閾も存在しないかどうか、という問題が投げかけられる。(S.239)

　ここで、注目すべきことは高次の意識現象に関しては、それに対応する外的刺激の閾値はもはや存在しない、ということであろう。
　その代わりに登場するのが、「精神物理学的運動」の閾値というものである。しかし、それが具体的にどのようなものであるのかは、必ずしも明確ではない。これについては、やはり内的精神物理学における波動図式などで取りあげられる。

　ところで、閾値を見出したのが、厳密に言って、フェヒナーであったかどうかというと、そういうわけでもない。
　例えば、J.P. ギルフォードの『精神測定法』(1936) では次のように書かれている[5]。

　　精神物理学は，Galton が，簡単な心理学的検査をひっさげて舞台に登場したときよりも，ずっと以前から，すでにその基礎が築かれていた．すなわち感性経験に著しい強さの差があるという事実は，幾世紀も前から広く知られていたのである．絶対閾，すなわち感覚の下限という概念は，Fechner が，精神物理学という学問を提唱するずっと以前に，すでに Herbart[1] (1776-1841) によって言いだされていたし，また Weber

III. 精神物理学の構想 (2) ——心理学へ　157

(1795-1878) も，Fechner に先立って，丁度可知差異（jnd）の概念と，Weber の法則，すなわち，やっと弁別できる刺激の増分は，その刺激量に比例するという法則を提案していたのである．（4頁）

---

1) Herbart が，多くの精神過程に数学的論理を機敏に適用したことは，注目に値する興味深いことである．彼は，"観念"の間に存在する，引力や斥力を表現することを目的とした，ある有理方程式をも提案したのである．

このように、閾そのものについてはヘルバルトが表象（Vorstellung）と意識、無意識との関係に関して用いており、ウェーバーが触覚研究における「コンパス実験」で「二点閾」を定めてもいる。

しかし、フェヒナーにとっては、精神物理学という枠組みあるいは体系の中でそれを位置づけたということに意味があるのである。

しかも、意識と無意識の問題など非常に広い範囲にこの概念を適用している。

(2) 内包的な閾と外延的な閾

1) 内包的な閾（Die intensive Schwelle）

「内包的」とは、ある概念が持つ（内包する）共通の性質のことであって、フェヒナーは内包的な閾について、刺激閾と弁別閾の二つの側面から説明している。

a) 刺激閾（Reizschwelle）

フェヒナーは刺激閾について、まず光感覚の分野を例にして、次のように書き出す。

　　内包的な{光感覚}の分野で、それが感覚を惹起させるためには、まず光刺激の一定の強さが必要とされるということ、それゆえ、光感覚のための閾が光刺激の有限性に存在するという直接的証明は、何回も論じられているよ

うに、すべての外的な光刺激がたんなる補助として与えられる内的興奮が常に閾の上にあるので、導くことはできない。認知されるためにはこの補助が一定の強さを必要とするということを教える事実は、こののち、むしろ弁別閾の章に本来入るべきである。(S.240)

ここでは、光の感覚を生じさせるためには「光刺激の一定の強さ」が必要だという当然のことを述べるが、「色彩」についてはもう少し複雑であって、次のようにつづける。

　しかし、われわれが｛色彩｝と呼ぶ修正に関しては、次のような可視性のための条件を提示することができる。1）屈折性、そして、これとともに振動数が一定の境界を越えること、2）振動の強さあるいは振幅が一定の境界を越えること、3）網膜の左右の部分にまで色彩が向けられるほど大きくなければならないほどの十分な広さで色彩が作用すること、4）それに多くの白を混ぜ合わせないこと、である。(S.240)

すなわち、彼は「強さ」以前に、「色彩」を認めうる条件、すなわち「可視性」の四つの条件をここであげている。
　第一の条件は赤外線と紫外線の間の可視光線についてのものであり、第二の点についてはさまざまなプリズムを使用した場合の可視性について論じている。
　その他、多くの白を混ぜないことなど、現代に通じるものも多いが、やはり時代を感じさせるものもある。
　なお、光感覚以外の分野でも、音の強さや味覚、匂い、圧（力）などについてかんたんにふれている。

b）弁別閾（Unterschiedsschwelle）

フェヒナーはまず、「刺激弁別が差異として感覚されるためには、一定の大きさを持たねばならないということは疑いない。そして、すべての感覚領野で

適用可能な丁度可知差異法、完全にそれにかかっている。

　ウェーバーの法則のためにわれわれが持ち出した影の研究による{光の感覚}の領野におけるよりも、美しく、単純で、確実ではないが、弁別閾の存在は確かめ得る。その実験の手順を思い出してみよう：」（S.242-243）として、その実験の手順を述べる。

　それは並べて置かれた二つのランプとその前に置かれた影を生み出す物体を用いた実験である。

　はじめは二つのランプはどちらも一つの影をつくる。それはもう一つのランプによってだけ照らされている。一方、それを取り巻く背景は二つのランプによって照らされる。

　いま、一方のランプの芯をもっと深く下へまわすか、物体から遠くへ離すと、影は薄くなり、最後には消えてしまう。

　フェヒナーは二つの光源がまだあるにもかかわらず、「ただ一つの影」をつくるように見えることに初めて気づいた時に、とても驚かされたと強調している。

　現在のわれわれはこのような現象はあたり前のことと思う。しかし、フェヒナーはその変化のプロセスのすべてが同時に眼の前で観察できることに感心しているのである。

　そして、この実験と同じようなことを、「昼間の空に一つの星も見つけることはできない」という経験が教えてくれることをつけ加えている。

　2）外延的な閾（ Extensive Schwelle ）

　「外延的」とは、具体的にはどんなものが含まれているか、ということの例示であって、ここでは、フェヒナーは以下のようにいくつかの外延的な閾の具体例を示している。

　まず、通常、円などの対象そのものが小さすぎたり、遠くから観察しようとする時、それは見分けるのが困難になる、ということを述べたあとで次のように続ける。

……二つの点、あるいは平行する系がお互いに近すぎるか、あるいは遠すぎる距離から観察される時、眼にとって不明確になり、距離そのものが認識できなくなる。前者が踏み入る境界は認識できる大きさの閾であり、後者が踏み入る境界は認識できる距離の閾と呼ばれる。

皮膚の上では、周知のように、二つのお互いに近すぎるコンパスの先端は一つの一緒の感じのように曖昧になる。そして、それゆえ、ここでもまた認識できる距離の閾が存在する。

それに劣らず、二つの印象は、それらがすばやく連続して生じる時、一つの弁別不能の感じにまじり合う。それゆえ、ここでもまた、時間感覚に関して外延的な閾が存在する。

時計の短針、天空の星のように対象物があまりにゆっくりと動く時、その運動は認識されないが、十分な加速があれば識別される。それゆえ、認識できる速度の閾というものも存在する。

ここでは、時間と空間が同時に問題になる。おそらく、時間閾が空間閾と一致する時、すなわち心にとってある時間点では過ぎ去らない、最小の時間間隔において、眼にとってある空間点では過ぎ去らない、空間が描かれる時、そこで速度が認識できるものになる。(S.245)

すなわち、ここで説明されているのは距離感覚や時間感覚に関する外延的な閾である。

そして、例にあげられているのは二点間あるいは二つの系（線）の間の距離、時計の短針や夜空の星のような人間にとって非常にゆっくりと見える動きが要する時間、に対する感覚である。

(3) 閾に関する一般的考察

「実際のところ、閾にはどこかしら逆説的なものが含まれている。」(S.246)とフェヒナーは考える。

刺激あるいは刺激弁別は一定の境界に達するまでまったく感じることなく上

昇してしまうからである。それはまるで、零作用の総和から一つの存在が突然現われるようである、と。

しかし、これは形而上学的には問題でも、数学的観点からは何の困難も生じないという。そして、「ここで、われわれが感覚の閾値を零の値として、意識化された感覚の値を正の値としてとらえる時、おのずからそこで、無意識に対しての表示は負の値によって呈示される。」(S.246) と負の値の問題を予告している。

また、閾値そのものは絶対的なものでも、不変なものでもないとして、「閾値は、刺激も刺激弁別も、疲労、慣れ、興奮あるいは麻痺の内的原因、薬物、生活の周期性、個々人の体質、等々の関係によって、最も大きなそして最も多様な修正が可能である。(S.248)」と閾値の変化に影響する諸要因についても述べている。

そして、フェヒナーは最後に次のように語る。

　　閾の事実を、刺激からそれによって引き起こされる精神物理学的運動に引き移すことを認めるとするならば、——これは後ほど証明されるべきものだが——われわれの共通の前提によって、われわれの身体的変化と精神的変化の間の確固たる関係が成り立ち、また最初は一定の感覚に対応する精神物理学的活動の閾値もまた不変なものとして見なされ、その結果、感覚は精神物理学的活動がそれと結びつけられるとき、閾の高さに到達するということが確実に始まる。(S.248)

ここでもまた、「精神物理学的活動」が説明概念として用いられている。

つまり、刺激の閾から刺激によって引き起こされると仮定される精神物理学的活動の閾へと移し替えられるのである。

5．負の感覚値について

フェヒナーの精神物理学については当時から現在にいたるまで、いくつかの

批判、あるいは問題点の指摘がある。その一つが、「負の感覚値」の問題である。

これについては、例えばボーリングは、フェヒナーの法則にしたがう心理学は"負の感覚値"を要求する、と述べている[6]。

彼は、S=k・log R（Rは刺激、Sは感覚）の対数曲線を図示して（p.290）、感覚Sが0のとき、対応する刺激R=r となり、このrが閾（limen）に他ならず、Rの値がrから0までの感覚Sは負となって無限につづくことを示している。

そして、「フェヒナーは、"負の大きさによる無意識の心的な値の表示は精神物理学にとって根本的な要点である"と信じていた。そして、この数学的ロジックによって、彼の先駆者であるライプニッツとヘルバルトとは異なって、無意識の学説を持つことになったのである。」(p.293) とつけ加えている。

フェヒナー自身も、「負の感覚値」の問題はわかっていたことで、『原論』第二部のXVIII章で「特に、負の感覚値について。温感覚および冷感覚の対照の表示」を設けて、この問題について説明を加えている。

　　第一の場合は、基本的な刺激値は1に等しく、第二の場合は1より大であり、第三の場合は1より小である、と。
　　第一の場合は、感覚が閾に達するところにあり、第二の場合は、閾を超えるところにある。すなわち、意識の値に達すると考えられる。第三の場合は、感覚が閾の下にあり、それによって無意識に留まる。その際には、負の値の大きさは感覚が感じられる点あるいは無意識の深さを測る点からの距離とちょうど同じで、正の値の大きさは感覚が意識化されつつ、この点あるいはそれが意識に入ってくる強さを越えた高さに達する。かくて、ある感覚の意識の程度に対してと同じようにその無意識の程度に対してもある関連において、われわれの測度定式は測度を与える。(II.S.39)

しかし、フェヒナーは「負の大きさによる無意識という心理的値の表示は精神物理学にとって根本的な点である」けれど、それに対する疑問もあることを承知しているという。そして、「むしろ、温-感覚、快-感覚に対して冷-感覚、不快-感覚が差し示すような負の性格についてのある感覚の値がある負の感覚

値によって呈示されるという見解」、すなわち「すべての無意識の感覚の大きさはたんに零で表現すべきだ」という考え方があるのも知っているという。
　そのうえで、以下のように述べる。

　　事実はそのようなやり方では把握できないという決定的な根拠は、諸事実の関係が数学的に表示可能でないというそのことである。われわれの測度定式は、閾の事実自体と同様に閾の上方の刺激の関数としての感覚の過程をまさに適切に表示する。もし、よりわずかな刺激値に対してもまた、事実の数学的表示が持続するというのであれば、人はもちろんそれに属している負の感覚値を経験の中でそれらと対応するものであるそれと関係づけるに違いない。しかし、それは正反対の感覚ではなく、感覚の知覚可能性あるいは実際からの増大する距離がより大きな負の値に対応するという、そのようなふうに不足している感覚である。(II.S.39)

　そして、フェヒナーは例のごとく、お得意の例示、つまりアナロジーによって、彼の主張の説得力を強めようと試みる。

　　だれかある人が資産あるいは負債を持っているとする。しかもそれはそれ自体、金銭や財宝ではなくて、好都合あるいは不都合な所有物の形で持っているとする。いま、人が好都合でも不都合でもないそこの資産状態を適切に示すとすると、ある人は何も持っていないが、しかし、何の負債も持っていない。つまり、零の価値を持っている。それに対して、零の値でより大きい、そしてより小さい負債を示すのはまったく説得力がないだろう。にもかかわらず、その場合の人間はまだ何も持っておらず、そこではそれらはむしろより大きな、そしてより小さな負の値で示されるべきである。それは多かれ少なかれ最初に零の状態をもたらすために、金銭、財宝が最初に資産に加えられる必要があるということを示している。
　　しかし、われわれは無意識と、完全に類似した事例で出会う。負債の場合に、金銭や財産のより大きなあるいは小さな増加がそれを越えて初めてプラ

スの資産が始まるような資産の零の状態をもたらすことが必要であるように、無意識の場合に、刺激のより大きなあるいは小さな増加が、そこから感覚が最初にプラスの意識の値を得るような感覚の零の状態をもたらすように、そのつどそれによってひき起される精神物理学的運動をもたらすことが必要である。そして、人はまったく同じような意味で言うことができよう。すなわち、人は無意識の状態で、負債を抱えた人間が"人は無一物よりもっと少ないものを持つ"と言えるように、何もないものよりもっと少ないものを感じるのである。それゆえ、人はつまり、そもそものやり方の表明を納得できると考えようとする。それらは、人が納得できる実際の関係をもとにしているので、まさに説得力があるのである。(II.S.41)

ここで、財産や負債を用いたこの例の言わんとすることは理解できる。しかし、問題は負の感覚値の問題を説明するのに適当な例かどうか、ということであろう。

「暖かくも寒くもない」という形容をすることがあるが、その時の温度は一定ではない。状況次第でどうにでも変わる。

また、「絶対零度」というのがあるが、それはもはや感覚の対象となるものではない。

このように、関数関係を前提にしてとらえられる感覚を、あくまでも生身の人間の感覚としてとらえようとするのには無理があるのであるが、そこにカッシーラーによっても問題とされたフェヒナーの「不徹底さ」があらわれているのかもしれない。

しかし、筆者が「負の感覚値」を否定しているわけではない。

6. 内的精神物理学へ

『原論』の第二部（第二巻）は「外的精神物理学から内的精神物理学の続き」として第XIV（14）章からはじまるが、それが「内的精神物理学」に移るのは、第XXXVI（36）章「外的精神物理学から内的精神物理学への移行」になって

からのことで、第XLVIII (48) 章の「補遺」でおわる。つまり、内的精神物理学の少なくとも量的なウエイトはかなり小さい。

　もちろん、いくつかの重要な視点や、フロイトにも影響を与えた夢の問題、などを含んではいるが、フェヒナー自らが認めているように未完成なものである。

(1) 精神物理学的運動あるいは精神物理学的活動について

　本章の「2. 精神物理学的測度理論」の「(2) 物理学的説明の限界の自覚？」でも述べたように、「活力」や「身体的活動」によっては、精神現象（まして、高次な現象など）を説明することはおろか、それを測定することなどは不可能となって、フェヒナーは肉体と精神を媒介する説明概念として、精神物理学的運動（Psychophysische Bewegung）あるいは精神物理学的活動（Psychophysische Thätigkeit）を提起する。

　すなわち、「第XXXVI(34)章　外的精神物理学から内的精神物理学への移行」において、いままでは、外的精神物理学を中心に展開してきたが、「外的精神物理学はより奥深い主導的な内的精神物理学のためのたんなる基礎であり、準備にすぎない。」として、次のように述べる。

> 　思い起こしてみよう。刺激が直接感覚を生起させるのではなく、刺激と感覚の間に、さらに、われわれがそれを簡潔に {精神物理学的} と名付けた一つの内的な身体的活動が入り込んでいくのである。それが刺激によって生起され、そして以下の章でわれわれが決定するさまざまな見解に応じて、まず最初に直接、感覚をもたらしたり、導いたりする。そして、刺激と感覚というこの鎖の外的および内的な最後の環の間の法則関係は、当然ながら一方において、刺激とこの中間の環の間と、他方において、この中間の環と感覚の間におけるそのような関係へと自らを置きかえることになる。
> (II.S.377)

　これにつづけて、「外的な精神物理学では、われわれは直接経験に従ってこ

の鎖の最後の環、すなわち外的経験に存在する刺激とただ内的な経験に存在する感覚との間の法則的関係をただ直接確かめることができることによって、この中間の環を言わば飛び越えてしまっていた。内的精神物理学の入口で、今後は外的な最後の環の内的な最後の環に対する関係のかわりにその関係を考慮に入れるために、われわれは外的な最後の環から中間の環へ移らなければならない。」と、すなわち内的精神物理学ではいよいよ刺激と感覚をつなぐ結節点である中間の環の中味に取り組むことになる、と語る。

　そして、それを一つの時計に例える。すなわち、人は外側から時計の内部をのぞき込むことはできないが、針の動きから歯車の動き、すなわち精神物理学的運動を推定することはできる、と。

　そして、次のようにつづける。

　　もちろん、指標の動きはたんにわれわれに内的運動について明らかにするだけではない。それはまた、内部の歯車（ギア）装置の知識をも知らせてくれる。そして、内的な身体的ギア装置について、解剖学と生理学がわれわれに教えてくれるもの、それはわれわれの精神活動の基礎になっているのだが、これまでのところ、精神物理学的運動の本質の最も普遍的なものについての確実な推論を可能にするためには、はるかに不完全である。それは計量可能かあるいは計量不可能な媒体物の電気的、化学的、機械的に、そのいずれにせよ、形成された運動なのであろうか？われわれが言えることはわれわれが知らないということだけだ。しかし、結果自体が示すのは、われわれが内的精神物理学に或は限界まで精通しうること、われわれがそれを知ることなしに、われわれが精神物理学的運動の本質、すなわち、実体と形態についての知識あるいは特別な前提を必要とすることなしに、ただ、それの一定の関係（Verhältnisse）が既知であるとして、ただ、一定の境界まで外的刺激で読み取り得るということでもって、そこまで研究をすることが可能であるということを示すだろう。(II.S.378)

　ここで、われわれはまた「現実」に直面することになる。

つまり、いまの（フェヒナーの時代の）科学の水準では精神物理学的運動の本質にまで迫るというのは、結局は無理なのだという現実である。

(2) 内的精神物理学の問題

それでは、内的精神物理学ではどのような問題が扱われているのだろうか。

まず、「魂の居場所」（第37章）というフェヒナーを読んだことのない人にはなじみがない言葉が出てくる。

「魂の居場所（Sitz der Seele）」は、魂がこの世での生活を維持するために、身体のすべての部分が共同で一つにまとまって働いているという意味において、広義には、身体全体が賦霊されていると言ってよいだろう。つまり、身体全体が魂の居場所であり担い手としてある。

また、狭義には、魂のために身体の特別な各部分、たとえば大脳などの器官や、手足などの運動器官や神経システムなどが、それぞれ特別な目的のために組み込まれ、従属させられる。

あえて言えば、狭義の魂の居場所は意識的過程にかかわり、広義の居場所は広大に広がる無意識の過程にかかわるのだろう。

フェヒナーには脳や神経システムについての記述が多く、それらを重視していることがうかがえるが、脳の特定の部位を魂と結びつけようとするガル（Franz Joseph Gall, 1758-1828）の考え方には否定的である。

彼はこの問題についての考察に非常に多くのページを割いているが、要約された結論はいささか曖昧であって、①広義の居場所、②狭義の居場所、の両方の考え方を認めたうえで、③有機体の段階と魂の段階が単純になるにしたがって、狭義の場所の大きさが広がるということ、④脳のすべての部分が魂の機能に対して同じ意味をもっているわけではないこと、をつけ加えている。

ここで、注目されるべきは、フェヒナーが人間以外の動物のことも考慮していることである。有機体の段階と魂の段階はそのことを意味しており、神の被造物すべてを包摂して考えようとしているのである。

ところで、「魂の居場所」について論じたこの第37章はとても長い章であるが、その多くは、（ここでは省略するが）この問題にかかわる研究史にあてられ

ていて、ヘルバルトやロッツェが頻出する。
　そして、最後に次のように述べてこの章を締めくくっている。

　　意識的精神活動が関数的依存関係において結び付いている身体活動の場所要するに狭義の魂の居場所は、多くのさままざまな被造物の中でだけでなく、同一の生物においても確実に局在してはいない。それは感覚活動のあるいはより高次な精神活動のいろいろな領域が要求されるのに応じて、意識のもとになっている運動の主要源、要するに閾の上部の精神物理学的活動がその場所と大きさを変えるのである。いつでも、そのようなものが存在する神経系においてある場所が、すなわちこの活動が最も強くなる脳が存在するだろう。ここで人は魂のそのときどきの本拠地あるいは最も狭義における魂の居場所を求めることができる。この場所から、活動はその強さを弱めつつ、それと関係がある脳、脊髄、神経における全神経繊維束を通って行くだろう。そして、それが一定の強さの段階を越えて閾に達し、また意識を閾を越えて上昇させるのに寄与する。それは状況次第でさまざまな拡がりをもつかもしれない。ここで、脊髄と神経もまた脳からの分離によっても、なお心理的機能を成立させることができるかどうか、それはその後もそれらが閾を上昇させるために十分な強さを持った精神物理学的運動を、同じく状況によってさまざまであるかもしれないもの、そして、いままでの研究によってはまだ確実に決定できないようなものを生み出しうるかどうかしだいであろう。
(II.S.427-428)

　このようにして、「魂の居場所」は精神物理学的活動、さらには閾の問題と結び付けられて行く。
　そして、この問題に続いて、「眠りと目覚め」とか、意識レベルの問題、「感覚現象と表象現象」、「残像と記憶像」、幻覚、幻想（錯覚）、夢、などが論じられている。
　このうち、「夢」については本書の第VI章「フェヒナーとフロイト」でも、あらためて取りあげる。

ところで、内的精神物理学においても、外的精神物理学で提起されている法則や傾向が適用可能であるということも主張されている。
　たとえば、第38章「ウェーバーの法則と閾の事実の内的精神物理学への移行」では、「刺激と感覚の間の法則関係は、一方では刺激と精神物理学的活動との間の、他方では精神物理学的活動と感覚の間の関係を前提とする。」としたうえで、次のように述べる。

　　さて、(上記と) 同一のことの確認の際に、精神物理学的活動の大きさの関係について語ることが肝要である、という点では、われわれは内的精神物理学を外的精神物理学および厳密な運動理論との関連で保つために、精神物理学的活動を適度に考えなければならないであろう。その物差しでわれわれはそれによって外部から活性化される身体活動をあるいはそれが活動として把握可能であるかぎり刺激を、すなわちそこに何があるのかまったくわからない活力によって測定する。そこには、それが適度の刺激の活力を釣り合って増減させるということがまったく含まれていない。それはその場合がそうであるかどうか、どの程度までそうなのかをむしろ最初に調べるべきである。実際のところ、一般的に言って、二つの大きさはそれらがすでに互いに一つの関数であるとき、同じ尺度で測定され、そして、だが同じ大きさでもなく、お互いに比例的に増加し、減少するわけでもない、ということを妨げるものは何もない。同じ物差しの使用は、実際の関係についてより容易に制約もなく両方を理解できるという外形的な利点をもっている。(II.S.428)

　すなわち、外的精神物理学を内的精神物理学に移行させるために、精神物理学的活動の大きさについて考えなければならない。両者において同一の物差しすなわち測度が用いることができれば都合がよいが、しかし、その根拠、例えば活力の量などもはっきりしない、と言わざるを得ない、とフェヒナーは認めるのである。
　ここでフェヒナーは久しぶりに活力 (lebendige Kraft) という言葉を使っている。だが、それも具体的にははっきりしないものである。

そのうえで、まず扱うべき主要な問題について言及するが、それについて、筆者なりにかんたんにまとめてみよう。

すなわち、ウェーバーの法則においては、刺激の増加に応じて感覚が増加するが、ある一定の有限の刺激値において認知できる値に到達する閾の事実から、内的精神物理学が感覚の精神物理学的活動に対する関係へと移行させられることが考えられる。つまり、刺激とその増加は精神物理学的活動の比例値によって代行される。
　このことは、感覚が刺激そのものではなく、精神物理学的活動に依存することを意味する。つまり、刺激が精神物理学的活動の絶対的増加に作用し、精神物理学的活動の増加が感覚の増加に比例的に作用するだろう、ということであろう。

　このようにして、フェヒナーは外的精神物理学の核心部であるウェーバー（・フェヒナー）の法則や閾の問題を内的精神物理学においても通用させることができる道筋を示そうとしているのだが、結局のところ問題の提示の段階で終わらざるを得なかったのである。

7．波動シェマについて

　フェヒナーの精神物理学におけるもう一つの根本原理は「波動シェマ（Wellenschema）」と呼ばれるものである。
　これについては、前章でもふれたように、すでに『ゼンド＝アヴェスタ』の「補遺」の中でも、波動列、主要波などが取りあげられている。
　『原論』では、第二部の「外的精神物理学の続き」の第32章「一般の振動刺激（Die oscillatorischen Reize）、感覚測度の基礎構造の試み」（II.S.198～）が設けられているが、ここで最も重要な感覚刺激である光刺激と音刺激が振動する性質をもっているとしていることは、まずおさえておくべきことであろう。
　そのうえで、波動シェマについては「内的精神物理学」の第42章「一般意

識と特殊現象の間の関係。波動シェマ。」(II.S.452〜)の中で、それと第45章「精神物理学の連続性と非連続性。世界の精神物理学的段階構造。精神物理学と自然哲学および宗教との結合点。」(II.S.526〜)などの章で扱われている。

まず、第42章であるが、感覚領域における意識と無意識の関係が一般的意識の領域でも考察される。

ここで、フェヒナーは人間の意識と覚醒が起こるためにはそもそもその人の精神物理学的活動が一定の強さに上昇しなければならないとして、それを波によって表わすことを考える。

いま、水平に延びる横軸に時間をとり、縦軸に精神物理学的活動の強さをとる。するとすべての活動はこの空間上に時間順にプロットされることになる。

時間の経過によって、波の形も変化し、上昇と下降をくり返す。波の高さは意識の強度を示している。そして、意識と覚醒が生じるためには、われわれが閾と名づけた一定の境界を越えなければならない。このように述べた後で、フェヒナーはこの波について次のように説明する。

この波を、全体波(Gesamtwelle)、{主要波(Hauptwelle)、完全波(Totalwelle)}と名付け、それに属する閾を{主要閾(Hauptschwelle)}と呼ぶ。

視覚と聴覚に関する限りで推測できる経験から言えば、われわれの特別な意識現象が、それらに対して依存している活動が、短い周期の運動(振動)によって表すことが可能である。それは長周期の運動に介入し、それに、一般にわれわれの意識の状態と動きが依存している。通常は日周期と一致している一つの周期は、偶然は別として、睡眠と覚醒がそれに向けてセットされている。そして、両方の周期的運動は一定の境界まで分離した観察が可能である。

いま、われわれが長い周期の運動をそれぞれわれわれの活動性の状態に対して、しだいに不安定になったり、安定したりする、そしてその頂上の先端が移り変わる波、—われわれはそれを{下部波(Unterwelle)}と名付けたいのだが—それ自体で表わすとする。そうすると、短い周期の運動は、—それに対してわれわれの特別な意識現象が依存しているのだが—下部波のよ

り小さい運動によって表わされる。われわれはそれを{上部波(Oberwelle)}と名付けよう。それは、変更されて下部波の表面にはまり込む。それで、上部波によって修正された下部波は完全波あるいは主要波なのである。

　さて、短い周期の運動の強さ（振動の振幅）が大きければ大きいほど、それだけより高い山はその表示に仕える波を下部波を越えて上昇させるだろう。そして、それだけより深い谷はそれを押し付ける（その運動の方向しだいで、下部波と同じ、あるいは対置される）。上昇と下降、それは波の側では一定の大きさの境界であり、われわれはそれを{上部閾（Oberschwelle）}と名付けるのだが、それに結びつく特異現象が意識の中に踏み込むように上昇する必要がある。(II.S.455-456)

つまり、われわれの意識現象が特別な意識現象と一般の意識現象に分けられ、前者は短い周期の運動（振動）によって表され、後者はふつう日周期と一致する長い周期の運動として示される。前者は一次的な感覚現象などであり、後者は睡眠と覚醒サイクルである。

そして、それぞれの活動性の状態に対応して変化する振動の振幅である波を考える。この波が「主要波」であり、もととなる「下部波」と、その短期的な運動を表わす突出部の「上部波」とから構成されている。また、これに閾の問題がからんでくるのであるが、後であらためて説明することにしたい。

ここでは、『原論』の本文でも図式化されていないのだが、図がなくても理解に困難ということはない。

次に、第45章であるが、われわれの意識や感覚、思考などの心的現象が脳の中のある状態からつくりあげられたプロセスをもとにしているとして、次のように述べられる。

　意識の同一の単位は構成された身体システムと結びついている。そして、その根拠は37章（魂の居場所について）で説明されているが、これをたんに単一の魂の居場所の外的な覆いと見ることは事実上認めていない。二つの大脳半球で単一のものしか考えないし、二つの網膜の同一の位置でわれわれは

一つのものを見る。すなわち、最も単純な思考過程も、われわれの脳の中で構成された準備にしたがって、よく構成された過程を基礎としている。最も単純な光あるいは音感覚もわれわれの内なる事象と結びついており、外的な振動事象によって興奮させられ、保持され、また、われわれが個々の位相と振動について何かを識別することなしに、それ自体何らかの方法で振動する状態になっているに違いない。単一の嗅覚および味覚の言い表せないほどの多様性は、われわれがさまざまに構成されたプロセスの単一の合成をその中に見ようとしないとき、精神物理学的に表現することはできないだろう。それはこの構成にしたがって、さまざまに適合するのである。(II.S.526-527)

ここで、フェヒナーは考察の対象を人間と動物の無数の精神生活に拡大し、「精神物理学的連続性と非連続性」の問題を展開する。

それは、精神物理学における課題としての一般的な意識現象と特殊な意識現象との間の関係とも関連しているとして、その概念的な表示のために、次のような図式（図A）を用いて説明している。

フェヒナーはすべての精神物理学的活動をすべての関連する波動によって表現しようとするのだが、一つの全体的な主意識によって結びついている精神物理学的活動の個別のシステムに対しては、一つの波によって主要波を表示できると考える。

つまり、この場合の主意識は個別の有機体それぞれの意識を包摂したものとなる。ただ、ここでも閾が問題となっていて、個別の意識は主要閾を越えた部分では非連続であるが、その下部においては連続しているのである。そして、次の図を示す。

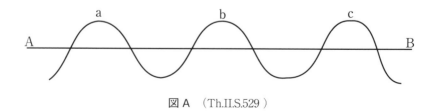

図A （Th.II.S.529 ）

ここで、a,b,c, は三つの有機体、正確には三つの有機体の精神物理学的主要波を、AB は閾を表わす。それぞれの波の山ごとに閾の上に突き出ているものは、ともに一つの意識に関係しており、それを担っている。閾の下にあるものは、意識を支える無意識として分けられ、その一方で、その間で生理的な結合をなお保っている。(II.S.529)

つまり、精神物理学的な主要波が閾の上方でつながっているときは、主意識の統一性、同一性が成り立つというのである。
そして、主意識はその基礎になっている精神物理学的主要波が閾より上方で連続的か非連続的であるかしだいで、連続的か非連続的かになる、というわけである。

しかし、異なる有機体間の「波動」の相互交渉を想定しているフェヒナーにとってみれば自然なのだろうが、共通の閾を AB という横線であらわしているのはどういうことなのだろうか。つまり、各有機体の閾値は同一のように示されているが、同じ有機体ならわかるが、異なる有機体の間に同一の閾を設けることはよくわからない。たんなる模式図だからかもしれないが。
この後、フェヒナーは現世から存続する精神物理学的システムの主要波の (来世への) 移行ということを示唆しつつ、その可能性をここでは議論しないとして、主要波の連続性と非連続性というテーマにすすむ。
そして、主要波の上部波 (Oberwelle) と下部波 (Unterwelle) について、図を示しながら次のように述べる。

連続性—非連続性の関係は、主要波に対して生じるのだが、その上部波に対して繰り返される。そして、当然のことながら、ここに意識の中にあるものの区別と非区別が結びつけられる。一つの主要波、それは主要閾 AB の上部において結びついているのだが、それでもその閾 A' B' の下部において結びついている上部波を担っている。すなわち、次のシェマによる。*)

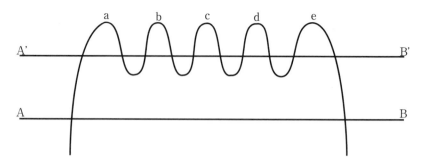

図B （Th.II.S.540）

　{一つの} 主要波における主要閾の上部にあるすべての上部波a, b, c, ……が互いに関連しているということは、その同じ主要意識を組み入れ、従属させる。しかし、それらが同時にその固有の閾の上において非連続であるということは、この主要意識の {内部} で区別される。

　*）このシェマは、上部波の隆起にともなう同じ方向における閾上への上部波の隆起を表わしている。その際、上部波が、下部波と同じ方向よりも反対への運動によってまさに非常によく閾を超えることができるということが抽象化される。それに対しては、ここでは問題ではない。（II.S.540）

ここで、「波動シェマ」についてあらためて整理してみよう。
　第42章では、「一般意識と特殊現象の間の関係。波動シェマ。」とあって、あくまでも時間軸にそった個人の意識の変化を表わすものであった。
　閾値を示す線分ABの上部（波）だけを見れば、波形は非連続である。しかし、下部（波）を含めれば波形は連続している。
　そして、この非連続な部分はそれぞれが意識化されている状態を示している。通常の感覚状態や意識状態では波の変化は緩やかであろうが、突然の刺激に対するとっさの反応などはおそらく尖った波として表われるだろう。
　波が閾の下部にあるときは意識状態が低下しているわけだから、睡眠やその

他の意識の低下した状態に対応していると考えるのである。

　ここまでは説明としてそれほど無理があるわけではなく、理解することが出来よう。

　しかし、第45章のタイトルに含まれている「精神物理学の連続性と非連続性」の問題では、「波動シェマ」のもう一つの意味があらためて明らかになる。

　フェヒナーはさらに、図Aのa, b, cを「三つの有機体（の精神物理学的主要波）」を表わすものとして示している。

　横軸は先ほどの第42章の説明では時間軸を表わすものとされたが、ここではまったく別の話となる。三つの有機体の順序なども意味がない。

　それは、特定の人間（有機体）だけでなく、人間相互の関係さらには人間以外の生物やその他の存在を含めたものである。さらに、それは人間の死後にも他の惑星などにも移行する可能性のあるものである。

　もちろん、フェヒナーが言わんとすることはわからないわけではないが、同じ波動シェマ、主要波、主要閾などの言葉を用いながら、あるいは連続性、非連続性を問題にしながらも彼の関心事すべてを盛り込もうという性急さの印象を持たざるをえない。

　実は、フェヒナーはある意味でかなりとんでもないことを考えているのである。

　それはこの波動シェマの中に、「放射相称動物や他の分割可能な動物」の分離実験の結果を組み込むことである。

　筆者ははじめ第45章の図Aと図Bの間になぜ博物学者ボネの分節動物等の分割実験の事例が詳細に説明されるのか理解できなかった。だが、どうやらわかったことは、第45章のタイトルに含まれる「世界の精神物理学的段階構造（Psychophysischer Stufendan der Welt）」がこの解答の鍵を握っているようである。

　つまり、簡単にいえば、フェヒナーは波動シェマにおける諸概念を用いて、人間や動植物、ひいては宇宙全体の存在をつなげてしまったのである。

　実際、フェヒナーは図Bを示した後も、左右二つの眼の網膜が｜一つの｜同じ感覚のみを与えるという例をあげて、その背後に二つの大脳半球が一つのものとしてまとめるはたらきをするとしている。そして、そこからその活動が

主要閾のみならず、上部閾にも関連しているに違いない、と推測する。

　また、人間と高等動物の場合には、二つの大脳半球への心理的能力の分配によって説明されるが、下等動物の場合には、目的論的意味をもって多くの体節へ分散されて分配されていると考える。ここでも、フェヒナーがボネの研究を重視した理由が明らかになる。

　ここまでくると、厳密な物理学をめざしたかもしれない、フェヒナーの精神物理学は晩年の『昼の見方と夜の見方』の形而上学あるいは自然哲学に完全に近づいてしまう。筆者も取り残された感じになってしまうのである。

8．精神物理学的運動の本質──フェヒナーの結語

　『原論』には夢などを含めて残像と記憶像などについて論じた第44章の後に四つの章がある。このうち、第47章「歴史」は前章でも一部を見た。また、最後の第48章は「補遺」であるので省略する。

　さらに、残った二つの章（45,46）「精神物理学の連続性と非連続性。世界の精神物理学の段階構造。精神物理学と自然哲学及び宗教との結合点。」、「精神物理学的運動の本質についての問い」であるが、前者については「7．波動シェマについて」の中で取りあげている。ここでは、この二つの章を合わせて考察しつつ、精神物理学における「フェヒナーの結語」としたい。

　さて、すでに、前節でも見たように、われわれの意識などの心的現象が脳の中のあるプロセスからつくりあげられたプロセスをもとにしている、ということは述べられている。ただし、注意しておかなくてはならないのは、大脳の存在は重視しつつもその構造や機能そのものは──当時、それがあまり解明されていなかったこともあるだろうが──あまり問題にしていないことである。いずれにせよ、脳だけが特権的な意味をもっているわけではない。

　フェヒナーは『宇宙光明の哲学』の中で、生理学者たちが「生ける脳髄のどんな小さな部分も運動しており、それも振動といふ形式で動いてゐるのがほぼ確からしいといふ結論に到達した。」とも、「……生ける人間も自信の脳髄の物質的過程については全然知覺することはできないが、しかしかゝる物質的過程

と結びついてゐる自身の感覺や思考は知覺することができる。」(271頁) とも書いている。

しかし、同時に、同じ本の中で、「……彼らは心理学を単に化学の一部門と考えたがるのである。」と脳に固執する研究者たちを批判している。(本書、第VII章、2-(1), (2) 参照)

次に、第46章「精神物理学的活動の本質についての問い」のはじめで、次の二つの問いを示している。

　また、われわれが精神物理学的運動の性質について、それらが身体的運動として、身体的運動の最も一般的な関係を共用するということとは、別の前提条件を必要とすることなしに、内的精神物理学の最も重要な問いを一定の限界まで論じることができたなら、だが最後に、その性質にしたがった問いがなお、ほんの二、三の言葉で詳しく検討されるかもしれないだろう。
　問いは実質的には二つに分けられる：
　1) 心的なものはたんにある特定の運動のみと結びつくことができるのか？
　2) 心的なものはたんに運動のある特定の方式、指示、形態とのみ結びつくことができるのか？
　いま、第一の問いにかかわるものを人は考えることができる。とにかく既知の身体的実体を特定することができなくても、心的なものに支配される運動を実行するよう定められた、ある完全に限られた実体を心的なものの下に置くということについて、多くが考えてきた。そして、人はこの実体におそらく｛神経エーテル（Nervenäther）｝の名前を与えてきた。(II.S.543)

光がエーテルで満たされた空間を進むように、心的なものは神経エーテルに満たされた有機体の中を進むという意味であろうか？彼は、外界の光や音は「……多かれ少なかれ震動せしめられた物質的な點から發してエーテルと空氣を通り抜け、そしてわれわれの脳髄の蛋白質の塊、いや恐らくその特定部分に突き當つて始めて、この媒體の降神術的魔力によつて光を放ち音響を發する震

III. 精神物理学の構想 (2) ——心理学へ　179

動に転化するといふわけだ。」(『宇宙光明の哲学』、5頁) と皮肉っぽく書いている。

　もちろん、批判はエーテルに対してではなく、脳髄の化学的分析に向けられているのだろう。
　そして、フェヒナーは精神物理学的運動 (活動) についての考察を次のように述べて終える。

　　そこで、運動が意識現象をもたらすために適してはいるが、ただ一定の活動性の段階のもとでは、意識が失われるように下降することを必要とするということを私たちは知る。かくて、このようにして、当然のことながら、存在と非存在に属する意識の質が、そもそも量によってだけで、精神物理学的活動の質に従属させるのではなく、むしろ、これを意識現象の質だけに関連づけようとする可能性が展開される。
　　これによれば、すべての運動は、(中略) 一定の値を越え、意識に寄与する時、その形態のもとで、その実体において現われるあらゆる運動は意識に貢献するであろう。われわれに、あるいは他者に、あるいは普遍的意識に対してにせよ。そして、それがこの形態に到達する瞬間が、共通して、ある一定の大きさの値を越える時、それぞれ別個の運動形態、すなわち共同順序と速度モーメントの順番がその形態に属している心理現象を維持する状態にある。
　　そのようなやり方で、われわれは摩訶不思議な魔法を手に入れる。すなわち、〈質の隠蔽 (qualitas occulta)〉、それは心理的はたらきに対する例外的な運動形態のみが能力を与えるに違いない。それだけでなく、それに対応する意味で、われわれが宇宙全体に対して、普遍的で有効な物理学と力学を持つ、普遍的な、たんに人間と動物に対して部分的に有効なだけでない精神物理学が可能となり得るだろう。われわれは人間における精神物理学の法則を探究するだろう。そして、それは宇宙にも転用することができるだろう。宇宙における意識と無意識は同一の公式の二つの場合だけを表示するだろう。それは同時に、その関係とその移行にとって、一体となって決定的なものである。
　　そのような見方はもちろん、それが発展した精神物理学において完全に満

足が与えられるという、そのことによって証明されるほかはないだろう。
　この証明を、いまの私はまだ行なっていない。それでも、私は、それが進歩する精神物理学の発展によっておのずからなされるだろうと信じている。その最初の試みを、私はこの遠大な見通しとともに終える。（II.S.546-547）

　なかなか理解しがたい文章だが、運動が意識に影響することによって、フェヒナーが人間（や動物）以外の宇宙をも精神物理学の射程に入れたいと願っていることだけは読みとれる。
　われわれは、「発展した精神物理学」を見ることができるだろうか？それは「宇宙全体に対して、普遍的で有効な物理学と力学」を持つというのである。
　なぜか、最後になってまた、当初の物理学的枠組みが、ほんの少しだけにせよ、顔をのぞかせる。
　フェヒナーは『原論』の「第II部への序言」の最後において、現在は希望が無いように見えるかもしれないが、45章と46章の論究から将来の発展した普遍的な精神物理学が展望できる、という楽観的な見通しを述べているが、それがどこまで本気だったのか、筆者にはわからない。

9．精神物理学の評価

　ここでは、フェヒナーの「精神物理学」に対する評価を同時代のさまざまな研究者からのものと、同時代にとらわれずに主として心理学者による評価に分けて、それぞれみて見ることにしよう。

(1) さまざまな専門領域からの批判
　1877年に発行された『精神物理学の問題』では[7]、フェヒナーが彼の精神物理学についての評判や評価を気にしていたという話を裏づけるような構成になっている。
　すなわち、自分が発表した精神物理学的な法則や定式に対する当時の各分野の研究者などの反応、とくに批判的なものに対して、過敏になっている様子が

伺い知ることができるものとなっている。

　そして、「反対者」の一覧の章まで設けて、その人たちについて、それぞれ二、三頁から七頁くらいを割いている。それらの人たちは、次のようである。

　ヘルムホルツとオーベルト、マッハ、ベルンシュタイン、プラトー、ブレンターノ、デルボア、ヘリング、ランガー、などの人々である。彼らによる批判的見解の一部は、この後すぐ見る上野・野田（1922）によっても紹介されている。

　フェヒナーはまた、「ウェーバーの法則が正しくないという異議」、「目的論的異議」、「先験主義的な異議」、「負の感覚値への異議」等々、それぞれ章を設けて紹介している。

　さらに、フェヒナーの（存命中の）最後の著書となった『精神物理学の要点の改訂』（1882）の中では[8]、第七部「様々な著者たちとの討論」を設けている。

　その中で取り上げられている人物は、L. デルブーフ（Léopold Delboeuf）、G. E. ミュラー（Georg Elias Müller）、ニーチェ（Ab. Nitsche）、W. ヴント（Wilhelm Wundt）などかなり多様な人たちである。

　このうち、デルブーフ（Joseph Rémi, Léopold Delboeuf,1831-1896）はベルギー生まれの、哲学者、数学者、実験心理学者などで、とくに距離感覚についての精神物理学的な実験を行なっている。一般には、「デルブーフの錯視」で有名である。

　ミュラー（Georg Elias Müller, 1850-1934）はドイツの実験心理学者で、精神物理学、視知覚、記憶などの研究で知られている。

　また、ニーチェは有名な哲学者のF. M. ニーチェではない。

　そして、第七部の後半には「哲学的な反対者たち」として、K. グートベルレ（K. Gutberlet）、フォン・クリース（J.v. Kries）、F.A. ミュラー（F. A. Müller）、ウルリッチ（H. Ulrici）、ツェラー（J.C.Zeller）などが取り上げられている。

　グートベルレ（Konstantin Gutberlet, 1837-1928）は、聖職者であり、哲学者、カトリックの神学者であった。ヘッセン州のフルダという宗教都市で、神学生の教授、養成を行なった。著書としては哲学（全二巻）、護教学（全三巻）、教理神学（全十巻）などがあるという。

　フォン・クリース（Johannes von Kries, 1853-1928）は、ドイツの生理学（的心

理学）者で、網膜の機能に関する二重作用説で有名だが、色彩の弁別閾を測定した。彼はまた、確率論の基礎を築いたことでも知られている。

　ウルリッチ（Hermann Ulrici, 1806-84）は、ドイツの哲学者であり、1834年にハレ大学の哲学の教授となった。彼は当時の物質主義に反対して、科学的概念をもとにした神と霊魂の存在を証明しようとしたという。

　ツェラー（Julius Christian Zeller, 1822-99）は、ドイツの数学者であり、ドイツ南西部のヴュルデンブルクの聖職者であった。彼は暦の計算などに関する研究を行っている。

　これらヨーロッパの研究者たちの精神物理学への評価は、戦前の日本でも紹介されている。

　それは、上野陽一・野田信夫共著の『近世心理學史』（1922）の中においてである[9]。少し珍しいので、次にその一部を見てみよう。

　第五章「現代心理學の學説」第一節「心的量」において、まず、"精神物理的基本式"と"精神物理的數量式"、"精神物理的辨別數量式"について説明したあとで、次のように述べる。

　　フェヒネルは既に"ツェンダヴェスタ"（Zendavesta, 1851）に於て、精神及び身體は同一原理の二つの現れであることを述べたが、これ等の研究は"精神物理學要論"（Elemente der Psychophysik, 1860）に至つて大成した。然し彼の説は多くの批評を蒙り、訂正説も數多く現はれた．
　　ヘルムホルツは光學研究の結果、弱い刺戟の時には主觀的刺激が働き、刺戟が高度に達すると感覺の上昇は一定の最大値以上に昇らないことを認め、フェヒネルの（1）の式に於けるkの値を定めんとしたが充分實驗の結果と一致する値が得られなかつた．その後ベルンシュタイン（Bernstein）やプラトーやデルブァーフ（Delboeuf）等が相次いで異説を出した．今次に彼等の見解の概要を一束にして通覧してみやう．（189頁）

そして、ヘルムホルツやベルンシュタイン、さらにプラトー、デルブァーフ等の批判をそれぞれの数式を示しながら紹介している。

この中で、「デルブァーフがフェヒネルに対して、最も非難したのは負數的感覺であって、従つて彼の式は感覺の負數的價値が誘導せられない様に考へられてゐる。」、「然し彼の負數的感覺の拒否に（つ）いてはランゲル（Langer）やゲー・エー・ミューレルも同様に改訂の必要を認めた.」とあるのは、興味深い。

　そして、最後に以下のように、フェヒナーの示した反応について記している。

　　以上の如き種々なる異説に對して、フェヒネルの取つた態度は飽くまで自家主張であつて、ヴェーベルの法則は只感覺の態度の上に於いてのみ、一定の普遍性と確實性とを有するといふ制限を二三の特殊の問題について認めたけれど、實際に於て外界を内界に翻譯する精神物理的法則の意義は少しも動揺しなかつた．のみならず如何なる論者も、その法則の對數的性質について異論を挟むことはなかつた．只問題となつたのは、この法則の可及範圍の問題であつた．フェヒネルは法則の有効範圍として、識閾といふものを考へ、精神物理的法則の根本的價値は外界から内界へ移る事實にあると考へた．（194頁）

　この最後の、「外界から内界へ移る事實」というのはある意味適切な指摘と思われる。
　このように、多くの人たちが精神物理学に対する賛成あるいは反対の意見を表明していたことを、フェヒナー自身が述べている。明らかに、フェヒナー自身が精神物理学への評価を気にしていたということだろう。
　これらの多様な人たちが存在していたことは、彼らが精神物理学と何らかのかかわりを持つ専門領域に所属していたということを意味するだろう。
　また、彼らが直接心理学とかかわりがないとしたら、それは「心理学」というくくりの中で見られるのはまだ早い時代であったからということになるのかもしれない。
　しかし、ここではそれらには立ち入らず、ヴント以降の心理学者がどのように評価していたのかに限って、見てみることにしたい。

(2) 心理学者による評価

　まず、実際のところ、ヴントは「精神物理学」をどのように見ていたのだろうか？

　というのも、ヴントは第I章でも見たように、フェヒナーに対してかなり批判的であったからである。

　とはいえ、ヴントもはじめからフェヒナーに対するあからさまな批判をしていたわけではない。まず、ヴントのフェヒナーの葬儀における「追悼文」から見てみよう[10]。婉曲な言い方ではあるが、その見方にはかなり厳しいものがある。

　　フェヒナーがそれに幸運にも定式化した法則を与えた形而上学的意味が、いつの時代にも確かなものであるかどうかは、ここでは未解決のままかもしれない。確かなことは、確固としてはいるがそれ自体これ以上整えられない法則によって調整された外部世界と内部世界の関係の受け入れは、その全体的世界観に非常に強固に根ざしているということ、彼が断念するよう決心するのは困難だろうということである。(S.359-360)

　しかし、「追悼文」の全体を読むとその中には、条件付きではあるがフェヒナーを「実験心理学の創始者」とし、後述するような幾何学者ベルンハルト・リーマンに与えた影響、「集合測定論」への寄与、などにも言及して、フェヒナーの功績を評価している。

　一方、「自伝」では[11]、「フェヒナーと精神物理学の方法論」に言及して、「精神物理の基本法則」が形而上学的意味をもっており、物質世界と精神世界の間の二元論に立脚して、その相互の関係から直接的には経験できない「此岸と彼岸のことがら」についても解明してくれると考えているとしたうえで、次のように述べる。

　　……このように精神物理学は、フェヒナーの考えによれば心理学の基礎やまた一部といったものではなく、形而上学に属するものなのである。そのこと

はフェヒナーの主著『ツェント・アヴェスタ』が示している。これは相対性原理とも、ヴェーバーの法則とも関係がない、より高い秩序をもった精神物理学的基本法則の可能性、いや蓋然性を確立している。フェヒナーが宗教的感情に根ざした彼の世界観を通して、当時の哲学のなかでとっている重要な立場についてここで述べるのは適当でない。ただそのような立場から明らかにわかるのは、精神物理学そのものに自らが意図したのとはまったく別の内容を与えていたその創始者が、実際には厳密な心理学的方法論の祖になったということは、一見矛盾しているように思われるものであり、彼が個人的には心理学にはほとんど関心をもっていなかったという事実もそれと関連がある。彼自らが形成した宗教的世界観の力は、彼の心のなかできわめて強いものであったから、彼にとっては本当はこの観点のもとで観察されうる問題しか価値をもたないほどであった。しかしそれらの問題は、その考えの中では精神物理学上の法則を立証することが中心的位置を占めていた。たとえば私が当時熱心にやっていた心理学的過程、時間意識、対比現象といったような他の心理学的問題は、彼にとっては少しも興味がなかった。送り届けられたこの種の論文に、彼はだからおおむね反応しなかった。その一方で、ヴェーバーの法則に関わるような他のものに対しては常に詳細で、たいていは批判的なコメントをつけた手紙によって返答した。(301-302頁)

　前記の「追悼文」の引用部分とヴントの「自伝」の中のこの文章と比較して見ると、ヴントの考え方は一貫しているように思える。

　しかし、「自伝」においては、フェヒナーは「精神物理学の父」であり、「ヴェーバーを私ならむしろ実験心理学の父と呼ぶであろう」と書いている。つまり、「追悼文」での「実験心理学の創始者」は「自伝」では「精神物理学の父」となっているのである。また、フェヒナーのその他の「功績」への言及は無くなっている。

　このように、「追悼文」という故人を讃えるように要求されるものと、ヴントが何ら遠慮することのない晩年の「自伝」とでは「フェヒナーの形而上学」を強調する姿勢は一貫しているものの、フェヒナーへの評価はより厳しく、限

定されたものとなっているように思える。

　次に、本書の第Ⅰ章でも紹介したW. ジェームズの『心理学・短縮版』(1892)の第二章「感覚総論」におけるフェヒナーについての記述を見ておこう[12]。

　ジェームズはまず、「ライプチッヒのフェヒナー教授は、ウェーバーの法則に基づいて感覚を数的に測定する理論を打ちたて、これについて多くの哲学的議論が沸騰した。」と書き出し、フェヒナーの考え方を簡潔に紹介した。

　そのうえで、彼は次のように批判する。

> 　フェヒナーのいわゆる精神物理学的公式は各方面から攻撃された。そしてこの公式からまったく何の実際的なものも生まれなかったので、ここでこれにこれ以上注目する必要はない。彼の著書の主な結果は、ウェーバーの法則（それは単に、辛うじて知覚できる増加に関するものであって、感覚全体の測定については何も言っていない）の妥当性について実験的研究を喚起し、統計的方法についての議論を促したことである。ウェーバーの法則は、いろいろな感覚について順次研究して行くと明らかになるように、おおむね確実であるに過ぎない。統計的方法についての議論が必要になったのは、われわれの感覚度が瞬間ごとに著しく変動することによる。（中略）統計的方法のあるものがどれほど骨の折れるものか、またドイツの研究者がいかに根気がよいかを示す例として、私はフェヒナー自身が、重量に関するウェーバーの法則をいわゆる「正しい場合と誤った場合の方法」［恒常法のこと］によって検査するのに、二四、五七六回以上の個別の判断を表にし、計算したことをあげたい。(49-50頁)

　フェヒナーの精神物理学的定式について、「この公式からはまったく何の実際的なものは生まれなかったので、……」というのは、いかにもジェームズらしい辛辣な皮肉である。筆者も同感するところもないでもないが、「実際的な」意味よりも、関数関係で表現しようとした意義を認めるべきだと考えている。

　そして、「感覚は複合体ではない」として、「フェヒナーのすべての試みに対する根本的な反対は次のようなものであろう」と述べる。

……すなわち、われわれの感覚の外部的<u>原因</u>は多くの部分をもっているかも知れないが、<u>感覚そのもの</u>のすべての区別できる程度は、すべての区別できる性質と同様に、意識の一つの独自の事実なのである。感覚は各々が完全な整数なのである。(50頁)

　この文章だけでは理解し難いが、ジェームズはミュンスターバーグの「強いものは弱いものの集合ではない。すなわち多くの弱いものの複合ではなく、まったく新しい何者かであり、言わば比較し得ないものである。(以下略)」という言葉を引用している。
　要するに、すべての感覚はそれ自体分割することのできない単位なので、感覚が多くの単位の集合と考えるのは無意味だというのである。
　それでは、フェヒナー自身はどう考えていたのだろうか。
　それに対する一つの答えは、彼の著書『精神物理学の問題』(1877)の最後の「XXII. 結語」に示されている。このわずか五行しかない短い「結語」には次のように書かれている。

　　バビロンの塔は完成されることはなかった。職工たちがいかにしてそれを建設すべきかを知り得なかったからである。私の精神物理学的構築物は存続するだろう。職工たちがいかにしてそれを取り壊すかを知り得ないからである。(S.215)

　この文章をどのように解するべきだろうか。はじめ、筆者は「バビロンの塔」が精神物理学を意味し、そして「バビロンの塔」が決して完成されることのないものを表している、と解してしまった。
　しかし、それならば「職工たち (die Werkleute)」とは一体誰のことを指しているのか。「塔」を完成させようとしたのがフェヒナーであるとすれば、「職工たち」も彼の指示に基づいて仕事をしたのにすぎない。
　そうすると、「バビロンの塔」と「精神物理学」は異なるもので、たんに両

者とも未完成に終わったということを言いたかったにすぎないものなのか。そして、「職工たち」もそれぞれ過去と未来の人たちである。ただ、フェヒナーがつくりあげた精神物理学は後世の研究者たち（二つ目の「職工たち」）によっても否定されることはない、と。

いずれにせよ、「精神物理学」は同時代の研究者の多くの批判にも耐えて、存続し、その名を残すことにはなったが、フェヒナーが当初構想したように完成することはおろか、進展することもなかったと言ってよいだろう。

しかし、「いかにしてそれを取り壊すか知り得ない……」という言葉は、世間に理解されないという孤絶感と同時に、自分がつくり出したものの堅牢さに対する彼の自信というか、誇りをも表わしているのであろう。

それにしても、たとえはじめから完成するはずのない精神物理学であったとしても、その壮大な構想には驚くほかないのである。

10. 精神物理学の心理学的着地

精神物理学という領域は少なくとも心理学の中においては、現在も生き続けている。

しかし、それはフェヒナー自身が当初に構想したものとは似て非なるものとなっている。

また、フェヒナーがその将来の発展を願っていたであろう「内的精神物理学」に関心を持つ心理学者など見当たらない。

さらに、精神物理学全体を支える理論的支柱である精神物理学的運動（活動）も、フェヒナーの時代のままに放置されている。まさに、心理学者から見れば、ヴントが述べたように、「これ以上整えられない法則によって調整された外部世界と内部世界の関係」は手のつけられないようなものだったのである。

また、「外的精神物理学」の基本的部分についてもフェヒナーの考えはその後の心理学者たちによって修正が試みられている。

J. P. ギルフォードは『精神測定法』の「第2章精神物理学理論」において、フェヒナー等のものを「古典的精神物理学」、現代（と言っても1927年に米国のL.L. サー

ストンが「比較判断の法則」を公表して以後の）のそれを「現代の精神物理学理論」と呼んでいる。そして、「古典的精神物理学は不完全な精神物理学である」としている。

その理由であるが、ギルフォードは「2つの精神物理学的連続体（連続量）」に言及している。すなわち、「心理学的連続体（psychological continuum）」とそれに並行した「物理学的連続体（physical continuum）」が仮定されている、とする。

物理的連続体は、物理的単位を用いて測定できるもので、音波の振動数および振幅、グラム重量、光刺激のエネルギー水準のような、ある物理学的性質における単一の変化をあらわす。それらに対応するものは、音の高さ、音の強さ、圧、光の明るさなどの感性経験である。前者は、刺激連続体（stimulus continua, 以下S連続体）に、後者は、反応連続体（response continua, 以下R連続体）に属する。このような連続体に数を当てはめた場合、これを尺度（scale）という。

いま、二つの連続体を上下に並行させてみると、R連続体はその両端において、S連続体より短い。刺激の量が極端に少なすぎたり、大きすぎたりして、感受器によって受け取れないからである。

ここで、ギルフォードはこのような限界点は固定されたものではない、それよりも下の刺激では全く反応が起こらず、それよりも上の刺激では必ず反応が生起するような、「そのような1個の刺激は存在しない」という。閾の近辺にはウッドワースが言うような「移行帯」が存在するというのである。

われわれはある一つの刺激を閾値と決めるけれども、それは多くの観察値から統計的に決められるものである。

こうして、彼は、「古典的精神物理学が、R連続体上の反応に関する尺度値については何も述べようとしなかったことがわかった、すべての測定は、刺激尺度上で行われるものであって、そこで求められた測定値は、R連続体上のある指標（絶対閾）、あるいは単位距離（弁別閾）に対応するのである。」（33頁）と結論づける。

つまり、R上の測定値をS上の測定値に関連させうる根拠が何も無い、というのである。

フェヒナーに対する専門家からの批判としては、すでに見たような「序数と

基数」の問題、「負の感覚量」の問題、「適合する感覚の種類と強さの範囲」の問題、などいくつかの点が指摘されている。

しかし、私見ではこのようなことは大した問題ではない。

S.S. スティーブンスも、エピローグのI-(2)で見るように、「些細な点」としているが、彼は実際に、1950年末から60年代にかけて新しい精神物理学を提案する論文を発表している。

大山正は「精神物理学の課題と方法」(1966)の中で、「スティーブンスの新精神物理学」として紹介している[13]。

ここでは詳しくはふれないが、フェヒナーが感覚の大小関係のみを測定したのに対し、スティーブンスは多くの感覚次元に関して感覚の強さを直接数値で求める「マグニチュード推定法（magnitude estimation）」を用いた。その結果、次のようなベキ関数を得た。

$$\Psi = KI^P$$

すなわち、感覚の大きさΨは刺激強度IのP乗に比例する、というものである。これは、「スティーブンスの法則」と言われるものであるが、大山は、「ともかく、フェヒナー以来多くの人々が避けてきた感覚の大きさの直接判断という問題に対するスティーブンスの勇敢な挑戦は、長らく沈滞していた精神物理学の新しい発展をうながすものとして大いに注目されるものである。」(22-23頁)と期待を示している。

なお、現在ではスティーブンスの法則は研究者によってほとんど支持をされていないようである。

いずれにせよ、重視すべきは、フェヒナーが心と身体の関係を関数関係で表示したこと、実際にその一部を実験的方法を用いて立証しようとしたこと、また、そのための測定、分析の新しい方法を開発したこと、などなのである。

しかし、もう少し深い意味で批判的に見るとしたなら、精神物理学の紆余曲折の過程が見えてくるかもしれない。

まず、フェヒナーの出発点とも言える1850年前後の物理学的着想が少しず

つ変容しつつも、「活力」概念そのものは『原論』にも持ち込まれてゆく。実際、その中でも、「身体的活動」の測度として一つの章が割かれているのである。

しかし、VI章以降では、それまでの概念的、理論的検討あるいは逡巡を忘れたかのように、実験的、個別的（外的）精神物理学の実際について、具体的に論じられてゆく。

彼が再び理論的に精神物理学についての本質的議論を再開するのは、『原論』の最後の方の部分で、内的精神物理学という明らかに未完成なアポリアについて論じる時である。

しかし、それは「精神物理学的活動」という仮説構成物を明確にするものではなく、精神物理学の不確かな未来を楽観的に語っているだけ、とも言えるものである。

ところで、フェヒナーの「精神物理学」がいまだ（というか、もはや）物理学でないとしたなら、それはいったい何なのだろうか。

ふたたび、形而上学的世界に戻ってしまったのだろうか？

しかし、それにしては具体的で実証的な部分を多く含んでいるし、「厳密 or 精密な科学」を目指していることはフェヒナー自身も語っているところである。

だが、ここでわれわれが考慮すべきなのは、当時、心理学が哲学から分離されていないように、物理学も哲学から（神学からさえも）完全に分離されていたわけではないということである。

かくて、物理学でも哲学でもない、第三の「心理学」という仮説が浮上することになる。

それは、いままでかつて存在したことのないような心理学であった。

カントやヴォルフのような観念論的な心理学ではなく、ヘルバルトのように「経験科学」ではあっても、その方法は実験ではなく観察によるものであり、かたちばかり数学を用いるものでもなかった[14]。

ヘルバルトは、経験と形而上学、そして数学に基礎をおいたとする『科学としての心理学』において、その第一部第二章の「精神の静力学の大すじ」、第三章の「精神の動力学の大すじ」で、「数学」（というよりは筆者には記号を用いた図式のように思えるのだが）を用いている。

フェヒナーはヘルバルトの「心理学」に影響を受けてはいたが、彼とは異なり積極的に数学を応用して測定法を工夫し、人間を対象とした実験を行うことによって、実証的な心理学への道を開いたのである。
　かくて、形而上学的物理学から出発した、精神物理学はフェヒナー本人の意図を越えて、その固有名詞性を失っていく。
　つまり、彼自身がそのようにとらえていない「新しい心理学」として、形而上学的部分を内包しながら、感覚という新しい測定対象と、そのための実験手法、測度などを武器として、その後、進展し、新しい領域を開拓してゆく。
　そこでは、身心一元論をとろうと二元論をとろうと関係ないのである。
　後世のわれわれは、それを心理学と呼んでいるのである。

註)
1) Gustav Theodor Fechner　1860　*Elemente der Psychophysik*. 2 Bände, 2. Auflage. Leipzig 1889.
2) ライプニッツ（河野与一訳）　1951　『単子論』、岩波文庫
3) フェヒネル著（上田光雄訳）　1879　（1948）『宇宙光明の哲學・霊魂不滅の理説』、光の書房
4) Hans-Jürgen Arendt　1999　*Gustav Theodor Fechner: ein deutscher Naturwissenschaftler und Philosoph im 19. Jahrhundert*, Peter Lang.
5) J. P. ギルフォード（秋重義治監訳）　1954　（1959）『精神測定法』、培風館．（なお、原著の初版は1936年に出版されている）
6) Edwin G. Boring　1950（2nd Ed.）*A History of Experimental Psychology*, Prentice-Hall, Inc.
7) Gustav Theodor Fechner　1877　*In Sachen der Psychophysik*, Leipzig, Breitkopf & Härtel.
8) Gustav Theodor Fechner　1882　*Revision der Hauptpuncte der Psychophysik*. Leipzig, Breitkopf & Härtel.
9) 上野陽一・野田信夫共著　1922　『近世心理學史』、同文館.
10) Wilhelm Wundt　1887　Zur Erinnerung an Gustav Theodor Fechner,（Johannes Emil Kuntze　1892　*Gustav Theodor Fechner: Ein Deutsches Gelehrtenleben*, S.351-361）, Leipzig, Breitkopf und Härtel.
11) ヴィルヘルム・ヴント（川村宣元・石田幸平訳）　1921　（2002）『体験と認識―ヴィルヘルム・ブント自伝―』、東北大学出版会

12) W. ジェームズ（今田寛訳） 1892 （1992）『心理学』、岩波文庫
13) 大山正 1966 「精神物理学の課題と方法」、『数理科学』第4巻第7号、15-23.
14) Johann Friedrich Herbart 1824 *Psychologie als Wissenschaft, neu gegründet auf Erfahrung, Metaphysik und Mathematiki.* Könisberg. August Wilhelm Unzer.

IV. 美学入門の方法

1．美学研究の背景と『美学入門』にいたるまで

　フェヒナーの主要な著書だけを一覧表にしてながめると、彼が若い頃からテーマを次々に変えていて、「精神物理学」の次に、"突然"「(実験) 美学」が現れたという印象を持つ人も多いと思われる。

　フェヒナー自身もその点を意識しているのか、『美学入門』(1876) の「序言」の中で取り上げ、釈明している[1]。すなわち、まず、1839 年、ペンネーム（ミーゼス）で「第二回ライプチッヒ美術展覧会の二、三の絵画について」を書いている、と。そして、1865 年には「黄金分割の問題について」を書き、この頃から 1870 年代前半にかけて彼は多くの美学関係の論文を書いている。その中には、1866 年の「美学における連想原理」というものまである。

　その他、フェヒナーが特に熱心に取り組んだものに、後述するようなホルバインの絵の真贋論争がある。彼はこの問題をめぐって相当多くの論文等を書いている。

　そして、もう一つ、彼が真剣に取り組んだものに「実験美学」がある。

　実験美学の理念は、すでにモノグラフ『実験美学のために』(1871) で主張している[2]。

　これは、文献によって、論文とも、本あるいは小冊子などとも呼ばれている。たしかに、A. ミュラーの文献リストでは論文形式で記載されている (S.553-635 というページ記載がある)。しかし、筆者が用いたものはライプチヒの S. Hirzel 出版社とあり、ページ数は 1 から 81 まで印されている（つまり、小冊子である）。また、著者であるフェヒナーの肩書きは王立ザクセン科学協会会員とあり、「序言」の内容などからも、論文と小冊子の内容は同一のものと思われる。いずれにせよ、フェヒナー自身が「モノグラフ」とも「論文」とも書いているので内容が同一なのは疑いない。

　「序言」を読むと、これが E.H. ウェーバー教授の正教授就任五十周年を記念してその功績を讃えるためのものであることがわかる（記念式典は 1871 年 1 月 8 日に行われた）。

内容は、次のような構成になっている。

I. はじめに
II. 歴史と批評
III. 黄金分割の二、三の興味深い特性について。それについてのツァイジングの研究文献。
IV. 実験的研究の原理、測度と方法。
V. さまざまな方法についての詳しい覚書。

　黄金分割についての研究が中心となっているが、興味深いのは、『美学入門』で出てくる、「選択法」、「調整法」、「現物法（利用法）」といった三つの方法もすでにIVで紹介されていることである。
　つまり、ここには「実験美学」のひな形がすでに収められている。まだ、足りないのはフェヒナー自身による実験であった（それと、やや大仰とも思える彼の美学の諸原理、諸法則も）。
　そして、五年後の1876年にはそれまでの彼の美学研究の集大成として、『美学入門』を発表している。この本も、二部構成で、全44章よりなる大著である。
　本章では、この『美学入門』における美学研究のためのフェヒナーの実証的「方法」とかなり抽象的・思弁的な諸原理、そして、「黄金分割」について彼が行なった実証的研究（実験）について主として見ることにしたい。
　しかし、その前にまず、フェヒナーが特に熱心であった「黄金分割」の問題と、「ホルバインのマドンナ」という絵画をめぐる問題について見てみることにしよう。

(1)「黄金分割」について
　黄金分割 (der Golden Schnitt) は少なくとも古代ギリシャの昔から知られている、二つの線分の長さの比で、最も美しい比と言われてきた。

それは、1:(1+√5)/2 で表わされるが、近似的には 1:1.61803、である。

近代では、A・ツアイジング（Adolf Zeising, 1810-1876）が、古来から人間がつくりだした有名な建築物や芸術作品のうちに、この理想的な比率を求め、また、人間を含む自然界の動植物の中にもこれを探し求めようとした。

ツァイジングは、ドイツの美学者で、1854 年の『人間の身体のプロポーションについての新しい学説』によって黄金分割の主唱者として知られるようになった。『美学研究』（1855）などの著書がある。

彼はフェヒナーだけでなく、建築家のル＝コルビュジェなどにも影響を与えたと言われる。

モノグラフでも、II.「歴史と批評」と III. の黄金分割とツァイジングの研究文献を扱った節で詳しく取りあげられている。

その内容は『美学入門』の中でもかなり重複して収められているが、ツァイジングがある対象物（例えば長方形）の黄金分割を扱う場合には、その小さい部分（短辺）を Minor、大きい部分（長辺）を Major と名付けたことなども紹介されている。

(2)「ホルバインのマドンナ」をめぐって

H. ホルバインはドイツ・ルネサンスを代表する画家の一人である。彼が 1526 年に描いた宗教画『バーゼル市長ヤーコプ・マイヤーの聖母』はダルムシュタット城美術館に所蔵されている。

一方、ドレスデンの宮廷美術館にもホルバインのマドンナが存在していた。当然のことながら、どちらの絵が本物なのかが問題となっていた。

その確認のために 1871 年にドレスデンで同時に二つの絵が展示され、比較されたのである。

1871 年にフェヒナーは「ホルバインのマドンナの真贋問題について」（ライプチヒ，1871）、という論文を書いている。

クルト・ラスヴィッツによれば、それはホルバインのマドンナについて、それが本物であるかどうかということ、その美学的価値とその解釈に決着をつける手間のかかる仕事で、それによって、フェヒナーは 1866-71 年の間、完全に

それに没頭し、夫人を同行しないでバーゼル（1867）への長旅をおこなったりもした、という。

しかし、本物であるという確証は結局得ることはできなかった。

彼はさらに、ホルバインのマドンナ研究で惨めな体験をすることになる。

ラスヴィッツは次のように書いている[3]。

　……彼はドレスデン（1871）におけるホルバインの展示で二つのマドンナに対面したおりに、彼の統計的方法を美学に応用する試みをおこない、幻滅をこうむった。それは、陳列されたアルバムに見物客が二つの絵についての判断を書き記すことを求めるものだった。11,842人の見物客の中で、113人だけが記入し、このうち34人だけが提示された質問に正しく応えたのである。フェヒナーはこの結果を1873年に報告した。実験美学の運命についての彼のあきらめを、1878年に、雑誌『新しい世界』の中の大衆向きの論文「実験美学はその後どうなったか」に書き記している。(S.95)

たしかに、フェヒナーの「統計的方法」はひどい結果に終った。しかし、彼は「実験美学」をあきらめたわけではなかった。その後、「黄金分割」に関する実験で再度挑戦することになる。

一方、ボーリングは、二つのマドンナの絵をめぐって、フェヒナーが行なった「実験」について、次のように書いている[4]。

　……これらの疑問の幾つかを、フェヒナーはマドンナが同時に展示される幸運な機会をとらえて、世論投票によって'実験的に'答えを求めようとした。彼は絵のそばに一冊のアルバムを置き、来訪者に彼らの判断を記録するよう求めた。しかし、実験は失敗だった。11,000人以上の来訪者の中で、わずか113人が彼らの意見を記録しただけだった。そして、これらの回答の大部分は、教示に従わなかったり、この絵についてすでに知っていて、すでに判断を下していた美術批評家やその他の人によってなされたために、受け入れられなかった。それにもかかわらず、そのアイデアは利点を持っていて、

IV. 美学入門の方法　199

感情と美学の実験的研究における印象法（the method of impression）の使用の最初と考えられている。(p.282)

フェヒナーがとった方法は、今日から見れば稚拙なものであったろうが、心理学の草創期におけるデータ収集の一つの試みではあった。

しかし、それにしても、英国のF. ゴールトンが1884年にサウス・ケンジントン博物館で開かれた国際衛生博覧会で設置した人体測定研究所でとった洗練されてはいても、"あざとい"方法にくらべて、何と素朴なものだろう。

ゴールトンは彼の実験室にやってきた見物客に対して「身体的特徴を測定してあげる」ということで、三ペニーの入場料を徴収し、自分ためのデータを収集し、論文も書いているのである[5]。

なお、この件については、筆者も別の本で詳しく紹介している[6]。

2. 『美学入門』の構成と内容

本書もフェヒナーの主要な著書の例に漏れず膨大な内容になっている。すなわち、事実上の二巻本で第一部が第1から第18章、第二部が第19から第44章までである。

第一部は、「快・不快」などの基本概念、「美学的、実際的および理論的カテゴリー」、美学法則あるいは、「美学的閾の原理」、「多様性の統一的結合の原理」、「美学的連想の原理」などの諸原理の説明にあてられている。

さらに、実験美学の実践例と言える「黄金分割と正方形」に関する、フェヒナー自身が行なった実験が詳細に紹介されている。

第二部は、芸術や芸術作品、色彩論などを論じており、それにここでも、「美学的法則および原理の第二系列」として、「快・不快」などについてのいくつかの追加的な原理を示している。

ここではまず、彼の基本的考え方と使用諸概念について、簡単に見ておこう。

(1)「下からの美学」の提唱

フェヒナーは「I. 上からの美学と下からの美学」で、哲学的アプローチと実証的なアプローチを対比させる。前者には、「カント、シェリング、ヘーゲルの影響のもとに上からの方法で美学を論じるドイツ人」が含まれ、ヘルバルト、ショーペンハウアー、ハルトマンなどもこれら哲学者の影響下にあるようだ。

しかし、一方で、まだ不充分ではあるが、「下からの方法」をめざすハルトゼン（Hartsen）、キルヒマン、ケストリン、ロッツェ、オールステッド（Oersted）、ツィンマーマンなどの人たちもいる、とする。

さらに、ブリュッケ、ヘルムホルツ、オェティンゲン等の人々のように価値のある実証的研究を始めているひとたちもいるという。

なお、美学の歴史的叙述についてはロッツェとツィンマーマンを参照してほしいと述べている。

フェヒナーは、物理学や生理学についての自然哲学が認められるように、哲学的美学に対しても実証的基礎を与えることができると考える。現在の哲学的美学の体系はあまりにも実証的土台を欠いていて、彼には「陶器製の脚を持った巨人のように思われる」（『美学入門』、S.4）というのである。

そして、彼は普遍的な美学の構築のためには、美学的事実と関係するいくつかの「概念」の明確化、そして最も重要な美術理論を含む諸「法則」の確定が必要だと考える。

これこそが、フェヒナーの言う「下からの美学」なのである。

(2) 前提概念について

次に彼は、「II. 前提概念（Vorbegriffe）」において、まず、「好ましさ（Gefallen）」と「好ましくなさ（Missfallen）」、「快（Lust）」と「不快（Unlust）」というそれぞれ対比した二つの概念を用いる。

そして、「「好ましさ」と「好ましくなさ」という概念は本質的に快・不快概念に左右される」と考える。

彼は「好ましさ」と「好ましくなさ」、快と不快の四つの概念について、次のように説明する。

われわれにとって、われわれの観察あるいは表象に提供されて、快に満ちたあるいは不快に満ちた性質を与えるのに応じて、何かが {好ましく} なったり、{好ましくない} ということをわれわれは一般的に言う。ある料理のおいしさによって直接感じる快、力と健康の快感はまだそこにある好ましさではなく、われわれが健康で良好な力のもとにあるということの表象のように、たぶん、われわれが何かおいしいものを口にする、口にしたことがある、口にするだろうということの表象の快である。
　この場合、それは好ましさの概念を決定する {内的} 状態についての具体的な表象の快である。—そして、いずれにせよ、言語慣用が好ましさの概念をこれに対しても適用することを許容するなら—、別の場合でも、好ましさの快が依存している具体的な表象は、直接的に {外的} 現実それ自体によって、ある絵画、ある音楽への好ましさの場合のように呼び覚まされうる。
　ののち、好ましさと好ましくなさの概念は、本質的に快−不快概念に依存し、好ましさと好ましくなさの諸条件の研究は、部分的には快・不快のような研究に直接一致するし、部分的にはそのような研究に帰せられる。(S.7-8.)

　ここで意図されているのは、「好ましさ」というものを美学という場に適用する場合、具体的な「表象」(の快) をそこに介在させることである。つまり、あたり前のことのようであるが、「下からの美学」にとっては、具体的な表象を呼び覚ます具体的な絵画あるいは音楽のようなものの存在が必要なのである。

　快・不快そのものは、すべての副次的規定から純粋に抽象的に理解すれば、単純で、われわれの心のこれ以上分析可能な規定ではない。しかし、それはわれわれにあらわれる抽象作用の力によって把握されるように、それほど現実に抽象的に現われるわけではなく、人がもう一つ別の心的規定の働きに一つの性格を与え、それによって一つの性格を受け取らせようとする時に、共同決定あるいは合成として現われる。(S.8-9.)

つまり、フェヒナーは快・不快をさまざまな分野で考えているが、芸術対象とか美学的考察の対象という前提を抜きにした場合には、「これ以上分析可能な規定ではない」というのである。
　そして、この快・不快はこの後すぐ見るように、「善」へと吸収されてゆく。
　次にフェヒナーが考えるのは、「美学的、実際的、理論的カテゴリー。美（Schön）、善（Gut）、真（Wahr）、価値（Werth）、利益（Interesse）」である。

　　いまや、多くの概念、そしてそれゆえ、それらがある｛現在の｝あるいは｛直接の｝快または不快の成果を与えるとき、それに応じてそのことがらと関係に関連づけられる多くの言葉が存在する。そこで、快の側面に応じて、心地よい、優美な、楽しい、愛らしい、魅力的な、可愛らしい、きれいな、美しい、等々が、不快の側面に応じて、それらにふさわしい多くの言葉が対応している。われわれは両者を｛美学的カテゴリー｝としてまとめ、それらを｛肯定的｝と｛否定的｝に区別する。もう一つ、それらに｛関連と結果を考慮して｝これがそれらの側で、快あるいは不快に満ちた性格をもたらすことができる限り、ことがらと関係の快・不快の成果を関連づけるということがある。その際、現在の成果についての考慮は除外されない。したがって、快の側面、すなわち、有利な、有益な、合目的な、好都合な、ためになる、幸福な、価値の高い、善良な、等々、それらにも不快の側面による多くの｛否定的｝なものに劣らず、これも同様に｛肯定的｝なものとして対応する。われわれは両者を、それらがわれわれの取り扱いの方向にとって特に重要なことである限り、｛実際的｝カテゴリーとしてまとめる。(S.13)

　ここで、フェヒナーは「快」、「不快」のそれぞれの側面に応じて対応している多くの言葉を、｛肯定的｝あるいは｛否定的｝な｛美学的カテゴリー｝に入れるものとする。その場合に重要なことは、「それらがある｛現在の｝あるいは｛直接の｝快または不快の成果を与えるとき……」という前提である。
　その一方で、「快」と「不快」がもたらす、あるいはそれと関連するさまざ

まな利点や欠点を |実際的| カテゴリーとしてくくる、とする。この場合には、|関連と結果を考慮して| ということ、つまり、現在ではなく、今後期待される方向性が前提とされる。

　しかし、フェヒナーの考えるさまざまなカテゴリーは、最終的には「善」と関係し、そこに収斂してゆく。

　　美学的カテゴリーのもとに「美しい (schön)」という概念は入り、「善い (gut)」という概念はより広いかより狭い理解に従って、「最も普遍的なもの」として、すなわち自分の下にともに他者を包み込むもの、あるいは「最上のもの」、すなわち他よりも優遇された意味において、いずれにせよ、「中心概念」として実際的カテゴリーのもとに入る。われわれはここでは、それに対する第二のものの関連は完全に無視するということはできないが、本質的には第一のものを相手にしている。(S.14-15)

　ここでは、第二のもの、すなわち「善」を「最も普遍的なもの」あるいは「最上のもの」として遇するが、まずは第一のものである「美」を取りあげなければならない、とする。

　そして、美学の中心としての美について、次のように書いている。

　　「美しさ (Schönen)」の概念を美学の中心概念として理解するということは、一般的な合意にかなっている。しかも、この説は美についての説として、何人かによってもっぱら説明されている。しかし、美そのものは、その出所（神、ファンタジー、感激、から）、その本質（理念の感覚現象、感覚現象の完璧さ、多様性の中の調和、等々）、あるいはそのはたらき（喜び、快における）によって説明される。(S.15)

　美学の中心概念が「美しさ」であるということは、たしかに一般的に承認される考えであろう。そして、フェヒナーはそれを「出所」、「本質」、「はたらき」の三つの側面から説明しようとする。

「出所」を美しさの原因、理由、由来などと考え、「本質」を美的現象そのものの持つ性質、特徴と、そして、「はたらき」をその美しさがもたらす効果、影響などと考えれば、これも理解できる。あるいは、過去、現在、未来などの時制に対応するかもしれない。
　しかし、その具体的内容になると、とりわけ、「出所」などはまず、神があげられ、ファンタジー、感激がつづいている。これはまさにフェヒナー独特のものであろう。
　最後に、フェヒナーはカント、ブーターヴェック、フリースなどを引き合いに出して、彼らの美学は美しさの規定において、快におけるそのはたらき、好ましさの特性から出発しているが、美しさへの好みの本質についての形式上の規定にとどまっていると批判し、一方、自分たちは美学的な中心概念から実際的なカテゴリーへと方向を変える、として善の概念との関係をあらためて取りあげる。

　　{有利な}、{有益な}、{合目的な}、そして他の実際的カテゴリーは、以下の規定をもった最も幅広い善の概念にしたがう。それは、たんにその関連と結果の多かれ少なかれ、明確で限定されたグループと、むしろそれらが使用されるものとして、外的なことがらと関係に関して考慮したものである。それらは狭義では、善のグループにおいて、{倫理的}あるいは{道徳的}なそれに属する。それに対して、後者の特別な明確さに対しては、{倫理的}カテゴリーは信用できる、正直な、誠実な、良心的な、慈悲深い、寛大な、高貴な、等々、要するにすべての美徳のしるしと見なされている。(S.20)

　このように、美学の中心概念としての「美しさ」は先ほど予告したように、好ましさとそれがもたらす快から、美しさを中心とした{肯定的}な{美学的カテゴリー}に入れられ、最終的には善の概念にしたがう{実際的カテゴリー}において用いられることになるのである。

3．美学法則あるいは諸原理について

　フェヒナーの美学研究の方法は二つの質の異なる方法（アプローチ）から構成されていると考えられる。一つは、広義の方法で、快・不快を中心として美や善、真、価値などを美の前提概念あるいは媒介概念として位置づけるということである。
　もう一つは、狭義の方法で、さまざまな後の時代の心理学的方法の萌芽をも含んだ美の測定方法で、これによって具体的に「下からの美学」を実践している。
　この二つ目の方法（アプローチ）はどのようにして用いられるのだろうか。
　われわれはその具体的な実例を本章の「4.黄金分割と正方形に関する実験例」で見ることになる。
　ところで、第一の方法における「快・不快」という概念は美学研究のみならず、フェヒナーの他の研究、著書の多くに内在しているものである。
　例えば、『最高善について』（1846）においても[7]、「最高の善の名のもとに」人間がとるべき行動の例として、「……その固有の快のための行動をする、他人の快のための行動をとる、可能なかぎりの感覚的快、可能なかぎりの精神的快、安らかな快、心を動かす快を求める。」と述べている。
　また、彼の後期を代表する著書『昼の見方と夜の見方』（1879）にも[8]、「快と不快の世界問題。楽観主義と悲観主義。」と「世界の最終原理としての安定性への原理。快と不快の精神物理学的仮説。」の二つの章がある。
　しかし、これらについては次章であらためて詳説したいと思う。
　ここでは、以下、彼の美学的法則あるいは諸原理について、それぞれ紹介してゆくことにしよう。

(1) 美学的閾の原理 (Princip der ästhetischen Schwelle) 〜第Ⅳ章 (S.49〜)

　すでに、本書の前章でも見たように、フェヒナーは人間が受容する刺激の増減に応じて、感覚できるようになったり、できなくなったりするその境界を閾として、彼の精神物理学を構想している。

そして、彼の美学にも、この閾の考え方は持ち込まれる。すなわち、閾を超えるためには「質」の問題だけでなく、「量」の問題も重要である。しかし、「量」というものがここで具体的に明らかにされているわけではない。
　はっきりしているのは、美的快感（あるいは不快感）が生じるのは刺激の強さという外的条件だけによるものではない。刺激を受け取るわれわれの側の問題、すなわち、感受性という内的条件も考慮されなければならない、ということである。

(2) **美学的補助あるいは増進の原理**（Princip der ästhetischen Hülfe oder Steigerung）〜第Ⅴ章（S.50〜）

　フェヒナーは、外国語で語られる、意味のわからない詩は、それでも韻律、リズム、韻などによってある程度は心地よい印象を受けるという。
　しかし、この心地よさはそれ自体わずかなものなので、人はそれにあまり美学的な価値を与えることはできない。
　逆に、最も美しい詩でも、その内容が無味乾燥な散文で表現されるだけなら、そこに美的価値は認められず、快の閾値を上げることはない。
　歌唱の美しさは、個々の音の感覚的な快い響き、メロディー、ハーモニーなどを加えてゆくことによって得られる。
　つまり、それ自体ではわずかのはたらきしかしない個別の快の要素も、それらがいくつか矛盾なく加えられる場合には、全体として大きな快という結果を生み出す、ということである。
　この原理では、快の感覚の条件からそのまま不快の感覚の条件にも移行することができる。例えば、その内容が好ましくないスピーチが不快な声でなされるとき、それらは完全に我慢できないものとなる。

(3) **多様性の統一的結合の原理**（Princip der einheitlichen Verknüpfung des Mannichfaltigen）〜第Ⅵ章（S.53〜）

　フェヒナーは、この原理が言葉としては簡単ではあるが、多くの側面と観点から考察が必要とされる重要なものであるとしている。そして、実際にこの原

理の説明に（後述の「(6)美学的連想原理に匹敵する」）30頁近くも費やしている。

　彼はまず、人間が生得的な装置によって、能動的あるいは受動的なはたらきをする際に、対象物を完全に知覚するためには、運動モーメントあるいは印象の一定の変化が必要である、とする。

　そして、何の必要な機会も欠けているならば、その対象物は単調、変化のなさ、つまらなさ、むなしさ、殺風景さ、乏しさ、といった不快な印象を与え、そのことによって他の対象物に興味を転じさせる。

　以上のことから、ここで扱っている美学的原理は次のように要約することができる。すなわち、人がある対象物への受動的取り組みへの好ましさを見いだすために、——なぜなら、能動的取り組みとは美学は本質的にかかわらないので——それについて提供された統一的に結合された多様性を見いださなければならないということ、である。

　なお、この原理については第17章でもふれられているが、その部分は、S. フロイトの『機知』の中でも引用されている。

(4) 無矛盾性、一致あるいは真実性の原理（Princip der Widerspruchslosigkeit, Einstimmigkeit oder Wahrheit）～第VII章（S.80～）

　この原理は、フェヒナーの説明も難しく、理解するのに困難なところがある。
　特に重要なのは表象複合（Vorstellungscomplex）という考え方であろう。すなわち、一つの出来事に対して、われわれはいくつものさまざまな表象を同時に持つ、ということが前提となる。

　　前記の要約とすでに見た葛藤から次のようにまとめることができる。すなわち、{一つの同一の事実を表象しようとするたがいに相違する動機があると、快の方では、それが実際に調和している表象に向うことに気づき、不快の方では、それが矛盾した表象に向うということに気づくのである}。しかし、われわれがこの表象を同一空間、同一時間そして、その他の点ではこの時空間と関連づけられる矛盾のない表象複合と関連づける時は、まったく同

一の事実の表象が問題なのである。

　ある関連する表象群の内部において、とにかくどの部分の間でも矛盾が存在しない時、その諸表象が外的な現実に関連しているかどうか、そしてそれが何か外的な現実に対応しているかいないかに関係なく、われわれはこの関係に｛内的な真理｝を認める。それに反して、｛外的な真理｝について言うなら、ある表象関係あるいは個別の表象が外的な真理の存在に関係し、外的な真理によってひき起されうる表象の全体と矛盾なく存立するところでは、われわれは自分たちの心においてすら外的な真理を持つことはできない。すなわち、われわれは外的な真理に対する絶対的な基準を持つことはできない。したがって、われわれの原理次第なのは、内容の性質と真理の有益さは別にして、われわれが内的及び外的な真理の認識に対して持っているある好ましさと、そして内容の性質と虚偽のよくない結果は別にして、真実でないことと虚偽に対してわれわれが持っている好ましくなさなのである。これをわれわれは真理と虚偽に対する好ましさと好ましくなさの外形的な側面と呼ぶことができる。(S.82)

　フェヒナーの説明は相変わらず難解なのであるが、最後に彼は具体的な例を示しているので、それを紹介することにしたい。
　彼はまず、科学と芸術の例を挙げる。科学においては、真実性の外形的（形式的）な側面だけが満足されていれば、表象（間）の矛盾はもはや問題とはならない。科学では真実のみが探求されるからである。
　しかし、芸術では内的真実の要請を満たしてさえいれば、いかなる観念も表象も関連していれば矛盾してもかまわない。とくに音楽などでは外的真実の逸脱のために不快になることはない。
　さらに、彼は翼を持った天使と小説（Roman）の例を示している。翼を持った天使は実際には現れないが、天国の神の使いを表象するのでわれわれは我慢できるのである。だから、その翼が飛翔には役立たないと考えると不快感が生じる。翼の文脈の解釈による表象と、翼の用途の表象とが矛盾するからである。
　しかし、小説では、その登場人物や出来事が真実とほど遠いものであると知っ

ているにもかかわらず、われわれは喜んで読むことができる。つまり、われわれはそれが具体的な真実の描写（表現）を行うためのものではないということがわかっているからである。それゆえ、いかなる表象矛盾もない。

なお、この後で言及する滝村斐男（1922）も、翼のある天使についてのみふれている。

(5) 明確性の原理、三つの最上の外形原理の統合 (Princip der Klarheit. Zusammenfassung der drei obersten Formalprincipe) ～第VIII章 (S.84～)

「三つの最上の外形原理」とは、前記の「多様性の統一的結合」と「一致あるいは真実性」という二つの原理に、「明確性の原理」を加えたものである。

この原理も説明が難しい。ただし、言わんとすることは比較的単純である。

　この三番目の原理は他の二つの原理とは食い違う。一つあるいは他の側面から、前者の原理の美学的効果を可能にするために、ある表象複合そのものにおける同一のものと同一でないもの、一致と不一致が特に閾をはるかに越えて意識に入り込む、ということに、同じものの観点からの好ましさが依存しているということによってだ。しかし、その際に、観察の明確性への喜びをわれわれが見いだす、ということが生じうる、それによって二つの他の原理から同一の好ましくなさを感知できるようになる。なぜなら、この外形原理はお互いの間で実質的に内容の性質に関連する原理によってほとんど葛藤を生じさせることができるからである。

　哲学は最高位の学問的課題を設定することによって、同時に三つの最上の外形原理の要求をも一つのものとして満足させるべく努める。そして、その哲学的努力はこの後全体の認識分野が矛盾なくあるだけでなく、もし可能ならば一つの最も普遍的な視点を統一的に結びつけ、完全な明確性への二つの側面に従ってその取組みを進めるまで、より普遍的な視点によって満足を見いだすことはない。また、哲学の営みに対する外形的な喜びは、最高のものだけではなく、――われわれが喜びの高さをその表出の分野の高さに従って判断する限りでは――同時に、視点がより高く上るか、より高い視点が詳

細に実行される条件下で、一部は確実性が、一部は理解しやすさが、一部は明確性が損なわれるのが常である、とは言えないまでも、最大のものとしてあるだろう。(S.85)

つまり、「多様性の統一的結合」も「真実性」も、それらがはっきりした効果をもつためには、事物そのものが明瞭さをもって、われわれの意識にはっきりとのぼっていなければならない、ということである。

(6) 美学的連想原理（Aesthetisches Associationsprincip）～第 IX 章（S.86～）

フェヒナーの提案する六つの美学原理の中で、最も重要で、その説明のために多くの紙幅を費しているのがこの原理である。

彼はまず、「連想原理」ということが、心理学ではその重要性と意義が一般に認められているが、美学においてはこれまであまり価値が認められてこなかった、と言う。

哲学者は、ドイツではロッツェなどを別にして、カント、シェリング、ヘーゲルなどは、みなこの原理に注意を払わず、無視している。そうした風潮が美術の関係者や著作家たちにも影響を及ぼしているのだ。

私（フェヒナー）が 1866 年に、ライプチヒ美術協会でこの原理について講演したときも、哲学の教育を受けた専門家たちにはかなり不評だった。

この講演録が雑誌で公表されたとき、編集者によるコメントとして"独特な"試み、"美学に新しい神性を取り入れる"と表現された。

自分はいわば美学の半分はこの原理に依存していると考えるが、ロッツェはそれより前に、ほとんど美学全体がそれに依存しているとしていた。

だが、この原理はいまだ体系化されていない。今後、さらに詳細に発展させる必要がある。

そして、「下からのわれわれの歩みにふさわしく、われわれは再び最も単純な例の解説で始める」として、果物の「オレンジ」と、木製の黄色く塗られた「球」を例に挙げる。

フェヒナーは、おそらくすべての果物の中で、最も美しいもの、すばらしい

ものはオレンジであるに違いない、と言う。その外観の魅力はどこにあるのか？誰もが、その美しい黄金色と完ぺきな丸みを思い浮かべるかもしれない。しかし、われわれは、黄色のワニスを塗った木製の球をオレンジのように気に入ることはない。

オレンジも木製の球も色と形では同じだが、ものの美しさ、好ましさはそれだけで決まるものではない。

そして、フェヒナーは次のように述べる。

　感覚にとって直接的に形と色だけが存在するとき、その他のものを記憶は個別にではなく、一つの全体印象として付け足し、それを感覚的印象に運び込み、それによって（感覚的印象を）豊かにし、いわば細部の描写を付け足すのである。われわれはそれを感覚的に足を踏み出す {精神的色彩}、あるいは、それ自身あるいは直接的な印象と結び付く {連想印象} と名付けてもよいかもしれない。そして、そこにわれわれにとってオレンジが黄色い木の球より美しく思えるということが重要なのである。

　それなら、実際のところオレンジを見る人間は、たんなる丸い黄色い斑点をそこに見ているのだろうか？感覚としての眼ではその通りである。しかし、心理的にはそこに温暖な気候のもとで育った、美しい土地の美しい樹木の素晴らしい香り、爽快な味を持ったものを見ているのである。彼はそこにいわばイタリアそのもの、昔からロマンティックな憧れを育んできた国を見ているのである。(S.89)

フェヒナーは黄色く塗られた木製の球とオレンジを比較して、色と形は同じ、つまり目に見える感覚は同じという。われわれは必ずしも同じとは思えないが、それはどうでもよいことである。問題はこの二つのモノがどのような来歴を持っているのか、いかなる体験や記憶と結びついているのか、ということであろう。そういう意味ではオレンジから憧れの国イタリアを連想するのはわかりやすい例である。

ところで、戦前に『美學思潮』（T.11, 1922）という本を書いている滝村斐男は、

その「第二篇　現代における美學思想」の第一章で「「フェヒネル」の実驗的美學」について、やや詳しく説明している[9]。

そして、『美学入門』(滝村訳では「美學楷梯」)についても当然触れているのだが、前記の六つの原理についても一つ一つ取り上げて簡単に説明している。

しかし、その中でも、六番目の「聯想原理」については次のような批判をしている。

　氏は、前にも述べた通り、聯想原理を最も重要なものとして、所論精細を極めては居るが、而かも氏は當に論ぜられなければならぬ筈の重大な點を觀過しては居ないか。何ぞ。聯想原理を説く以上、氏は進んで、美的聯想と非美的聯想とを區別する所以の根本原理を明かにす可き筈で有る。何となれば、如何なる知覺に際しても、氏の所謂直接要素と、聯想要素とは作用して居る。而かも、其所に喚起されて居る凡ての聯合表象が、悉く美の判斷に有意義なのでは無い。否、事物を美的に鑑賞して居る場合に於ても、猶、美の判斷には縁の無い聯合表象も作用して居る。然らば、此所に、一般の聯合表象と、特に美的な聯合表象とをはつきり區別する標準原理が無くてはならぬ筈で有る。之を明にする事無しに、如何に聯想法を説く事が細緻を極めたとて、それは聯想に關する一般心理學的説明としては價値も有らうが、遂に問題の核心には觸れて居らず、從つて之によつて美の本質が明かにせられたとは云はれまい。(66-67頁)。

そして、最後に「猶氏の研究に一貫した最も重大な缺點が存する」として、次のような指摘をしている。

……氏の研究は、特殊な美學的見地に立つてといふ態度を欠いて居る。(中略)從つて、氏の立てた六つの法則は、之を一般の感情生活を支配する法則と見れば面白いが、何所に特に美學的感情を取扱つた美學上の法則としての特色があるかは解するに苦む次第で有る。試みに、氏の六則のどれでも、之を一般の感情生活にあてはめて見て、少しも差支は無いでは無いか。美的と

IV. 美学入門の方法　213

云はる可き特別な經驗を説明するものとして之等の法則に果してどれほどの意義があるか。畢竟、氏の研究は美學的見地に立つてと云ふ事を忘れたものと云はざるを得ない。(67-68頁)

　この滝村の批判にはわたしも共感するところがある。たしかに、フェヒナーは彼なりの美学的見地に立っているのであろうが、そもそもそこに彼独自の「前提概念」や「快・不快」と「善」などの諸概念が混入しているのである。
　しかし、連想原理とその説明に最も端的に現われているように、フェヒナーの対象とする美は、"相対的なもの"であり、"社会的なもの"である。
　それは、オレンジの例に続いて示される、若い人の顔の色、女性の頬の色の例でも明らかである。
　フェヒナーはまず、「なぜ、若い人の顔で、青ざめた頬よりも赤い頬をわれわれは好むのか？」という問いを発する。しかし、同時に、なぜ鼻や手が赤いのはよいと思わないか、とつけ加える。
　これに対して、赤い頬は、「若さ、健康、喜び、盛りの人生」を意味している。一方、赤い鼻は飲酒や銅の毒による病気、赤い手は洗い過ぎや擦れなどを思い起こさせて、いいものではない、と述べる。
　しかし、ここで一転して、フェヒナーは北アメリカの女性とポーランドの女性に話を変えて、彼女らは赤い頬よりも青い頬を好むという。
　そして、必要とあらば、健康を犠牲にして酢を飲んだりして青い頬にしようとする。人々が赤よりも青を好むからだろうか。そうではない、青い頬は洗練された体質、豊かな教養と実生活での地位を、そして、赤い頬はたんに田舎っぽい健康のしるしにしか見えない。なお、フェヒナーは中国のてん足にまで言及している。
　こうした例では、歴史的、社会的、文化的、経済的なさまざまなバックグラウンドが示唆されている。
　つまり、フェヒナーは意外にも"相対的"、"社会的"な視点も持っているのである。しかし、同時に彼は次節で見るような理想化された規範である「黄金分割」も無視することはできないのである。

4．黄金分割と正方形に関する実験例

　フェヒナーは自身の「実験美学」の実験例を第 XIV 章「美しさの基本形を定めるためのさまざまな研究。実験美学。黄金分割と正方形。」において、非常に詳細に示している。
　まず、「1. 美しさの標準あるいは基本形を定める研究」において、円、正方形、楕円、波線などの形に関しての黄金分割の先行研究を概観し、ツァイジングによる研究は別にして、ほとんどが歴史的意味しか持ち得ない、としている。
　次に、「2. 実験美学研究の有効性に対して申し立てられた異議とその解決」であるが、これには、正方形の中の円と正方形の中の楕円の好ましさの比較の問題、つまり、図形間の干渉や組み合わせの問題、絵画と額縁の関係のような従属している隣接部分との関係、さらには美学的好みと個人差の問題（これについては後で取りあげる）など、雑多なものが含まれている。
　そして、いよいよ「3. 美学的実験的研究の方法。選択法の実施の例。特に黄金分割と正方形に関する結果」においては、彼が独自に行なった実験の内容と結果を紹介している。
　そして、彼は「実験美学のために」(1871, S.602) で[10]、すでに示した三つの方法、すなわち、「選択法」(Methode der Wahl)、「調整法」(Methode der Herstellung)、「現物法（利用法）」(Methode der Verwendung) について説明している。
　すなわち、選択法とはあらかじめ正解のない課題に対して、実験者の指示に応じて、被験者がどのような選択（反応）をしたのかを知ることを目的にしている。
　調整法（英語では method of adjustment）は、連続量からなる刺激を用いて、標準刺激（物理量）と主観的に等価と思われる値を定めるように被験者に求めるものである。これは、現在では平均誤差法と言われるようになっている。
　第三の現物法（利用法）は、例示する刺激として日常的にすでに存在するものを用いるものであるが、フェヒナー以後、どうなったのかは不分明である。
　訳も、「現物法」、「利用法」、「標本法」等が考えられるがはっきりしない。

これらの方法について、フェヒナー自身は次のように簡単に説明している。

　　第一の方法では、多くの人にそれらの快さに関して比較されうる形あるいは形の比率の間で、選んでもらう。第二の方法では、自分たちの好みに最もかなうものを、自分でつくり出してもらう。第三の方法では、すでに存在する複数の形あるいは形の比率を使用して測る。(S.190)

　そして彼は、「ここで私はその結果を現物法によってコントロールした選択法の実施例だけを示すことにしたい」として、以下に紹介する実験について説明するのだが、その前に、黄金分割の実験において長方形を用いることの利点を先行研究を参照しながら、いろいろと述べている。
　彼は、黄金律をもつ長方形は一般のものより「高次の統一性」を取得した利点があると前提するが、それが被験者に感知されるかどうかが疑問だともしている。そして、文献等からの知見も含めてa）からg）の七つの点について推測している。それは、たとえば、「a）すべての長方形の形態において、正方形に最も近い状態にある長方形は好まれない」「b）正方形はそれに最も近い状態にある長方形を、快さの面で上回っているか、あるいははそれに対してある程度の優位を持っていると思われる。」などのようなもので、一種の実験仮説とも呼ぶべきものであろう。

(1) 実験方法
　実験では、白い厚紙で作った、同一の面積（＝各辺80mmよりなる正方形）を持つが、短辺と長辺の比率が異なる10個の長方形（矩形）が用いられた。その中で、一番短いのは辺の比が1：1の正方形で、最も長いのは比率が2：5のものである。その中間に21：34の黄金分割があるのだが、一つの黒い板の上にひろげられ、ランダムに提示された。

　実験の対象となったのは、16歳以上の男女で、判断困難と答えた一部のデータが破棄された後で、最終的には男性228人、女性119人の計347人だった。

なお、興味深いのは、フェヒナーがすでに「被験者（Versuchssubjecten）」という言葉を用いていることである[11]。

実験では、これらの被験者に対して、さまざまな長方形の形そのものを基準にして、——つまり、その形をした物の用途などを連想することなく——好ましい印象を与えるかどうかの判断を求められた。

(2) 結果

(a) 好ましさと判断の拒否

実験の結果は表に示されている。ここで、Vは長辺と短辺の比、Zは好ましい、の判断数、zは判断拒否の数、mは男性、wは女性である。数値に小数点以下があるが、これは二個あるいは三個の長方形の間で、「好ましい」と判断拒否（z）の間で決めかねるという場合に、これらに0.5ずつ、あるいは0.33ずつが与えられたためである[12]。それによって、一回の長方形実験の際に合計で1になるように各個人がなったのである。それゆえ、（一部は何回かの合計が生じるので）破棄された数字となった。

表A　10個の長方形を用いた実験についての表（S.195）

V (長辺と短辺の比)	Z（好ましい）		z（判断拒否）		Z（%）	
	m.（男性）	w.（女性）	m.	w.	m.	w.
1：1　□	6.25	4.0	36.67	31.5	2.74	3.36
6：5	0.5	0.33	28.8	19.5	0.22	0.27
5：4	7.0	0.0	14.5	8.5	3.07	0.00
4：3	4.5	4.0	5.0	1.0	1.97	3.36
29：20	13.33	13.5	2.0	1.0	5.85	11.35
3：2	50.91	20.5	1.0	0.0	22.33	17.22
34：21　◉	78.66	42.65	0.0	0.0	34.50	35.83
23：13	49.33	20.21	1.0	1.0	21.64	16.99
2：1	14.25	11.83	3.83	2.25	6.25	9.94
5：2	3.25	2.0	57.21	30.25	1.43	1.68
合　計	228	119	150	95	100.00	100.00

（Vの欄は、原著では$\frac{1}{1}$、$\frac{6}{5}$等と過(仮)分数の形で表記されている。）

この表から読み取れることは、「黄金分割 ⊙ から両側に離れてゆくにしたがって、好みの数 Z が減少し、判断拒否の数 z が両側にゆくにしたがって増加する。しかも、女性の場合と同じく男性の場合もそうであり、男性、女性の Z と ⊙ の全体数とのパーセント比率がほとんど同じである」(S.196) ということであろう。

　筆者がつけ加えることがあるとすれば、拒否 z のパーセントは男性が 150/228=0.658（約 66％）であるのに対して、女性が 95/119 = 0.798（約 80％）となり、女性の方が拒否率が高いということである。
　また、標準としている黄金分割と正方形の図形に関して言えば、⊙ が両性から最も好まれ、拒否も 0 であったのに対し、□ はたしかに好まれてはいないものの、10 図形中、下から四番目であり、拒否も下から二番目であった。
　このことと、以下の「内省報告」を考え合わせると、正方形はやはり特別な形であり、その規則性が、判断を困難にさせ、迷いを生じさせたと言えるかもしれない。

(b) 内省報告
　心理学では、実験などをおこなった際に、「内省報告」と称して、その実験に参加した被験者から、実験の内容や実験者の指示に対してどう思ったか、実験の課題をやっていて、どのように感じたか、気がついたことがないか、などを聞くことが多い。
　フェヒナーも、「この表の結果の考察の前に、まず私は、実験の際に人々がどのようにふるまったかを話そう。」として、被験者が何の違いも見つけられないという理由で判断を拒否した場合、判断が非常にきっぱりと確実に行われた場合などについて述べたうえで、大部分は判断に揺れが生じた、としている。また、黄金分割や正方形の図形にどう反応したかについても述べている。
　しかし、これらは現代の基準から言えば、すでに結果の考察に入っている。フェヒナーが個別の被験者の具体的な「内省報告」を紹介するのはこの後である。
　すなわち、「これに対して、正方形の拒否のさまざまな理由付けを聞くのは

興味深かった。」(それらは実験の過程で現われてきた) として、次のように、何人かの被験者の反応を紹介している。

> ……正方形は最も単純、そっけない、単調である、粗野な、といった理由が語られた。そして、才気に満ちた E.v.B. 夫人は、彼女は(すべての被験者と同様に未知の)黄金分割を間違うことなく好んだし、正方形の印象を"平凡な満足状態"と特徴づけた。
>
> また、他の多くの長方形について、好みあるいは拒否の際に、特徴的な発言がなされた。A.V. 嬢はとてもよい趣味から、二つの最も長い 2／1 と 5／2 の ⊙ についての好みについて、"軽薄な形"と名付け、短い 6／5 を、それがどれとも連帯を拒否するので、"下品"と説明した。それと同じ長方形に対しては、それがほとんど一つの正方形のように見えるので、そしてどれでもないので、何度も非難した。そう、盲目の v.Ehrenstein 氏は触覚の手引きによって、"見せかけの形"と呼んだ。製本業者の Wellig は、⊙ と 23／13 の間で揺れる好みのもとで、最も短い形、1／1、6／5、5／4、4／3 について、"それらは何の比率も持っていない"と言った。ある夫人は、"とてもほっそりしているから"として、2／1 を選んだ。黄金律 ⊙ が選ばれる際には、多くの人びとによって、"最も気高い"比だからと語られた。(S.198)

すなわち、多くの人にとって正方形は、「単調」、「単純」、「平凡」などを連想させたようである。

また、フェヒナーは「多くの人々による正方形の好みは、たんに、正方形が規則的なものであるがゆえに、最も快いものであるに違いないという理論的な思い込みによって左右されているにすぎないと思われる。」(S.198) とも書いている。

なお、黄金律の図形が、やはり多くの人々によって「最も気高い比」と語られたことはフェヒナーを満足させたに違いない。

（c）他の被験者たちに対する実験

　前記の「内省報告」に続いて、フェヒナーは特に断ることなく、「さまざまな仕事を持つ二十八人の職人を特別に雇った実験」に話を進める。

>　……最も好ましい長方形は七人が黄金分割で五人が正方形という好みの判断だった。つまり、ここでもまた理論的思い込みが、正方形に関連して、多くが次のように言うことによって、一つの役割を演じた、ということにすぎない。すなわち、"そうとも、あれは一番規則的だからね"と。また、正方形は拒否判断でも二番目の位置を占めた。すなわち、5/2 が一番で $z=13$ であった一方、$z=4$ だった。（S.199）

　ここで、「理論的思い込み」というのは、「黄金分割」や「正方形」が通常の矩形とは異なる特別なもので、「規則的」だから好ましいものであるはずだ、というものであろう。

　しかし、フェヒナーは「職人たちを特別に雇った実験」については、なぜそれを行ったのか、職人という仕事であるがゆえの傾向等はどこにあるのかを特に説明してはいない。

　さらにフェヒナーは、これもまったく説明することなく、子どもを対象にした実験について述べている（ただし、結果についてはふれていない）。

>　小さな子どもの前に、同じ面積からなる、子どもが好きそうな美しい色紙からなる二つの形⊙と□だけを呈示し、どれが一番好き、という問いではなく、そのうちの一つをとってよい、という許可を与えると、彼らはそれらを区別しているようには見えず、また最終的には一方の側の拒否判断 z に著しく偏ったままであるということもなしに、一方あるいは他方にぎこちなく手を伸ばした。こうしたことを私は、二つの幼児の託児所において行なってもらった実験で見いだした。それは、さまざまな子どもたちによって⊙と□の位置を右側と左側に入れ替えるという用心の監視のもとにされた。それによって、右側を優先的につかむことが違いを生じさせないように

するためだった。そして、⊙の長辺は、しばしば両眼の二点を結ぶ線と水平であるので、それに垂直になるようにした。(S.199)

　ここではまず、対象が幼児であるということからの配慮が示されている。それは、「子どもが好きそうな美しい色紙」という指示の内容にも、刺激をランダムに呈示するという手続きにもあらわれている。
　なお、引用文の最後の部分は読者にとって不可解であると思われる。実は、フェヒナーはこの点に関して、すでに次のようなことを指摘していたのである。

f) 水平な（両眼の結合線に平行な）線分の分割に関しては、黄金分割は均等分割に対して明らかに不利な状態にある。（後略）
g) 垂直な（あるいは両眼の結合線上にほぼ直立した）線分の分割に関しては、十字架に対する研究にしたがって、横木の比率に応じて縦木の有利な分割を推測するように変化する。しかし、縦木に対する横木の最も有利な比率に関して言えば、最も有利なのは黄金分割にしたがった分割ではなくて、長い部分に対する短い部分の比率は１：２である。(S.192)

　つまり、水平な（両眼の結合線に平行な）線分の分割では黄金分割は不利であり、また、十字架のような縦長の図形を分割する場合には、横木の比率が影響する。したがって、黄金律を持つ長方形を横長になるようには置かず、縦長になるように置く、という意味であろう。

(d) 実物を用いた調査
　前記の子どもを用いた実験に引き続いて、フェヒナーは「現物調査」とでも呼ぶものを行なっている。これは前記の現物法（利用法）にあたると思われる。
　それは、「人が普通にある物として用いている」日常の品々についての研究である。これも、具体的にどのような手続きで実施されたのかは記されていないが、いくつかの興味深い結果を見いだしている。
　すなわち、本、便箋、お祝いカード、紙入れ、石盤、板チョコ、ブイヨン板、

胡椒入り菓子、化粧ケース、嗅ぎタバコ入れ、レンガ、など長方形のカテゴリーに入る非常に雑多なものを用いている。

　そういったことで、ドイツのトランプのカードは◉よりも少し長く、フランスのそれは少し短い。八つ折り版の学術書は◉よりもほとんどいつも少し長く、子どもの本のそれは少し短い。一方で、貸出し文庫の40冊の小説の版型の測定では平均して、ほとんど正確に黄金分割であった。封筒がそれに合っている好まれた手紙は、私がたくさんの測定から見いだしたように、約50年さかのぼっての平均では、◉よりもやや短かく、いまではやや長い。名刺は、名前の長さに従って伸ばさなければならないので、◉よりもやや長く、商人や製造業者の顧客カードは多くの場合、短い行でつくられているので、やや短い。しかし、予期に反して、さまざまな内容の測定されたギャラリーの絵の額縁の内のりにおいては、幅が高さにまさる場合でも、高さが幅にまさる場合でも平均していえば、◉より少なからず短い。この比率の維持にとって絵の内容という条件は平均して最も好都合ということではない。(S.200)

　これらの結果についての詳しい説明はないので、例えばドイツのトランプのカードはなぜフランスのそれより長いのか、といったことはわからない。
　一方で、子どもの本が少しずんぐりしている、というのは現在の子どもの絵本などにも通じている傾向かもしれないと思われる。
　また、名刺や顧客カードの説明はそれなりに合理的である。
　いずれにせよ、フェヒナーの旺盛な研究上の好奇心と精力的な仕事ぶりには圧倒される思いである。

(3)「考察、結論、あるいはまとめ」について
　フェヒナーの時代よりもずっと後の時代になってからは、心理学研究も大衆化し、多くの心理学者や心理学科の学生などが無数の実験や調査を行い、無数の論文を書くようになった。そして、必然的に「論文の書き方」的なマニュア

ルもつくられるようになっていった。

　筆者たちの学生時代でも卒業論文を書くにあたってのそれなりの様式も存在していた。

　はじめに、先行研究や自分の論文の意義、あるいは研究目的などを述べる。そして、実験（調査）の方法について詳しく述べた後、結果をわかりやすく示す。また、多くの場合、統計的検定や分析を行う。

　最後に、結果についての考察や残された問題、今後の課題などについてもふれる。

　いままで、そうしたことを意識しながら、フェヒナーの実験の流れを再構成してきたわけだが、最後に、やはり、「考察、結論、あるいはまとめ」的なものが必要だろう、という感想を持った。

　もちろん、フェヒナーがそうしたことにふれていないというわけではないが、それは最後にまとめて、というわけではなく、いたるところで、断片的に述べられている。

　特に、この実験の目的は黄金分割が、芸術家や美学者ではない一般の人々の間で、実際に他の比率よりも好まれているのか、そうでないのかを、長方形の場合について確かめる、というものであった。いわば、抽象的なさまざまな形の長方形というものに対する好悪を問うている。

　ところが、「現物調査」の場合には、トランプや名刺、子ども向けの本や学術書など、日常的に用いられているものであって、誰が使うものなのか、その物の用途、使い道によってその比率は変化する。

　フェヒナーは、それを個別の場合について、それぞれ示しながらも、そこに見られる傾向をまとめて考察するということはしていない。

　いずれにしても、冗長な論文という感はまぬがれないが、重要なことは、現代の心理学論文で必要とされる要素がほとんどすべて含まれているといってよい。ただひとつ、足りないのは実験データの統計的処理であるが、これもフェヒナーはパーセント比率を計算するという、当時可能であった最低限のことはしている。データの統計的検定などはまだない時代のことである。

5．美学入門のその他の内容

　本章で、いままで見てきたのは美学入門のコアな部分、つまり前提概念、方法、美学法則あるいは諸原理、そして黄金分割と正方形に関する実験例など、彼の実験美学に直接かかわるものであった。
　しかし、はじめにも述べたように、美学入門は大著であって、特に量的に見ると、紹介したものはそのほんの一部にすぎない。
　そこで、ここでは、残りの部分を三つに分けて、前二者では、美学だけにとどまらない重要な問題をやや具体的に取りあげ、三つ目については事実上省略することにして、章のタイトルなどを紹介することとしたい。

(1) 機知の問題

　ここで、「機知の問題」と「快・不快の問題」を別個に扱うのは、この二つが『美学入門』の中でも、特に、本書の第VI章で扱うフロイトの精神分析と深いかかわりがあるからである。フェヒナーの影響についてはフロイトが自ら述べている。
　また、「快・不快の問題」はフェヒナー自身の他の著作にもいろいろなところで、現われている重要なテーマである。

　まず、「機知の問題」であるが、フェヒナーはこれに関して第一部の最後の方で一章をあてている。
　章のタイトルは「面白いこと、楽しいこと、滑稽なことの性質を持っている、含蓄と機知に富んだ、直喩、言葉遊び、及びその他の事例について」である。

> 　私の考えでは、われわれがありありと思い浮かべる分野で、多様性の統一的結合の原理が主役を演じるのだが、しかしさらに、ここに属する事例が認めることができる楽しみを、その独特な性質をもって閾を超えてかりたてるためには、補助的な副次的諸条件を必要とする。

このための解説は十分に、含蓄と機知の直喩と言葉遊びを与える。最初の場合は、その楽しみがわれわれが一回ちょっと見ただけで、その他の点では非常に異なったものの中にある画一的な｛概念的な｝観点を発見するということに基づいている。その一方で、次の場合は、画一的な観点が同じの、あるいは似たような｛言葉｝表現によって成立させられるということに基づいている。しかも、言葉遊びのような比較はいっそう大きな喜びをわれわれに呼び覚ます。そして、われわれは一方において、単純な結び付きが滑稽で、容易に理解できれば、他方において、それによって作り上げられる差異あるいは見かけの矛盾が大きければ大きいほど、第三に、結び付きの方法がなじみのない、予想外の、意外な、突拍子もないものであればあるだけ、それだけ容易に楽しいし、それ自体滑稽である。一方で、そもそも、よく知られたあるいはそれに近くある結合方法の美学的作用は閾下に下降する。
　実際のところ、この遊びの美学的作用の際には、閾の原理といつもの刺激に対して不可欠の考慮の鈍磨が生じる。上記の原理におけるいわば作用の核が存在する一方で、まさにこの原理のみが決定に参与する。
　しかし、この共同決定は別として、原理の作用はさらに、具体的側面について、比較あるいは言葉遊びに入り込む、快的側面あるいは不快な側面の傾向がある内容の性質によって、助力あるいは反作用を聞き知ることができる。いずれにせよ、最も純粋な場合には、それ自体純粋に形式的な原理の作用がまったくどうでもよい内容のところに現われる。(S.221)

ここでは、直喩や言葉遊びなどの場面で、最も重要な役割を果たすのは「多様性の統一的結合の原理」であるが、それ以外に「副次的諸条件」を必要とする、として三つの場合をあげる。
　第一の場合は、一見すると非常に異なっているいくつかの言葉にある共通性を見いだす。
　第二の場合は、似たようないくつかの言葉の組み合わせによって、それとはまったく違った意味をつくりあげる面白さである。
　そして、第三の場合は、言葉同士の意外な結びつきによってまったく予想外

の意味を生みだす面白さである。

しかしながら、このような場合には、同時に美学的作用の効果は減少する。

(2) 美学的法則および原理の第二の系列について——快・不快の問題

美学的法則および原理の「第一の系列」に相当するものについては、すでに本章で見てきたように、『美学入門』の第一部のIII章からIX章で述べられている。

一方、「第二の系列」について見てみると、第二部の36章から43章までがあてられている。

このうち、「快・不快の問題」については、40、41、43の三つの章で論じられている。

以下、「第二の系列への前書き」(36章)を含めて、「快・不快」にかかわる三つの章を見てみることにする。まず、第36章の「美学的法則あるいは原理の第二の系列への前書き」であるが、以下のように述べられている。

> 私はこの本のはじめの部分で、一連の美学的法則あるいは原理のほとんどを呈示している。そして、それらの系列を最後に置かれている附属部分の章を度外視して、そのようなものとして終わらせた。ひとつの体系的な美学において、すべての法則は互いに関連しており、それゆえ続けて取り扱うべきであろう。しかし、それによる疲労を回避するのは困難であったろう。そして、この本のすでに述べられた構想では、そもそも体系的な順序をめざしてはいなかったのである。それゆえ、私は最も重要な法則の若干のものだけを前置きした。そして、最も重要な適用の中で、追求しようと試みた。(II.S.230)

しかし、それらは独立したものではなく、他の諸法則とも関連していて、以下のものとも重なるとして、次のようにつづける。

> 美学のある一つの体系、あるいはより普遍的な主張を要求する快楽(第一部、36頁)の体系におけるこの法則の全体を、もう一度より簡潔に把握さ

れるということ、同時により分かりやすいかは疑問にしろ、論じられて、そして、多くの関係によってよせ集めの性質を越えて進歩するために補足されるべきであるということを私は思う。

　人は、あまり多くを要求することなく、この困難なテーマのある意味で最初の試みを、むしろ断片的に、あるいは表面的に扱うことを許されるだろう。そういうわけで、私に続く誰もが、その点に関してもう最初ではないので、それを簡単に手に入れることができるだろう。もちろん、根本的には、第一部ですでに述べたように、そして、それに基づいて、43 章の締めくくりまで、なお若干の注釈を加えて再び取りあげるように、美学的法則の章はまず、快と不快の統一的な根本法則の認識にしたがって、自由に論じることができるだろう。しかしまた、これによってそこからの個別の法則の推論はその観点からの共同分類のようにおそらくいつも困難なままになるので、同時に実際的である必要がある。(II.S.231)

要点をつかむのが難しい文章だが、つまり、重要な法則についてはすでに述べたとおりだが、快楽に関しては美学的体系において、その法則をなお補足すべきだろうということのようである。
　さて次に、「快・不快」に関する章であるが、「第 XL 章　快と不快の表現の原理」では、それが学習、継承され、あるいは伝達される様相について記述されている。

　快と不快の外的な指標は、生得的なやり方で本能的にか、あるいはしつけによって慣習的に、快と不快の存在に結びつけることができる。しかも、最も小さい幼児にも、純粋に感覚的な快と不快に対しては、口調、表情, しぐさで喜びを与えるもので周知の本能的指標がすでに存在する。しかし、より高次の快と不快に対しては生活していく過程ではじめて育つことができるような、習慣づけられた言葉の慣習的な使用が始まる。
　しかし、すべてのこの表現方法と共通のままである、快の感覚での不快のように快の表現が不快の感覚と矛盾する表現であるということで、それ

ゆえ、前者は快を高め、苦痛を減じさせ、後者は逆の結果を生むことになる。したがって、自然のままに、あるいはしつけによって得た形によって、その苦痛のようにその喜びを表わす傾向、これに対して、人が正反対の気分にある時に、楽しく、あるいは悲しくふるまい、あるいはもっぱら表現するという抵抗、である。(中略)

　快あるいは不快の好都合な効果は、もちろん、そのようなものの鈍磨の原理に屈服する。それゆえ、それは表現の最終的な減少であるが、しかし、感受性の回復によって、新しい表現に受け継がれることができる。

　別の方面から快あるいは不快の表現が起こる場合には、次のようなことになる。一般に、人間は、彼が無関心の状態にある時、また、当該の気分に対する感受性は彼に欠けているわけではまったくない時、その表現によって、まわりの気分が容易に彼に移植するようにつくられている。

　しかし、すでにその前に、彼は快と不快の意味で合致しているのだろうか。つまり、すでに存在する気分に対する一致あるいは矛盾を持って、他人からこちらへの気分の伝達の傾向あるいは効果がとても困難なのである。(II.S.254)

　ここでは、快・不快の生得的な側面と言葉など学習によって後天的に獲得される表現方法について述べられている。また、快・不快の感覚や感受性とその表現を人間は分けて考えたり、周囲の気分に影響されることもあるなど、複雑な様相についてもふれられている。

　それらは、ある意味で発達心理学や対人関係の心理学など、心理学にかかわりのあるテーマとの関係も思わせるものである。

　次に、「第XLI章　快と不快の二次的表象の原理」では、次のようなことを述べている。

　人は表象された快および不快を二重の意味で理解することができる。それは以前に論じた原理によれば、一致と真実、単一性と多様性等々の表象としてのように、表象の一定の関係から、快は同じ不快の逆の関係から、まず第

一に由来する。その際、快と不快はすでに完全なものとして前提されているのではなく、いわばそれによってはじめて完全なものとなる。しかし、それはまた、希望と不安、同情と共通の喜び、愛と憎しみ、の中において示されるように、独特なあるいはなじみのない、過去あるいは未来の快と不快の表象から二次的な快および不快を生じさせることができる。そして、快と不快のこの源泉について、美学的連想におけるこの快と不快の源泉が演じるより多くの隠れた役割が、すでに先に（IX.章）扱われている後であってみれば、以下のことが論じられるべきである。しかし、ここで、われわれは、快と不快についての暗く、融合した表象ではなく、明確な表象を念頭に置いている。

　いま、また、快と不快がそもそも抽象的に｛表象可能｝であるということを疑うとするなら、われわれはそのために快と不快についての純粋な｛概念｝を断念することなしに、一定の関係そのものを疑いたがっていることに、われわれの次なる考察では何ものも関係しないのである。快と不快がせめてそこを含めて、あるいはそれが結びつくものとの共同決定として、それと連帯して表象可能であるなら、表象のこの共同決定によって左右されるものだけが次のことにとって重要である。そして、そうすれば、快に満ちた、あるいは不快に満ちた状態あるいは結果の表象の代わりに快および不快の表象について、ただ簡潔さのためにのみ語ることを妨げるものは何もない。(II.S.256)

　ここで述べられていることは、快と不快の一次的表象は互いの相反する関係からいわば相補的に定められているだけでなく、過去に経験した快または不快、あるいは想像上の快・不快の表象から生じるところの二次的な快・不快をも生じさせる、ということであろう。

　さらに、フェヒナーはここでも表象の「共同決定」ということにこだわっていることは注目すべきであろう。フェヒナーは彼の理論構成の多くの場面においてこの「共同決定」というものを考える。ある特定の部位にすべてを委ねるのではなく、その他のものとの共同作業、あるいは関係性というものを重視しているからであろう。

IV. 美学入門の方法

そして、第 XLIII 章では、「方法あるいは最小エネルギー量の経済的使用の原理。快と不快の最も普遍的な根拠に向けての問い。ツェルナーの原理。安定性への傾向の原理。ヘルバルトの原理。」として、まず、「経済的使用の原理」について述べる。

フェヒナーが、「方法の経済的使用の原理」を最後に置くのは、それが重要でないと考えるからではなく、「チュービンゲン大学のフィールオルト教授による、本質的には他のことがらに関してであったが、この『入門』の第一部に関連した文通中にやってきた。」からで、それを含めて自分の考えを述べたいと思ったからである、という。

以下はフィールオルトの文面の一部である。

　　"導入され、提示された、そして非常に根拠のある、理由のある諸原理のもとで、私はそれをなお、「方法の経済的使用の原理」、あるいは人がかつてそれをそれ以外に表現しようとしたように受け入れたのを承知している。そして、それはそれだけいっそう、すぐにまた、自然研究と芸術作品の客観的、現実的分析の立場から完全に正当化される。足についての彼らの著書の中で、ウェーバー兄弟はいくつもの部位に対して叩くという例をもって、全体として美学的美しさは、また生理学的正しさでもあるということを実証している。すなわち、両者は一致するということ、それが美しさの印象（軽やかさ、無理のなさ、自由さ）をつくる、その印象は可能なかぎりのわずかな筋力の消費によって到達されるものである"。（II.S.263）

つまり、「美学的美しさ」は「生理学的正しさ」でもあるというのである。おそらく、「生理学的正しさ」とは生理学的に合理的で無駄なものを含まず、それはまた、美学的にも美しく感じられるということであろう。

引用文中のフィールオルト（Karl von Vierordt, 1818-1884）は、第 III 章でもふれたように、当時チュービンゲン大学の生理学教授であった。前記のように、彼は血圧計の先駆をなす脈拍計（1854）をつくったことで知られている。

また、時間知覚についての実験的研究も行っていて、フィールオルトの法則

とよばれるものも見いだしている。これは、短期の体験は過大評価され、長期のそれは過小評価されるという傾向である。

ここで、フェヒナーが「他のことがら」と言うのが何をさしているのか不明だが、この引用文につづけて、彼はこの原理の重要性について、次のように述べている。

　明らかにこの原理は二重の見地から理解することができる。事実上、われわれ自体にとって、多くのことを可能なかぎりわずかの努力をもっておこなうことはわれわれの気に入る。そしてまた、われわれに対してわずかな努力で多くがなされたのを見ることは、第Ⅰ部 S.108 でなされた記述（連想の中心としての人間）に従えば連想的に気に入るだろう。（中略）

　ここで、もしかすると人が、すべての快と不快全般をその原理に従属させたことによって、この原理を美学全体の先頭におくと考えてもよいかもしれない。そして、フィールオルト自身が、この原理の重要性をあまり強調していないので、これにくらべてそれはアヴェナリウスによる意味において、すなわち、彼はその興味深い著書の中でその原理を"最小エネルギー量の原理"と名づけているのだが、それを哲学全体の先頭におき、その際に、表象分野における不快反応をこの原理と関連づける機会を何回もとらえていた。実際に、この原理はいままでにわれわれによって随分とたくさん観察されていたのかもしれない。いや、それどころか、幾重にもからみ合った諸原理において、役割をともに演じていたのかもしれない。その一方で、以下のことはそこから美学の{根本原理}をつくりあげるのに矛盾するように思われる。

　そもそも、われわれにとって心にかなうのは、可能なかぎりわずかな力を用いるということであると言うことはできなくて、ある意図したはたらきとくらべて{相対的に}わずかだと言えるだけである。そして、それゆえ美学の根本原理にとって、この{関係}をある明確な観点にもってくることが重要であるかもしれない。しかも、それはどの快と不快においても問題ではないような{たんなる}意図されたはたらきに対する関係ではなく、快と不快が発生するすべての場合を理解するような視点である。それはこれまで遠く

Ⅳ. 美学入門の方法　231

まで進んだが、原理の表明と説明には存在しない。それゆえ、共通のものである何か、まだ明確ではないが、しっかりと確証されたことがすべてにおいてもともと数に入れてもよいものである。美学原理としてのこの原理はもちろん、その他のいままで論じたもののように結構なものだと思われるに違いないであろう。(II.S.264-265)

なお、ここで引用されているアヴェナリウス（Richard Heinrich Ludwig Avenarus, 1843-1896）はフランス生まれで、ライプチヒ大学で学び、スイスのチューリッヒ大学で哲学の教授を務めた。「経験批判論」で有名であり、主張として『純粋経験批判（Kritik der reinen Erfahrung)』がある。

フェヒナーは、一度は「方法の経済的使用の原理」を美学の｜根本原理｜と言ってもよいようなことを示唆しながら、それに疑問も示す。どういうことなのだろうか。

彼は、われわれが考えるのは「可能なかぎりわずかな力を用いる」ことではなくて、「ある意図したはたらきとくらべて｜相対的に｜わずかだ」ということであり、その意図も快と不快の発生に関することに限定されるべきだというのである。そういう意味では、いままでに蓄積された知見は不十分であり、したがって美学の「根本原理」としてではなく、一般的な美学原理の一つとして留めておくべきだろう、というのである。

(3) 芸術（作品）等について

『美学入門』の第二部（第19～44章）はほとんど芸術（作品）の問題にあてられている。

すなわち、第19章「芸術と概念的視点」、第24章「自然についての芸術の若干の主要な逸脱について」、などから、第33章「美学見地から見た芸術作品、とりわけ絵画の偉大さについて」、第34章「彩色した彫刻と建築物の問題について」、などである。

この他、フェヒナーは第二部において、「崇高さ」とか「幻想的見方」から、「美学的色彩理論」まで、美学や芸術にかかわる非常に多くのことについてふれて

いる。

　それらのほとんどは理論的ではあるが、哲学的あるいは文学的色彩を帯びている。

　ただ、断片的ではあるが、数的表示にこだわっていると思われる箇所もある。

　そして、第二部のなかでも、実証的な研究にあてられている章もある。

　それは、最終章である「XLIV. ギャラリーの絵画の法則性のある大きさについての附章」である。

　ここでは、フェヒナーはギャラリーに展示されている絵画の大きさ、すなわち、高さ（h）と幅（b）に着目して、風俗画、風景画、静物画、宗教画、神話画のジャンルごとに計測して、分析を行なっている。

　これは、実証的と言っても、実験ではなく、今日でいう計量心理学的な研究のはしりと言ってよいかもしれない。

　フェヒナーがどのようにして絵画の大きさを計測したのかは興味深いことであるが、実際にはカタログを使用したようで、そのリストが最後に示されている。

　なお、前記の「黄金分割」における引用文中等でも、ギャラリーの絵画についての言及が何カ所かでなされているが、フェヒナーにとって、ギャラリーの絵画や額縁と絵画の組み合わせなどは、特に興味を引いたのかもしれない。彼は、「共同」によって新たな価値が生まれるということに強い信念を持っていたからである。

6．本章のまとめ——美学入門の心理学的意義

(1) 心理学としての実証的研究

　ボーリングは『美学入門』について、「それは精神物理学に匹敵する徹底さをもって、さまざまな問題、方法と原理にわたっている。」と評価しつつ、「しかし、本書の中で詳細に考察を行なうのはあまりに横道にそれることになる。」(p.282) として、内容には立ち入っていない。

　ボーリングが「横道」と感じたのは、一つには彼の主たる関心事が「実験心理学」であったからであろう。

一方、「横道」は19世紀末から20世紀にかけて、とりわけ米国において飛躍的に発展していった。もちろんそれは、「美学」という名のもとにではなく、性格心理学や社会心理学、発達心理学というかたちにおいてである。

　ところで、「黄金分割と正方形に関する実験例」を読んでの筆者の感想は、「まるで現代の心理学科の学生の卒業論文のようだ」というものである。

　それはまだ洗練されているとは言えないし、その後心理学で多用される統計的処理法もまだ未発達の時代のものである。しかし、問題にさまざまな方法でアプローチしようとする迫力はじゅうぶんである。

　重要なことは、「黄金分割と正方形」をテーマにした実験は、たしかに「視知覚」の分野の研究であり、実験ではあるが、その内容はいわゆる実験心理学とは異なっている。つまり、「好ましさ」という個人的な態度、意見が問題となっているのである。

　言い換えれば、たんなる図形の「見え方」の問題ではなく、その背景にある「価値観」も含んでいるということになるだろう。

　このこととも関係するが、一般に「知覚研究」では知覚の個人差は少ないと言うことが前提とされてきた。

　ところが、フェヒナーの実験では、対象者である「被験者」のさまざまな属性についての配慮がすでになされていることも注目すべき点であろう。

　すなわち、男性・女性の性別からはじまって、職業の違いも考慮されいて、実際に幼児のグループも含まれている。

　フェヒナー自身も、個人差について、次のように述べている。

　　また、教育状態、年齢、性別、等の個人差がいずれかの比率の美学的好みに対する影響を持っているかもしれないという意見は、たんに研究の範囲を広げるだけだろう。しかし、一方ではこの影響を考慮に入れることも重要である。そして、一部はすべてを徹底することによって、一部は修正をめざして確認する値打ちがある。しかし、この点で、手短かに言えば、それは中等あるいは高等の教育程度の成人にとって平均的に通用するものが、子どもや未熟な人々にとってのものより、優遇すべきものである。(S.189)

つまり、ここにも後の心理学で問題になるような点がすでに含まれている。それは「普通の人間」、「平均的な人間」の優位性である。それは、知能テストや性格テストなどの分野でとりわけ問題にされた。
　「子どもや未熟な人々」は別個に扱われることになる。
　ところで、前記の引用文にも関わらず、フェヒナーがなぜ子どもだけを対象にしたグループの実験を行なったのか、その理由について彼は言及していない。
　しかし、いずれにせよ、米国における最初の児童心理学研究（1883年）をなしたというG.S.ホールよりも早く、フェヒナーはこうした試みをしていることは銘記されるべきだろう。
　特に、子どもを対象にした実験においては、前記したように、あらかじめさまざまな工夫がなされているのも驚くべきことである。

(2) 心理学的な美学研究

　最後に、本章を執筆中にたまたま見つけた針生一郎の次の文章を紹介したい。針生は美術評論家として知られているが、大学では国文学科に所属し、大学院では美学を学んでいた。
　彼は、『現代心理学とは何か』(1957)の「第四章　心理学と精神科学」の「III. 心理学と美学・文芸学」の執筆を担当していて、はじめに、フェヒナーを取りあげている[13]。
　以下、かなり長い文章だが、「下からの美学」の部分を三つの部分に分けて、そのまま引用しよう。
　針生は十九世紀後半に、自然科学の発達にうながされて、従来思弁的考察によっていた哲学的な分野にも、経験科学としての方法を求める動きが活発となり、その先駆的な役割をつとめたものの一つが心理学であったとする。

　　こうした機運は当然美学にも反映し、一八七〇年代、当時全盛だったヘーゲル風の哲学的美学に対抗して、経験科学的立場をとる一群の美学者があらわれる。ところで、「下からの美学」の旗じるしのもとに、この運動の口火

をきったフェヒナーが、じつはかれ自身、心理学にはじめて実験的方法を導入した気鋭の心理学者だったことは、興味ふかい。かれが美学の基礎原理としたのは、ヘルバルト初期のヴントにつながる連想（合）心理学で、そこにふくまれる実証主義と思弁哲学の奇妙な混淆、のちの心理主義美学のひとつの性格を形づくった。(195頁)

ここで、針生がフェヒナーの「精神物理学」には言及しないで（一方で、ヴントの『生理学的心理学綱要』にはふれている）、「気鋭の心理学者」と表現しているのは興味ぶかい。
また、「実証主義と思弁哲学の奇妙な混淆」は多くの人が感じるものであろう。

　フェヒナーは、もっとも普遍的な理念や観念から個別的なものに達する哲学的美学にたいして、美的事実と美的法則について、個別的なものから普遍的なものにさかのぼる「下からの美学」を主張する。経験的事実からとりだされた美の一般的規定は、反省や結果の顧慮なしに直接満足感をよびおこすすべてのもの、とくに、感性的要素をとおして感性的快以上のものをうみだすものである。ところがこれだけでは、美はわれわれの主観からぬけだすことができない。そこでフェヒナーは、主観的な快・不快を規制する快感の価値、あるいは趣味の規則を想定せざるをえなかった。かれによれば、快・快の条件を個人的・一時的な観点からはなれて、もっとも普遍的な観点からみるとき、それは真や善の概念と一致するのであり、そこに客観的な幸福論の体系を予想することができる。美的印象の分析にあたって、かれは色彩や音のような、また幾何学的形態やリズムのような、単純な要素から快感が直接感覚的にあたえられる場合と、主体と客体との相互関係についての観察や経験から、連想によって快感がおこるばあいとを区別し、両者の結合によって、はじめての深い美的印象がおこることを説明している。そしてこの連想作用のうちに、美が真や善と一致する地点をみたわけである。(195-196頁)

このように、針生は快・不快の問題と真や善の概念との関係や連想のはたら

きについても言及している。

この針生の解説は非常にかみくだかれた表現でわかりやすい。しかし、それだけにフェヒナーの真意を伝えているかどうか、疑問がないわけではない。

> したがってフェヒナーの美学説は、その「実験的」「下からの」といった旗じるしから想像されるよりも、はるかに深く伝統的な観念論美学のワクのなかにある。感覚的快と連想作用の結びつけは、十九世紀美学をにぎわした形式美学と内容美学の対立を緩和しようとしたものであり、主観的な快感と客観的な趣味との結合は、ハチソン、ホガースらイギリス十八世紀の経験的、心理学的美学と、カント、ヘーゲル、シェリングら十九世紀ドイツの先験的・哲学的美学を、総合しようとしたものとみていい。一言でいえば、カント美学の命題をより生理学的・内容的方面につき進めた、といったところである。
> のみならず、そこには、現代美学につきまとういくつかの困難な問題が、はっきりあらわれている。第一に、美的印象の分析から出発する美学は、印象の個人差や時代性をこえて、いかにして対象の客観性に達しうるか。第二に、記述的・分析的な自然科学の方法は、分割しえぬ全体としての美や芸術作品を、いかにしてとらえうるか。第三に、経験的事実からいかにして美的価値をみちびきだすことができるか。——これらの問いは、当然単なる経験主義・実証主義をこえる立場を要求せずにはおかないだろう。フェヒナーのあとをうけて、心理学的立場をいっそう徹底させたリップス、フォルケルト、グロースらは、この矛盾を「感情移入」という特殊な概念の導入によって解決しようとしたのである。(195-196頁)

以上、本章のまとめとして、フェヒナーの『美学入門』が、心理学の立場から見たとき、「心理学としての実証研究」の先駆をなしているということ、また、美学の立場から見たとき、それは実証主義的、実験的美学の、やはり先駆をなしていた、ということが明らかになった。

もちろん、心理学、美学の両方の立場とも、その実証的、実験的研究の背後には、思弁的、観念論的な深い根っこの部分が含まれているということを否定

するものではない。

註）
1) Gustav Thedor Fechner 1876 *Vorschule der Aesthetik*, Leipzig, Druck und Verlag von Breitkopf & Härtel.
2) Gustav Theodor Fechner 1871 *Zur Experimentalen Aesthetik*, Leipzig. Bei S. Hirzel
3) Kurd Lassvitz 1910 *Gustav Theodor Fechner*, Stuttgart, Fr. Fromanns Verlag (E. Hauff).
4) Edwin G. Boring 1950 (2nd Ed.) A *History of Experimental Psychology*, Prentice-Hall, Inc.
5) Francis Galton 1884 On the Anthropometric Laboratory at the late International Health Exhibition, *Journal of the Anthropological Institute*, 205-221.
6) 山下恒男 2012 『近代のまなざし―写真・指紋法・知能テストの発明』、現代書館
7) Gustav Theodor Fechner 1846 *Ueber das höchste Gut*, Leipzig, Breitkopf & Härtel.
8) Gustav Theodor Fechner 1879 *Die Tagesansicht gegenüber der Nacht-ansicht*, Leipzig, Breitkopf & Härtel.
9) 滝村斐男 1922 『美學思潮』（最近思潮叢書、第七編）、日進堂．
10) 前記したように、「実験美学のために」は小冊子形式で出版されたものと、雑誌（あるいは報告集）のものとがあるようだが、S.602という頁表記を用いていることから、ここではフェヒナーが後者のものを引用していると思われる。
11) 被験者（Versuchsperson, subject）という呼称は、近年では倫理的問題の観点から、米国などでは"participant"（参加者、協力者）という言葉が用いられている。
12) このような便宜的な方法は、現代の心理学の実験や調査のデータ処理でも、"丸め(rounding)"と称して用いられることがある。
13) 針生一郎 1957 「III. 心理学と美学・文芸学」（南雲与志郎編『現代心理学とは何か』［新心理学講座別巻］）、河出書房新社

V.「快・不快」と数理心理学の系譜

本章では、フェヒナーが重視する「快・不快」という概念が、それ自体、独自なものであるが、ベンサムの「効用」の考え方、あるいは「快楽（幸福）計算」などとも関連があり、一方で、ベルヌーイの「セントペテルスベルクのパラドックス」からはじまる利得や効用の計算の試みとも結びついていることを示す。
　その上で、このような流れが現代心理学の源流の一つである「数学的心理学」あるいは「数理心理学」とも実は深い関連があることについて考えてみたい。そして、「快・不快」あるいは「快楽・苦痛」の背景にもまた、社会的問題が存在していることを示してみたい。
　そのためにまず、「効用」理論の歴史的な流れについて、簡単におさえておこう。

1．「効用」理論の歴史の概観

　ここでは、ニコラス・ジョルジェスク＝レージェンの「経済思想における効用と価値」から、「効用」思想の現代にいたる流れを追ってみることにする[1]。
　この領域でもご多分に漏れず、話は古代ギリシャにまでさかのぼる。そして、クセノポン（BC. 427?-355）、プラトン（BC.427-347）、アリストテレス（BC.384-322）などの名前が出てくる。
　問題は、「事物に経済価値を与えるものは何か」、ということである。
　そして、効用についての議論はきわめて入り組んで複雑なものであったが、「それにもかかわらず、われわれは四つの顕著な思想史的標識を見分けることができる」という。
　それらは、「最も初期の標識は非常に近代的な装いの思想によって表される。経済価値には二つの要素、即ち、商品に内在的な性質とそれを享受する使用者の能力の二つが含まれている」からはじまり、第二の標識は「商品フェティシズム」（「事物の価値は事物自身のうちにある」という教義）、これとは逆に、第三の標識は「事物は、通常考えられているように、費用がかかるから価値を持つのではない、逆に、［使用］価値を持つからこそ費用がかかるのである」というものである。
　また、「第四の標識は近代理論であり、それは、効用を事物のうちにもわれ

われのうちにもあるものとは見なさずに、これら両者の関係のうちにあるものと考え、価値を経済の成員たちによって決定される効用と不効用のバランスとして説明する」である。

古代ギリシャの思想家たちの個別の議論に立ち入る余裕はないことは残念であるが、レージェンは次のように書く。

> 近代のどの功利主義者も、プラトンによって明確に定式化された教義に実質的な何ごとかを付け加えることはできなかった。彼は繰り返し言っている。人生は快楽と苦痛の「並存状態」であり、「各人は自分自身の内部に二人の相反する無思慮な忠告者を持っている。その二人の忠告者を、われわれは快楽と苦痛と名づけている」(『プロタゴラス』357;『法律』I. 644, V. 733)(166頁)

ここで、「快楽と苦痛」という言葉が出てくるが、彼は、「近代の功利主義建設者ベンサムは、この同じ思想を『道徳と立法の諸原理序説』の冒頭で繰り返している」として、「対話篇全体に散りばめられたプラトンの快楽と苦痛についての分析が、ベンサムのそれより体系的でないとしても、効用理論の最近の傾向はプラトンの方がすぐれていることを示している」とまで書いている(その詳細についてもここでは省略せざるを得ないが。)

さて、時代は飛んで、18世紀になると貨幣や需要、商品の価格、などについて、多くの論文や著書が書かれるようになる。

レージェンは、その中でもガリアーニの『貨幣について』(1750)の出版を重要な出来事だとするが、それは、「主観主義的思想の火花」が含まれているからだという。そして、次のように述べる。

> しかしながら最も重要なことがらは、ガリアーニが、効用についての最高思想、即ち、近代的選択理論を予想している、という事実である。彼は述べる、「価値は一個人の心の中におけるある事物の所有と他の事物のそれとの間のバランスに関する観念」である、と。ガリアーニ自らがこの思想の意義を完

全に把握しきれなかった、というのは不思議ではない。もしそうすることができていたとするならば、彼が、正しい交換においては損失も利得もあり得ない、というアリストテレス主義的誤謬に固執し続けることはなかったであろう。主体的選択という着想は、チュルゴのあまり知られていない論文、「価値と貨幣」(1768) の中でさらに鋭く述べられている。

　一個人が有用ないくつかの対象の中から選択する機会を与えられるならば、彼はあるものを他のものより好むことになるだろう。……彼はある対象が他のものより価値あるものであると判断しよう。すなわち、彼はそれらを心の中で比較対照し……、自らの好むものを選択し、その他のものを放置するであろう。　　　　『全集』[1844] 第1巻、80頁……（168頁）

このように、チュルゴは「効用」を決定する重要な要素として、一個人の主観的評価（選好）を加えたのである。

レージェンはチュルゴの思想の背景に、産業革命によってもたらされた「経済生活の商業化の進展」があるが、同時にその反動として「古典学派の栄光の高まり」が、不幸なことに、ガリアーニとチュルゴによって始められた「効用問題への正しい接近」の逆転を許すことになった、と説明している。

しかし、「覚醒は、市場の拡大によって多様な欲求の充足が可能となり、消費者の果たす役割がますます大きなものとなってきた、という事実に世界中の経済学者が注目せざるをえなくなった時に生じたのである」(169頁) として、四人の経済学者の名前を挙げている。すなわち、ドイツのゴッセン、イングランドのジェヴォンズ、オーストリアのメンガー、フランスのヴァルラスであって、彼らは「ほとんど同時かつ独立に、ほとんど同一の効用理論に到達した」としている。

この四人の中で、一般にはゴッセンだけが省かれていることが多いが、レージェンはそれを「不幸な処遇」として、かれを擁護している。

さらに、レージェンは次のように「限界効用逓減の原理」に話を進める。

それに結びつけられるようになった法則がなかったならば、どのような形においてにせよ、効用概念が経済学において重要性を獲得するということは決してあり得なかったであろう。限界効用逓減の原理として知られるこの法則は、一商品の追加的１単位が個人にもたらす効用（即ち限界効用）は次第に減少する、ということを述べているにすぎない。奇妙なことに、この原理を最初に定式化したのは数学者のダニエル・ベルヌーイであった（1738）。セント・ペテルスブルグの逆説（賭博の逆説）を解こうとしているうちに、ベルヌーイは、賭博者が獲得するであろう金貨の〈エモルメントゥム〉(emolmentum, ラテン語で「利得」を意味する）は金貨のそれより小さい、という結論に達した。伝統的経済学者たちが数学的関心を欠いていたために、ベルヌーイの難解な論文はほぼ２世紀にもわたって経済学者には知られずにいた。それゆえ、社会科学者に限定すれば、限界効用逓減の原理を貨幣の場合に関して初めて定式化したのはベンサムであり（『立法の理論』、1802）、商品の場合に関してはロイドだ（前掲書、1833）、ということになる。(169頁)

　ベルヌーイのセント・ペテルスブルクのパラドックスについては、本章の3.でふれるが、それにしても、「追加した１単位がもたらす効用（限界効用）が次第に減少する」という「限界効用逓減の原理」はいかにもフェヒナーの法則に似ている。
　さて、次の問題は「効用」の測定可能性であるが、ここでも「基数的」であるかが問題になる。「序数的」であれば加算は不可能だからである。

　真に基礎の脆弱な仮定は、効用もまた（「ユーティルズ」= utils と呼ばれるようになった、ある仮想的単位で）基数的に測定しうる、というものであり、これはベルヌーイとベンサムにまで遡る。ベンサムは、しかし、これよりさらに進んで、次のように主張するに至った。あらゆる個人の効用には共通の尺度があり、それゆえ、それらは、ちょうど個々の農場の総和が一国の全農業地域を生みだすのと同様に、互いに足し合わされて一社会の全快

V.「快・不快」と数理心理学の系譜

楽を生み出すことができるのだ、と。かつてのベンサムは、「(効用の個人間加算可能性を認めることは)20個の林檎を20個の梨に加えるようなものだ」ということを確かに認めていたし、一個人の効用の可測性さえをも非難していたのである。しかし、結局のところ、彼は、効用の個人間加算可能性なしには「あらゆる政治的論議が停止する」と主張することによって、一つの永続的な思考パターンを社会科学者たちに押し付けることになった。確かに、この加算可能性の想定なしには、ベンサムの最大多数の最大幸福の原理は空疎なものになってしまう。(169頁)

たしかに、質的に異なるものを加算するのは多くの場合無理がある。フェヒナーも、『昼の見方と夜の見方』(1879)の中で、「快と不快にはいろいろな種類があること」、「量の多少、増加と減少についての評価は扱えること」、しかしながら、「各種の強度間の詳細な規定は断念しなければならない」としている。この点については、本章の5.であらためて見ることにしたい。

さて、レージェンは次のように話を進める。

　ベンサム主義がイングランドと大陸の両方で非常な広がりを見せたために、効用についての初期の書き手たちは(カール・メンガーという注目すべき例外を除いて)、ベンサムの快楽主義に従って、効用を消費行為中に個人が経験する快楽と同一視した。このことはゴッセンとエッジワースについて特に当てはまり、ジェヴォンズについても、ある程度までは言えることである。(169頁)

「ベンサム主義がイングランドと大陸の両方で非常な広がりを見せたために、……」とあるが、これについては、本章の7.–(2)におけるアーレントの引用文にもあるように、幸福説的あるいは快楽説的な道徳思想はアングロサクソンの国々ではアリストテレス起源のものであり、ユダヤキリスト教的な起源をもつドイツ的なものとは異なっていた。

そういう意味では、フェヒナーの快楽説的な道徳思想はそれまでのドイツの

伝統的なものとは異質なものであった。

なお、ここで名前の出てくるエッジワースについては、本章の5. であらためて取りあげる。

2．数学的心理学とフェヒナー

　数理心理学あるいは数学的心理学は、わが国では1960年代、70年代まではあまりなじみのない研究分野であった。実際、筆者が学生時代に使った当時最大の平凡社の『心理学事典』（1957年初版発行）にもこの項目はおろか用語もない[2]。

　ところが、この事典の「改訂版」とも言える1981年のものでは[3]、「編集者のことば」として、「しかしながら、さすがの《心理学事典》にも、20年余に及ぶ歳月がさまざまの風化をもたらすのはさけられない。この間、心理学は目覚ましい進展をとげ、数理心理学、認知心理学などの新分野が開拓される一方、…」（藤永保）と書かれているのである。そして、新たに「数理心理学」という項目が設けられているのである。

　そこでは、[数理心理学の歴史] を中心に書かれているが、最初に、「19世紀のウェーバー Weber, E.T. やフェヒナー Fechner, G.T. による精神物理学にその端緒を求めることができる。彼らは感覚について対数による法則性を求めた。エビングハウス Ebbinghaus, H. は学習における忘却について曲線と簡単な数式を求めている。」（456頁）とある。

　実は、この「改訂版」発行の二年前の1979年発行の『新・教育心理学事典』（金子書房）でも[4]、小野茂による「数理心理学」という項目が収められている。それによれば、「数学的方法を使用する心理学研究の総称」であって、統計法とも関係はあるが、その目的がデータ処理にあるわけではない。また、その課題は、「新しい測定法の開発といった方法論上の問題というよりは、もっと心理学の内容面に立ち入って、心理現象ないし行動の法則性を数学的方法を用いてとらえることである。すなわち、狭義では数理心理学は、心理現象の数学的な（あるいはそれに準ずる手法を用いた）モデルを構成することを主目的とする。」

とある。

　［数理心理学の成立］については、「数理心理学は若い科学であるが、その源をたどれば 19 世紀における実験心理学の研究にゆきつく。当時見出されたウエーバー（Weber, E. H. 1846）の法則とかフェヒナー（Fechner, G. T. 1860）の法則のような感覚に関する公式、あるいはエビングハウス（Ebbinghaus, H. 1885）の忘却に関する公式はいずれも単純ではあるが数式を用いて表現されており、数理心理学の先駆的な研究であるといえる。」と説明されている。

　しかし、変化はここだけで終わらない。同じ平凡社の 2013 年の『最新心理学事典』（藤永保監修）では[5]、再び「数理心理学」という項目も言葉も消えている。ただ、さすがに「精神物理学」と「精神物理学的測定法」という項目は残されている。

　いま見たような、心理学事典における「数理心理学」の扱いから、そのような名のもとにいくつかの研究が行われ、認知されていたのは 1960 年代から 80 年代くらいまでのわずかな期間だったのかもしれない。

　しかし、現在では例えば AI（人工知能）がらみの感性メディア技術や「ニューラルネットワーク（神経回路網、NN）」に関する研究のような形で存在しているのかもしれないし、今後のことはわからない。また、たとえそのようなものが存在するとしても、それが心理学という括りで認知されてゆくかどうかはまた別問題であろう。

　いずれにせよ、フェヒナーの感覚研究は、数理心理学的に実質的に最初の研究と言えるということは疑いない。

　そして、さらに重要なことはフェヒナー自身が「数学的心理学」（Mathematisch Psychologie）という言葉を使っていることである。

　第二章でも述べたように、『ゼンド＝アヴェスタ』の第 XI 章の補遺「数学的心理学の新しい原理についての短い説明」ではタイトルの中にも使われている[6]。

　また、『精神物理学原論』の「序言」の中でも[7]、すでに見たように、「精神的な測度理論の主要な基礎を形成する経験上の法則」を提示したさまざまな領域の研究者として、ウエーバー、ベルヌーイ、ラプラス、ポアソン、オイラー、

ヘルバルト、ドロビッシュ、シュタインハイル、ポグソン、などの名前を示している。

しかし、これらの例示からもわかるように、フェヒナーの「数学的心理学」はかなり広義の意味で用いられている。

これはもちろん、「心理学」という学問がまだ制度的にも確立されていない時代にあっては当然のことであった。

E. ボーリングは、彼の『実験心理学史』の第13章「1850年以前のドイツの心理学」において、I. カント、J.F. ヘルバルト、H. ロッツエの三人を取り上げている[8]。

これらの人々は今日では、「心理学者」というと奇異に感じられるかもしれないが、その初期の時代に深いかかわりを持っている。

このうち、ヘルバルトについては、第II章3節（3）ですでに取りあげているが、ここでは数学的心理学の立場からあらためて考えてみよう。

今田恵はヘルバルトの心理学を要約しているが、その一部を再度紹介すると、「心理学は形而上学的であり、物理学は実験的である。心理学は実験的ではないが数学的である。しかし、彼の数学の利用は実際の測定を伴わない数学的思考であって、真に数学的とはいえない。」（174頁）ということである[9]。

ここで述べられているように、ヘルバルトの心理学は、「実際の測定を伴わない数学的思考」であったがゆえに、その後の心理学からすれば、「数学的心理学」の系譜の最初に位置づけられることはなかったのである。

ちなみに、ボーリングは「ヘルバルトの二冊のテキストは彼の最も重要な書物であり、心理学的実験の可能性についての彼の否認にもかかわらず、彼の著作は後の実験心理学に決定的な影響を与えた」（p.250）と書いている。

いずれにせよ、それぞれがフェヒナーに影響を与えているのであるが、数学的モデルを構想したうえで、それを検証すべく実際に実験を行なってデータを取ったのはフェヒナーが初めてであろう。

3．セントペテルスブルクのパラドックス

　筆者はフェヒナーの『精神物理学原論』の内容をはじめてたしかめた時、第Ⅰ部Ⅸ章の「ウエーバーの法則　6」Fortune morale et physique　の中で、ベルヌーイの論文が紹介されているのをみつけて、衝撃に近い感情を覚えた。
　しかし、考えてみれば、フェヒナーの本にベルヌーイが引かれるのはきわめて当然で、少しも不思議はないのである。
　フェヒナーはまず、精神物理学以外にもウエーバーの法則が通用するような分野が社会には存在するという。そして、「われわれが所持する物質的な幸運（fortune physique）は、刺激の立場を占めるようなものに関して、それがわれわれに価値のある感情（fortune morale）を生じさせる外的な手段でないかぎり、無用で何の価値も何の意味も持たない」と述べる。
　そのうえで、同じ一ターレルの銀貨でも、金持ちにとってはささいなものでも、貧しい人にとっては一日を幸せに過ごさせてくれる価値がある、という具体的な例を挙げている。
　フェヒナーは、「これはウエーバーの法則に従う。ラプラス（Laplace）が精神的幸運と名付けたものへの同じような増大を認めるためには、この物質的幸運との関係における精神的幸運の増大がある必要がある」と続ける。
　以下を要約すると、この原理は最初に1738年に提出されたダニエル・ベルヌーイ（Daniel Bernoulli）の論文にみいだされる。タイトルは「リスクの測定についての新しい理論の呈示」（原文はラテン語）で、その後、ラプラスによって「確率の分析理論」として再生され、広く知られるようになった。そして、ポワソンによってさらに発展させられた。
　物質的幸運と精神的幸運という表現はベルヌーイが用いたものではなく、最初にラプラスによってもちいられたものである。
　以下、フェヒナーはベルヌーイ、ラプラス、ポアソンを引用しているのであるが、ラテン語、フランス語を解さない筆者は省略せざるをえない。
　以上が、『精神物理学原論』における「物質的幸運と精神的幸運」という短

い節(正味二頁に満たない)の内容である。

　このベルヌーイの呈示した理論は、後に「セントペテルスブルクのパラドックス」と呼ばれるようになった。

　このパラドックスについて、数式を用いないで簡単に説明しておこう(山下、2004, 590頁)[10]。

　いま、コインの裏表のいずれかに賭けて、例えばn回目に最初に表が出たとき、2^n円得られたとする。n回目に初めて表の出る確率は$(1/2)^n$であるから、この賭の期待値を求めると無限大となる。したがって、いくら金を払ってもこの賭をすれば確実にもうかるということになる。しかしながら、現実にはこのような賭を大金を払ってまで試みようとする人はいない。

　これについてベルヌーイが考えたのは、人間が判断の基準にするお金の価値は単調に増大はするが、増大率は低下する(限界効用が低減する効用関数をもつ)というものであった。そして、金額の対数をとれば期待値が無限大にならずに、その本来の価値を表わすことができると彼は考えたのである。このベルヌーイの「精神的幸運」はベンサムの「幸福計算」と通じるものがある。

　ベンサムの場合は、数学的モデルや具体的な測定とは関わりがなかったが、「幸運」、「幸福」とか、「快」といったものを量的に扱うことにつながっていったのである。

　ところで、現在、セントペテルスブルクのパラドックスはどのような意味を持っているのだろうか。

　「現在」というには古くなってしまったが、1960年代に刊行された「情報科学講座」(共立出版)の一冊に、『ゲーム理論と行動理論』(1968)がある[11]。その第1章は「行為選択論の諸問題」である。

　ここで、「行為選択論(theory of decision making)」とは、さまざまな選択場面において、どのような行為(決定)を行なうのが合理的かを追究するものである。競争者であろうと協力者であろうと、意志ある相手の介入を仮定せずに、まず、非ゲーム的事態における個人的行為選択の問題を考えてみると、とりあえず、決定場面(と決定原理)は以下の三つに分類される。

　すなわち、

1．リスクを含まない決定問題と効用最大化の原理（decision under certainty）。
2．リスクを含む決定問題と期待効用最大化の原理（decision under risk）。
3．不確定問題における決定問題といくつかの決定原理（decision under uncertainty）。

まず、第一の「リスクを含まない決定問題」であるが、これについてはすでに、本章の「1.「効用」理論の歴史の概観」において、レージェンの「経済思想における価値」で論じられた、「効用」思想の現代にいたる流れと事実上ほとんど重なる。

ここで、例に挙げられているのは、「500円払って映画を見ようか、それともまっすぐ帰って寝てしまおうかと考える若い独身サラリーマン」である。その決定場面は、「映画を見て楽しみ、500円なくなっている状態」と「映画を見るという楽しみはないがポケットに500円はいっている状態」をくらべる事態と考えられる。どちらの状態を選ぶかは彼の決定のみにかかっている。

このような事態は、われわれの日常生活では全くありふれたもので、古来、経済学者たちを中心として、この種の決定問題における人間の選択行動を理論的に予測することを試みてきたとしている。

つまり、そのような決定を消費者の決定とみた場合（ある商品を買うか買わないか）、それは最も基本的な経済活動であるから、そこから経済活動の理論体系をつくり上げようとしたというのである。

そして、7. でも後述するように、「このような試みが明確な形をとるようになったのは Jeremy Bentham（1748～1832）あるいは James Mill（1773～1836）によるといわれている。」（6頁）という。

彼らが考えたのは財や行為の「効用（utility）」であり、人間の選択行動においては、可能な選択肢の中から、効用最大の結果を導くような選択肢を選ぶべきだということであった。

次に、第二の「リスクを含む決定問題」であるが、これが直接セントペテル

スブルクのパラドックスと関係を持つ。

　これは、宝くじを買おうと考える人の場合とか、あるいはルーレットなどの賭け事などの場合である。

　第一の「リスクを含まない問題」が主に経済学者によって追求されたのに対し、第二の「リスクを含む場面」は、主として数学者、とくに確率に興味を示す数学者がギャンブルを扱う場合に論じられてきた、といってよいだろう。

　まず、問題となるのは期待値（expectation）である。いくつかのギャンブルから最も得をするものを選ぶために、人はそれぞれの可能利得の期待値（起こりうる結果の値にその生起確率を乗じ、それらの全体の和を求める）を計算し、その期待値が最大になるようにするのが最も合理的であろう、というわけである。

　しかし、ことはそれほど単純ではないとして、次のように述べられる。

　　以上の議論は、一見たいへんもっともらしく聞こえるのであるが、実はこの議論を裏づけている合理性の基準についての仮定は、極端に理想化された非現実的なものである。したがって、この利得期待値最大化原理から、われわれはいくらでもわれわれの直感的な合理性の概念からはずれた「合理的」選択、つまりパラドックスを生み出すことができる。そのいちばん有名なのが、Daniel Bernoulli（1700〜1782）によるセント・ペテルスブルグのパラドックスとよばれるものである。（12頁）

　つまり、リスクを含む決定場面における期待効用最大化の原理という決定原理は、パラドックスをも生み出すものであり、その一つとしてセント・ペテルスブルクのパラドックスも位置づけられるわけである。

　そして、このパラドックスを回避するための方法、つまり対数を用いることによって、フェヒナーへとつながってゆく。

　実はこの本にも、次のように書かれているのである。

　　……心理学の分野ではFechner（1801〜1887）以来、感覚量が物理量の対数に比例して増大する、といういわゆる精神物理学法則が成り立つという

ことは、もちろん反対もあるが、よくいわれていることであって、金銭の主観的価値についても、少なくとも第一次近似として対数法則を仮定することは、心理学者にとってはそれほど抵抗のある考え方ではない。(14頁)

一方、次節で扱う、ベンサムの幸福計算について書いた清水幾太郎も、ベンサムによって道徳および政治の原理として明らかにされた、「限界効用逓減の法則」について、「この法則によれば、或る人が或る物を多く持てば持つほど、その物の新しい追加分から彼が得る効用は減少する。効用は、功利と言ってもよいし、満足と言ってもよいし、幸福と言ってもよい。有名なヴェーバー‐フェヒナーの法則の一つのケースである。(67頁)」と述べている[12]。

このように、フェヒナーの法則あるいはフェヒナーの考え方は、次節で見るベンサムの考え方とかなり似ているように思える。

事実、現在のチェコ共和国生まれで、欧米で研究活動を行なった、社会学者・経済学者 W. スターク（Werner Stark, 1909-85）はフェヒナーがベンサムの考え方に影響を受けている、彼はベンサムの本を読んだに違いない、と論文「経済学者としてのジェレミー・ベンサム」(1946) の中で、「根拠」をあげて主張している[13]。

ただ、この根拠というものは、必ずしも説得力があるとは言いがたい。

スタークはまず、フェヒナーの『最高善について』(1846) を取りあげ、そこでは、神とキリスト教に対するより肯定的な態度を別にすれば、ベンサムの考え方の中にすべて、すでにあると言う。そして、金持ちと貧しい人では金銭の感覚が違うということ、それは、最初の一ペニーをもらう喜びは二十五回目にもらう一ペニーよりも大きい、という事実に表わされている、とする。

ベンサムによるこの心理学的観察はウェーバーによって引き継がれ、ベンサムのテーゼとウェーバーの法則とが結びついて『精神物理学原論』(1860) となった、というわけである。

彼はさらに『原論』中のラプラスの "fortune morale" にも言及しているし、論文中の「注釈3」で、ベンサムの文章とフェヒナーのそれの対照する箇所を具体的に指摘している。その中には、『美学入門』も含まれている。それらは

たしかに似通ったものではあるが、だからといって、フェヒナーが実際にベンサムを読んで、それに影響を受けていたかどうかは別問題である。

フェヒナーがスタークの言うように、実際にベンサムの本を読んだかどうかは確かめようがないが、筆者が知る限り、ないのではないかと思う。

さて、ここで再び「リスクを含む決定問題」に戻るのだが、「結局、数量効用を客観的に測定できないために無差別曲線による分析へ大勢が移った」という経緯をたどることになる。ここで、「無差別曲線」であるが、これについては 6. の最後で簡単にふれる。

その後、1947 年になって、「ゲームの理論」の創始者であるジョン・フォン・ノイマンとオスカー・モルゲンシュテルンによる『ゲームの理論と経済行動』が公表される。ここにおいて、数量効用の可測性が証明されたとされている。

もちろん、彼らの証明に対してもその後さまざまな批判があり、とりわけ「客観確率」と「主観確率」の問題は心理学的にも重要である。ノイマンらは客観確率を用いているのだが、個人の効用の測定の場合には主観確率が問題になると考えられるからである。

なお、「決定場面（と決定原理）」の 1. と 2. については、それぞれに対応した項で、今まで述べてきたように説明されているのであるが、3. の「不確定問題における決定問題といくつかの決定原理」については、直接対応した項はなく、かわりに「個人における効用の測定」、「主観確率について」、それに「客観確率が知られていない場合の選択原理」の三つの項が設けられているが、ここでは省略する。

4．ベンサムの幸福計算

ベンサムの『道徳および立法の諸原理序説』は 1780 年に印刷され、1789 年に出版された[14]。

ここでは、以下、山下重一訳のものによって、その内容の一部をかんたんに紹介することにしよう[15]。

まず、「功利性の原理は本書の基礎である」として、「第一章　功利性の原理について」からはじめられる。

　　自然は人類を苦痛と快楽という、二人の主権者の支配のもとにおいてきた。われわれが何をしなければならないかということを指示し、またわれわれが何をするであろうかということを決定するのは、ただ苦痛と快楽だけである。一方においては善悪の基準が、他方においては原因と結果の連鎖が、この二つの玉座につながれている。(81頁)

つまり、われわれはすべてにおいて「苦痛と快楽」に支配されているというのである。(この考えは、本章の1.で見たように、プラトンの方がすぐれている、とレージェンは言うのであるが。)
　そして、「功利性の原理」とは苦痛と快楽への従属を前提として、「理性と法律の手段によって、幸福の構造を生み出すことである。」とする。
　なお、1822年7月の注によれば、「最近では功利性の原理 the principle of utility ということばに、最大幸福または至福の原理 the greatest happiness or greatest felicity principle ということばがつけ加えられ、もしくはそのかわりに用いられている。」とある。
　この本の第四章は「さまざまな快楽と苦痛の価値、その計算方法」にあてられている。これが、「快楽計算」とか「幸福計算」と訳されているものである。
　まず彼は、「快楽と苦痛の価値は次の四つの事情に従って、より大きく、またはより小さいものであろう。」として (一) その強さ。(二) その持続性。(三) その確実性、または不確実性。(四) その遠近性。」をあげる。
　しかし、「快楽または苦痛の価値が、それを生みだす行為の傾向を評価するという目的のために考察される場合には、あと二つ別の事情が計算に入れられなければならない。それは次のものである。」として、

　　(五) その多産性、すなわち、それが同一の種類の感覚、すなわち、快楽の場合にはその他の諸快楽、苦痛の場合には、その他の諸苦痛をともなう可能性。

(六) その純粋性、それが反対の種類の感覚、すなわち、快楽の場合には諸苦痛、苦痛の場合には諸快楽をともなわない可能性。

の二つの条件を加える。しかし、「そうして、もう一つある」として、さらに、「その範囲、すなわち、それがおよぶ、または［言いかえれば］それによって影響を受ける人びとの数。」を付け加える。

次に彼は「第五章　快楽と苦痛、その種類」について述べている。

しかし、「これまではすべての種類の快楽と苦痛に同じように属することを述べてきたが、今度は若干の種類の苦痛と快楽を一つずつあげていかなければならない。」として、「苦痛と快楽とは、興・不興の知覚という一つの一般的なことばで総称することができる。」とする。

ここで、「興・不興の知覚」というのは耳慣れないことばである。原文を確かめると "interesting perceptions" となっている[16]。これは、それ以上分解できない単純な知覚といくつかの単純な知覚に分解できる複合的な知覚のどちらかであるという。

したがって、複合的な興・不興の知覚は、(一) 快楽だけ、(二) 苦痛だけ、(三) 一つまたはいくつかの快楽と苦痛、によって構成されている。

そして、「人間性が感じうる若干の単純な快楽とは、次のようなものであると思われる。」として、以下の 14 の快楽をあげる。

(一) 感覚の快楽、(二) 冨の快楽、(三) 熟練の快楽、(四) 親睦の快楽、(五) 名声の快楽、(六) 権力の快楽、(七) 敬虔の快楽、(八) 慈愛の快楽、(九) 悪意の快楽、(一〇) 記憶の快楽、(一一) 想像の快楽、(一二) 期待の快楽、(一三) 連想にもとづく快楽、(一四) 解放の快楽。

さらに、同じように「若干の単純な苦痛」として、(一) 欠乏の苦痛、(二) 感覚の苦痛、(三) 不器用の苦痛等、12 の苦痛をあげている。その多くは快楽と対称的なものであるが、すべてが対称というわけではない。

このあと、これらの快楽と苦痛のそれぞれについての説明も細かくなされて

いる。

　次の「第六章　感受性に影響を与える諸事情について」からは、快楽と苦痛をただ類別し、説明するだけでなく、それを受ける側の問題、あるいはそれを取り巻く諸事情というものに焦点を当ててゆく。

　感受性(Sensibility)とは人々の心のうちに生み出されるものである。「しかし、快楽と苦痛の量は、その原因、言い換えればその原因によって呼び起こされた力の量に比例して、いつも同じわけではない。」、「一定の力をもつある原因の働きによってある人がある量の快楽または苦痛を感ずる傾向は、われわれがその人の感受性の程度、または量と呼ぶものである。」、「しかし、同じ人の心においても苦痛または快楽のある原因は、苦痛または快楽の他の原因よりも、より多くの苦痛または快楽をうみだすであろう。そして、このような割合は人によって異なるだろう」と彼は考えてゆく。

　これは、人によって受け止め方は異なるという相対主義であり、およそ杓子定規なものではない。そして、彼は感受性に影響を与える「諸事情(circumstance)」といったものをも考えるのである。

　こうしたこまやかな配慮ともいうべきものはえんえんと続くのだが、なぜこのような考察が必要かと言えば、それは立法者が有害な行為を防ぎ、合理的な刑罰を科す際に心得ておかなければならないからである。以下、刑罰等についての章が続くが、本書の性質からふれない。

　清水幾太郎は次のように書いている。

　　いつでも、ベンサムの関心は、立法の原理にあった。換言すれば、社会の幸福にあった。彼は、この社会の幸福を、それこそ「細別の方法」に従って、個人の快楽に分解した。分解する方法はエルヴェシウスに学んだ、とベンサムは言っている。しかし、分解は、個人の快楽で終りはしない。ベンサムは、個人の快楽を更に四つの成分に分析した。彼に分析の方法を教えたのは、ベッカリアであった、とベンサムは言っている。こうして、社会の幸福は個人の快楽に分解され、個人の快楽は、強さ、長さ、近さ、確さという成分に分解される。「……このような分析こそ、道徳科学の完全なシステムの基

礎として必要なものであった。」(8：557.)「道徳科学」(moral science) という言葉は、社会科学と読んでもよいし、人間科学と読んでもよいであろう。(101頁)

「苦痛と快楽」は、もちろん、フェヒナーにおける「快と不快」に対応する。しかし、ここで、「苦痛」と「不快」とは同じ概念であろうか、という疑問が生じる。

実際、フェヒナーは「苦痛」ということについては、他の論者とは異なり、あまり具体的に述べていない。同様に、「不快」についてもそれほど重視していないようである。「不快」はただ「快」の量を減じるネガティブなものにすぎないと考えているのかもしれない。

5．鍵概念としての「快・不快」——フェヒナーの場合

フェヒナーは彼の主要な著書の少なくとも三冊の中で、「快（Lust）」と「不快（Unlust）」の問題を扱っている。

最初のものは『最高善について』(1846)である[17]。「最高善」(höchste Gut) とは、人間がめざすべき最終目標であると、フェヒナーは次のように述べる。

> 最高の善の名のもとに、私はそこに人間のすべての思考と行動、すべての考えと努力が目指すべき、しかも、個々の人間のそれらだけでなく、すべての人間のそれらが一つにまとまるべき最終目標と理解している。最高善の定めにより、同時に最高の道徳原理が規定されている。人はこの最高の善をさまざまな表現のもとに、次にあげるようなそこに向けられた行動として把握すべく求めてきた。例えば、神の意志により振る舞う、神と同じようになる、神を認識する、神を愛する、理性的に振る舞う、自然に振る舞う、人間が属する（有機的な）全体の一部として感じる、等である。心にとどめ、善を意識し、その保持に努める、人間の真の使命を果たす、ものごとの真の使命を果たす、その固有の快のための行動をする、他人の快のための行動をとる、可能な限

りの感覚的快、可能な限りの精神的快、安らかな快、心を動かす快を求める等々といった行動である。(S.3)

「最高善」をめざす人間の行動の中に、「その固有の快のための行動をする」、「他人の快のための行動をとる」、「可能なかぎりの感覚的快、可能なかぎりの精神的快、安らかな快、心を動かす快、を求める」といったように「快」にかかわるものが重視されているのも、フェヒナーの「快・不快」論の特徴である。
彼にとって、「快」は「善」とも「道徳」とも切り離せないものなのである。
また、この本の中では、すでに、「ターレル銀貨の快」とか「ペニヒ銅貨の快」といったような金銭に例えて快を論じる、ということもなされている。

　すべての道徳的な基本原則の一つ一つに眼を通してみよう、そこには全体としての快獲得の意図とは異なった快切りつめの原理はないであろう。それはただ、ターレル銀貨の快を得るために、ペニヒ銅貨の快を放り投げることをわれわれに要求する。快のシェツフェル（穀物を計る升）を収穫するだけのために、快のメッツエ（穀類の計量単位）の削減をする。快の破壊の快のためにのみ、破壊の脅しをもって立ち向かう。全体としての快を維持し必要とする、全体としての不快を減じさせることに寄与するすべては、彼らに神聖なものであり、われわれにとって神聖なものとして尊べるように 彼らによって提供されている。彼らがわれわれに負わせる最もつらい重荷と最も激しい苦痛は、たんにそれ以上のつらい重荷とそれ以上の激しい苦痛を防ぐか、癒すだけである。(S.8)

「ターレル銀貨」は高額貨幣で「大きな快」を、「ペニヒ銅貨」は補助貨幣で「小さな快」を意味している。つまり、「小さな快」の犠牲は「大きな快」を得るためのものであり、「最も激しい苦痛」でさえ「それ以上の激しい苦痛」を防ぎ、癒すためのものである、ということであろう。
　ここでは、ある程度、「量」というものが想定されていると考えてもよいだろう。
　さらに、フェヒナーは ｛人間は、──人間はたいしたものである──世間一

般へ、とりわけ最大の快、最大の幸運をもたらすように努めるべきである。いかなる時代にもいかなる地域へももたらすよう努めるべきなのである。」(S.10)と主張する。

　こうなると、快や幸運はそれをただ享受し、喜ぶだけのものにとどまらない。つまり、それを追求することが人間にとっての義務にもなるわけである。

　したがって、ここでも「快」は道徳法則にしたがうものであり、「善」とは切り離せないものなのである。

　二冊目は『美学入門』(1876)で[18]、第一部の第II章「　1」満足と不満足、快と不快」、第二部の第XL章「快と不快の表現の原理」、第XLI章「快と不快の二次的表象の原理」、第XLIII章「方法あるいは最小エネルギー量の経済的使用の原理。快と不快の一般的基礎への問い。ツエルナーの原理。安定性への傾向の原理。ヘルバルトの原理」と少なくとも四つの章において、「快・不快」が論じられている。

　これらについては、すでに本書のIV章「美学入門の方法」において、大まかな紹介をしたところであるので繰り返さないが、一つだけ思い出しておこう。それは、「美」、「美しさ」というものとの関係である。

　まず彼は、「前提概念」として、「好ましさ」と「好ましくなさ」、「快」と「不快」というそれぞれ対比される二つの概念を考える。しかし、前者は結局後者の「快・不快」に左右される。

　そして、美学の中心概念である「美しさ」の「はたらき」として快・不快が位置づけられるのである。

　さらに、『美学入門』では多くの美学的法則あるいは諸原理を設定しているのであるが、そのうちの多くに「快・不快」に関連した原理、法則が含まれているのである。

　そして、三冊目はすでに本章でも言及した『夜の見方に対する昼の見方』(1879)である[19]。この本の第二部の第XV章「快と不快の世界問題。楽観主義と悲観主義。」と第XVIII章「世界の最終原理としての安定性への傾向の原理。快と不快の精神物理学的仮説。」の二つの章で、やはり「快・不快」を取り上げている。

ただし、本書が依拠する上田光雄訳『宇宙光明の哲學』では[20]、第18章が省略されているので、それを簡単に見てから、第15章を中心として見てゆくことにしたい。
　まず、第18章であるが、ここでは安定性（の原理）を精神物理学的活動を媒介として、快・不快（の原理）と結びつけようとして、以下のように述べている。（訳文は筆者による。）

　　完全に安定した状態がわれわれにそもそも生じるべきだということははじめから受け入れるべきではない。すなわち、それでも、ある音、協和する和音はわれわれの気に入るべく絶対的に純粋である必要はない。また、たくさんの精神状態が存在し、それらについてわれわれはそれらが快をともなっているとも、不快をともなっているとも言うことはできない。しかしながら、その基礎になっている精神物理学的過程は安定しているか不安定であるかに違いない。これらに留意しながら、われわれは以下のようにわれわれの仮説を明確に述べることにしよう。
　　快と不快は精神物理学的活動と結びついている。それらはまず第一に、その閾を越え、したがって全体として意識を与えるための十分な強度をもっている。それをわれわれは出来事の{量的な}側面として把握する。第二に、(すでにS.210で述べたように) 十分な安定性は一定の境界、すなわち{快の閾}を越えて、そこから先へ近づく、あるいは一定の境界、すなわち{不快の閾}を越えて、そこから先へ遠ざかる。それをわれわれは量的なものに対する{質的な}側面として把握する。一方、二つの境界の間には一定の幅があり、そこでは意識は量的側面に従った閾越えのおかげで存在しうるのに、快も不快も意識化されることはない。
　　それに応じて、われわれはまた、精神物理学的活動の強さ（注意を集中させることによる高揚）によって意識が生じるに違いないような閾を{量的な}閾と名づけ、なお、特に快または不快の意識が生じるに違いないような安定性に対する活動の近似的程度を{質的な}閾と名づける。(S.217)

すなわち、最初から安定した状態が存在するわけではない。さまざまな精神状態があるが、それらが快あるいは不快をともなっているかはわからないが、その基礎になっている精神物理学的過程は推測できるだろう。
　そして、仮説として、快と不快は精神物理学的活動と結びついているが、それらはそれぞれ |量的な| |快の閾|、|不快の閾| をもっている。
　それらが閾を越えたとき、それぞれ快あるいは不快の意識を得ることができる。一方、十分な安定性も一定の境界、すなわち快・不快の閾を越えて変化する。それを |質的な| 閾と名づけるが、それらは量的側面だけによって規定されるものではない。
　さて、第15章の「快と不快の世界問題」でフェヒナーは、快・不快と善悪の問題に少しふれてから、前者のさまざまな「種類」から話しをはじめる。

　　われわれは普通、快と不快には色々な種類があると考へてゐる。つまりわれわれの魂のさまざまな規定や關係。例へば官能的感覺や表象や思索やさうしたものの關係が異るにつれて、それと結びついてゐる快・不快もまた異つた種類のものだと考へてゐる。（中略）だから快．不快の種類は大部分その起源の種類と一致する。すなわち例へば味覺の快感は臭覺の快感と種類を異にするし、また美しい繪を見たときの快感は美しい音樂を聞いたときの快感と種類が違ふ。（184-185頁）

そして、これにつづけて、つねにフェヒナーがこだわる「低級」か「高級」か、という点にも話が及ぶ。

　　一般的に云へば、快と不快はそれが簡単な官能の刺戟、單純な知覺、表象に基づくものであればあるほど低級なものと見なされ、またそれが諸々の關係、状態、結合乃至さうしたものに對する精神の働きに基づくものであればあるほど高級なものとされ、そしてかうした精神の働きが高い段階に屬すれば屬するほど一層高級なものとされる。もつとも日常生活では快感の高さはその強さと混同される場合が多い。

すなわち快・不快には質的な差異が存するだけでなくて、量的にも區別される。……（185頁）

フェヒナーは『最高善について』以来、「快・不快」を重要な概念として考え続けてきた。それを「生」の原動力であるととらえつつも、それが「高次（高級）」であるか「低次（低級）」であるかにこだわってきた。また、快の「種類」についてもしばしば言及してきた。

つまり、快の「質」にこだわってきたと言うことができるだろう。

それでは、快の「量」についてはどうであろうか？ 快の「量」ももちろん大いに意識されている。特に、彼は自分の理論をさまざまなテーマの中で、結び付けることに留意していたから、それは当然「閾」の概念とも結び付き、必然的に「量」が問題となる。

ところで、この場合、フェヒナーが精神物理学において、感覚の測定について用いたような方法は使えないのだろうか。彼はそれについて、「……精神物理學の進歩につれてこのやうな尺度が更に擴大されることが期待される。もつともこれまでのところこの點に關して明瞭な見地が存在するわけではない。だからこゝでは快・不快の各種の強度間には量的な比例關係が存在するという概念を一般的に確定するにとゞめて、このような比例關係を更に詳細に規定することは斷念しなければならない。」（188頁）と述べている。つまり、快・不快について、量の正確な把握は不可能と考えていたのである。

しかし、その一方で、快・不快の「量の多少、増加と減少についての評価」は扱えるとしている。

『夜の見方に対する昼の見方』の「快・不快」論では、特に「量」について、壮大なスケールで考えている。

フェヒナーは、「私はこれを快・不快の世界的問題と呼びたい。」と言い、「要するにそれは世界における快・不快の合目的配置いかんといふ最も一般的な問題なのである。」（190頁）とする。

そして、以下のような四つの問いを呈示する。

1．快感と不快感とを決定する基本的な諸條件からして、快感の總量は（内包と外延の積として）全體として時間的にも空間的にも不快感の總量と等しいのであらうか、それともどちらか一方の總量が全體として他の總量より多いであらうか？要するに、全體としてみれば快感と不快感は等量であるのか、またさうでないとすればいづれが多いのであるか？

2．快感の量と不快感の量が時間的に可變的なものであるとしても、にも拘らず兩者の比例（比率？…筆者）は恒常的であるのか、それとも一方は次第に他方よりも強くなりつつあるのか、或はまた兩者の比例が上つたり下つたりしながら週期的に均衡もしくは一定の比例がたへず反復されるのであらうか？

3．全體としての時間と空間の中において存在する快感と不快感の比例と同じ比例が個々の生物のすべてに對しても―つまり靈魂が死後にも存續すると假定して―存在するのであるか、それとも生物の一部は他の生物に對して全體として不利もしくは有利なのであらうか？

4．とくに快・不快という點からみた場合、全體的に、また個別的に世界の端初における狀態はどんな狀態であり、またその最後の狀態はどんな狀態であらうか？或はまた端初も終末も持たぬやうな世界では端初の狀態とか最後の狀態などということが無意味であるとすれば、時間的に遡及しまたは前進すればするほど、それが近似的に接近する狀態とはいかなる狀態であらうか？（190-191頁）

1、では快感と不快感の総量はどちらかが大きいのか、または等しいのかを、2、では快感と不快感の量が変化するものであるとしたら、両者の「比例」（「比率」と訳した方がわかりやすいと思うが）は一定なのかどうかを、3、では宇宙全体での快感と不快感の比例（比率）が個々の生物に対してもあるのか、特定の生物が不利とか有利とかいうことがあるのか、そして、4、では世界のはじまりと終わりのそれぞれで、快・不快はどんな状態にあるのか、世界にはじまりも終わりもないとしたら、それに近い段階ではどんな状態なのかを、それぞれ問うている。

これらは、宇宙的規模の壮大な問いであり、もちろん誰もこんな問いに答えられないのはフェヒナーも知っていたはずである。
　しかし、これらの問い自体がフェヒナーの関心を示している。すなわち、彼は宇宙というレベルにおいての「総量」というものに関心をもっていたこと、宇宙のさまざまな生物を含めた存在に一定の階層的なものを考えていたらしいにせよ、「公平」に見ていたこと、そして、フェヒナーは何よりも世界のはじまりと終りに強い関心をもっていた。

　フェヒナーによる快・不快の概念、意義と重要性などについての、さまざまな考察、検討を見てきた。
　しかし、筆者は彼の本当の気持が、厳密性を求めた結果として、得られた簡素な果実によりも、それを突き抜けたところにある彼の現実主義、楽観主義に、次のような言葉に最もよくあらわれているのではないかと思うのである。

　　かりに人生における快感が全體としては少いとしても、生きることの喜びは全體として遙かに強いのではないか？たしかに私でさへ、不快の方が快感よりもずつと目立つて多く見えるものだといふ事実に對して眼を閉ざすものではない。だが人間は彼が受け取る一ターレルの快感のために一ターレル・ロレの不快感を感受せねばならぬものとしても、單にターレルとターレル・ロレとだけで相互に決済するといふことは間違つた計算の仕方であらう。實は人間の人生における時々刻々の給料は大部分グロッシェンとプフェニッヒの快感で支拂はれてゐるのだから、実際さうではないのか？（196頁）

　ここでは、「ターレル・ロレ（Thalerrolle）」の価値についてはよくわからないのだが、ターレルと同じような高額のものと思われる。一方、「グロッシェン」は当時「プフェニッヒ（ペニヒ）」の十倍の価値ということなので、いずれも小額の貨幣の例として用いられている。
　フェヒナーが言わんとしているのは、人生には非常に大きな快も不快もあるが、日常生活ではささやかな快と不快のくり返しで、人間はそうした中で生き

る喜びを感じるものである、ということであると思われる。

フェヒナーの「快・不快論」について、アーレントは次のように述べている[21]。

> フェヒナーの快概念はその本の中で何ら幅広い解明がなされなかった。著者にとって、その概念は分析可能とは思われなかったのだ。人間の行いの目標としての快は——フェヒナーはそう考えた——誰にとっても明確で理解できるものである、「なぜなら、快、幸福というものは、より多くのあるいはより少ない快、幸福というものは、誰もが直接感じるものであるから」、ただ、そのための方法についてだけ、人は争ってもよいかもしれない。快という言葉が倫理学において悪い響きを持ってしまっているということは、フェヒナーを妨げることはなかった。彼が性的な不道徳という意味で、宗教的な考え方によって悪者に仕立てられた快を考えなかったということは、概念についての彼の幅広い解釈からの結果として生じたものである。快は人間の行いのすべての主要な見解に、すべての客観的および主観的な決定根拠に、人間のすべての動機と目的に内在するものであった。フェヒナーは、快がたんに道徳的に正当である行動様式に分類されるべきだということを主張することは決してなかった。また、快はもう一方の不快に与えるべき努力と同時に現われることを願っていた。それゆえ、最上の人たちは、彼らがより少ない快を扱おうという点においてではなく、彼らが快を何か別のものによって持つ点で、最も悪い人間と区別されるのである。すなわち、快は全体に対してそれ自体で快をもたらすか、あるいは快を基礎づけるものによっているのである。
>
> それゆえ、フェヒナーにとって、快は一つの没価値的な概念であった。彼を特にそこに関心を向けさせたのはその特性、存在するための基準値の一種だった。フェヒナーは二つの補足する基準を認識していた。「ある主観的なもの、それでわれわれは固有の快を、ある客観的なもの、それでわれわれはなじみのない快を測る。前者は、快およびそこにより強く、あるいはより弱く結び付けられた欲求の多少の直接的感情にある。後者は、この感情と欲求によって左右される行為にあるが、それによって快は一部は表現され、一部

は手に入れようとされる。」、彼の原理は推量原理であって利益よりも害をもたらすのではないか、という異議に対して、フェヒナーは次のような問いをもってそれに応えた。すなわち、人々はどういう場合に、「彼らの行動の前提となる結果と、この行為の幸福と不幸に与える影響に関して」、とは違ったようにふるまったのだろう、と。フェヒナーはすべての道徳的なものの快原理が、そう、そもそもすべての実践を支配することに気づいていた。この原理だけが、「行動の世界の明確さを広める」ことができるのである。(S.105)

アーレントはまず、フェヒナーにとって快概念は分析可能なものではなかったという。

また、伝統的に快を回避しようとする禁欲主義的な道徳観への批判も示されているとする。

彼が、「すべての道徳的なものの快原理がすべての実践を支配する」と考えるとき、快はわれわれの固有の快を追求する強い誘因であると同時に、われわれの行動を律する規範的なものでもあったのである。

以上、フェヒナーの「快・不快」論を見てきたが、そこにはベンサムの「快楽論」などにある社会性というものは認められない。

社会的に苦痛を与えられている人間というイメージは、善かれ悪しかれ、フェヒナーの直接的関心とは無縁であったのである。

これについては、本章の最後であらためて取りあげてみたい。

6．エッジワースの『数学的心理学』

フランシス・イシドロ・エッジワース（Francis Ysidro Edgeworth, 1845-1926）は英国の経済学者であるが、アイルランドのダブリンのトリニティーカレッジとオックスフォードのベーリアンカレッジの学生として古典語と近代語を学んだ。また、大学卒業後には独学で数学と経済学を学んだという。

さらに、1877年にはロンドンで法廷弁護士（バリスター）の資格を取ったが、実際にその活動をすることはなかった。

1888年には、ロンドン大学キングズカレッジに職を得、1891年にはオックスフォード大学の政治経済学の教授となった。

　彼の功績としては、数理統計学への貢献が挙げられている。

　彼は1881年に『数学的心理学―道徳科学への数学の応用についての試論』（Mathematical Psychics: An Essay on the Application of Mathematics to the Moral Sciences）を著している[22]。

　この本は、筆者にはなかなか難解で、エッジワースのお得意のギリシャ語なども用いられていて、全体を正確に把握することはできないが、ベンサムとフェヒナーに関係する部分についてはできるだけ紹介することにしたい。

　彼自身の説明によれば、『数学的心理学』は「理論」と「応用」の二部に分かれ、第Ⅰ部では、次の二点がテーマとなっている。

(1) 数的データなしの数学的推論の可能性を示す試み（pp.1-7）。快（pleasure）の量の正確なデータなしの推定だけによる把握の試み（pp.7-9）。
(2) 倫理学と経済学の第一原理を構成する「最大幸福の原理」（功利主義者あるいは利己主義者による）と物理学の最高の一般法則であり、また数学的推論によって物理現象と同様に人間生活にも適用可能な「最大エネルギーの原理」の間の一つのアナロジーが示唆される（pp.9-15）。

　このうち(1)については、「ジェボンズ教授が言うように、効用は強さと時間という二つの次元をもっている」とし、「各次元における単位は、丁度可知（just perceivable）な増分である」とする。

　そのうえで、道徳計算（moral calculus）のためにはもう一つの次元が必要であるとして、「ある人間の幸福を他人のそれと、また異なる成員と平均的幸福をもつ集団間の幸福を比較すること」すなわち、「個人間の幸福の比較と集団間の幸福の比較」をあげている。

　そして、「一単位時間に一単位の快の強さを経験する個人が1として数えられる」とする。

第Ⅱ部のテーマは快計算（The Calculus of Pleasure）である。

> 問題 — 最大可能な幸福が存在するような、平均の分布（a）、労働の分布（β）、母集団の数（δ）を見いだすこと。

> 定義 —（1）快は一般に'好ましい（preferable）感情'に対して用いられる。（中略）この言葉は苦痛（pain）の不在を含む。
> 最大可能な幸福（Greatest possible happiness）は（享受者の人数×享受の期間×それの程度）を微分したものを積分した次の式で表される。
>
> $$\iiint dp\, dn\, dt$$
>
> ここで、dp はかろうじて知覚可能な快楽の増分、dn は感覚力のある個人、dt は一瞬の時間である。また、時間の積分の範囲は0〜∞、つまり、現在と無限の未来、他の範囲は変動の計算によって決まる変数である。(p.57)

（定義 —（2），（3），（4）は略）

こうして、エッジワースは次のような原理（Axiom）に到達するという。すなわち、

> 原理 — 快は測定可能であり、すべての快は同じ単位で測ることができる。すなわち、ある感覚力のある人が感じたある種の快の量は、他の人が感じる他の種の快の量と同等である。(pp.59-60)

次に、エッジワースは何人かの研究者たちの研究を取りあげて、自分の原理の正当さを補強しようとする。

これらの研究者は、ベイン、ヴント、デルボアなど草創期の心理学にかかわった人たちである。そして、次のように述べる。

この実証的な一般法則化は、部分的にはフェヒナーの信奉者たちにとってはおなじみの、そして部分的にはデルボア教授独特のより単純な帰納法による'推論'によって立証されるかもしれない。刺激量と感覚の強さの間の関係を提案するすべての公式が当該の特性を持っていることを示唆している。それは、ベイン教授がたんなる強さとして快を述べる時には正しい。下品な快は実際のところ、大きな代償をともなうからである。このように、快は増やされた調度のきらめきに比例して増加するのではなく、一般的に増加した規模の住居によって増えるものでもない。感覚についてのフェヒナー流の実験からの類推による一般的ケースにおいてであろうと、ヴントの言う意味でのよりア・プリオリな'関係法則'によるものであろうと、そうなのである。(p.62)

　ちなみに、エッジワースはフェヒナーがあまり好きではなかったようである。ここでも、「フェヒナーの信奉者」、「フェヒナー流の実験」などの言葉は出てくるが、フェヒナーその人についてはふれていない。
　巻末の索引でも、ゴールトン、ヴントなどは何回も出てくるが、フェヒナーの名前は見当たらない。
　しかし、前記のニコラス・ジョルジェスク＝レージェンは「効用と価値（経済思想における）」の中で、次のように書いている。

……エッジワースが1860年にG・T・フェヒナーとE.H.ヴェーバーによって発表された感覚の法則に訴えることで、効用の基数的可能性を擁護し得たのは、この立場に立ってのことであり、経済学における快楽主義は彼とともに頂点を極めることになるのである。効用は測定可能である、と彼は主張した、なぜなら、現実の快楽はその「アトム」即ち「かろうじて知覚可能な増分」のタームで測られうるからである（『数理心理学』、一八八一）、そしてエッジワースは、ベンサムと全く同じ調子でというわけではなかったが、現実の快楽を測定する〈ヘドニメーター〉(hedonimeter) を実際に構築しうる、という

自らの信念を表明した。(170頁)

　なお、ここでも、「効用の基数的可能性」という言葉が使われていることは注目に値する。それは、「効用の測定可能（性）」とほとんど同じ意味で用いられていると思われる。「白か黒か？」、「Aより速いか、遅いか」などの判断が「序数」的なものしか導かないのに対し、フェヒナーが感覚の測定理論に用いた「かろうじて知覚可能な増分」は十分「基数」であるための条件を備えていると考えられたのである。
　清水幾太郎は、エッジワースの『数学的心理学』について、次のように述べている。

　……多くの数式を含む『数学的心理学』という小冊子は、私だけでなく、やはり誰の眼にも奇妙に見えるのであろう。ケインズによれば、「全くエクセントリックな書物……。詩とペダントリとの、科学と芸術との、ウイットと学識との、奇妙な、しかし魅力あるアマルガム（81）。エッジワースが企てたのは、結局のところ、ベンサムの幸福計算に数学的厳密性をあたえることであった。（126頁）

　しかし、エッジワースによるこれらの試みは実際には実を結ぶことはなかった。
　かわりに、脚光を浴びたのはこの本におけるもう一つのテーマである「無差別曲線群（indifference map）」による「選好（preference）」の表示である。
　これについては、本書の性質から詳しく立ち入ることは控えるが、前記『ゲーム理論と行動理論』をもとにしてかんたんに説明しておこう。
　いま、X財とY財の量をそれぞれ、X,Y軸にとり、XOY平面上の点によって二財の組み合わせを示す。このXOY平面上からその二財の組み合わせによって得られる効用を垂直な高さとしてとると、XOY平面上に三次元の効用曲面を得ることができる。
　この曲面を、XOY平面に対して平行な面で切り（XOY平面から一定の高さ、

つまり一定の効用のところで切るということ)、その切り口をXOY平面に投影する。すると、この投影された切り口には、同じ効用を示す二財のさまざまな組み合わせが示されることになる。

　この切り口の軌跡が無差別曲線（indifference curve）とよばれるものである。これをあらゆる高さの効用のところで行なえば、XOY平面はこの無差別曲線で満たされ、それらを無差別曲線群とよぶのである。

　なお、X財、Y財は二つの商品と考えてよく、消費者が選好する二つの商品の量の組み合わせを問題にしているのである。

7．「快・不快」論の背景にあるもの

(1) 行為選択論の場合

　前出の『ゲーム理論と行動理論』においては、「リスクを含まない決定問題」における「効用最大化」がめざされていた。

　3．でもふれたように、そうした試みを明確化したのはJ.ベンサムあるいはJ.ミルであった。それは、以下のように説明されている。

> 　彼らは、人間行動の目的とは、喜びを求め、苦しみを避けることにあるという立場をとり、したがって、すべての財、あるいは活動というものを、それらのもつ"喜び付与特性"（pleasure giving properties）および"苦痛付与特性"（pain giving properties）との関連において考慮することを主張した。そして、この"喜び"あるいは"苦しみ"を与えうるような特性を、財や行為の効用（utility）とよんだのである。そして、人間行動の目的とは、それによって最大の効用を得ることにあると結論した。したがって選択行動においては、各人に可能な選択肢のうちから、効用最大の結果を導くような選択肢を選ぶべきことを主張するわけである。(6-7頁)

　しかし、選択原理として「効用最大化」ということについてコンセンサスが得られたとしても、問題は財あるいは効用をどのようにして定めるのか、効用

は量として測定できるのか、という問題が生じる。

　ここで、効用を数値で表現したときに、大小関係だけにしか意味がないときを順序効用（ordinal utility）と、また、数値の間隔にまで意味があるときを数量効用（cardinal utility）とよんでいる。

　本書のエピローグでも見るように、これらはその後の、S.S. スティーブンスによる「四種の測定尺度」では、前者は「順序尺度」、後者は「間隔尺度」とよばれている[23]）。

　実はこの問題は、本書のプロローグから問題にしてきたような、「序数」と「基数」の問題ともかかわっている。ただし、厳密に言えば、間隔尺度は基数ではなく、基数であるためには「比率尺度」でなければならない。

　にもかかわらず、その後の心理学では序数的手続きによって得られた数値を間隔尺度と見なして統計処理をするということが、一般的に行なわれてきている。

　行為選択論も、心理学における価値研究などと結びつき、一時期多くの計量心理学的研究がなされた。

　筆者自身、昔二十代の頃、この種の研究をしていたことがある。その内容については別の本でも書いているので[10]）、ここでは具体的にはふれないが、どんなことを考えていたかだけは述べておきたい。

　古来より人間は「不老不死」を求め、また、「安楽な生活」を願ってきたし、家族や男女の「愛情」などを重視してきた。そこで優先される価値は健康・長寿や経済的豊かさ、人間関係の豊富さ、さらに、人によっては頭の良さ、社会的地位や名誉、権力などさまざまなものが人間の欲望の対象となってきている。

　そうしたものから、寿命、お金、知能指数などの数値化されるものを選び、一対比較法によって「選好」のマトリックスや、求めるものが得られなかったときの「残念度」のマトリックスなどを作成し、分析しようとしたのである。

　結果としては、論文として公表することもなかったが、間違った研究をしようとしたと反省している。

(2) 道徳論と快の問題

　そもそも、ベンサムの『道徳および立法の諸原理序説』にしても、「道徳 (Morals)」という言葉が書名に使われている。
　ベンサムがこの本を書いた動機は、「立法（法律）の科学」の確立である。そして、この科学は二つの柱を持っているとベンサムが考えていたと言ってよいだろう。彼は次のように書いている。

　　……著者は次のことを、［それは先人によって言われてきたことであるが］大胆にくり返したい。それは、政治科学と道徳科学の基礎をなす真理は、数学的研究のようにきびしく、比較を絶するほど、精密で包括的な研究によらないかぎりは、発見されることはできないということである。(80-81頁)

　そして、「真理は………公平で一般的な命題に、無理にまとめあげられてはならない。」、「真理は感情と同じ土壌のうえには栄えない。」、「真理はいばらのあいだに成長するものであり、……」と情熱をもって語り、「数学の場合と同様に、立法の科学についても、主者の道や総督の門はないのである。」と厳密な科学としての数学を再度引き合いに出している。
　さて、ベンサムが当時の法制度に疑問を持ち、また刑務所改革に熱心であったこともよく知られている。
　ベンサムがいかにさまざまな方面の社会改革に関心をもっていたか、清水幾太郎は次のように書いている。

　　……ロビンズより少し長いJ.ヴァイナーのリスト (160) によって、ベンサムの改革の一端を見ることにすれば、監獄の改革、婦人参政権を含む普通選挙、自由貿易、植民地制度の改革、労働組合の合法化、公費による国民教育、言論出版の自由、秘密投票制度、官吏任命および業績主義、高利禁止法の廃止、地方政府の改革、海運の安全規定、衛生上の改革、公費による予防医療、統計の組織的蒐集、貧困者のための無料裁判、産児制限、煙害……。リストは、幾らでも長くすることが出来る。(78頁)

ところで、先に、ベンサムなどの「快楽論」における社会性というものはフェヒナーの場合には見られない、と述べた。
　そのことに間違いはないのだが、一方において、フェヒナーの「快・不快」論に基礎を置いた道徳思想はドイツ的というより、むしろアングロサクソン的であった。
　再び、アーレントを引用しよう。

　　最高の善についてのフェヒナーの著作は、三月革命以前の時代における、道徳の問題への比類のない発言要求をめざしたその内容だけではなかった。ドイツにおける道徳思想のすべての伝統において、その時まで、似たようなものはほとんどなかった。神学的な道徳と、またカントの道徳は、ユダヤキリスト教的な起源をもつ服従義務と心情道徳の伝統の中にある。それは、場合によっては、禁欲、苦行、自己否定、そして、事情によっては自己犠牲をも要求する。ヨーロッパにおける道徳思想のもう一つ別の主要潮流はギリシア起源のものである。すなわち、その哲学的発展はアリストテレスをもって始まった。スピノザとホッブスはその初期の時代の代表的人物であったし、彼らは快楽説あるいは幸福説の原理に従った。フェヒナーの道徳はこの伝統の中にあり、その時まで、その最も著名な主唱者は英国の法律学者であり、国家論理論家であったジュレミー・ベンサムであった。ドイツにおいて、その思想は若きベルリン子で、大学の私講師をしていたフリードリッヒ・エドアルト・ベネッケによって仲介された。その1822年に出版された著書『道徳の物理学の基礎がため』は、彼がその本を知っていたかはっきりはしないが、そのタイトルからすぐにフェヒナーに興味を持たせたに違いないと思われる。しかし、ベネッケにおけるごとく、ベンサムにおいても、快（Lust）あるいは喜び（Vergnügen [pleasure]）の概念が核心にあり、ベンサムはしかも、それによって、"ある喜びの価値が……強さ、長さ、確実さの積に等しい"ような、彼の"快楽計算"の一種の数学的定式化を見いだしていた。
　　幸福説的あるいは快楽説的な道徳は、アングロサクソンの国々で見られ

るように、―ドイツと比較して―すでにより以上進歩した市民階級の関心を明らかに言葉に表現していた。古典的なやり方で、ベンサムを受け継いで、フェヒナーの著書の15年後、英国の哲学者ジョン・スチュアート・ミルは彼の著書『功利主義論』において、この道徳の原則を言葉に表現した。そして、同様にして、18世紀の英国とフランスの道徳哲学を受け継いで、ほぼ同じ時期に、ルードヴィヒ・フォイエルバッハは幸福論的道徳に対する思想を発展させたが、その際、彼がフェヒナーの著書を知っていたということは明らかになっていない。(S.106)

　フェヒナーがベンサムを読んでいたかどうかについては、本章の3節でもW.スタークの肯定的な主張があることを紹介したが、立証されているわけではない。
　フェヒナーが、アーレントがここで言及しているベネッケの本を読んだかどうかもわからない。
　ベネッケ (Friedrich Eduard Beneke, 1798-1854) は、まさにベルリン子で、ベルリンに生まれ、ベルリン大学で神学と哲学を学んだが、1822年にベルリンで講義をすることを禁じられた。
　その理由は、当時ベルリンで支配的だったヘーゲル哲学に反対したり、カントの道徳哲学を批判したりして、ヘーゲルの影響下にあったプロシャ当局の妨害にあったためらしい。
　彼はゲッティンゲンに移り、そこで数年間講義をしたが、その後許されてベルリンにもどり、大学の員外教授となった。しかし、1854年に失踪し、その二年後に遺体が郊外の運河で発見されたという。
　ベネッケが感覚的経験にもとづく経験論的心理学が哲学の基礎となるべきだと考えていたことは注目に値する。
　いずれにせよ、フェヒナーの道徳思想がドイツにおいては「異端」の歴史に連なっていたということは興味深い。フェヒナーが「最高の善」を希求する一方で、現世の自然を享受することにも喜びを感じていたことは疑いない。

(3) 社会改革のための「数量化」——ベッカリーアの場合

「快・不快」を扱うさまざまな人には、言うまでもないことだが、アプローチの違いが見られる。

その中でも、量的な扱いを求めるのか、求めないか、というのは非常に重要であると考えられる。ただし、この問題を考える際には、歴史的観点というのを忘れてはならないだろう。

一般に、量を追求する「数量的」な方法は、しばしば「効率」のみを追い求め、あるいは権力によって都合よく利用される「客観性」の保障などに用いられることが多いので、批判されることもある。

しかし、近代以前には、階級社会における社会的不平等や、政治的権力などに抵抗する方法の一つとして用いられることもあった。

その一つの例として、ここではベッカリーアによる「罪刑法定主義」の考え方を見てみよう。

罪刑法定主義とは、簡単に言えば、いかなる犯罪を犯したとき、いかなる刑罰がくだされるかということが、あらかじめ法律によって規定されていることである。

つまり、これによってはじめて「法治国家」と言えるものであり、人権主義思想がなければ実現しえないものであった。ところが、ベッカリーアの時代においても権力者による犯罪の認定や刑の執行は恣意的なものであり、身分によって左右されたりするものでもあった。

したがって、さまざまな権力から独立した、客観的で明確で、安定した基準というものが求められていた。

このように、この場合の「数量化への志向」の背景には、社会的な問題を解決するためという事情が横たわっているのである。

チェーザレ・ベッカリーア（Cesare Bonesana Beccaria, 1738-1794）はイタリアのミラノの貴族の家に生まれた。

彼は二十代の中頃、ミラノの上流階級の子弟が集まる文学グループの一つに所属していたが、そこでの議論の多くが当時の刑法体系の改革にあてられていた。ここで彼は、ホッブス、ディドロ、エルベシウス、モンテスキュー、ヒュー

ムなどの英仏の政治哲学者たちを知ることになる。

このグループの中に、ピエトロ・ヴェッリ、アレッサンドロ・ヴェッリの兄弟がいたが、ピエトロは拷問の歴史についての本を執筆中であり、また、アレッサンドロはミラノの刑務所の役人であった。

ベッカリーアは彼らの助けをも得て、若くして、有名な『犯罪と刑罰』(1764)を書いたのである[24]。なお、本書では岩波文庫版の訳書を用いている[25]。

堀田誠三(1996)は、次のように書いている[26]。

……イギリスやフランスの新思想をまなぶかれらの集りは「拳の会(Academia dei pugni)」とよばれた。この「友人たちの小さな集り」からうみだされた成果は、小さくなかった。拳の会には、「啓蒙思想の路線によってつくられた最初のイタリアの学会」という位置があたえられ、その活動から誕生したのが、ピエトロ・ヴェッリの『幸福に関する省察』(一七六三年)、ベッカリーアの『犯罪と刑罰』(一七六四年)、そして「イタリア啓蒙のもっともいきいきした定期刊行物」また「イタリア啓蒙の『百科全書』」とよばれる旬刊雑誌『コーヒー店』(一七六四－一七六六年)である。(102頁)

そして、ベッカリーアの『犯罪と刑罰』の「1　序論」は次のように書き出されている。

社会の利益はそのすべての成員に平等にわかたれなければならないはずだ。それなのに、じっさいの人間の社会においては、あらゆる権力と幸福は特権的な小数者の上に、あらゆる弱さとみじめさを残る大多数の者の上に、集める傾向がつねにある。(19頁)

つまり、「改革」の前提には、少数の権力者や特権階級が社会の利益を独占している現状に対する強い抗議がある。人間社会においては、大多数の貧しく弱い人間を含めて、そのすべての成員が等しく幸福を享受する権利を持っているはずである、という認識である。

そのうえで、彼は次のような効用理論的な語り方をしている。

　およそ一つの刑罰がその効果をあげるためには、犯罪者がその刑罰によって受ける損失が、彼が犯罪によって得た利得をこえれば十分なのである。このばあい、処罰の確実さと、犯罪者が犯罪から得た利得が刑罰を受けることによって消失することとが、利得をこえる損失の部分に算入されなければならない。(86頁)

ベッカリーアは死刑制度や拷問に反対しているが、それは権力者の恣意性や人権無視の姿勢が最も端的に表われているものであり、「利得」や「損失」の観点から考えても、おおいに釣り合いが取れていないということでもあろう。
　しかし、一方で、「刑罰が残ぎゃくであればあるだけ、犯人は刑罰をのがれようとする。多くの犯罪はまさに、はじめの刑をのがれようとしてかさねられたものなのだ。」(87頁)、「刑罰が残こくであることは、このほかにまだ二つの有害な結果―犯罪予防という刑罰の目的とは逆な結果―を生む。」(88頁)とも言っている。
　これは、現代の死刑制度反対の論拠の一つとしても言われていることでもある（彼は別に「死刑について」の章を設けているが）。
　彼はまた、「犯罪と刑罰はつり合っていなければならない」として、次のように述べる。

　感覚的存在である人間を動かすものは、苦痛と快楽であってみれば、そして人間にその行動をきめさせるさまざまな契機のうちもっとも強力なものとして、至上の立法者である神が与えたものがよき報いと罰とであったとすれば、刑罰の不釣り合いがつくり出すむじゅんは、―それはあまりありふれているためにかえって注意されないむじゅんなのだが―犯罪を罰することによって新しい犯罪を生じさせ、それをまた罰するという結果を生む。つまり、もしことなった程度の害を社会に与えた二つの犯罪が、同じ刑罰で罰せられれば、人々は大犯罪を犯かすにあたってひどい刑罰を予想しなくなり、

したがって、それが有利だと思えば、ほんの軽い犯罪を犯すのと同じようにたやすく大犯罪を犯すようになる。（123頁）

つまり、ちょっとした軽い犯罪でも、殺人に対しても、ひとしく死刑が適用されるなら、人々がなが年にわたって築いてきた「道徳感情」さえも打ち壊されてしまうだろう、というのである。

ベッカリーアも、「もし数学的な計算が、人間の行動のとらえにくいあらゆる組合せに適用できるなら、犯罪の段階に相応した刑罰の段階を研究し、はっきりと規定すべきなのだが……。」（125頁）と書いている。

しかし、当時それはまだ実現するには政治的にも技術的にも不可能な段階にあった。18世紀の啓蒙思想は「数量化」以前に、まず「客観化」というものが必要だったのであろう。

その後、1780年にベンサムの『道徳および立法の諸原理序説』が印刷され、後に公刊されることになる。

その「第四章　さまざまな快楽と苦痛の価値、その計算方法」の訳者の注記（115頁）では、次のように説明されている。

　ベンサムは、快楽と苦痛の価値計算について、「この原理の最初のヒントを得たのは、ベッカリーアの犯罪と刑罰に関する小論文からであった」といっている。イタリアの刑法学者ベッカリーアは（1738〜94）は『犯罪と刑罰』（1764年）の第十六章で次のようにいっている。（略）これは死刑廃止論の一節であるが、ここにベンサムが快楽と苦痛の基準とした七件のうち、強さ、持続性、確実性、遠近性の四つが明白に示されている。（115頁）

このように、ベッカリーアの考え方は、ベンサムのより具体的な基準に引き継がれているのである。

なお、前記の堀田はベッカリーアの「道徳感情」についても論じている。最後に、それをかんたんに紹介して本項を終えることにしたい。

堀田は、「ベッカリーアにおける道徳感情とレトリック」という章において、

『犯罪と刑罰』における旧制度批判は刑罰が人間の行為に不当な干渉をしないことを要求するものだったから、逆に新しい社会的統合原理とそれをになう主体形成が必要となる、とする。そこで、ベッカリーアはあらたに「快楽苦痛原則を公共の利益の形成に結合するための内的媒介の探求」のため、『文体の本性に関する研究』(1770年) を書く。

そこでは、「美、善、効用」したがってそれらに対する学問である、道徳、政治、芸術は相互に類縁関係を持ち、唯一かつ本源的な学問である「人間学」から派生している、と考える。したがって、真の源泉である人間本性の探求こそが『文体論』の課題となる。

なお、ここでは詳しく紹介する余裕はないが、美学や「美的快楽」なども出てきて、フェヒナーとの関係を考えたくなる。

ところで、「道徳感情」であるが、ベッカリーアは感覚を「物理的対象をあらわす映像の表現」と「思考する存在の快楽または苦痛の感受作用つまり道徳感情の表現」の二つの主要な種類に分ける。ただし、道徳感情を自分の情念とは区別して、他者の情念の是認または否認の感情とした。

そして、堀田は結論として、次のように述べている。

> 『文体論』では、『犯罪と刑罰』からすすんで、神（宗教）だけでなく立法者（政治）も人間的正義の基準をあたえない。（中略）ベッカリーアの議論に特徴的なのは、当事者は登場するけれども、第三者が存在しないことである。（中略）……つまり自分の行為にたいする他人の評価との関連が欠如したままに、「外的な実在性（attualita）をもたない、まったく内的な感情」としての道徳感情の内面性が強調されれば、当事者の感情という性格が強化され、その結果、道徳感情は、ひろく社会的な妥当性を獲得する基盤を喪失する。(219頁)

かくて、「社会関係＝他人との関係を規制し、社会秩序を形成しうる道徳規則を、「人間の自然的感情」を基礎としてうちたてようとする、『犯罪と刑罰』以来の試みは、失敗におわったのである。」(220頁) と堀田はしめくくっている。

(4)「不快」と「苦痛」のちがい

　本章では、さまざまな人たちによる、「快楽」、「快」などと、その反対概念である「苦痛」、「不快」などについて考えてきた。

　ここで、前者の「快楽」、「快」などについてはそうは思わないのだが、後者の「苦痛」と「不快」ではかなり、語義、ニュアンスなどが違うのではないのか、という素朴な疑問が生じる。それはたんなる程度の差を越えたものであるだろう。

　特に、フェヒナーは「苦痛（Schmerz）」という言葉をまったく使わないわけではないが、もっぱら「快（Lust）」の対語として「不快（Unlust）」を用いている。

　一方、ベンサムやベッカリーアは「苦痛（pain）」をもっぱら用いている。

　この違いはどこからくるものなのだろうか？

　それは、おそらく「快・不快」、「苦痛・快楽」が問題になる状況、それが生じる背景の問題から由来すると思われる。

　フェヒナーにとっては、「快・不快」は善や美、それに真理といった（社会ではなく）「世界」の根本的価値に結びつく概念であって、そこには良くも悪くも、いわゆる「社会問題」に対する関心はない。

　ところが、ベンサムやベッカリーアにとってはまず、社会の問題が第一義的なものだった。

　ベンサムの著書のタイトルは『道徳および立法の諸原理序説』であるし、ベッカリーアのそれは『犯罪と刑罰』である。

　ベンサムの場合、ややもすれば「幸福計算（快楽計算）」に焦点が当てられがちだが、彼もまた、立法すなわち「合理的な刑罰」に関心があったことは、すでに本章でもかんたんに見たとおりである。

　彼らの場合、刑務所の改革や、拷問、死刑の廃止など、人間に「恐怖」や「苦痛」を与える社会システムの改良が何よりも重要な問題だったのである。それは、やはり「不快」などでは表現できないものであろう。

　また、両者は快を増やし、不快を減らすということをめざすべきだという点においては共通であろうが、その前提が違っていることに注意しなければなら

ない。

　すなわち、フェヒナーはすでに見たように快と不快の総量はどちらが多いのかと問うなど、それぞれの「総量」を所与のものとして受け入れている。それは宇宙的な問題ではあるかもしれないが、社会的な問題ではない。

　一方、それに対して、ベッカリーアやベンサムは「快・不快」も「苦痛・快楽」も人間の社会がつくり出したものであり、社会を改良することによって、苦痛や不快を減らしてゆくことができると信じていた。

　とりわけ、ベッカリーアは「富者や権力者に対する貧民の反抗」、を「犯罪者の反抗」としてとらえる。すなわち、「……ベッカリーアの『犯罪と刑罰』において犯罪をつうじて旧体制の社会制度に反抗をはじめる貧民の姿が描かれる。」(堀田、120頁) のである。

　ところで、フェヒナーとはまた別の立場であるが、ベルヌーイやラプラスらの物質的「幸運」、精神的「幸運」や、近代から現代にいたる効用理論の流れでは、「苦痛」はおろか「不快」という言葉も用いられることはない。

　そのかわりに、「リスク」とか「損失」、「残念（regret）」という言葉さえ使われる。賭けごとや経済活動、消費行動を主とした問題としているからである。

8．本章のまとめ

　本章のタイトルのうち、「快・不快」については、経済学的方面から追求された「効用」の概念や、賭け事における利得と期待値の問題、さらには人間一般の「幸福」の問題など、さまざまな方面から古来アプローチされてきた領域について見てきた。

　また、ベッカリーアに見られるように、社会改革や個人の人権尊重のために、「快」や「苦痛」を対象とした人たちもいた。

　そうした人たちの中にあって、フェヒナーは「快・不快」を彼の諸理論の中心概念に据えながら、「実験美学」においても用い、何よりも「善」の基本概念として考えようとした。そうした意味ではきわめて道徳的なものである。

　一方、数理心理学の系譜については、当時草創期にあった「数学的心理学」

に焦点をあてている。このようなタイトルの著書はヘルバルトによっても書かれている。しかし、それらは実証的な心理学研究に直接つながるものではなかった。

あるいは、それ以前の、フェヒナーが名前を挙げている、ベルヌーイ、ラプラス、ポアソンなどの数学者たちもこの系譜の最初に位置づけられるだろう。

彼らによる研究も、それ自体は厳密科学のルールにのっとってなされている。しかし、その結果が意味するものはかなり人間的である。

例えば、同じく数学者でもあるエッジワースの著書名に「心理学」が付いていることは、主観性こそが心理学的であることを間接的に表現しているようである。

こうした「快・不快」研究と「数学的心理学」研究の系譜の中で、フェヒナーは一種独特な立場にあるように思われる。

というのも、本章の「2. 数学的心理学とフェヒナー」でも見たように、現代心理学ではウェーバー、フェヒナーあるいはエビングハウスによる研究が先駆的なものである、ということは「定説」になっている。つまり、精神物理学研究（特に「基本定式」にかかわるもの）がフェヒナーの「数学的心理学」であり、「快・不快」研究とは直接のかかわりがない。

これは、ベルヌーイやラプラスとも違い、また「快計算」を試みようとしたベンサム、ベッカリーア、エッジワースなどとも異なる。

そもそも、フェヒナーは「快・不快」を道徳の問題として扱っているのであり、それが測定可能などとは考えていない。

そういう意味で、「快・不快」と「数学的心理学」を結びつけて扱うことを前提にしたような本章の中では異色な存在となったと言えよう。

ただし、本章では扱わなかったが、フェヒナーが賭け事や確率の問題に関心をもたなかったかというと、そうではない。

ただ、それらと「快・不快」の問題を結びつけて論じなかったということなのであり、これらについてはエピローグの「1-(4) 集合測定論」であらためてふれることにしたい。

註）

1) ニコラス・ジョルジェスク＝レージェン（佐藤光訳）1968,73（1990）「効用と価値（経済思想における）」（フィリップ・P・ウィーナー編（日本版編集委員荒川幾男他）『西洋思想大事典』②）、pp.165-174，平凡社
2) 下中邦彦（編集権発行人）1957 『心理学事典』、平凡社
3) 下中弘（発行者）1981 『心理学事典』、平凡社
4) 依田新監修 1979 『新・教育心理学事典』、金子書房
5) 藤永保監修 2013 『最新心理学事典』、平凡社
6) Gustav Theodor Fechner 1851 Zend-Avesta oder über die Dinge des Himmels und des Jenseits. Vom standpunkt der Naturbetrachtung, 3 Bände, Leipzig, Leopald Voß.
7) Gustav Theodor Fechner 1860 Elemente der Psychophysik, 2 Bände, 2. Auflage. Leipzig, 1889.
8) Edwin G. Boring 1950（2nd Ed.）A History of Experimental Psychology, Prentice-Hall, Inc.
9) 今田恵 1962 『心理学史』、岩波書店
10) 山下恒男 2004 『日本人の「心」と心理学の問題』、現代書館（なお、今回、原文に少し加筆した）
11) 北川敏男編、戸田正直・中原淳一著 1968 『ゲーム理論と行動理論』（情報科学講座 C・12・1），共立出版
12) 清水幾太郎 1993 『倫理学ノート』（清水幾太郎著作集 13）、講談社
13) Werner Stark 1946 Jeremy Bentham as an Economist, II. Bentham's Influence. Economic Journal, vol.56（224），pp.583-608.
（本書では、次の本に所収されている原著論文を参照した。）
Bhikhu Parekh (Ed.) 1993 Jeremy Bentham, Critical Assesments. Volume IV (Economics and Miscelaneous Topics), Routledge, London & New York.
14) Jeremy Bentham 1789 An Introduction to the Principles of Morals and Legislation: printed in the year 1780 and now first published.
（ベンサムのこの本は当初、1780年11月に印刷されたが、修正と加筆の後に1783年に印刷されたものの復刻版が1789年1月に正式に出版された、という経緯のようである。）
15) J. ベンサム（山下重一訳）1789［1948年版］(1967)「道徳および立法の諸原理序説」（関嘉彦編『世界の名著 38, ベンサム、J.S. ミル』）、中央公論社
16) 原文は、Pains and pleasure may be called by one general word, interesting perceptions.
17) Gustav Theodor Fechner 1846 Ueber das höchste Gut, Leipzig, Breitkopf & Härtel.
18) Gustav Theodor Fechner 1876 Vorschule der Aesthetik, 2 Bände, Leipzig, Breitkopf

& Härtel.
19) Gustav Theodor Fechner 1879 *Die Tageansicht gegenüber der Nachtansicht*, Leipzig, Breitkopf & Härtel.
20) フェヒネル（上田光雄訳）1879（1948）『宇宙光明の哲學・靈魂不滅の理説』、光の書房
21) Hans-Jürgen Arendt 1999 *Gustav Theodor Fechner. Ein deutscher Naturwissenschaftler und Philosoph in 19. Jahrhundert*. Frankfurt am Mein, Peter Lang.
22) Francis Ysidro Edgeworth 1881 *Mathematical Psychics : An Essay on the Application of Mathematics to the Moral Sciences*. London, C. Kegan Paul & Co.,
23) S.S.Stevens 1946 On the Theory of Scales on Measurement, *Science*, Vol. 103, No. 2684, pp. 677-680.
24) C・B・ベッカリーア（風早八十二・風早二葉訳）1964, 65, 69, 74（1959改版）『犯罪と刑罰』、岩波文庫
25) 『犯罪と刑罰』には二つの系統のテキストが存在する。一つは1765年のモレルのフランス語版である。これは、原著とだいぶ違っているが、ベッカリーアの追認を受けてながく流布し、本書で用いた岩波文庫版もその系統である。
もう一つは、1958年にヴェントゥーリがこれに異議を唱えて、ベッカリーアによる最終的増補がなされた原著第五版を採用したものである。この問題について、詳しくは堀田（1996）を参照されたい。
26) 堀田誠三 1996 『ベッカリーアとイタリア啓蒙』、名古屋大学出版会

VI. フェヒナーとフロイト

はじめてフェヒナーとフロイトの関係に気付いたのは、もうだいぶ前のことである。人文書院版の『フロイト著作集』の「快感原則の彼岸」の冒頭の部分で、フロイトがフェヒナーを引用していた[1]。

　最初はこれがあのフェヒナーか、と思ったくらいフロイトにとってフェヒナーは関係の無い人だと思っていたのである。もちろん、それは自分のフェヒナーへの無知から来る所のものであったのだが。

　その後、スイス人の精神医学者エランベルジェによる「フェヒナーとフロイト」を読んで[2]、フロイトのフェヒナーへの関心の概略を知った。

　そして、今回、あらためて岩波書店版の『フロイト全集』をチェックしてみた。その結果、フェヒナーの文章が少なくとも八カ所で引用されていることがわかった。（『全集』以外に『フリースへの手紙』の中でも一カ所引用されているので、それを加えると九カ所）

　引用されているフェヒナーの著書は、主に『精神物理学原論』、『美学入門』、それに『有機体の創造と発展の歴史のための二、三のアイディア』である。それ以外にも「機知」の問題との関連で、欄外の注釈としてではあるが、『ミーゼス博士の謎々の本』がある。

　フロイトはこれらの著書から、少なくとも『夢解釈』、『快原理の彼岸』、『機知』、などを書くうえで、フェヒナーの影響を受けている。

　しかし、これらの引用文からだけでは、フェヒナーのどのような思想が、フロイト理論のどのような側面にいかなる影響を与えたのか、よくわからない。

　本章はまずこれらの点について検討するのであるが、1.夢問題をめぐって、2.快・不快の問題、3.機知とその他の問題、の三つのカテゴリーに分けて、それぞれ、最初にフロイトによる引用箇所を示しつつ、その意味内容を個別に見てゆくことにしよう。

　まず、フロイトからの引用であることをはっきりさせるために、全体を通じて、（a）から（i）までの記号も付しておくことにする。

　そして、（b）から（i）のそれぞれにおいて、引用文が含まれる「全集」の巻、章等を示し、最後に引用文そのものを提示する。

1．夢問題をめぐって

(1) フリースへの手紙
(a)『フリースへの手紙』[3)]
手紙157　　　　ウイーン、1898年2月9日

　……僕は夢の本に没頭し、それを流れるように書いており、空想のなかで、それが含んでいる不謹慎さと大胆さに皆が「首を横に振る[4)]」のを楽しんでいます。読むことさえ必要でなければよいのに！少しばかりの文献に僕はもううんざりしています。唯一の思慮深い言葉が素晴らしく単純な老フェヒナーの頭に浮かびました。夢事象は別の心的領域で展開されます[5)]。この領域の最初の大まかな地図について僕はそのうち報告するつもりです。(315頁)

　この手紙の中で、「唯一の思慮深き言葉」として取りあげられている、「夢事象は別の心的領域で展開されます」はフェヒナーの『精神物理学原論』からとられたものであり[4)]、後にフロイトの『夢解釈』等でくり返し引用されることになる。
　この手紙が書かれた時期は、本章の5.でも述べるように、フロイトが彼の「科学的心理学」の構想の失敗から立ち直り、すでに新しい構想で再出発していた時期でもある。
　1898年2月に書かれた、「夢現象は別の心的領域で展開されます」という文章は、その二年後の1900年に公表される『夢解釈』の中で、はじめて一般の人の眼にふれることになる。
　この言葉の意味するところは、以下の『夢解釈』における引用を参照する中で、あらためて検討してみよう。

(2) 夢解釈

(b)「全集」第4巻『夢解釈Ⅰ』[5]

第一章　夢問題の学問的文献（E）
　　　E　夢の心理学的特性

p.72（p.51）

　夢生活と覚醒生活の間に生じている本質的相違を鋭く指摘し、それをより進んだ結論にまで結び付けたという点で、『精神物理学の諸要素』（五二〇頁、第二部）においていくつかの見解を表明しているフェヒナー G.Th.Fechner ほどの人はいないであろう。彼の意見によれば、「単に心の生活の意識水準が、主たる閾値よりも下がっている」ということや、外界からの影響から注意が撤収されているということだけでは、覚醒生活に対比しての夢生活の特異性を説明するのには充分ではない。むしろ、彼が推測する通り、夢の舞台は、覚醒時の表象生活の舞台とは、そもそも別物なのである。「思うに、睡眠中と覚醒中の精神物理学的活動の舞台が、同一であるとしたら、夢は、覚醒時の表象生活を、より低い強度において延長させただけのものに過ぎず、覚醒生活の材質と形式を分け持っていなければならないはずである。ところが、夢は、まったく別の仕方で振る舞っている」。

　心の活動が引っ越しするというこのような考え方によって、フェヒナーが何を言いたかったのか、その内実はやはり明らかにはならなかった。また、私の知る限りでは、彼がこの見解によって指し示した道を、さらに辿り続けた人もいなかった。ここで生理学的な大脳局在論に沿った、あるいは脳皮質の組織学的層構造に関連させた解剖学的な解釈を持ち出すことは、おそらく慎むべきであろう。しかしながら、この構想を、系統的に並べられたいくつかの審級で構成されている心の装置というようなものに引きつけて捉えてみると、それは再び、意味深く有益なものに見えてくるのである。[46]

　つまり、夢を見ている間、ふつうの意味の意識水準が閾値より下がっている（すなわち、鈍感になっている）とか、外界からの刺激に注意が向かない、といっ

たことは誰もが思うところである。

　しかし、このような現象を覚醒時の表象活動がたんに低下しているということだけで説明するには無理がある。したがって、量の低下ではなく活動の質の変化を想定すべきなのではないか、それをもたらすものとして「別の舞台」を仮定するのである。

　もう一つ注目すべきことはこの「夢の心理学的特性」という節のはじめに、つまりこの引用文の前に、フロイトは夢がわれわれ自身の心の活動の所産であるにもかかわらず、どうも「余所よそしいものに見える」(71頁)ことを強調している、ということである。

　これらはいずれも、日常の覚醒生活における諸体験にくらべて、夢の体験があまりにも異質であることからきているものであろう。

　もちろん、フロイトによるこの引用文だけでは、「フェヒナーが何を言いたかったのか」はたしかにわからないだろう。しかし、フェヒナーは夢についてもう少し多くを語っている。

　フロイトが引用している『精神物理学原論』の第二部520頁は「内的精神物理学」を論じている部分の中のXLIV (44) 章「特に残像と記憶像の関係についての観察とコメント。記憶残像、感覚記憶の現象、幻覚、幻想(錯覚)、夢」の「f. 夢についての二、三の覚書き」にある。

　そして、フロイトの引用部分のすぐ前の文章は次のようなものである。

　　この章のa)の部分で伝えた事実、そしてe)で試みた考察の結果として、(非常に長い間、弱く留まる)精神物理学的活動の舞台を、表象像の発生とこの像自体に支配されるような活動の分野から分離したものではなく、活動の分野の異なったものと思う理由を得る。その活動の分野は感覚像に支配され、しかし、それでも両方の分野における活動自体は相互に結びついており、働きは移し替えることができるのである。私は目覚めた表象活動の舞台が存在する時、夢の舞台は別であり、覚醒の場合に活発な表象が存在するように、非常に活発な夢においては、感覚及び運動作用の領野でそれに対応する反射が生じるということを推測している。

われわれが、外的な自然の中の周期的な現象があってそれを見つけるのに慣れているので、われわれの生体の精神物理学的な活動の時間的な振動（オシレーション）が同様なやり方で空間的な振動あるいは循環運動と因果的に関連しているというそれ自体としてはありそうもないことを特徴にしている。それゆえ、睡眠中のわれわれの精神物理学的活動の主要波の閾下に押し下げられた頂点は、覚醒中の頂点とは違った場所を取る。そして、このようにして、その閾を超えるもう一方も覚醒においてそうであるように、夢の表象が依存していて、上部波の余地に同調し、覚醒時とは違うものがある。(Ⅱ.S.520)

　このように、フェヒナーは「……覚醒の場合に活発な表象が存在するように、非常に活発な夢においては、感覚及び運動作用の領野でそれに対応する反射が生じる」ことを推測している。
　つまり、夢は睡眠中の単なる、それ自体独立した、うたかたの架空の心理体験ではないのである。
　これらの引用部分で、問題となるのは「精神物理学的活動」という言葉のもつ意味であろう。これについてはすでに本書の第Ⅲ章で見たように、外界からの刺激を受けて、何らかの操作を加えて、再び外界に反応として示す、人間内部の仮説的概念であって、実体として呈示することはできないものなのである。
　したがって、夢を見ている間に身体内部でどのような「反射」などが生じているのかいないのかも、実際には確認することはできない。
　実はフェヒナーはすでに462頁で夢について語っているのだが、この覚書きはその補足であるとしている。
　それでは、462頁においてはどのようなことが述べられているのだろうか？　少し長くなるが、以下に引用しよう。

　夢は外部世界におけるわれわれの覚醒生活と重要な類似点をもっている。それは、夢がわれわれにとって、それがすでにある表象の劇（Spiel）とし

てではなく、外的な現実として出現するということを説明するのに貢献する。覚醒時に外部から引き離された表象生活においては、主要波は下部波によって上部波より比較的強く高められる。われわれの注意を引く刺激の影響下にある外界での生活においては、問題は正反対である。そして、現実は下部波に対する比率において上部波が増大すればするほど、それだけ多く影響そのものが現れてくる。しかし、覚醒時に、上部波の優勢な上昇によって生じるのと同一のことが、睡眠時に、下部波の優勢な沈下によって生じるのである。

　完全な覚醒時の幻覚、幻想もまた現実性の完全な性格を帯びることができるということも、同じ事情に基づいているのかもしれない。すなわち、それらが依存する上部波が異常な比率で下部波を越えて大きくなるその時に、それは起こるのだろう。

　その際、人はまだ夢の本質について二重の見方をもつかもしれない。人は、夢がわれわれがそれを夜にみる一方で、覚醒時に遊びの中で聞き流した言葉と同じ意味で無意識である、ということを想像するかもしれない。そして、第一に、覚醒の際に後から記憶に入り、意識で記憶の中で再生される。しかし、人はまた以下のことを想像することができるし、私もこの公算が大きいと思うのだが、すなわち、われわれはすでに夜の間、われわれが記憶によって（それらを持ったと）信じるように同じような意味で夢を意識しており、そしてまた、覚醒時に意識への無意識の共同決定についてのこの観点においてそれらが提供する違いは、すべてが意識の主要閾の下にあるかぎりは、決定に参与できるものはいかなる意識もそこにありえないということのみにまさにかかっているということである。それでも、このことはまだ疑いの対象ではある。(II.S.462)

ここでは主として二つのことが言われている。
まず、ここでも、フェヒナーの『原論』における「波動図式」が用いられている。これについて、あらためておさらいしておくと、フェヒナーは一本の横線に交差して上下に波うついくつかの山と谷をもつ波形を考える。横線は「主要閾」

をあらわし、全体の波形を「主要波」と呼ぶ。引用文中の「上部波」は突き出た波の山を意味し、「下部波」は波の谷間等をあらわす。ただし、いかなる波も上部波と下部からなっている。波の頭に近づけばわれわれの意識や感覚は鋭くなり、谷間の底に近づけばそれだけ無意識の世界に入り込む。

さて、二つのことの一つは、覚醒時にも幻覚、幻想は生じ、それらは現実性を帯びるが、その時、「上部波が異常な比率で下部波を越えて大きくなっている」だろう、ということである。

もう一つは、夢が無意識の世界だけのもので主要閾を超えることがないから生じないと考えるのには無理がある。覚醒時とは異なる睡眠中に特有な夢の中での一時的な特有の興奮（下部波の中での「山」の発生）があるのではないか、ということである。

これについては、「一般的な意識現象と特別な意識現象」においても述べたように、短い周期の運動（振動）によって表わされる、特別な意識現象である。

(c)「全集」第5巻『夢解釈Ⅱ』[6]
第七章　夢過程の心理学に向けて（B）

p.324

　諸家の意見中に見られる、夢見の理論へのあらゆる見解の中の一つを、関連の深いものとして取り出しておきたい。偉大なフェヒナーFechnerは、彼の『精神物理学』（第二巻、五二〇頁）において、幾つかの文脈の中で夢を論じ、次のような推論を表明している。すなわち、夢の舞台は、覚醒時の表象生活の舞台とは別物である[50]。他の仮説はどれも、夢生活の特別な独自性格を把握することを可能にしてはくれない[51]。

　これはすでに前の（b）で紹介した引用文の簡略版というか、まとめである。フロイトはここでも、「偉大なフェヒナー」と呼び、「夢の舞台は、覚醒時の表象生活の舞台とは別物である。」と繰り返す。

　そして、「夢生活の特別な独自性格」を強調するのである。

しかし、それから先はフロイトは独自の道を歩み出す。
　彼はこの文章につづけて、「こうして、われわれが手中にしている観念は、心的局在性という観念である。（中略）そうして、心的局在性を、たとえば解剖学的に規定したくなるという誘惑を、注意深く避けて通ろうと思うのである。」と述べる。
　つまり、ごく簡単に要約してしまうならば、フェヒナーの「舞台」の違いという考え方を手がかりにして、フロイトは「心的局在性」という考えにたどり着いてしまうのである。
　さらにフロイトは、「……心の作業に仕えている道具立てを、たとえば組み立てられた顕微鏡、あるいは写真機、などのように思い描いてみるのである。そうすると心的局在性といったものは、ある装置の内部のある場所に対応し、その場所において、後のいくつかの前段階のうちの一つが結ばれることになる。」と考える。
　そうして、「心的な営みを分解し、装置の個々の成分に、個々の営みを割り振る」、そのうえで、「このような分解から心的な道具立ての関連を推測しようとする」のである。
　「そこでわれわれは心の装置を、組み立てられた道具のようなものとして思い描くことにする。その構成部分を、われわれは、審級、もしくは直感に訴えやすくするために、系と呼ぶことにしよう。」（326頁）として、これらの系があるいは「相互にある種の恒常的な位置関係を有しているのではないか」という予想を立てるのである。
　こうして、彼は自然科学的基礎をもとに心理学文献の知識を得て、分析家としての経験、すなわち臨床経験からもたらされる直感を信じて彼自身の理論を構築していった。
　それは、心理学の「正統派」からすれば、メタファー（形而上学）にすぎなかったにしても、多くの人々に影響を与えていったのである。

2．快・不快の問題をめぐって

(1) 快原理の彼岸
(d)「全集」第 17 巻『快原理の彼岸』[7]

　以下に引用する部分は、長い文章であること、フロイトの引用がフェヒナーの原文の二カ所にわたっていることから、便宜的に (d)-1, (d)-2 と分けて示すことにしたい。

(d)-1
p.56
　とはいえ、G・Th・フェヒナーのような、深い洞察力をもった研究者が提示している快と不快についての見解が、精神分析の仕事をしてゆくなかでわれわれが持たざるをえなくなった見解と、本質的なところで合致しているとなれば、無関心ではいられない。フェヒナーの発言は、一八七三年の『有機体の創造と発展の歴史のためのいくつかのアイディア』という小論（第一一節補足、九四頁）に含まれており、次のような文面となっている。「衝動が意識されると常に快ないし不快として感じられるが、そうである以上、快や不快もまた安定・不安定の比率と精神物理学的に関連づけて考えることができよう。そして、他の場所でより詳しく展開したいと思っている、次のような仮説も、このことに基礎づけられるのである。すなわち、意識の閾を超え出る精神物理学的な運動にはどれも、十分な安定性に一定の限界を超えて近づく割合に応じて快が付属し、一定の限界を超えて十分な安定性から遠ざかる割合に応じて不快が付属している。ただし、快と不快の質的閾として表示されるべき両限界の間には、一定の幅の感覚的に差異のない部分が存している……[4]」。

　心の生活においては快原理が支配している、とわれわれが信じる機縁になった事実はまた、自分のうちに現存する興奮の量をできる限り低く抑えておく、あるいは少なくとも恒常に保っておくというのが、心の装置の指向である、という仮定として表現することもできよう。それは同じことを、別様に述べたに

すぎない。というのも、心の装置の作業が興奮量を抑えておくことに向かうのであれば、量を上昇させがちなものはすべて、装置の機能に反するものとして、すなわち、不快なものとして、感じられなければならないからである。その意味で、快原理は恒常性原理から導出される。が、実際のところ、恒常性原理は、われわれに快原理を仮定させた諸事実に基づいて、その存在が推定されたのであった(5)。より突っ込んだ議論をするなら、心の装置についてわれわれの仮定したこの指向は、フェヒナーのいう安定性への性向の原理——フェヒナーは快・不快の感覚をそれに結びつけたのであった——に、一個別事例として包含されるということも、見出されるだろう。(須藤訓任訳)

　ここで、フロイトが引用しているフェヒナーの著書はたしかに全体で108頁と、フロイトが言うように「小論」ではあるが、内容は「宇宙進化論」なども含んだ壮大なものである[8]。
　引用文は第XI節の「補遺」の一節であるが、この節のタイトルは「安定性への傾向原理の目的論的及び精神物理学的活用」である。
　ここで、フロイトはフェヒナーの示した快・不快の感覚が安定・不安定の比率と精神物理学的に結びつけられているということとパラレルなものとして、快原理と恒常性原理を結びつけている。
　しかし、フェヒナーの言う「安定性への傾向」は、ここからフロイトのめざすものとは離れてゆく。
　以下に、フロイトが引用した部分につづいてフェヒナーが書いている部分を参考のために紹介しておこう。

　……その際に、もしかすると、宇宙の運動のすべての性質は、ただひとつ、その運動の違いによって、その活力のさまざまな {段階} を越えるもの、すなわち運動の形態を引き合いに出す質的な閾に対して、{量的な} 閾と呼ばれるべきである時にのみ、何かしら一様なものを除いて、精神物理的なものと理解する、すなわち意識したものとなるということを想起すべきである。ひとめですぐに眼前に展開される困難、すなわち、それゆえ仮説によっ

て、われわれの精神物理学的システムのある部分に最も安定した運動状態を生じさせる最も快に満ちた作用は、恒常的な以後の保存の際にますます快の効果を失い、そして、ついにはそれどころか、退屈あるいは嫌気の不快に席を譲る、部分的にはそれによって高まると言ってよいだろうということ、その作用に依存する内的興奮は鈍磨の法則によって、ますますその強さの量的閾が下がってゆくが、そこに快の段階も、部分的にはわれわれの精神物理学的システムのそのような装置という前提によって依存しているということ、{全体システム}のある近似的に安定した状態は、ただ、そのいくつかの個別の部分の間の興奮の一定の変化とともにだけ存在している。それに対して、ある一定の限界を越えた絶え間ない一方的な興奮はそのもとではそれと相容れない、ということである。われわれは最も美しい絵画の実見には、最後には飽き飽きするが、しかしそれはわれわれにとって、その絵画にではなく、欠けている変化が気に入らなくなり始めているからである。(S.94)

つまり、フェヒナーは最も安定した状態において、最大の快はしだいに失われて不快感を生じさせる。安定した状態は変化を生まないし、精神物理学的システムは変化が生じないところでは快を生むようには機能しないと考えるのである。

また、この本の第III節では「安定性への傾向原理」そのものが取りあげられている。

ただし、その内容はフロイトが引用している文脈から感じられる、心理的、生理的なものとはまったく雰囲気の異なる物理的で、無機的なものである。以下にその一部を示しておく。

　簡潔さのために、私は規則的な周期、すなわち連続的な同じ時期において、人があるより大きな系に結合させることを考えられるような、ある物質系あるいは全体の質量（簡単に質量とする）の重心の粒子のくり返される位置状態と運動状態を{安定}状態と名付ける。そこでは、同じ状態が{常に}存続しており、粒子あるいは質量の静止状態が互いに極端な場合としてのみ

含まれている。極端な場合、それをわれわれは {絶対的} 安定性と呼ぶ。しかしながら、粒子あるいは質量の異なる方向での無限への拡散が他の極端な場合、すなわち絶対的安定性を生み出す。

　しかも、運動が生じるところでは、もはや絶対的安定性だけでなく、{完全な} 安定性とその場合をわれわれは呼ぶだろう。しかし、これは粒子と質量の同じ状態に対して、つねに、正確な同一の周期において、その位置によってだけでなく、速度と方向、及び速度と方向の変化によって、相互に関連してもとに戻る。しかし、絶対的な安定性に対するより大きな、あるいはより小さな接近に応じて、完全な安定性の程度はさらに区別されることができよう。すなわち、この接近は粒子あるいは質量の位置の変化が互いに遅ければ遅いほど、そして、より小さい範囲に留まれば留まるほど、人は両方あるいはその一方を、絶対的安定性を得るために、ただその限界に行く必要があるということによって大きくなる。

　絶対的及び完全な安定性を求めて、第三の場合として、完全な安定性へのより大きいか小さいかの接近、つまり {近似的} 安定性というものがつけ加わる。つまり、ある系の粒子あるいは質量はお互いに関して以前の状態に対して同じ時期に、二度と再び厳密にそのままではないが、それでも近似的に戻るということがあり得る。(S.25)

　すなわち、フェヒナーは粒子と質量の状態と変化から「安定性」というものを考える。この安定性においては、「絶対的安定性」、「完全な安定性」に加えて、「近似的安定性」の三つを考える。
　これらはきわめて物理的な説明で、この引用文につづけては「惑星系」の運動についての説明にも関連づけているほどである。
　一方、エランベルジェは、フロイトの「恒常原則」に対する影響の一つとして、このフェヒナーの「安定性への傾向原理」を取りあげている。エランベルジェは次のように書いている。

　　さらに惑星と生物とにおける安定性に向かう傾向性のいろいろな面を定

義した後、フェヒナーはこの同じ原則を人間の精神に適用した。フェヒナーは考えたのである。――、私たちの精神の活動は波動を描き、揺らぎを現す。これは近似的安定性に向かう傾向性であることを示している。ここでフェヒナーは安定性に向かう傾向性の原則と快不快原則とを結合する。(99頁)

さて、前記のフロイトの引用に関連して、フロイトの最も忠実な弟子にして、「正統的」(あるいは「右派」) 精神分析学の信奉者である、E. ジョーンズは、彼の有名な『フロイトの生涯』の中で、次のように書いている[9]。

> 彼は快不快原則の重要性についての彼の意見をふたたびのべることによって説明をはじめた。その原則について彼はフェヒネルに同意しており、フェヒネルがうち立てた安定性の原則に従うものである。この原則に従えば、精神活動の本質的機能は、本能によるにせよ外部からのものにせよ、刺激によってひきおこされた緊張をできる限り低い水準に下げることにあるのである。フロイトは、目的が刺激をなくするにせよ単に減らすにせよ、その双方に適用するのに、バーバラ・ロウの暗示した「涅槃原則」という言葉を用いた。この原則はフロイトの解除反応の体験に、またそれどころか、衝動が満足を求めて、その後安定に入るという彼の願望充足理論全体にも、よく一致するように思われた。しかし、このころまでに彼は増大した刺激と不快感との間の、そして解放と快感との間の相互関係は、彼が今まで考えていたほど密接ではあり得ないことに気づいていた。性的緊張の増大によって得られる快感は、この原則のはなはだしい矛盾であると思われるであろう。そして今や「戦争の夢」の経験がそれにおとらず著しい矛盾と思われるようになった。(401頁)

フロイトの「戦争の夢」とは、1914年に勃発し、1918年までつづいた第一次世界大戦による経験のことをさしている。戦場で多くの兵士が恐怖に満ちた体験をし、その結果として「戦争神経症」あるいは「シェル・ショック」と呼ばれるような症状が問題となっていたのである。

二度と思い出したくない戦場の記憶が、不安に満ちた眠りにおける夢としてくり返しよみがえる「反復強迫」の事実は、フロイトにそれまでの「現実原則」と「快楽原則」という図式の再検討を迫るものであった。
　こうして、フロイトは前記の文（d)-1（56頁）を次のように続ける。

(d)-2
pp.57-58
　けれども、そうだとするなら、心のプロセスの経過を快原理が支配すると語るのは、本来的には不正確だといわねばならない。そのような支配が成り立っているとしたら、人間の心の圧倒的大多数は、快に伴われているか、快に通じるものでなければならないだろうが、しかし、経験上この理屈通りにならないことはだれもが痛感している。したがって、快原理への強力な性向が心のうちに存しているものの、この性向に他の一定の力や事情が対立しているために、最終的結末はいつも快の性向に対応できるわけではない、と考えるしかない。似たような案件に際してのフェヒナーの［以下の］所見を参照（同書、九〇頁）されたい。「しかし、目標に向かう性向があるからといって、それはいまだ目標への到達を意味するわけではなく、目標はただ接近してゆくことによってのみ到達可能なのだということでもって……」。それで、どのような事態によって快原理の貫徹は挫かれるのかと問いなおしてみるなら、そのときには、われわれは踏み固められてよく知られた地盤に再び歩み入ることになり、その問いに答えるために分析家としての経験をふんだんに援用することができる。

　ここでも、フェヒナーはフロイトの考えに沿うかたちで、まず引用され、そのうえで、「分析家としての経験をふんだんに援用することができる。」として、自分の理論を展開してゆくのである。
　しかし、本来のフェヒナーの文脈はかなり違ったものであり、その一部だけが用いられている。
　もちろん、このようなことは、ある意味で引用する者の「特権」であり、本書を含めて多くの本がそのようにして書かれている傾向があることは否定でき

ない。

　しかし、フェヒナーのもともとの文章は最終的には有機体の死と安定性への傾向の原理を結びつけるものである。以下、フロイトの引用の部分を含んだ前後の文章をあらためて示すことにしよう。

　　実際のところ、われわれがそれをより詳しく熟考するならば、進展する出来事は、それがある近似的に支える有機体の状態へと導き、そしてたとえより大きなあるいはより小さな変更があっても、そのような状態を一定の時間枠の間、維持することが可能である時、ある有機体の装置と外的条件はまさにその点においてのみ合目的であることを意味する。
　　なぜなら、ある有機体の死は、物質的な側面にしたがって、有機体の安定性の喪失に起因するからである。これによって、安定性への傾向の原理は、これが有機体の世界の物質的側面に適用可能な範囲では、目的論原理と一致する。しかし、目標への傾向はまだ目標の到達を意味しないし、ただ目標がそもそも接近によってのみ到達可能であるということであり、われわれはまた、有機的世界が目的論原理の作用にもかかわらず、そこでなお進行する非常に多くの合目的でないことの性質をもたらす妨害に支配されるということに対する視点を得る。
　　また、安定性への傾向の原理が、有機体の最終的な死によって、無機の状態への有機的安定性の移行を妨げないだけでなく、それどころか、最終的な目標への安定性の促進という意味においても移行を持つという状況は、目的論的原理との同一視と矛盾するのではなく、むしろその証明の確認に役立つ。なぜなら、後者の原理はその世界で有効である限り──そして、それについては問題にならないが、──有機体の死をまさにほとんど妨げることはないからである。(S.90)

　ここで言われている「目的論(的)原理」とはなかなか難解なものである。フェヒナーは『宇宙光明の哲學』の第14章で「目的論について」論じているので、それを見てみよう[10]。

彼はまず、感覚や意識を持つ生物が存在しないとすれば、この世に何が存在し、動き、反復されようと、どうでもよい問題となろう、とする。したがって、意識的生命の有効なる維持、働き、発展に充分役に立つもののみを合目的であると考える。

　しかし、あるものが永続し、長持ちすればするほど合目的だとは考えない。フェヒナーはここでも、「……いくら生命を維持し力強く發展させるものであっても、それが結局人生そのものを極めて不快なものにする結果を齎すならば、このような構造は決して合目的だとは云へないであらう。」(160頁)と「快・不快」を重視するのである。

　以上が、「目的論」についてのフェヒナーの考え方の概略であるが、彼はこの観点から当時の機械論（あるいは唯物論）、ダーウインの進化論などを批判している。

　そして、この観点から前記の引用文を読めば、ある安定状態において有機体は不快を防ぎ快を楽しむことができる、そして目的論原理は有機的安定性の無機の状態への移行を妨げることはない、ということがわかる。

　ところで、精神分析学では「エネルギー保存の法則」をどのように考えているのか、一つの例として次の事典の記述を見てみよう[11]。

「エネルギー恒存の法則」

　心的過程は発生した興奮（心的エネルギーの高まり）をできるだけ解消して安定した無の状態に向かおうとする基本法則に支配されているという精神分析の基本仮定。精神分析以前に、すでにフロイト S. Freud [1895] は、物理学者フェヒナー G.T. Fechner によるエネルギー恒存の法則を神経系に適用し、各ニューロンは備給されたエネルギー量の緊張を失ってゆこうとする「ニューロン慣性の原理」(principle of neuronic inertia) を仮定したが、やがて [1914] は、（心的エネルギー）「恒存の法則」が心的過程を支配し、欲動緊張の増大が不快、その減少が快として経験され、心理的には、この法則が快感原則 (pleasure principle) として現れると考えた。またフロイト [1914, 1920] は、バーバラ・

ロー Barbara Low の提起した涅槃原則（nirvana principle）とこの「恒存の法則」を同義のものとみなしている。しかし、1924 年になると「恒存の法則」ないし「涅槃原則」と「快感原則」を区別するようになり、当時の本能二元論（エロスとタナトス）の見地から「恒存の法則」つまり「涅槃原則」は、死の本能に由来するが、生の本能と結合することによってそれが「快感原則」に変容されると述べている。一般に、フロイトの「死の本能」論に批判的な人々も、飢え、性欲などの本能的欲動に関して、このエネルギー恒存の法則ないし安定への傾向が働き、この法則が心理学的な原則としては「快感原則」の形に現れるという見解には同意するものが多い。（74 頁）（小此木啓吾）

　ここで、「物理学者フェヒナーによるエネルギー恒存の法則」などとあるのは、本書でいままで見てきたようなフェヒナーの記述するところとは、いささかニュアンスが違うと思わざるを得ない。
　すでに、本書の II、III 章でも見たように、たしかにフェヒナーは 1850 年頃から、1860 年代のはじめ頃まで「活力（lebendige Kraft）」ということばは使ってはいるが、ここでまとめられているものとはかなり文脈を異にしている。
　本章の 4. でも見るように、エランベルジェは、「精神分析学に対するフェヒナーの影響」の一つに「心的エネルギー概念」をあげているが、19 世紀末以後の心理学・神経精神医学界では、それが三つの理論形式に整理された、という。
　すなわち、第一は本来の「精神物理学」的心的エネルギー理論であって、心的エネルギーは物理的エネルギーの一つの特異的形態であり、同じく物理法則に従う。
　第二は、神経精神医学的理論であって、心的エネルギー概念と脳の解剖学および生理学と結合しようとするものである。
　第三は、純粋に心理学的な理論であって、「心的エネルギー」の本性は未知であるとしつつもその存在を前提としつつ、物理学と生理学との相関関係をいっさい考えずにただエネルギーのさまざまの現象形態を記述しようとするものである。
　そして、エランベルジェは「フロイトはしばらくのうちはもっぱら第二タイ

プの理論を樹立しようとしていた。」が、本章でも後述するように「科学的心理学草稿」の試みが失敗してからは、「……その後の枠組みには脳解剖学や脳生理学を入れなくなった。しかしながら、『夢判断』、あるいはそれ以外でも、その論理の展開には、まずフロイトの初期の第二タイプの試み、次にフェヒナーの精神物理学説の全体的考察を考えに入れるとわかりやすくなるところが決して少なくない。」(94頁)と述べている。

(2) 快機制と機知の心因
(e)「全集」第8巻『機知』[12)]
IV節　快機制と機知の心因

p.148

　一体化は、素材ではなく思想連関の領域での反復に過ぎないのだが、これをG・Th・フェヒナーは機知のもたらす快の源泉として格別に評価した。フェヒナーはこう述べている(『美学入門』第一章、第一七節[(8)])。「私見によれば、ここでわれわれが目の当たりにしている領域では、多様なものの統一的結合という原則が主要な役割を果たしているが、それを補助する副次的条件が加わらないと、この領域の事例が与えてくれる満足をその独特の性格ともども引き出すことはできない*3 [(9)]」。

　ここで引用している『美学入門』[13)]の該当部分に第一章第一七節とあるのは間違いで、正しくは第一部、第一七章と思われる。第一七章のタイトルは「面白いこと、楽しいこと、おかしいこと、の特性をもたらす含蓄と機知に富んだ直喩、言葉遊び、その他の場合、について」である。

　これについては、すでに本書の「IV. 美学入門の方法」で説明したところであるが、ここでその一部を再度取りあげてみることにしよう。

　すなわち、フェヒナーはまず「私の考えでは、われわれがありありと思い浮かべる分野で、多様性の統一的結合の原理が主役を演じるのだが、しかしさらに、ここに属する事例が認めることができる楽しみを、その独特な性質を

もって閾を超えてかりたてるためには、補助的な副次的諸条件を必要とする。」(S.221) と述べる。

そして、「含蓄と機知の直喩と言葉遊び」を例にして、ちょっと見ただけで、非常に異なったものの中にある画一的な ｛概念的な｝ 観点を発見するという楽しみ、について説明している。

その一方で、そっくりの、あるいは似たような ｛言葉｝ 表現の単純な結び付きによる滑稽さや、それによってつくり上げられる差異あるいは見かけの矛盾が大きければ大きいほど、それだけ楽しいし、それ自体滑稽である。第三に、結び付きの方法がなじみのない、意外なものであればあるだけ、よく知られた美学的作用あるいはそれに近い結びつき方は閾下に下降する。

そして、「実際のところ、この遊びの美学的作用の際には、閾の原理といつもの刺激に対して不可欠の考慮の鈍磨が生じる。上記の原理におけるいわば作用の核が存在する一方で、まさにこの原理のみが決定に参与する。」(S.221) という。

しかし、この原理の作用はさらに、比較あるいは言葉遊びに入り込んで、快的側面あるいは不快な側面の傾向がある内容の性質によって、促進されたり、あるいは逆に減退されたりすることがある、というのである。

(f)「全集」第 8 巻『機知』
IV 節　快機制と機知の心因

p.161
G・Th フェヒナーは、その著書『美学入門』（第一部、第五章）のなかで、「美的［感性的］助力あるいは高揚の原理」を提起し、その原理を以下のように詳述している。「それだけ単独ではわずかな働きしかない快の諸条件が互いに矛盾なく重なり合うと、個々の条件がもつ快の値それ自体に見合うより大きな、しばしばはるかに大きな快の結果がもたらされ、それは個々の作用の総和として説明できるような程度を超えている。いや、この種の重なり合いによって、―個々の作用因が弱すぎる場合でさえ―積極的な快の成果が達成され、快の

閾［開始点］が超えられることもありうる。もっとも、それらの作用因は他と比較して、満足感を与える点で有利を感じさせなければならないが」*6。私が思うに、他の多くの芸術的造形に関してはこの原理は証明できるが、機知というテーマはこの原理の正しさを確証する機会をあまり与えてくれない。機知からわれわれが学んだのは、少なくともこの原理の近縁に属してはいるが、それとは別のことであって、つまり快を生み出すいくつかの作用因が協働したとしても、その成果のどの部分が実際に各々の作用因に帰せられるのか、振り分けることはできないということである（一〇〇頁［本巻一〇八一一一〇頁］参照）。しかしながら、助力の原理で想定された状況を変え、そのもとでの新たな条件に関して答えるに相応しい一連の問いを提起することはできる。ある布置連関のもとで快の条件が不快の条件と重なり合えば、一般にどのようなことが生じるのだろうか。その場合、成果とそのプラス・マイナスは、何に左右されるのか。傾向的機知の場合は、これらの可能性のうちでも特殊なものである。ある特定の源泉から快を迸出しようとし、妨げがないならば実際にそれを解き放つであろう心の蠢きや追求というものが存在するが、それ以外にまた別の追求があって、先の快の展開に逆らって働く、つまりそれを制止したり、抑え込んだりする。抑え込む流れは、結果を見ればわかるように、抑え込まれた流れよりもある程度強いはずだが、さりとて後者が消滅してしまうわけでもないのだ。

p.163

*6 第二版（ライプチッヒ、一八九七年）、五一頁。強調はフェヒナーによる。

『美学入門』第五章のタイトルは、本書では「美学的補助あるいは増進の原理」と訳しているものであって、この原理については、すでに本書の第Ⅳ章「美学入門の方法」で見たとおりである。

すなわち、それ自体ではわずかのはたらきしかない個別の快の要素も、それらがいくつか矛盾なく加えられる場合には、全体として単純な総和以上の大きな快を生み出す、という原理である。

もちろん、機知に関しては、ここでフェヒナーが述べているような快とは異

なり、ことはそれほど単純ではない。

しかし、フロイトはある状況、ある布置関係で快と不快の条件が重なり合うような場合には、思いがけないことが生じる可能性があると考える。ある種の機知はそのようにして生じるのかもしれない、と。

ただ、そうだとしたなら、フェヒナーの原理をわざわざ最初に持ってくることもないと思うのだが、快機制と機知の心因がかかわりがあることを示したかったのかもしれない。

いずれにせよ、フロイトが関心を持ったフェヒナーの記述は、機知と快と美という三つの概念の関係を整理しないと、はっきりとは理解できないものであろう。

3．機知とその他の問題

(1) 機知の技法
（g）「全集」第 8 巻『機知』
II 節　機知の技法

p.77
………同一素材の多重的使用─それは二重意味とも近い─との相違は、ここではかなり明瞭である*26。

上記の引用文で *26 と記された原注（26）は「一体化（Unifizierung）」の説明のために、以下のように欄外に述べられている。

p.78
*26　機知が謎々と奇妙に否定的な関係にあって、謎々が見せつけることを機知は隠すのだと、先に述べた［本節原注（12）参照］。この関係を利用して、上述の諸例では十分に記述できなかった「一体化」というものを説明してみたい。哲学者 G・Th・フェヒナー [76] が失明して時

間つぶしに作った謎々の多くは、高度の一体化によって際立ち、格別の興趣を備えている。たとえば、二〇三番のうまい謎々(『ミーゼス博士[77]の謎々本』増補第四版、出版年無記載)を観てみよう。

「最初の二つ[死者]は残り[墓]と組になって憩いの場を見つけ、
全体が寝床をこしらえてくれる」。

答えとなる二つの音節の組について、両者の関係しか述べられていないし、全体については最初の組への関係しか述べられていない。(答えは墓掘り人。[78]) あるいは、同一もしくはほとんど同一の第三のものへの関係を述べた、次の二つの謎々を見よ。

「第一音節は歯と髪、
第二音節は髪の中に歯がある。
歯に髪のないものは、
全体から品物を買うものではない」。(一七〇番、答えは博労[馬のくし][79]

「第一音節は[動物的に]食う、
第二音節は[人間的に]食べる、
第三音節は食われる、
全体は食べられる」。(一六八番、答えはザウアークラウト[発酵キャベツ[80]]

完璧この上ない一体化を見せてくれるのは、シュライエルマッハーが作った、機知的としか呼びようのないな次の謎々である。

「最後の音節に巻きつかれて、
全体は最初の二つの
音節[絞首台]にぶらさがる」。(答えは絞首台の縄[やくざな奴[81]])、

つづり字(音節)をつかった謎々のうち大多数には一体化が欠けている。つまり、一つの音節のヒントとなる指標が二番目、三番目の音節の指標とはまったく無関係であり、それとは別に全体を言い当てるヒントとも無関係なのである。

ここでは、フェヒナーがフロイトのいうところの「失明して時間つぶしに作った謎々」を集めた『ミーゼス博士の謎々本』が取りあげられているが、この本については、ラスヴィッツが次のように書いている[14]。

　……彼の意外な関連についての思索と探索への傾向は、謎謎の案出に対する愛好にかなっている。それを彼は同じく彼の病気中に他の楽しみがないので、(その趣味を)持った。大量の興味を起こさせる、滑稽な謎謎が彼の詩に含まれている。それに加えて、ニーリッツの暦や雑誌などにそれぞれ載せられて発売された。そして、最終的には、まず1850年に、それから1858、1865、1876年に新版が、『ミーゼス博士の謎謎の本』として集録された。(S.36)

　このように、フェヒナーの謎謎の本が何回か版を重ねているのは、それなりに人気があったからであろう。フロイトもこのうちのどれかを読んだものと思われる。
　ここで、「ニーリッツの暦」とはカール・グスタフ・ニーリッツ（Karl Gustav Nieritz, 1795-1876）によって1842-1877年までライプチヒで発行されたもので、雑誌にはザクセン地方の郷土史や民話なども載せられていたという。
　なお、ここで日本語に訳されている謎謎の意味は、原文のドイツ語がわからないかぎり、ほとんどわからない。
　この203番の謎謎の意味については、福元圭太の論文「フェヒナーからフロイトへ（2）―グスタフ・テオドール・フェヒナーの系譜（7）―」の中で原文とともに取りあげられているので、それを参照されたい[15]。

(2) 機知と夢、および無意識との関係
(h)「全集」第8巻『機知』
VI節　機知と夢、および無意識との関係

p.207

………今やまた、なぜ「機知的なもの」なる性格が、付随物として、カリカチュアや誇張やパロディに付け加わりうるのかを理解することもできる。それが可能になるのは、「心的舞台」が多様であるからなのだ*8。

p.209

*8　私の見解を支持する点で重要な意味をもつようになったG・Th・フェヒナーの表現(15)。

　フロイトの『機知』の本は、「分析部」、「総合部」、「理論部」の三部構成となっているが、その理論部に「VI節　機知と夢、および無意識との関係」は含まれている。節のタイトルからも明らかなように、機知を夢と比較し、また意識との関係についても考察している。
　夢や機知がつくられる過程を、それぞれ夢工作、機知工作と呼んでいるのだが、その共通性は、前意識的な思考が一時、無意識的な加工に委ねられて、その成果がただちに意識的な知覚によってとらえられるところにある、とする。
　さらに、夢内容の無意味（ナンセンス）や不条理性がまぎれもなく心的現象の一種であるということを証明しようとする過程で、ある種の傾向的機知（一部の人々には快を、別の人々には不快をもたらすような機知）におけるナンセンスも同じような性質をもつということがわかった、と話は進む。
　ここで、フェヒナーの「心的舞台」が引用されているのは、カリカチュア、誇張、パロディ、滑稽な移し変えによって「滑稽なナンセンス」をつくり出すという別の方法もある、というような文脈においてである。
　そして、最後にフロイトは、「夢は主として不快の節約に貢献し、機知は快の獲得に寄与する。しかるに、われわれの心の活動はすべて、この二つの目標において重なり合うのである。」(212頁)と述べて節を終えている。

　ところで、フロイトはなぜ機知の問題に興味を持つようになったのであろうか。これについては、『全集第8巻、機知』の訳者の一人、中岡成文による「解

題」で説明されている。

　それによれば、「機知という事象に対するフロイトの関心は、すでに1877年6月12日付のW.フリース宛書簡に見られる。」という。そして、精神分析にとって貴重な発見である夢と機知との関係に気づいたことを示す最も早い記録は、「『ヒステリー研究』におけるエリザベト・フォン・R嬢の症例の終わりの脚註で述べられている、ツェツィーリェ・M夫人の機知的な夢であろう。」としている。

　その後、「『夢解釈』が構想、執筆される過程で、夢の機知的性格にさらに大きな注意が向けられることになった。」として、1899年秋にフリースが、「『夢解釈』の校正刷りを読み、そこで分析されている夢があまりに機知的すぎると異論を述べた。」という。

　フロイトは、同年9月11日付で手紙を書き、「あらゆる無意識の過程の外見的機知は、機知的なものないし滑稽なものについての理論と密接に関連しています」と述べたという。

　なお、「機知の問題」、「心的舞台」等については、前記福元圭太論文の中で、詳しく扱っている。

　そこでは、"機知論においてはしかし、「舞台の交替」以外にもフロイトがフェヒナーから示唆を得たコンセプトが2つある。それらは「予備的快の原理」(Vorlustprinzip)と「一体化」(Unifizierung)である。"として、この二つについて説明している。

　そして、前者についてはフェヒナーの「美的な補助ないし高揚の原則」に基づいており、後者は「多様性の統一的結合の原理」を援用していると述べている。

　そして最後に、彼は次のように述べている。

　以上のように、フロイトの「メタ心理学」においては、その力動的観点、局所論的観点（夢、錯誤行為、機知）のいずれについても、フェヒナーのフロイトへの影響が、甚大かつ決定的であったことが分かる。鍵となるのはフェヒナーの「舞台の交替」説である。それが無意識そのものの力動や、夢、錯誤行為、機知に共通する局所ないし審級の移動を伴う「夢の作業」の仮説の

基礎を形成しているからである。(16頁)

　以上、「機知」の問題について見てきたが、フロイトの著作の中で「日常生活の病理学に向けて」(1901) は[16]、副題に「度忘れ、言い違い、取りそこない、迷信、勘違いについて」とあるように、「機知」と関係が深いものである。
　しかしながら、その中にフェヒナーの名前はない。そのかわりに、「言い違い」の章でヴントの『民族心理学』からは引用している。
　フェヒナーの『美学入門』でも、「言葉遊び」とも関連して、これらについて言及している。だが、フロイトは『美学入門』から他の引用をしているし、その内容を承知していたと思われるが、なぜか「言い違い」に関しては引用していない。

(3) みずからを語る
(i)「全集」18巻『自我とエス・みずからを語る』[17]

p.121
　こ[109]れら近年の仕事では私が根気のいる観察に背を向け、まったくの思弁にふけっていると考えないでいただきたい。むしろ私は、かわることなく精神分析の素材にまぢかく接しているし、特殊な臨床的ないし技法的なテーマに取り組みつづけてきた。観察を離れているときでも、本来の意味での哲学に近づかないように用心している。もともと哲学には不向きな私であったから、こうした態度を貫くのはいとも簡単なことだ。私はかねてからG・Th・フェヒナーの見解に親しんでおり、重要な事柄になるとこの思想家に依拠してきた。[110]精神分析とショーペンハウアーの哲学との大幅な一致—彼は感情の優位と性のきわだった重要さを説いただけでなく、抑圧の機制すら洞見していた—は、私がその理論を熟知していたがためではない。ショーペンハウアーを読んだのは、ずっとあとになってからである。[111]哲学者としてはもうひとりニーチェが、精神分析が苦労の末にたどりついた結論に驚くほどよく似た予見や洞察をしばしば語っている。だからこそ、私は彼をひさしく避けてきたのだ。私が心がけ

てきたのは、誰かに先んじることにもまして、とらわれのない態度を持することである。(家高洋・三谷研爾訳)

　これは、フロイトの『みずからを語る』(1924年、(岩波)全集第十八巻)からの引用であって、本項「3. 機知とその他の問題」で文字どおり「その他の」(というか全体的な)問題であるが、三人の思想家について語っているものである。
　この引用文については、須藤訓任が「フロイトとショーペンハウアー」という文章の中でふれている[18]。
　彼は、「フロイトを思想家として位置づけた場合、その思想的先駆者を挙げるとすれば、おそらく、ショーペンハウアー、ニーチェ、ヘルバルトといった人びとの名前が列挙されるだろう。それにフェヒナーも追加されるかもしれない。このうち前二者については、フロイト自身もかなり意識していたように感じられる。」と書き出している。
　そして、「精神分析とショーペンハウアーやニーチェの哲学との間には広範な一致が認められるにせよ、……」、この二人への無関心、あるいは無関係を強調し、弁明している、とする。
　「ところがフェヒナーに関しては、彼への思想的負債の認定は随分あっさりとし明快であって、予防線などまるで問題にならないかのようである。」とする一方で、「……ショーペンハウアーとニーチェに対する上掲の弁明的な言辞からは、フロイトのこの二人に対する心理的なこだわりを感じざるを得まい。」と推測する。

　須藤の文章における関心はフロイトとショーペンハウアー、ニーチェ、とりわけ前者との関係にあるので、フェヒナーについてはこれ以上の言及はない。
　あくまでも推測であるが、ショーペンハウアー、ニーチェはフェヒナーよりも知名度があり、社会的影響力も強かった、一方、フェヒナーは地味で、世間にもあまり知られていなく、フロイト自身彼からの影響を表明するのに抵抗感がなかったのだろう。
　それに、フロイトはフェヒナーからの影響を引用部分も示しながら、具体的

に明らかにしている。そのことから逆に、フェヒナーからのさまざまなヒントを受けながら、それらをも参考にして、自分の独自の理論を構成していったという彼の自負のようなものも感じられないわけではない。

4．エランベルジェ、ハイデルベルガー等による見解

　本章の冒頭でもふれたように、アンリ・F・エランベルジェ（Henri F. Ellenberger）は「フェヒナーとフロイト」という論文の中で、フロイトがフェヒナーから受けた影響、フロイトとフェヒナーの共通性などについて論じている。
エランベルジェは『無意識の発見』（1970）で有名な精神医学史家である。
　エランベルジェは論文の冒頭で、フェヒナーを「十九世紀の神秘哲学者」、「実験心理学の創始者」と呼び、フロイトを「経験科学者」、「精神分析学の創始者」と呼んでいる。そして、「研究の過程において、私はどのようにしてフェヒナーの誇大的な思弁的発想がフロイトに利用されて精神分析の概念枠の中に結合されてゆくかをみてゆこう。」と述べている。
　彼はまず、「フェヒナーの生涯と人柄」を概観してゆく。それは意外にもフェヒナーの生涯の細部やあまり注目されていないことがら（例えば、最晩年のフェヒナーによる、「測定の誤差の実験的研究」［これは、死後『集合測定論』として出版された］）にも及んでいるが、断定的なところも多い。
　なお、エランベルジェは「快楽原則」、「精神物理学的基本法則」、「安定に向かう傾向性の原則」をフェヒナーの三つの偉大な普遍法則としている。
　彼はフェヒナーとフロイトの共通性について、次のように書いている。

　　フェヒナーとフロイトの共通因子にはまた、心の（ひょっとすると宇宙のといいかねない）働き全体を支配する「一般原則」なるものをやたらに唱えたがるくせがある。フェヒナーは快不快原則と「精神物理学基本法則」と安定に向かう法則を唱えた。いや、まだ何個もある。フロイトはフェヒナーから快不快原則を頂戴し、これに現実原則、反復の原理、（リビドー）経済原理

をつけ加えた。このやり方は正統的な大学心理学者たちもJ・F・ヘルバルトの力動連合理論もその後の心理学理論家たちもしないものである。(91頁)

　フェヒナーが、"「一般原則」なるものをやたらに唱えたがるくせがある"のは、筆者も同感で、本書でも指摘しているところである。
　しかし、「フロイトはフェヒナーから快不快原則を頂戴し、……」というのはいささか乱暴な言い方だと思える。ことはそれほど単純ではなく、本書でも見てきたように、かなり文脈を異にするものである。
　そして、エランベルジェはいわば各論として、フェヒナーとフロイトをつなぐと考える重要なテーマについて論じている。
　そのテーマとは、「心的エネルギー概念」、「心の『局所論的』概念」、「快不快原則」、「恒常原則」、「反復の原則と死の本能」、である。
　まず、「心的エネルギー」であるが、厳密に言えばフェヒナーはこの言葉を使っていない。
　本書、第II章、第III章でも見たように、あえて言えば「活力」(lebendige Kraft)に対応する言葉であろうか。しかし、これは本来物理学由来の概念である。
　もちろん、エランベルジェもそのことは承知していて、そのことに言及している。そして、前記したように(「エネルギー保存の法則」の事典の説明において)、「心的エネルギー概念」の三つの理論形式としてまとめている。
　次に、「心の『局所論的』概念」であるが、これは、フェヒナーの言う「夢の舞台（Schauplatz）」をめぐっての考察である。
　エランベルジェは、フロイトの「私たちはそれを理解せず、それをどうすればよいかも知らないけれども、それは実際、夢の大部分が私たちに与える異質性の印象をよく表現している」(『精神分析学入門』)という言葉を紹介している。
　この「異質性」についてはすでに本章でもふれたことだが、フェヒナーは「夢と覚醒状態との相違は心理学的過程の強度の量的な差の結果としては理解できないと述べている。」(95頁)としている。
　「快不快原則」については、フェヒナーのもっともオリジナルな寄与として、「人間は現実に存在するものとしての快を求めるのではなく、人間の意識ある

いは意識下体験の中で快の表象と連合しているところのものを求めるというのがフェヒナーの主張である。」としている。

また、「フェヒナーは道徳的快楽主義の教義をつくった」として、最大多数の最大幸福を唱えたベンサムと似てはいるが、「道徳原則とは宇宙全体の快の総体を増大させるために行動すること」とするフェヒナーの方が広い、という。

さらに、快不快原則の重要な拡張として、「美学の世界への適用とユーモアの心理学への適用とがある」とも述べている。

「恒常原則」については、フロイトが1915年頃に提唱した、力動論的、局所論的、経済論的の三つの観点を包括する一つの体系、すなわちメタサイコロジー（メタ心理学）について言及し、それらの観点がすべて多かれ少なかれフェヒナーの影響を受けていることをあらためて指摘している。

そして、本章の第2節「(1)快原理の彼岸」でも取りあげたように、「恒常原則」に対するフェヒナーの「安定性への傾向原理」の影響について述べている。

また、快・不快について、「(フェヒナーとフロイトとの) 主な相違点のひとつは、フェヒナーが近似安定性状態を維持する心の傾向性と書いているのに対して、フロイトは刺激の近似恒常性を維持する傾向性と言っている点である。フロイトの観点からすれば、快とは過剰刺激が減少する時に起こるもので、不快は刺激の水準がある限度を越えて増大する時に起こるものである。」(100頁) と両者の考え方の違いを述べている。

さらに、「生体が過剰な刺激の有害な働きに対して自己を防衛する傾向性」である「刺激防護（ライツシュッツ）」についてふれ、「フロイトのほうが『安定性をめざす傾向性の原則』の自己防衛的な機能をフェヒナーよりも明確につかんでいたことの現れである。」とつけ加えている。

最後の「反復の原則と死の本能」については、古来からあったものではあるが、「心理学の領域を選んでこの原則をそこに拡張した最初の人はフェヒナーであるようだ。星の規則的運動、心臓と肺の律動的活動、睡眠と覚醒との交替、快と不快の機能——これらを一切ひっくるめて『近似的安定性』の現れとしたのであるから。」とエランベルジェは書いている。

以上のように、フェヒナーのフロイトに与えた影響や両者の違いを述べた後

で、エランベルジェは「結論として」、「私たちは、フロイトが精神分析の基本的な理論的部分のいくつかのインスピレーションをフェヒナーから直接間接に受けたことをみた。特に、心的エネルギー、「局所論」的モデル、快不快原則、恒常原則、反復原則である。しかし、同時にフェヒナーとフロイトの間には大きな開きもある。フェヒナーの概念の多数は思弁のための思弁が土台になっているのに対して、フロイトは精神分析を実践しつつ、それを考えるための道具として概念が必要になった時に限って概念を導入している。」(101-102頁)とまとめている。

そして、彼は非ユークリッド幾何学や虚数の例をあげて、「これらは純粋に数学的想像力の遊びであったが、後に(物理学の)実際に役立つことが証明された。天才とは単に新しい発想を生み出すところにあるだけではなく、先行する発想に新しい意味と働きとを与えるところにもある。」としている。

エランベルジェは具体的な例を示していないが、「思弁的な」ヘルバルトの考えが、後にリーマンによってリーマン幾何学のような非ユークリッド幾何学に結実したようなことを言わんとしているのであろうか。

しかし、彼がフロイトを讃美するのは自由であるが、フェヒナーを「思弁のための思弁」と言うのは、的外れであろう。

一方、ドイツのマイケル・ハイデルベルガーは『内からの自然－グスタフ・テオドール・フェヒナーと彼の精神物理学的世界観』という本を書いている[19]。

その「第七章：自己組織化と不可逆性：混沌から派生する秩序」の「7-3 フェヒナーからフロイトとピアース」の中で、「フェヒナーの思想が与えた影響」のいくつかについて検討している。

ハイデルベルガーは、主として十九世紀後半から二十世紀初頭にかけてのさまざまな学者、生物学者のエルンスト・ヘッケルやツェルナー、ヘルマン・ウルリッツ、生理学者のヘリング、物理学者マッハ、その他何人もの学者たちによるフェヒナーの思想に対するさまざまな批判や賛同を概括している。そのうえで、フェヒナーに影響を与えたとされる自然哲学者オーケンについて、次のように言及している。

すでに見たように、オーケンは二つのプロセスが一方の有機体の中で生じると考えた。すなわち、一つは個性化と賦活化 (animating) であり、もう一つは普遍化と消滅化である。フェヒナーはこれらのプロセスの一方が生命体の自発的、意図的な運動で、無秩序の不規則性として外部から現れる、他方は安定性等に対する傾向に従属するすべてのプロセスの核心で、それ以前の状態に戻ろうと繰り返し努めるものである、と解釈している。われわれはこのプロセスの二重性が少しだけ修正されたものを、ジークモント・フロイト (1856-1939) のメタ心理学、特に『快原理を超えて』(1920) の中に再び見いだす。(pp.264-265)

有機体に生じる賦活化は賦霊化 (Besselung) にも対応したことばであろう。「このプロセスの二重性が少しだけ修正されたもの」をフロイトの中に見いだす、というのである。彼は次のようにつづける。

　フェヒナーの精神物理学がわれわれに教えるように、フロイトはまた、内部に生じる興奮のある一定の量を心的装置 (psychical apparatus) に起因すると考えた。(フェヒナーにとって興奮のその量は"その活力 (vis viva) の程度"を決定した) 緊張の変化は本能によって支配される。ある本能は"生きている有機体の内にあるそれ以前の状態に戻るための衝動"である。それゆえ、衝動は"変化と発展に対する圧力"を反映せず、それらは"生命の保存的 (conservative) 性質の表明"である。(p.265)

フェヒナーにとって、内部の興奮の量は「活力 (lebendige Kraft)」である。また、フェヒナーはフロイトとは異なり、「本能」という言葉をあまり使わない。そして、ハイデルベルガーはさらにフロイトの「死の本能」に言及し、それが快原則を通じて作用し、興奮を最小化しようとする、一方、興奮の増大は痛みとして経験される、とする。
「彼 (フロイト) はさらに、フェヒナーの快と苦痛の解釈は精神分析の研究

で見いだされたものと同じであると主張した。」としたうえで、それを次のように否定している。

> しかし、われわれはフェヒナーの考えとフロイトのそれとの間にある一つの違いを無視すべきではない。すなわち、フェヒナーの意見では、快に導くのは興奮の減少ではないのだが、フロイトにとっては、これを成し遂げるのは興奮という運動のより大きな安定性なのである。(p.265)

このハイデルベルガーの主張は当然のことと思われる。

すでに本章でも見たようにフロイトはフェヒナーの考え方に着想を受けても、すぐにそれを自己の理論体系の中に組み込むように手を加えている。

最後に、本書でたびたび引用しているアーレントであるが、彼もまた、『精神物理学原論』に関連して、「意識の無意識の基礎についての考えは、何十年か後に、ジークムント・フロイトの精神分析理論において、中心的な意味を獲得した。」(S.154) と書いている[20]。ただし、それ以上、具体的に立ち入って述べてはいない。

5．フェヒナーとフロイトの共通点と違い

(1) フロイトが影響を受けた人たち

ところで、フロイトがフェヒナーからの影響を受けたということは疑いようのない事実だが、それはどの程度のものだったのだろうか。また、そもそもフェヒナー以外にどのような人たちの影響を受けていたのだろうか。

アーネスト・ジョーンズの『フロイトの生涯』では、フェヒナーは、本章の「2. 快・不快の問題をめぐって」ですでに引用した一カ所で言及されているだけである（「索引」では二カ所あるが、一つは訳者註）。つまり、ジョーンズから見ればそれほど重要視はされていないということである。

ちなみに、ジョーンズの引用は、「その原則（快不快原則）について彼はフェヒネルに同意しており、フェヒネルがうち立てた安定性の原則に従うものであ

る。」というものであった。

　小此木啓吾はフロイトに影響を与えた思想家として、第一にシェイクスピアをあげ、さらにゲーテその他の人たちをあげている。そして、そのうえで、次のように彼の科学思想的なバックグラウンドについて述べている[21]。

　　さらにフロイトが、医学部の学生時代に生理学研究室のブリュッケ教授を通して身につけた科学思想の第一は、ダーウインの進化論である。ダーウインは、その進化論によって、人間を自然の中に科学的にどのように位置づけるかを教えたが、一八七〇年代はその思想的影響が絶頂に達した時代であり、それは若きフロイトに人間を自然人（ホモ・ナトゥーラ）としてとらえる人間観を教えた。
　　ブリュッケからの影響の第二は、一八四〇年代から、デュボア・レイモンやヘルマン・ヘルムホルツらが指導した科学運動、つまり当時の物理学や化学によって生体の生命現象を解明することこそ新しい生理学の道であるという唯物論的な生命観であった。このような物理学的生理学は、エネルギー恒常の法則、機械的・電気的・磁気的な力、光、熱のエネルギーなどに、すべての生命現象を還元することを目指したのであるが、若き科学者フロイトが、この唯物論的な生命観からどんなに強い影響を受けたかは、彼の精神分析理論の基礎となった諸原則や諸概念、たとえばその心的決定論、リビドー、精神力学、抑圧などの概念をふり返ってみれば、明らかである。（31-32頁）

ここでも、フェヒナーの名前は見当たらない。それはたぶん、十九世紀の自然科学の潮流についての記述だからであろう。
　しかし、すでに本章でも見たように、フロイトはフェヒナーからさまざまな具体的影響を受けていることは言うまでもない。
　フロイトの快原則にしても、直接フェヒナーの快・不快についての理論に影響されたわけではない。そうではなくて、精神的なものにも物理的エネルギーを考えようとするフェヒナーの根本的立場に影響されたのであろう。

(2) フロイトの「科学的心理学草稿」などについて

フェヒナーとフロイトの共通点を考えるにあたって、そもそもフロイト自身もまた、フェヒナーと同じように、人間の精神的活動を生理学的、物理学的あるいは力学的に説明する理論を体系化しようとしていたことを忘れてはならない。

フロイトの当時公表されることのなかった「科学的心理学草稿」(1895年)は「第一部　一般的な計画」、「第二部　精神病理学」、「第三部　正常なψ過程を記述する試み」の三部より構成されている[22]。第一部の冒頭の「序文」において、彼は次のように書いている。

　この草案の意図は自然科学的心理学の提示である。すなわちそれは、心的な諸過程を、限定可能な物質的諸要素によって量的に規定される諸状態として記述し、この試みを通して心的諸過程を具象的でしかも一貫性のあるものとして把握することを意図している。そしてこの草案には次のような二つの基本的な考えが述べられている。
　1　活動を静止から区別しているものを、一般的な運動の法則に従う量（Q）として把握すること。
　2　物質的要素としてニューロンを仮定すること。

第二部の「精神病理学」では、第一部の基本的仮定から構成された体系のより詳しい定義づけを、病的な諸過程すなわち、ヒステリーの精神病理学の分析から推測しようとする試みである、としている。

そして、第三部では、第一部と第二部で論じたことから、正常な諸現象の過程の諸特性を再構成してみたいと思う、と述べている。

第二部はある程度具体的でわかりやすいが、第三部は非常にさまざまな概念を用いて、入り組んだ理論を構成しようとしているが、整理されていない印象を受ける。

しかし、周知のように、この「科学的心理学」の構想は失敗に終わった。おなじみの「フリースへの手紙」では1895年4月27日付けのそれに次のよ

うに書いている。

　科学的には僕は惨めな状態にあります。つまり、「神経学者のための心理学」にあまりにものめり込んでおり、それが僕が本当に過労で中断しなければならなくなるまで、僕を規則的にすっかり消耗し尽くします。僕はかつてこれほど高度のとらわれを経験したことがありません。そしてそこから何かが出てくるでしょうか？僕はそう願っています。しかし、進行は困難かつ緩慢です。（125-126頁）

そして、これに続く5月25日付けの手紙の一節には、次のようにある。

　僕を二つの意図が苦しめています。心的なものの機能の学説は、量的な考察を、一種の神経の力の経済学を導入すると、どんな形をとるか、ということを調べること、そして第二に、精神病理学から正常心理学のための利益を引き出すこと、この二つです。（127頁）

「二つの意図」、「すなわち、「神経の力の経済学」と「精神病理学から正常心理学のための利益を引き出すこと」であるが、前者は前記の「自然科学的心理学」の基本的な考え、言ってみれば、"ニューロンの運動法則"のようなものの発見であったろう。これは、表面的にはフェヒナーなどの考えとも通じるものである。
　しかし、後者はある意味で、フロイト独自のものであり、一般にはいわゆる「病理法」と呼ばれるものである。
　病理法はとりわけフランスで発達したが、代表的な学者としてリボー（Théodule Armand Ribot, 1839-1916）がいる。かんたんに言えば、精神病者や神経症の患者など、「病的」状態にある人間の研究、観察などから「普通の」人間心理を明らかにしようとするものである。
　かくて、フロイトはいわゆる異常心理学、臨床的方法へと向かうことになる。
　この頃のフロイトは、前記の手紙の内容からも推量されるように、「科学的

心理学」の失敗に打ちひしがれながらも、そこから再度立ち直ろうとしていた。「フリースへの手紙」（1898年3月10日）では次のように書いている。

　（前略）君が夢の本が完成して自分の前にあるのを見たということは、決して小さな手柄ではありませんでした。それは再び停止しており、その間に問題は深まり、広がりました。僕には、願望充足の理論によって心理学的な解決のみが与えられ、生物学的な、言い換えれば、メタ心理学的な解決は与えられていないように思われます。（ついでながら、僕は君に、意識の背後へ通じている僕の心理学に対してメタ心理学という名称を使ってもよいかどうか、本気で尋ねたいと思います）。（後略）（319頁）

　エルンスト・クリスは、「フリースへの手紙」の「一九五〇年版への序論」の中の、「二　心理学と生理学」という節の中で、次のように書いている。

　生理学的な変化と物理学的な測定可能なものとをすべての心理学的議論の基礎にする考えは、したがって、ヘルムホルツーブリュッケ流のアプローチの基礎になっていた見解の厳密な適用は、フロイトの思考をこの数年間支配した。少なくとも一八九五年の初めからフロイトはそのような全体的叙述の試みに取り組んでいた。同じ時期にブロイアーが『研究』の理論的な章の著述に従事していたことをここで思い出すのはもっともなことであるが、そのなかで彼は、当時の知識の水準では、心理学的考慮は脳生理学的考慮と結びつけられ得ない、という見解を主張している。しかし、まさにこのことをフロイトは企てたのである。彼はまず初めに「神経学者のための心理学」について考えたが、構想と端緒を明らかに幾度か変更したらしい。計画された叙述の一八九五年の秋に書かれた一つの草稿が保存されている。その大部分はフリースとのある出会いの後に二、三日で書き下され、残りはそれに続く数週間に書き下された。草稿がフリース宛に発送されるや否や、解説と修正提案が後に続いた。草案の思想は数か月の間ずっと手紙の中で生き続けていたが、次いで新しい疑念に、しかしとりわけ新しい洞察に場所を譲った。（519頁）

クリスはこの引用文に先立って、ブロイアーがブリュッケの弟子の一人であり、フロイトはブロイアーと生理学研究所でブリュッケと初めて出会ったこと、フロイトが高齢になっても、ブリュッケを自分に最大の印象を与えた師と呼んでいたこと、そして、「精神分析の理論形成の出発点にあったのは、物理学的観念の上にしっかりと基礎づけられ、あらゆる事象が測定可能であるという理想を持った、ブリュッケの生理学である。」と述べている。

　一方、「フリースへの手紙」のフリースもまた、ベルリン物理学協会に集まった、ヨハネス・ミュラーの弟子たちのサークル（ブリュッケもその出身であった）とつながりがあったという。彼はフロイトにヘルムホルツの論文集を贈ったとも言われる。つまり、フリースにおいては物理学的－数学的に基礎づけられた科学、という理想を持っていたというのである。

　かくて、「ヘルムホルツ－ブリュッケ流のアプローチ」という表現をとったものと思われる。

　いずれにせよ、「生理学的変化と物理学的な測定可能なものとをすべての心理学的議論の基礎とする」ということは、当時の研究者にも、そして現在においてもなお、「理想」として留まっているのかもしれない。

　小此木啓吾は、フロイトの「防衛－神経精神病」（一八九四年）という論文の解説において、次のように述べている[23]。

　　しかも当時のフロイトは、これらの概念や仮説を、終始、神経学的思索と心理学的思索の両者を統一する何か、として追究していた。フロイトにとって、表象への感情興奮の備給は、心理学的に観察される心的事象であるとともに生物学的な神経学的事象であった。神経学的ニューロンの連鎖から構成され、備給を受ける各ニューロンは興奮量によってみたされる。そしてフロイトはこうした神経学的な仮説と心理学的観察とを結合する努力を通して、その理論構成を展開していったのである。また一方で、すでにフロイトは本論文で、生理学的領域にとり入れられていたエネルギー恒存（不滅）の法則

という物理化学的原理を念頭においている。そしてその背後に、ヘルムホルツ、ヘルバート、フェヒナー、マイネルトらの示唆が影響していることは、多くの人々の指摘している通りである。(420頁)

ここで、「感情興奮の備給」は、フェヒナーにとってはむしろ「栄養伝達過程」(Ernährungsprocess) という言葉の方が適切なのではないかと思われる。彼にとっては、「活力」の補給、つまり継続的な精神物理的活動を保証する人間の内的なエネルギーを生みだすものが重要だったのである。

6．本章のまとめ

以上、本章ではフェヒナーがフロイトに与えたと思われる諸影響を中心としてみてきた。
　そこからある傾向を読み取るとすれば、一つには、フロイトが言及しているフェヒナーの著作は、『精神物理学原論』、『美学入門』、『有機体の創造と発展のためのいくつかのアイデア』、「機知」に関する本など、ほとんどが1860年代から70年代のはじめにかけての実証的、経験的色彩の強いものに集中していることである。それらは、形而上学的要素を含みながらも、フロイトはそれについてはまったくといってよいほどふれることはない。
　したがって、『ナナ』や『ゼンド＝アヴェスタ』には興味を示さないし、「快・不快」について論じているフェヒナー晩年の集大成である『夜の見方と昼の見方』にもふれていない。
　さらに、フェヒナーの「精神物理学」そのものにも言及していないのである。
　つまり、フロイトはフェヒナーの著作の中でも、人間行動あるいは人間精神の「実証的」あるいは「経験的」なことがらについての概念化や「原理」のいくつかについてのみ関心を持ち、それらを用いたフェヒナーの理論構成や理論体系そのものには、必ずしも共感を示していなかったと言ってよいだろう。
　フロイトは、彼自身が関心を持つテーマに援用できるようなフェヒナーの諸概念や原理、アイデアなどのいくつかから、刺激やヒントを受け、自分の理論

の中にも組み込んでいった。

　しかし、それらはフロイトの理論体系の枠組みの中で、文脈が変わったり、意味内容そのものが変容したりして、独自の意味合いを持たされて、彼の理論形成を助けた。

　以上のようなことから、「快・不快」の概念や「安定性」の原理をそのまま借用したり、自分の理論に組み込んだりしたということではないことは明らかである。フェヒナーの概念はそのようなことをするには、少しばかりアクが強すぎたこともある。

　フロイトは、自分が心のうちに漠然と暖めてきた着想をかたちにするヒントや、そのはじめの一歩をフェヒナーから得ることもあった、ということであろう。

　いずれにせよ、フロイトがフェヒナーの存在を意識し、彼から多くを学び、影響を受けたことは確かなことである。

　その点については、本章でもすでに見たように、「私はかねてからG・Th・フェヒナーの見解に親しんでおり、重要な事柄になるとこの思想家に依拠してきた。」と書いていることからも疑問の余地はないだろう。

　そして、この文章はフロイトの心情を吐露した、素直なものであるように、筆者には思える、と付言したい。

註）
1) S. フロイト（井村恒郎・小此木啓吾他訳）　1970　「快感原則の彼岸」（『フロイト著作集第六巻』所収）、　人文書院
2) アンリ・F・エランベルジェ（中井久夫編訳）　1999　「フェヒナーとフロイト」（『エランベルジェ著作集1』所収）、みすず書房．
3) ジェフリー・ムセイエフ・マッセン編、ミヒャエル・シュレーター＝ドイツ語編（河田晃訳）　2001　『フロイト 1887-1904 フリースへの手紙』、誠信書房
4) Gustav Theodor Fechner　1860　*Elemente der Psychophysik*, Leipzig, Breitkopf & Härtel.
5) S. フロイト（新宮一成訳）　2007　『夢解釈I』（『フロイト全集第4巻』所収）、　岩波書店
6) S. フロイト（新宮一成訳）　2011　『夢解釈II』（『フロイト全集第5巻』所収）、岩波書店

7) S. フロイト（須藤訓任訳） 2006 『快原理の彼岸』（『フロイト全集第 17 巻』所収）、岩波書店

8) Gustav Theodor Fechner 1873 *Einige Ideen zur Schöpfungs – und Entwickelungsgeschichte der Organismen*, Leipzig, Dräck und Verlag von Breitkopf und Härtel.

9) アーネスト・ジョーンズ（竹友安彦・藤井治彦訳） 1961（1969）『フロイトの生涯』、紀伊国屋書店

10) フェヒネル著（上田光雄訳） 1879（1948）『宇宙光明の哲學・靈魂不滅の理説』、光の書房

11) 小此木啓吾 1993 「エネルギー恒存の法則」（編集代表加藤正明『新版精神医学事典』、p.74. 弘文堂

12) S. フロイト（中岡成文・大寿堂真・多賀健太郎訳） 2008 『機知』（『フロイト全集第 8 巻』所収）、岩波書店

13) Gustav Theodor Fechner 1876 *Forschule der Aesthetik*, Leipzig, Drück und Verlag von Breitkopf und Härtel.

14) Kurd Lassvitz 1910 *Gustav Theodor Fechner*, Stuttgart, Fr. Fromanns Verlag（E. Hauff)

15) 福元圭太 2015 「フェヒナーからフロイトへ（2）―グスタフ・テオドール・フェヒナーの系譜（7）―」『言語文化論究』、34, 1-20.

16) S. フロイト（髙田珠樹訳） 2007 『日常生活の精神病理学』（『フロイト全集第 7 巻』所収）、岩波書店

17) S. フロイト（須藤訓任・三谷研爾訳） 2007 「みずからを語る」（『フロイト全集第 18 巻』所収）、岩波書店

18) 須藤訓任 2011 「フロイトとショーペンハウアー」（『フロイト全集第 5 巻』「月報」21）、岩波書店

19) Miachael Heidelberger（translated by Cynthia Klohr） 2004 *Nature from within: Gustav Theodor Fechner and his psychophysical worldview*. University of Pittsburgh Press.

20) Hans-Jürgen Arendt 1999 *Gustav Theodor Fechner. Ein deutscher Naturwissenschaftler und Philosoph in 19. Jahrhundert*, Peter Lang.

21) 小此木啓吾 1989 『フロイト』、講談社学術文庫

22) ジークモント・フロイト（小此木圭吾訳） 1974 「科学的心理学草稿」（『フロイト著作集』、第七巻）、人文書院

23) 小此木啓吾 1970 「解題およびメタサイコロジー解説」（井村・小此木他訳『フロイト著作集第六巻』所収）、 人文書院

VII. フェヒナーにおける宗教・科学と世界観

心理学における哲学と科学の関係であるが、近代心理学は哲学的な部分を切り離すことによって、はじめて科学たり得たという考え方がある。
　少なくとも、大学等の学科・講座構成においては、当初、哲学科から心理学部門が独立するという過程をへていることは事実である。
　心理学はその科学的表現をフェヒナーの精神物理学などの形において、はじめて得ることができたと言ってよいかもしれない。
　あるいは、それは心理学ではなく自然哲学なのだという意見もあるかもしれない。
　しかし、いずれにせよ、その表現はまだ未熟なものであった。「哲学」を切り離すことには成功したが、物理学のような「厳密科学」あるいは「純粋科学」をめざしながらも、心理学はその独自の科学的方法論を持つことができなかった。
　また、本書でもたびたび見てきたような、「基数」的なデータの扱いをすることができなかった。
　一方、現代のオーソドックスな自然科学者の中にも、生涯にわたって実証的研究を重ねていって、それでも説明しきれないもの、あるいは超自然的なものの存在を晩年になって深く考えるようになった人もいる、といった話を聞くことがある。
　しかし、フェヒナーの場合のように、実証的研究の動機や理論構成の中にはじめから宗教的なもの、宇宙的なものまでが入り込んでいて、しかも研究方法としてはあくまでも実証に徹しようとしている、というのは現代ではきわめて稀な例と言ってよいであろう。
　なぜ、そうだったのだろう、それは19世紀という時代からくるものなのか、フェヒナーという個性によるものなのか、ということを考えるのが本章の主なテーマである。

1．フェヒナーと宗教

(1)「異教」への関心？

フェヒナーは宗教的と受け取られる著作を何冊か著しているが、『死後の生についての小冊子』など[1]、キリスト教が前提となっているためか、キリストにはふれるものの具体的な宗教に言及していないものも多い。
　その中で、『ナナ』と『ゼンド＝アヴェスタ』は書名自体が具体的な宗教（あるいは神話、神）を扱っているかのように思われ、しかもそれらはキリスト教から見れば、「異教」である。
　ただ、本の中でそれらの具体的な宗教（あるいは神話）について、具体的に掘り下げ、論じているわけではない。
　極端な言い方をすれば、便宜的に借用しているにすぎない。
　まず、『ナナ』であるが[2]、フェヒナーはその「序言」で書名を「ナナ」と名付けた理由を、次のように説明している。
　彼ははじめ、「フローラ」（古代ローマの花の女神）を選ぶか、「ハマドリアス」（古代ギリシャの樹木の精）を選ぶか迷っていたという。しかし、前者は「あまりにも植物学的」であるように、後者は「あまりにも古典的すぎ、樹木だけに限定されすぎている」ように思われた。そこで、第三の候補である「ナナ」が浮上したというわけである。
　その時に、フェヒナーに示唆を与えたのはウーラントの戯曲であった。
　ウーラント（Johann Ludwig Uhland, 1787-1862）はドイツの後期ロマン派の詩人で、彼の名はフェヒナーの他の本、『夜の見方と昼の見方』にも出てくる。
　ここで、フェヒナーが読んだのはウーラントの戯曲「北欧神話集に基づくトール神話」（Der Mythus von Thôr nach nordischen Quewellen, Studien zur nordischen Mytholofie, 1836）ではないかと思われる。トールとは、最高神オーディンの息子で、ハンマーを武器にした最強の神（雷神、農耕神）である。
　「ナナ」とはゲルマン神話（北欧神話）に出てくる女神たちの一人であり、男神バルデュルの妻である。
　彼らについては、「麗しのバルドルは、アースガルズの神々の中でも、最も高貴で、しかも清純であった。〈バルドルの眉〉という植物があるが、これは地上で最も白い花で、この男神の容貌が雪のように白く、まばゆいばかりに輝いていたことにちなむ名称である。（中略）夏の日光神とも呼ばれるバルドルは、

オーディン最愛の息子で、その母親は豊饒神フリッグである。(中略) 妻には、月の侍女でもある女神ナンナがいる。夫を相手として光の戦いを交えるほど勇気があり、輝かしい馬にも乗るが、彼女は一方ではやさしく、たぐいまれな美しさの女神であった。」(ドナルド・A・マッケンジー『北欧のロマン ゲルマン神話』[3]、225 頁) と描かれている。

(なお、筆者はウーラントの戯曲をみることはできなかったが、グレンベックの『北欧神話と伝説』[4] 他の中で、「バルデルの死」等の話を読むことはできた。)

フェヒナーは、バルデュルが「光によってほころびはじめた若々しい花である」水浴中のナナと出会ってから、「光の受け入れとともに、豊かな花の生命は終わりにむかう。バルデュルの亡きがらが(火葬用の)まきの山へと運ばれたとき、嘆きのあまり、ナナはくだけ散った。」(「序言」、S.vi) とこの物語の一部を描写する。

そして、フェヒナーは次のように、光の神バルデュルと植物あるいは花を象徴させている女神ナナ (しかし、筆者が調べたかぎり、ナナは月の侍女である女神である、という以上のことはわからなかった)[5] との関係の意味を説明する。

ここに、この本の目的がある。すなわち、あまねく神が魂を与えた自然において、植物をこの魂の賦与の個別の部分に与えているものとして現われさせること、とりわけ光の神バルデュルとの植物(ナナ)の交わりを叙述すること、あるいは簡潔に言えば、一つの固有の魂を与え、光と植物(ナナ)との交わりを精神的なものとして説明することである。さらにドイツ的本質が今や若返り、自己活力のあるものとなり、再び自己成長するそれを、ああ余りにも美しい古くさい考えを捨てようとして、私には古代のロマン民族の異教徒であるフローラが若いドイツの女神ナナに屈するにちがいないと思われたのである。(「序言」、S.vii)

つまり、「あまねく神が魂を与えた自然」という考えのもとに、その一つの現れとしての植物に焦点をあて、光と植物との関係を「精神的なものとして説

明すること」にこの本の目的がある、とフェヒナーは言うのである。

　山下正男は『植物と哲学』の中で[6]、フェヒナーの「夜の見方と昼の見方」を紹介しつつ、彼が実験的研究の過程で眼を痛め、教授職を退かざるを得なくなったこと、しかし、数年後に幸いにして視力を取り戻すことができたことを述べる。
　そして、その際に得た体験が、「原体験としてのその後の思索の基礎」を形成したとする。山下は『ナナ』の文中の一節について、次のように述べる。

　　そのときの体験とはなんであったか。視力をとりもどした頃のある日、ライプチッヒのムルデ川のほとりを散歩していたフェヒナーは、草木から現われ出た霊魂の姿を目撃する。彼はある花からその花の霊魂がゆらゆらと立ちのぼってくるのをその目で見た。その魂は実に人間の子供の姿をもっていたのである。フェヒナーはそれを、植物の霊魂が太陽の光をもっと享受するために花から出てきたのだと考えた。（19頁）

山下は、この体験は多分に詩的であるだけでなく、精神的にも異常な体験であると思える、とも述べている。

　　とはいえフェヒナーは、こうした体験をより哲学的な形で昇華し、一八四八年に『ナナ―植物の精神生活』という本を刊行する。しかしここではさすがにもう少し冷静に、「植物が霊魂をもっているかどうかの問いに肯定的に答えることによって、自然の考察の全地平が拡大し、その結果、普通では得られない数々の視点が獲得できる」として、自らの説がたとい一つの仮説であるとしても、それを受け入れればきわめて有益であるような仮説である、と述べている。（19頁）

そして、この後、山下は表題のナナについても詳しく説明したうえで、次のように結論づけている。

さて、フェヒナーの『ナナ』は、後になってこそ有名になったものの、はじめのうちはきわめて評判が悪く、彼のある友人は、フェヒナーが植物に霊魂の存在を認めたからには星にも霊魂を認めねばならないと冷やかした。しかし、フェヒナー自身は、その後植物だけでなしに、石にも水晶にもそして地球や諸天体にも霊魂があることを証明する書物を著わし、自らの汎心論的立場を貫徹させ、一つのみごとな形而上学にまで仕立てあげたのである。（20-21頁）

　ところで、『ナナ』が刊行された1848年の前年の1847年、フェヒナーの日記は6月27日の日曜日だけは、彼の一日の生活ぶりや、仕事の様子を詳しく書いている[7]。しかし、その他は8月まで散発的に5日間、しかもそれぞれほとんど一行しか書いていない。
　その中の一日、6月19日付のものにはただ一行、次のように書かれている。

　　今朝、庭（真ん中の花壇）ではじめての百合が咲いているのを見つけた。（S.404）

　たったこれだけの一行であるが、フェヒナーにそれを書かしめた力と、『ナナ』に書かれている彼の思いのようなものも感じられる。フェヒナーは実際に草花を見ることや、散歩を好んだのであろう。
　そして、すぐ後の8月31日付の日記では「『ナナ』をボス社にわたす（レオポルド・ボス出版）」と、やはりただ一行記されている。

　次に、『ゼンド＝アヴェスタ』であるが[8]、書名の『ゼンド＝アヴェスタ』とはどのような意味を持つのだろうか。筆者がフェヒナーについて本格的に勉強してみようか迷っていた頃（2012年夏）、たまたま上野駅で列車を待つ時間つぶしに入った書店で、偶然、文庫本の『原典訳アヴェスター』を見つけ[9]、思わず手に取ったのがそもそもの始まりである。その時は、「アヴェスター」が何を意味するのかわからなかった。

帰宅して、それが、フェヒナーの書名と関係があるということを確認できて、何か縁のようなものを感じたものである。

　その後、前田耕作の『宗祖ゾロアスター』を読んで[10]、近代ヨーロッパがゾロアスター教に対して持っていた憧れのようなものを感じ取ることができた。
　有名な話であるが、ニーチェの『ツァラツストラかく語りき（Also sprach Zarathustra）』のツァラストラはゾロアスターのドイツ語読みで、この本は1885 年に出版されている。フェヒナーが『ゼンド＝アヴェスタ』を書いてから34 年後のことである。
　ところで、ヨーロッパが『ゼンド＝アヴェスタ』を「発見」するにあたっては、フランスのアンクティル・デュペロン（Anquetil Duperon、1731-1805）の功績を抜きにすることはできない。以下、前田の著書の「第 2 章　正典を求めて」によって、その物語を要約してみよう。
　デュペロンははじめ神学を志して、オランダのジャンセニストのセミナーに学んだが、そこで、「オリエントの事物に対する情熱にとりつかれ、…」、ヘブライ語からアラビア語、ペルシャ語を学んだ。20 歳のとき、パリに戻り、やがて王立図書館の東洋写本部に職を得た。
　そして、1745 年に当時オックスフォードにあった『ヴェンディダード・ガデ』の四葉のゼンド語の写本の写しを見る機会に恵まれた。当時、ヨーロッパにその文書を読める人間はいなかった。
　若いデュペロンは古いペルシャ語、ひいては古い宗教を学ぼうとインドへ原典を求めて旅立つことを決意する。
　しかし、その道は困難をきわめた。1754 年 11 月にはインドへ向う囚人部隊に無謀にも入隊する。着いたのはフランス・インド会社の港町ロリアンであったが、旧師ケリュス司教らの助力を得て、1755 年 2 月にそこを出発し、6 ヶ月にもわたる船旅の後、同年 8 月にインドのポンディシェリーに到着した。だが、そこは彼の目指した場所ではない植民都市であった。おりしもフランスはインドの利権をめぐって英国と争っていて、「七年戦争」まで勃発してしまった。以後、彼は熱病などの病気と政情不安に悩まされながら、各地を移動すること

になる。

　そして、デュペロンの最終目的地グジャラートのスーラトに辿り着いたのは、3年後の1758年5月のことであった。スーラトは7世紀イスラム勢力に追われたパールシー人（グジャラートに逃れたペルシャ人＝ゾロアスター教徒）の最後の砦がある地であった。

　そこで彼は二人の聖職者と知り合い、彼らの協力のもと、ゼンド語とパフラヴィー語の『ヴェンディダード』を目にすることができ、彼らからアヴェスターの翻訳の手ほどきも受けた。また、約3年間にもおよぶ滞在中に各種の言語による180点もの写本も入手することができた。

　しかし、この間、女性をめぐるトラブルからフランス人と決闘となり、相手を殺害する事件がおこった。彼はフランスの法律によって逮捕されるのを逃れるため、イギリス商館に匿われ、写本の研究を続けた。

　1761年3月、ついにスーラトを去る日がきた。しかし、それまでのいきがかりから帰路は英国経由の船旅となった。ポーツマスに到着した彼は、そこでも囚人として抑留され、写本等のつまった鞄を没収されるなどのトラブルにあったが、フランス王立図書館からの書簡のおかげで釈放された。

　それでも彼はすぐに帰国せず、彼の出発点であった写本を見るためにオックスフォードに行き、彼が手に入れた写本と比較対照した。その後、ロンドンに行き、大英博物館のゾロアスター教の写本が本物ではないことを指摘したりした。

　彼が、母国行きの船に乗ったのは1762年2月のことで、パリに着いたのは3月であった。出発以来8年、彼は32歳になっていた。

　彼は、持ち帰った180点のペルシア語、サンスクリット、パフラヴィー語の写本を王立図書館に納めた。

　翌年には金石・碑文アカデミーの会員に選ばれたが、いくつかの論文を発表しながら、資料の分析を進め、翻訳に没頭した。

　1771年、ついに注目の大著『ゾロアスターの著作　ゼンド・アヴェスター』三巻が刊行された。

　前田は、これが、本当に原典に依拠したものかどうか、当時は論争があった

ようであるが、1826年に、デンマークの言語学者ラスムス・ラスク（Rasmus Rask）が「ゼンド語と『ゼンド・アヴェスター』の古さと真正性について」を発表して、論争に終止符が打たれた、と書いている。

しかし、学問的論争にいちおう終止符が打たれたとしても、デュペロンの本は、当時のヨーロッパ人の憧れを満足させるようなものではなかった。

青木健は、それを「ルネッサンス的虚像」と言っているが、デュペロンの本を前にして、「ヨーロッパの知識人は当然ながら、そこにルネッサンス以来語り伝えられてきた神秘的な叡智がかかれているものと期待した。しかし、しばらくすると、『アベスターグ』には古代アーリア人の怪しい呪文以外の何ものも書き記していないことが分かり、彼らの落胆を誘った。」（『ゾロアスター教』、191-192頁）と書いている[11]。

フェヒナーはフランス語に堪能であったから、当然デュペロンの本は知っていたと思われるが、それについてはどこにも記載されていない。

ここでも、彼の日記を調べてみると、1848年は1月1日だけは長く書かれているが、その内容には彼の『ゼンド＝アヴェスタ』の執筆の準備にもかかわるような部分がある。

すなわち、この世の終わりと人間の原初時代を知ろうと宗教史とつきあい、そのなかで聖書と『ゼンド＝アヴェスタ』を読んでいるという意味のことを書いている。

しかし、そこでもただ、"mit Bibel und Zend Avesta" とあるだけである。

これがデュペロンによる『ゼンド＝アヴェスタ』である可能性もあるが、断定することはできない。

フェヒナーは『ゼンド＝アヴェスタ』の「序言」で次のように標題に関して述べている。

　『ゼンド＝アヴェスタ』は、（普通の、誰もが認めている解釈ではないにせよ）《生きている言葉》である。私はこの本もまた、ひとつの生きている、そう、自然に命を与える言葉であることを望みたい。古代の『ゼンド＝アヴェスタ』

は、多くの地理学的、歴史的なものを含んでいる。それはわれわれの時代から断片的に現れた、古代のほとんど行方のわからない内容がゾロアスターによって新しく改革された自然宗教である。われわれの本もまた、古代のほとんど行方のわからない、ここで新しく再形成される自然哲学の多くの世俗的な内容断片を含んでいるが、その根源は、たとえそれが同一のものとして完成していないにしても、『ゼンド＝アヴェスタ』に含まれているのである。『ゼンド＝アヴェスタ』の自然宗教は見かけの上でキリスト教から遠く離れているようであるが、それは歴史の重要性と深遠さの中に存在しており、その内容はその関係を取り持つものである。われわれの本もまた、この点ではたんにひとつの新しい『ゼンド＝アヴェスタ』なのである。ところで、私はこの本と昔の『ゼンド＝アヴェスタ』の完成がその性格においてあまり共通性がないことをよく知っている。(S. v)

ここでは、「自然宗教」や「自然哲学」という言葉が出てくるが、古代の『ゼンド＝アヴェスタ』（それ自体がいまだに解明されていないのであるが）をもとにして論じるというよりは、それに刺激を受けて、あるいはそれを契機にして、フェヒナーが彼自身の考え方を展開するという立場を明らかにしていると思われる。

フェヒナーは「序言」の中で、「この本全体の背景には肉体（Leib）と魂（Seele），あるいは身体（Körper）と精神（Geist）の関係についての一つの根本的な見方が存在している。」という意味のことを述べているが、これが『精神物理学原論』で具体化する構想の萌芽なのかもしれない。

なお、本書では主としてフェヒナーと心理学との関係を問題にしているので、この『ゼンド＝アヴェスタ』についても、「補遺 2. 数学的心理学の新しい原理についての短い説明」と「地球の形と色の美学的評価についての補遺」以外のものについてはほとんど言及していない。

『ゼンド＝アヴェスタ』については、福元圭太の「『ツェント・アヴェスター』における賦霊論と彼岸：グスターフ・テオドール・フェヒナーとその系譜 (3)」という論文があることを紹介しておきたい[12]。

(2)『死後の生についての小冊子』について

　この本は、フェヒナーの著作の中でもやや特異なものだと言っていいだろう。

　他の本と特に異なるのはそのポピュラリティーにある。と言っても、それはフェヒナーの方の問題ではなく、主として、読者の受け止め方の問題にあると思われる。

　彼は生涯に数多くの本を書いたが、そのほとんどはそれほど多くの読者を持ったとは言えないが、この本は例外的である。

　プロローグでも見たように、フェヒナーのこの本だけがわが国でも戦前から何回も邦訳されているし、現在も日本語訳が市販されている唯一の本である。

　よく言えば、社会とのつながりが最もあるものであるが、一面で、その人気（？）、関心には誤解も含まれているのではないかと思われる。

　フェヒナーはこの本の中で、人は人生において三つの生を生きるということを初めに述べている。

　　人は地球上において、{一度だけ}生きるのではなく、{三度}生きる。人の最初の生活段階は絶えざる眠りであり、第二の段階は眠りと目覚めの交替、第三の段階は永遠の目覚めである。
　　最初の段階では、人は暗やみの中で孤独に生きる。第二の段階では群居して生活するが、そこでは他の人間とは別々に離れて生きており、光はそのうわべを映し出している。第三の段階では、彼の生命は他の人の浮遊精神の生命とからみ合い、最高次の精神の中で高次の生活を送るようになり、最終的なことがらの本質を眺めるようになる。(S.1)

　すなわち、最初は母親の胎内で、胎児として、誕生後の生活に備えて、胚芽からさまざまな器官を発生させる。第二の段階では、萌芽から精神を発達させ第三の段階のための器官をつくり出す。そして、第三の段階では神の萌芽が生まれでる。それはすべてのヒトの精神に存在し、精神の予感、信仰、感情、そして本能を通じて、現世におけるわれわれにはまだ暗いが、第三の段階の精神にとっては真昼のような明るさの来世を指し示す。

第一の段階から第二の段階への移行は「誕生」であり、第二の段階から第三の段階への移行は「死」である。

　ここで、われわれ人間にとって未知の世界は、言うまでもなく第三の段階の生（活）である。それはいかなる人間にとっても、無関心ではいられないものである「死後の生（活）」である。

　もしかしたら、一部の読者が「死後の生」あるいは「死後の生活」というものを、「不死の魂」、「永遠の命」、あるいは仏教でいう「輪廻転生」（というよりも、正確には再び生まれかわる）のことだと思い込んでしまったのかもしれない。

　しかし、実のところはフェヒナーはそのようなことは一切述べていないのである。

　フェヒナーが描く第三の段階、すなわち「死後の生」では、肉体はもちろん滅びるのであるが、魂は永遠に存続すると言ってよいだろう。

　ただし、重要なことは魂とか霊といったものの意味が、われわれが通常考えたり、想像しているものとはまったく違うということである。

　第二の段階でわれわれが獲得した意識や精神性は第三の段階においては、あらゆるものに対する個別の意識を越えた一般的でより高次の意識に変容する。われわれがこの世で経験し、あるいは残したものは他者の中で生きつづける一方で、死後の世界にも引き継がれ、さらに高次の精神と交流する。

　ここで、重要なことは、われわれの現世における「生」も、われわれが経験した精神性や意識も死によって無に帰するのではなく、次の段階に引き継がれるということである。

　フェヒナーは、人間という小さな存在が生きた証しを、水の中に沈んでゆく石が残した波紋にたとえて説明する。それは死後も小さくても複雑な影響を及ぼしつづけるのである。

　ところで、この本の中で一カ所ちょっと雰囲気が変わっているところがある。それは一枚の図（S.18）である。赤から時計回りにすみれ、青、緑、黄、橙の六枚の花弁（円）を重ねた花のような図形が突然現われてくる。花弁が重なった中央には六コの長楕円の花弁を持つ花のような星形が浮かびあがる。

　フェヒナーはこの図を用いて、人間の精神と高次の精神の関係を説明する。

すなわち、六種の光が重なった中央の星形はそれ自体独立したもののように見える。
　しかし、一方で、六種の光のそれぞれもまた独立している。つまり、人間の精神は自立していると同時に、他のものたち（高次の精神）にも所属しているというわけである。

(3) 目覚めよ！──「魂（Seele）」の問題について

　フェヒナーは『魂の問題について』（1861年）の冒頭で[13]、学生時代に同室の男をベッドから起こすのに苦労したエピソード（実話かどうかはわからないが）を紹介したあとで、自分がこれまで何度も世間の人びとに対して、「目覚めよ！（Steh auf!）」と語りかけてきたと強調する。
　一回目は『死後の生についての小冊子』（1836年）によって、二回目は『ナナ』（1848年）、三回目は『ゼンド＝アヴェスタ』（1851年）、四回目は『シュライデン教授と月』（1856年）、五回目はいまこの本で、そして、もし生きていれば、六回目、七回目も呼びかけるだろう、と書いている。
　実際、その後、六回目の『三つの動機と信仰の基礎』（1863年）、七回目の『昼の見方と夜の見方』（1879年）が書かれている。
　しかし、彼は世間の人びとに対して、何を呼びかけたのだろうか？
　それは、全宇宙あるいは自然界の万物についての想像力の問題なのか、それとも人の信仰の問題なのだろうか。
　しかし、結論を先に言うと、―少し乱暴な言い方だが―宇宙の、地球上の、大自然の諸物について、動物、植物、人間について、正しい見方を持ってほしい、と呼びかけているようにしか思えない。「正しい見方」とは何かと言えば、それは他ならぬフェヒナーのような考え方である。
　そして、当然この後の七回目に書かれる「昼の見方（Tageansicht）と夜の見方（Nachtansicht）」である[14]。
　この本は、フェヒナーの生涯の仕事の集大成だけあって、フェヒナーの思想について最も網羅的に整理されて、詳しく書かれていると言ってよいだろう。
　しかし、ここでは、五回目の『魂の問題について』を取りあげてみよう。

VII. フェヒナーにおける宗教・科学と世界観

この本は、「目覚めよ！」と呼びかける自分の他の本も含めて紹介しているだけに、人間の魂だけでなく、動物や植物、さらには天体や宇宙の魂についても論じている。つまり、穏健な精神論や信仰論にとどまるものではなく、フェヒナーの根本的な世界観をも示している。

　彼は「序説」の中で、世の中に蔓延する「夜の見方」に対して、次のように警告を発している。

　　機械がますます生命に取って代わり、鉄道と電信が地球上を覆っていると考える人は、時代とまったく正反対の方向に注意を喚起する。そして、実際のところ、そのまま歩き続ければ次の二つの道の一つだけがある。すなわち、すべての地球上の生命は機械の中に没するか、あるいはすべての機械が地球上の生命の中についには吸収される。しかし、そこで一方は存在できない。そこで他方だけが存在することができる。そして、まさしく時代の今日的傾向は、本書によって主張される趨勢に最もよく応じ、手助けをする傾向である。はじめに人は飢えなければならない。それから、パンをつかむのである。

　　物質主義の一面性が多くの地盤をかちとると考える人は時代のまったく逆の傾向に注意を喚起する。そして、ちょうど、哲学という難破した船からの太い角材の中に、沈没の前にまだ二、三の救助方法を見いだそうということが示すのは、まさに新しい船と新しい航海の値打ちがあるということである。

　　風は船か、それが吹くことが航行なのか？われわれが今日の観念論者を信仰する時にはそうだろう。しかし、彼らに対する信仰はどこにあるのか？人は風に尋ねる。

　　物質主義に今日あまりにも多くの地盤を得させてしまっているものは、それがまだ地盤を持っている哲学の中の唯一のものであるということである。しかし、地盤はまた物質主義が持つすべてでもある。いったい、それとともにすべての信仰はどこに立ち去ったのか？信仰の問題自らがそれとともに消えてしまった。(S.vi)

フェヒナーは、このような科学技術文明の中で危機に瀕している「生命」に警鐘を鳴らそうとした。しかし、それは近代化の大きな流れを押しとどめるにはあまりにも無力だったと言わざるを得ないだろう。

(4) フェヒナーとキリスト教

　ところで、フェヒナーに異教への関心があったということについては、本章のはじめにも見た。

　しかし、フェヒナーはキリスト教の牧師の子であったし、祖父も牧師だった。亡くなった父親のかわりに面倒を見てくれた伯父もまた牧師だった。つまり、聖職者の一家に生れ、育ち、宗教的雰囲気は横溢していたはずである。

　彼の著書の中で、直接キリストやキリスト教に言及しているものも多い。『ゼンド＝アヴェスタ』の第XIII章では「キリスト教のことがら」、第XXX章「われわれの教説のとくにキリスト教と関連する点」について取りあげている。

　ここでは前記の『死後の生についての小冊子』と『昼の見方と夜の見方』からキリスト教と関連する部分を取りあげてみよう。

　まず、「死後の生」では、現世の人々に偉大な影響を与えたゲーテ、ナポレオン、シラー、などの偉大な人々の魂は彼らの死後（すなわち彼らの第三の段階）においてもわれわれの中に生きつづけて、影響を与えつづけている、とフェヒナーは言う。

　そのうえで、「後世でも生きつづけ、効果を及ぼしつづける、影響力のある精神の最も偉大なる例はキリストである。彼の信奉者たちの中に生きているのは空疎な言葉ではない。彼ら誰もがたんに比較をしながらキリストを心に抱いているのではなく、本当の意味で生きつづけているのである。信奉者のすべてがキリストの意を体して行動し、考える、キリストの恩寵を受けるものである。なぜなら、キリストの精神のみが彼らにこれらの行動と考えを生じさせるからである。」(S.10-11) と書いている。

　ここには、フェヒナーの二つの考えが見てとれる。すなわち、一つはキリストもまたゲーテやナポレオンなどにつながる偉大な人間の一人である、という考え方である。

そして、もう一つはこうした偉大な人間の影響力は第三の段階でも生きつづける、ということであろう。

また、「光明観」(『昼の見方と夜の見方』)においては[15]、第六章「宗教観とその展望」において、キリスト教の歴史において、そのドグマ的側面が強まってきたことを厳しく批判し、自分の光明観（昼の見方）がその問題に貢献できるものと主張している。

そして、第十五章第三節では、「著者の個人的経験から」として、自分の生涯をふり返って、自分が医学生時代には唯物論のとりことなっていたが、その後シェリングの自然哲学を知って、一時はそれから完全に脱却したけれど、その後また、もっと深く唯物論に陥るようになったこと、しかし、最終的には唯物論もシェリングの自然哲学も認識を不完全なものから完全なものへと導いてゆくには役立ったが、それ自体としては思惟を満足させるものではなかったし、人生の果実を与えてくれなかったこと、等を述懐している。

そのうえで、次のように率直に当時の心境を吐露している。

……神による導きといふキリスト教の観念を復活させる光明観の信仰のみがこのやうな支柱を私に與へてくれたのである。もし私の生涯の最も暗い、そして一見極めて絶望的な時代の前に「死後の生についての小冊子」の中で光明観の諸思想が最初の姿を現はしてゐなかつたとしたら、（中略）私は恐らくあの當時を堪え抜くことができなかつたであらう。(229頁)

フェヒナーはこのあとも、「……上から光明観を支配してゐるところのキリスト教の諸理念の復活」を願い、最後に「苦悩の中の慰め（一八四一年作）」という、病気に苦しんでいた時につくった詩を載せている。

(5)「ゼーレ（魂）」をめぐって

「フェヒナーの汎心論」という論文の中で、著者のウッドワードは次のように書き出している[16]。

（フェヒナーは）"魂（Seele）"という言葉で何を意味させようとしたのか？ある意味で、本論文のトピックは'魂（soul）'である。しかしながら、私は故エドウィン・G. ボーリングが、フェヒナーは汎心論の中に霊的な信念をほのめかしている、というのは部分的にのみ正しいと信じている。フェヒナーが soul (Seele) を mind あるいは spirit (Geist) と区別なく用いたという事実は、霊的 - 神学的（spirituo-theological）区別は彼にはあまり重要ではなかったということを示唆している。彼の汎心論、すなわち宇宙は、"魂を与えられている（besouled）"（beseelt）という教義は、連関（Zusammenhang）と同種の原理に基づいているのであって、分離可能な soul に基づいているわけではない。特徴的に、彼はアリストテレスの流儀をまねて、mind あるいは soul をアナロジーを通じておおまかに表現している。私の目的は、フェヒナーの汎心論が徹底的な一元論であり、それは後の精神物理学に内在する関数関係を念入りにつくるのに役立ったということを立証することである。(p.367)

　まず、「魂（ゼーレ）」という言葉であるが、肉体とか身体という言葉に対置されるもので、精神、心、霊（魂）などの同義的な言葉の一つに過ぎないのであって、特別なものではない、実際フェヒナーはいくつかの言葉を同時に使っているというウッドワードのような見方がある。
　しかし、その一方で、「ゼーレ」がフェヒナーにとって特別な意味をもっていたとする主張も存在する。
　たとえば、岩渕輝の『生命（ゼーレ）の哲学』(2014)では[17]、書名にもあるように「ゼーレ」という概念を重視する。

　ところで、フェヒナーは自然科学の記述に生命力概念や生気論を持ち込むことを拒否した一方で、本書でみて来たとおり「生命力」と同じく非科学的概念である「ゼーレ（生命・心・魂）」を一貫して使い続け、ゼーレの復権を目指していた。非科学的概念という意味では同類なのに、なぜフェヒナーにとって「生命力」は使用してはならず、「ゼーレ」は使用可能な概念だっ

たのだろうか。私見ではその理由は次のことにあると思われる。フェヒナーはあらゆる存在には外的および内的という二つの現われがあると考えていた。そうしたフェヒナーの考えに基づけば、物体でも物質でも何でもよいが、何かが第三者にとって外側から見たり聞いたりできる姿で出現したとき、言い換えれば何かが外的現われとして出現したとき、外側からは確認できないがその何かにとっては感知される内的現われも必ず存在するはずである。そしてフェヒナーは、その何かが自身の内的現われを感知する作用ないし主体のことを「ゼーレ」と呼んでいた。（222-223頁）

しかし、ゼーレを直接計測できないのはいうまでもない。そこで、「ゼーレに対応する外的現われ（刺激量）の計測をもってゼーレの様態を推測するという間接的方法、つまり精神物理学の方法を考案したのである」と岩渕は考える。
「生体にあって死体にはない何らかの説明原理」としての「プシュケー」「ゼーレ」などの概念をあげ、「これらの概念は必ずしも何らかの物的実体を想定したものではなかったはずである。」（224頁）という。
彼は人間が死ぬ瞬間の前後の身体の違いが物質の言葉では説明し難いということから用いられてきた概念として「ゼーレ」というものを位置づける。
その前提には、「世界は物的実体のみから成り立つわけではない」という考え方がある。そして、そうした考え方を持てない社会は、文化的には不幸であろう、とつけ加えている。この点については、筆者も同感である。
しかし、筆者自身は、「ゼーレ」という言葉の問題については折衷的な見方をしている。
というのは、フェヒナーは『魂の問題について』などでは書名にゼーレを用いている。また、第III章でふれた「魂の居場所（Sitz der Seele）」のような場合にもゼーレである。つまり、とりわけ重要な内的な作用や主体的有機体を強調する場合に、「ゼーレ」に特別な意味を込めているように見える。
しかし、別の枠組みである問題の理論構成においては、つまり、一元論と二元論の比較のような場面においては、「心と身体」でも「精神と肉体」でもよいのである。

しかも、フェヒナーは『原論』の終わりの方の部分で、条件付きながらも下等動物の「ゼーレの複製」ということまで言及しているのである。(S.541)

2．フェヒナーの世界観（Weltanschauung）

(1) 世界像について

ラスヴィッツは彼の著書の前半を「第一部：生涯と著作」に、後半を「第二部：世界像」に充てている[18]。

世界像（Weltbild）は「I. 運動」と「II. 意識」に大別される。そして、「運動」は以下のような8つの節として述べられている。

19．認識と自然科学の根本法則
20．運動の一般法則
21．諸システムの単位としての法則
22．無機的、有機的、宇宙有機的
23．安定性への傾向原理
24．宇宙論的仮説による地球の形成
25．一つの有機体としての地球
26．地上の生物の発達

一方、「意識」については、以下のような10の節から構成されている。

27．身体性と精神性の同一性
28．連関論的視点（Synechologische Ansicht）
29．意識の閾
30．波動図式
31．宇宙における精神物理学的並行論
32．個体の意識の発達
33．快・不快と調和への傾向の原理

34. 道徳
35. 信仰
36. 死後の生

　これらは筆者が目次をただ並べただけであって、一つの「世界観」として括るにはあまり整理されていないような感じを受けるが、同時にフェヒナーの思索の巨大なひろがりを示しているとも言えよう。
　これらから読み取れるのは、人間以外の動物や植物も含めた地上の生物だけでなく、地球はもとより宇宙全体をも念頭に置いていることである。
　しかし、その一方で、これらすべての対象に働いている一般的な力、或は法則性といったものを見通そうとしていることである。
　そして、それらは最後に、彼の自身の著作物の中で具体的に展開され、若干の疑問や矛盾は残しつつも、彼なりの構想の中にすべて収められてしまうのである。
　ここでは、ラスヴィッツのあげたすべての法則、原理等に言及するのは事実上不可能なので、そのうちの「28. 連関論的視点」のみを取りあげてみよう。
　もちろん、これ以外にも、「23. 安定性への傾向原理」、「29. 意識の閾」、「快・不快と調和への傾向の原理」なども重要であるが、これらについてはすでに、本書の何カ所かでも取りあげているので、ここではふれないことにする。
　そこで、「連関論」であるが、英語の辞書では「synecology　群(集)生態学」という言葉はあるがこれはエコロジーの一種で、synechology といった言葉はない。
　一方、ドイツ語の辞書では、一般の独和辞典にはこの言葉は出てこない。
　ドイツの辞書を探すと、「連続性、関連性のあるものとしての空間、時間および物質に関する学説」という説明がある。哲学用語で、ヘルバルトが使い始めたというのもあれば、フェヒナーの用語というのもあって、はっきりしないが、一般的な用語ではないことはわかる。
　フェヒナー自身は、『昼の見方と夜の見方』の第二十二章「光明觀から見た單子論―連關論的見解と單子論的見解との對照―」において、「普通單子論と

いはれるものが光明觀とどう違ふかといふと、それは次の一點につきる。」としている。

　……すなはち單子論が意識の統一性は宇宙を構成する要素の基體的單一性に基づくものと見るに反して、光明觀は意識の統一性がかゝる宇宙要素間の相互作用的關連性に基づいてゐると考へるのである。私はこのやうな考へ方を單子論的見解と對照して連關論的（synechologisch）見解と名づけたい。すなはち單子論の立場においては宇宙における一切の存在と出来事を蔽ふところの意識、或は單に宇宙の全空間のみにしろそれを蔽ふような意識の存在といふものはありえないのだが、光明觀は逆にかゝる意識を以てその基礎としてゐる。單子論にとつては人間の意識は腦髓の一點に収容されてゐる。といふのは單子論の云ふ單子は形而上學的には物質點自體と同一ではないとされるが、にも拘らず經驗的立場からみた場合、單子は飽くまで何らか物質點にあるものとされねばならず、從つて單子論は人間の魂の場としての單一點を人間の腦髓の中にはつきりと求めてゐるのである。然るに光明觀からみれば人間の意識なるものは腦髓の諸點によつて構成される複合體を統一的に蔽ふものであり、從つてそれと制約關係に立つてゐるわけである。また單子論はどちらかといふと神の存在を認めないのだが、かりに神乃至究極的存在者を認めるとしても、そのような神の意識は單子論にあつてはやはり世界のどこか中心點にあるものと考へられる。然るに光明觀にあつては神の意識は世界のあらゆる點を蔽ふものである。のみならず單子論はもともとその立場の性質からして人間および動物以外の世界における感覺的現象を認めるべき立場に立つべきものでありながら、しかも實際にはそれを認めようとはせず、むしろ人間精神の外にあるものの認識不可能性を主張するカントの原理を遵奉するか、或はまた人間と動物以外の世界における單子はたゞ漠然たる意識を持つに過ぎないのであつて、いはゞ眠れる魂を持つものであり、何ら問題とするに足らないと主張する。これに反して光明觀は積極的にわれわれの外なる、そしてわれわれの認識しうる感覺的現象の存在を認容し、これを基礎としてその議論を立てゝゐるのである。（277-278頁）

つまり、単子論においては、「人間の意識は脳髄の一點に収容されてゐる」のに対して、光明観では、「脳髄の諸點によって構成される複合體を統一的に蔽ふもの」である。
　これは、一見すると脳の局在説と全体説の違いのように思われるかもしれないが、フェヒナーの光明観は直接全体説とは関係ない。人間の意識が脳を制約しているのであり、脳を持たない存在にも意識を認めているからである。
　また、ハイデルベルガーも[19]、「フェヒナーは彼の心‒身論を、それが全体としてのシステムの機能的特性として世界における意識の役割を説明するがゆえに、そして、最小の単位のこれ以上単純化できない特性としてモナド論がなしたようなものではないとして、"連関論的"（synechological）理論と呼ぶ。賦活化（animated）されたモナドについてのそのような理論は1870年頃以降人気があった。ついでながら、ヘッケルに先立って"賦活化されたアトム"という考えを再紹介したのはツェルナー（Zöllner）だった。」（p.260）と書いている。
　ここで、"賦活化（beseelen）"というのは生命を与えられた、あるいは魂を吹き込まれたという意味である。
　しかしながら、フェヒナーは「單子論の新しい形態」（『光明觀』、280頁～）として、それがツエルナーに端を発し、ハルトマンおよびヘッケルにおいて発展させられたものとしながらも、ハルトマンはツエルナーと無関係にその説を立てたのではないかと推測している。
　そして、ツエルナーの快・不快との連関論的基礎づけは、フェヒナーとはまったく違った立場から行われているとしながらも、基本的に光明観と一致する連関論的なものであると認めている。

(2) 昼の見方と夜の見方

　「昼の見方」と「夜の見方」の違いは一見するとわかりやすいように思える。すなわち、前者が人間の「主観的」感覚や感情を尊重するのに対して、後者はそれらを幻影にすぎないとして、無機的で唯物論的な世界観に閉じこもっている。

19世紀の科学者であれば、生物であれ無生物であれ、それを見る存在（人間）があって、はじめて形も色も匂いも認識される、ということは理解されていたはずである。
　しかし、フェヒナーは同時に宇宙に存在する星々や、そこに飛び交う「活力」(Lebendige Kraft) に独特の想いを持っていたに違いない。彼はそこにたんなる物理的実在ではなく、神の意志を感じていたのであろう。
　そして、フェヒナーは自然科学者たちを、次のように批判する。

……彼らの考へによれば、神經こそ感覺を表現し伝へる確實な手段であり、また脳髄は精神の道具であつて、これ以外にはこの世に精神の道具はない。たしかに神經以外に空氣とエーテルの中にも振動があることは事實だが、この振動が感覺を生ずるのはたゞ含燐蛋白質においてのみにすぎないと彼らは考へる。そして彼らは心理學を單に化學の一部門と考へたがるのである。つまり、原形質に含まれた炭素、燐、酸素から精神が生れるといふわけだ。──要するに神經と水母の共通の元素としての原形質と共に第二の創造、精神的事物の創造が始まる。原形質の認識と共にかうした精神的事物に關する科學が始めて完全に誕生するといふわけである。そして彼ら自然の弟子共は神を精神的事物の創造者として崇めたてまつることをとつくに止めてしまつて、その代りに原形質といふ金牛の前に拝跪してゐるのである。（10頁）

　不思議なことだが、ここでフェヒナーが批判している「彼ら」はかつてのフェヒナー自身とも重なるところがあるように思えるかもしれない。
　また、彼らの「心理学」もかつてフェヒナーが目指したものとまったく無関係なものであろうか、という疑問も生じる。
　フェヒナーはかつて、『精神物理学原論』で、「二つの大脳半球で単一のものしか考えないし、二つの網膜の同一の位置でわれわれは一つのものを見る。すなわち、最も単純な思考過程も、われわれの脳の中で構成された準備にしたがって、よく構成された過程を基礎としている。」(II.S.527) と書いていたのではな

かったか。

その他にも、彼は同じ『原論』の中で、ボネ（Charles Bonet, 1720-93）[20]による動物の頭としっぽを切り取り、再生させる実験に言及し、その他の研究者の実験結果などからの類推として、人間の場合に脳の半分の切断にともなう意識状態の変化にも関心を示している。

しかしながら、彼が脳に言及しているからといって、それだけから、前記引用文中の「心理學を單に化學の一部門と考えたがる」ところの「彼ら」とは同列に論じられないのである。

この点は、なかなか難解なのであるが、彼は同じ本の中で、前記したような連関論の説明において、「人間の意識は脳髄の一点に収容されている」という考え方を単子論的な見解として批判している。

たしかに、人間の神経システムや脳にはしばしば言及しているが、化学的研究の対象とは考えないし、脳の特定の部位を絶対的なものとは考えないというのが彼の根本的な立場であろう。

このように、フェヒナーの「昼の見方と夜の見方」は人間の脳をめぐる問題などは些細なものの一つでしかない、それが存在しようとしまいと、意識は宇宙にあまねく存在している、と考えるのである。

3．フェヒナーの科学観

（1）自然科学者としての基礎

フェヒナーは若い頃の一時期、数学者を志していたという。

ライプチヒ大学では、モルヴァイデ（Karl Brandan Mollweide）の代数学の講義を好んで受講したというし、モルヴァイデの助手を務めていたこともある。

しかし、クンツェによれば、フェヒナーは次のように数学では苦戦していたという[21]。

とりわけ私は数学においてひとかどのことをやり遂げるという、私に課せられた苦労をしていた。その時、私は特にコーシーの最も難解な問題を研究

していたのだが、私に多大の不都合をもたらした。そういうわけで、私には数学の才能がまったく欠けていたのだ。しかし、その一方で、私は数学なしには私の専門分野では何ごとも成し遂げられないということがわかっていた。(S.106)

つまり、フェヒナーは数学において挫折体験を持っているということのようである。しかし、コーシーは当代一のフランスの解析学の大家であり、われわれが「数学が苦手」というのとはかなりレベルが違うものである。

実際、フェヒナーは遺稿となった『集合測定論』においても、確率論の基礎となる研究を行なっている。

そのことを別にしても、フェヒナーが数学や物理学などの学問に対して、「厳密科学」としての緊張感をもって対していたことは明らかであろうし、それに対する敬意をはらっていたことには疑いない。

それは、たとえば精神物理学の中でも「神経エーテル」という言葉を使っていることからもうかがい知ることができる。19世紀においてエーテルについてはいくつかの理論、論争があったが、非科学的なものを意味することはなかった。また、光エーテルや電気エーテル他いくつかの言葉も使われた。

彼は、「神経エーテル」という言葉を活力の神経伝導の過程についての推測のために用いている。いわば、物理学に敬意をはらっていると言ってもよいだろう。

さらに、彼はミーゼス博士というペンネームを「科学的な」著書では用いていない。

フェヒナーに神秘的なイメージを与え、場合によってはいかがわしい印象をも生みだしている理由の一つは、彼がミーゼス博士というペンネームも使用しているからであろう。

ペンネームには、もう一つの自分、あるいは文学的、思想的意味を持たせる場合もあるが、一方では、匿名、偽名の意味合いもある。

フェヒナーがミーゼス博士というペンネームをはじめて用いたのは、『月がヨードで出来ていることの証明』(1821) という風刺的なエッセイであるが、

これが彼のはじめての著作である。この他、初期の風刺的エッセイはすべてペンネームであり、30代の詩に関するエッセイや、その後の『謎謎の本』などもそうである。

例外的なのは『死後の生についての小冊子』であるが、これも後には本名で出版している。

おそらく、ペンネームと本名の使い分けには「科学性」というものに対する彼なりの基準があったのだろう。少なくとも、たんに宗教的な配慮からペンネームを使ったということは考えられない。

もちろん、自然科学者であることと、神を信じることは矛盾するわけではない。

それだけではなく、物理的な現象の説明や理論構築にさえ、「神の意志」を読み取ろうとする物理学者もいた（もちろん、これは21世紀の現在でもあり得ることであるが）。

P. M. ハーマンは「神学的な含意の具体例」を次のようにあげている[22]。

> トムソンは、神の力だけがエネルギーを創り出したり破壊できると主張していたし、ジュールやファラデーは、力の不滅性によって宇宙の秩序を維持するという知恵と配慮に、神の摂理がよく現れている、と主張していた。神学的な議論に訴えるというのは、英国の物理学者たちの間で珍しいことではなく、「自然神学」の伝統の影響がまだ残っていたことを示している。マクスウエルは、星の光のスペクトルと地上の物体からの光のスペクトルとが同一であるというのは、宇宙のいたるところに在る分子がみな同一であるということの証拠であると指摘し、分子は「製作された物品」のようなものであり、それらがみな同じであるということは、それらが神によって設計されたことの証左である、と結論した。(76頁)

フェヒナーもまた、ある意味ではそうした「神の力」を信じていたと思われるが、彼にとってはむしろ、自然への賛嘆の念の方が強かったと言ってもよいかもしれない。

また、そのことによって彼の「厳密科学」への希求がゆがめられることもな

かったと思われる。

　こうした立場はまさに、自然哲学のそれであって、本書の第Ⅰ章でも述べたように、「十九世紀ヨーロッパまでは、ごく普通に見られた、宗教家と科学者が矛盾なく同居できるような入れ物としての思想」なのである。

　そして、実際にフェヒナーはその著「原子論」においても、「物理的原子論」と「哲学的原子論」をはっきりと区別して記述している[23]。

(2) プラクティカルな側面と「原理（法則）」好き

　フェヒナーの文章の中には、「実際的」〈praktisch〉という言葉がよく出てくる。はじめは意外な感じがしたが、いまではよくわかるような気がする。

　具体的な例をいくつかあげると、以下のようなものがある。

　　○「実際的な面では、最小弁別法は…」(In praktischer Beziehung ist die Methode der eben merklichen Unterschiede…) … Elemente I, S.74.
　　○「実際的カテゴリーのもとに入る。」(…unter den praktischen {Kategorieen} der Begriff gut…) …Vorschule, S.14.
　　○「研究についての実際的利益を…」（…den praktischen Nutzen von Untersuchungen…）…Vorschule, S.189.
　　○「そこから若干の実際的利点を引き出すことができる。」(…einigen praktisch Vortheile daraus ziehen können.) …Vorschule, S.189.
　　○「…同時に、実際的であるべきである。」(…, soll sie zugleich praktisch sein.)
　　…Vorschule,II., S.231.

　意外な感じがしたというのは、フェヒナーはもともと絶対的な価値に憧れる徹底した原則論者、というイメージを持っていたからである。

　すなわち、原理主義者は現実をあるがままに受け入れるという態度とは遠いものであると考えるのであるが、フェヒナーは「実際的」であることを否定しないようである。

すなわち、精神物理学的研究法や実験美学の実践例である黄金分割についての実証的研究では、本書でもすでに見たように、「実際的な」データ処理が行なわれている。

　例えば、黄金分割の実験的研究の紹介でもふれたことだが、彼はデータの処理において、「丸め（rounding）」という手法を用いている。

　これは、端数処理のためのまったく便宜的な方法であり、当然誤差が出るので厳密な方法とはいえない。

　筆者は、もちろん、フェヒナーの全著作のほんの一部を見たに過ぎないが、その範囲内では、とりわけ『美学入門』に「実際的な」という言葉が目立っていたと思う。

　また、「エピローグ」でもふれることになるS.S.スティーブンスとも通じる一面も持っているのではないかと思われる。

　つまり、「実際的」であることと特に米国流の「操作的な」心理学研究は一般的に親和性があるのである。

　ギルフォードもフェヒナーの「古典的精神物理学」を「不完全な精神物理学」と呼んでいるが、その理由の一つに、反応（R）連続体上のある指標（絶対閾）は二種の異なった判断が相等しい割合で生起することを目安にして統計的に導き出される、ということを指摘している[24]。

　もう一つ、研究を進めるにあたっての、フェヒナーの『原理（法則）』好き、という傾向もあげなければならない。

　特に、『美学入門』において[25]、彼はこれでもか、というくらい多くの原理、法則を並べ立てる。第一部のはじめの、「美学的閾の原理」から「美学的連想原理」までの六つの原理だけでは終らない。第二部では「第二系列（Zweiten Reihe）」の原理として、「美学的対照、美学的推論および美学的和解の原理」から「快と不快の二次的表象の原理」など少なくとも七つから数え方によっては最大で十あるいはそれ以上の原理を七つの章にわたって付け加える。これは明らかに、「原理」の数としては多すぎる。

　その他、『美学入門』のはじめには「前提概念」として、「好ましさ・好ましくなさ」、「快・不快」からはじまって、「美」、「善」、「真」、「価値」、「利益」

なども取りあげられ、その過程で「美学的」、「実際的」、「理論的」の各カテゴリーも加えられてゆく。

戦前に、平田元吉も、「……而して何でも彼が興味を有する事物に法則を發見しやうとの性來の傾向は、今や美術の方面に向つた。」(175頁)と書いているくらいである[26]。

以上のような、フェヒナーのプラクティカルな側面と「原理（法則）」好き、というものも実はその後の心理学（特に米国の心理学）の歩みときわめて親和性の高いものであったのである。

4．科学的であることへの疑義

(1) 球形への偏愛

フェヒナーが若い頃に書いたエッセイ『天使の比較解剖学』(1825)は[27]、全六章58頁からなる小冊子であるが、奇妙な本である。

各章は、天使の「形」と「色」について、「天使は生ける惑星である」、そして「天使の感覚」、最後に「最終仮説（Schlußhypothese）」という構成である。

エランベルジェは、論文「フェヒナーとフロイト」の中で、『天使の比較解剖学について』を取りあげている[28]。

　フェヒナーが最初に出したエッセイ『天使の比較解剖学について』は特筆すべきものである。フェヒナーはこの本は一種の戯文であるというふりをしていたが、後になると大部分は本気で書いたと認めた。幻想物語の形に隠して数学的思考を自然の歴史の問題に適用したものである。フェヒナーはアメーバからヒトに至る動物界の進化曲線を辿り、この線をヒトから先まで延長して、ヒトよりも高等な存在は「天使」ということになるが、この天使がとるはずの理念的な形を理論的に構成しようとした。彼の結論によれば、この未来の存在は球形であるはずで、またヒトが光を知覚するように重力を知覚するはずで、さらにヒトが聴覚性言語で交信しているのと同じように光の

記号を使った言語で交信しているはずである。(84-85頁)

　つまり、エランベルジェは、フェヒナーが戯文のふりをして本気で書いたというのである。
　たしかに、一部の評者が天使の理想形が球であるという主張をまともに受け取らなかった一方で、フェヒナーが『宇宙光明の哲學』(『昼の見方と夜の見方』)の中の一節で「とくに地球」(地球もまた球形である)を取りあげているのを読むと、冗談でないことがわかる。
　何と、フェヒナーは後で示すように『ゼンド＝アヴェスタ』の中でも地球や人間の頭、眼のようなすべて球形のものを論じているのである。
　こうなると、冗談どころか、執念さえ感じる。
　田中純は『イメージの自然史』(2010)の中で、この本を取りあげている[29]。

　　この論文でミーゼス＝フェヒナーは、人間よりも高次の存在を「天使」と名づけ、その形態、言語、感覚について考察している。それによれば、何よりもまず天使は自律的で完全な形態である球形でなければならない。人間のもっとも自律的な器官とは球をなす眼である。眼は光(太陽光)という基本的要素に対応して形成されている。それはこの地球上における太陽的被造物なのだ。そして、より高次の存在である天使とは太陽に住む自律した眼であり、人間の大気にあたるものが天使にとっては光であるという。
　　動物と人間の骸骨を比較してみると、人間の方がより球形に近づいている。その中心点は、ちょうど鼻根に位置しているが、これはそこが両目の中間にあたるからであり、全体を球形に秩序づけている器官は実は眼なのだ、とミーゼス＝フェヒナーは言う。彼によれば、動物から人間への解剖学的変化においては、二つの眼球がよりいっそう接近しており、さらに高次の被造物である天使では、二つの視神経は合体して、眼球はひとつになってしまうに違いない。脳や体も眼を中心として、そのまわりを球形に取り囲むことになるだろう。そこに流れるのは血液ではなく、神経エーテルだから、光は一番奥まで差し込むことができる。大地に対する関係においてしか意味

をもたないそのほかの器官は消滅してしまう。

　そんな天使が意思を伝える媒体は光である。声の代わりに彼らには色彩の変化がある。人間が愛情を示す「眼の言葉」は天使の言葉の先触れである、とミーゼス＝フェヒナーは書いている。これも天使が完璧な眼だからこそである。天使の皮膚はきわめて薄く繊細、透明で、もやが絡み合ってできたシャボン玉に似ており、彼らは自分の意志でこの皮膚の表面に色彩を与えることができ、その変化で意思疎通を行なうのだという。（50-51頁）

　この三つのパラグラフからなる引用文において、内容はさておき、その構成を見てみると、最初のパラグラフは、フェヒナーの主張であり、それ自体根拠はない。強いていえば、フェヒナーなりのアナロジーであろう。
　第二のパラグラフは、その「経験主義的」、「科学的」説明である。
　そして、最後もまた一種のアナロジーであろう。
　なお、この引用文はもちろんフェヒナーが書いたものではない。引用者がフェヒナーの主張を要約したものである。
　これらの主張にはフェヒナーの特徴が現われている。それは「形態、言語、感覚」へのこだわりである。とりわけ、「形態」というものはフェヒナーにとって終生変わることなく、重要なものだったようである。
　本章の「5. アナロジーという方法」でも見るように、フェヒナーは外部の世界から内部（の世界）を理解するために、「形、生命、活動」の類似性以外のものは存在しない、という意味のことまで言っているのである。
　もう一つの特徴は、全体が演繹的であって、少なくとも帰納的なものとは無縁である。
　さらにつづけて、田中純はさらに奇想天外な、あたかもSFのような世界を紹介している。

　　ミーゼス＝フェヒナーの説によれば、太陽系の惑星も太陽によって生きる一種の生物であり、天使は眼であるとともに、こうした生ける惑星でもある。そして、彼らにとっての感覚とは万有引力ないし重力の感触である。引力が

遠く離れた物体同士を直接的に結びつけるように、天使たちは全世界を引力を通じて直接に感じとっている。彼らは太陽の回りを高速で回りながら音を出し合っている。それが天使という惑星＝眼の舞踊であり、天界の真の調和にほかならない。

　高温の太陽に生息している天使たちはガス球であるとしか考えられない［図、略］。これらの天使とはエーテルとガスで充満したシャボン玉であり、その内部には諸器官をなす小さなシャボン玉たちが内包されている。さて、そこで示されるミーゼス＝フェヒナーの仮説とはこうだ——そのガス玉の一種類は主として酸素で充満し（こちらが男性）、もう一種類が水素で充満しており（こちらが女性）、両者は絶えず太陽から噴出されて合体し、男性が女性を燃焼させて光を放つ「結婚」を成就しているのである。「太陽光はだから、まさしく天使の結婚の焔なのだ」。(51-52頁)

　ここまでは、寓話や神話の一種と思って読んでいるぶんには、何の差し支えもない。
　しかし、田中はこの物語の意外な結末を次のように語る。

　論文の末尾にミーゼス＝フェヒナーは、眼であり惑星であって、最後にシャボン玉に姿を変えたこの天使とは、太陽を見つめすぎたために自分の眼窩の湿気から生まれた視覚的な仮象だった、と書いている。彼はその仮象を客観的に観察していたのだが、シャボン玉がはじけてしまったために、その観察の糸もここで突然断ち切られてしまった……。(52頁)

　フェヒナーがその後、太陽光の観察実験によって眼を痛め、精神的にも苦しい時代をおくったことを知っているなら、この結末に一種の戦慄を覚えるかもしれない。
　田中も当然このことを指摘し、「だが、ミーゼス＝フェヒナーはその病に先立ち、太陽の直視が身体に作用して生むシャボン玉としての天使の仮象を、『天使の比較解剖学』の頃からすでに眼にしていたのである。身体が産出する視覚

的仮象をあくまで客観的に観察する精神物理学の「幻視的」な方法がここでは先取りされている。」(52頁) と述べている。

実は、フェヒナーは『ゼンド゠アヴェスタ』でも、第XV章で第III章の補遺Aとして、「地球の形と色の美学的評価についての補遺」というものを書いているのである。

> 明らかに、人が最も完璧な形としての球形を明らかにするために、何度かそこにやってきたことには理由がなくもない。ただ、人間の形成にとって、その形は最も理想的なものではあり得ない。なぜなら、人間としてのかれはもっと下位にある存在だからである。そして、すべての形はそれがその存在の決定に相応する、その程度に応じてのみ、そのやり方で理想的であると言うことができる。しかし、そのうえでまだ、そのやり方が問題である。上方にある、さらにそれ自体で完全なものに仕上げる、もっと調和的に完結するより高次の存在だけが、球形に耐えられ、それを必要とする。確かに、あらゆる個別性と矛盾するものは、まったく何一つないかもしれない。しかし、主要特性が球形であり、その変容が許されていて、ある、ということで充分である。人間の、まだかなり複雑な頭の形が、それだけですでに、その組織がまだ自力による完結と完璧さという目標から遠くある、ということを示している。すなわち、むしろ、仕上げの構成、完璧さの方法の問題である。人間はそれ自体すでに一つの完成物であるというよりも。(II.S.104-105)

つまり、人間は理想形である完璧な球形であるためにはまださらなる改良の余地があるというのである。

しかし、例外は頭と眼であって、フェヒナーは、人間の中でも頭と眼は球形に近く特別な存在であるがゆえに最も気高い部分である、と考えていたようである。

> ……かくて、われわれはまず最初に地球そのものを得、それから、その中に人間の頭を、そしてそこに球の近似物としての人間の眼を持つのである。し

かし、頭は眼以上の意味をもち、そして、地球は頭以上の意味をもつ。しかし、目的論的観点から、人間もまた、{完全な頭部} あるいは眼をめざしてその形が作られ、そして、このようにして、人間がせめて地表に依存しないで存続することができていたという状況よりも、地球上で地球自らがさらに純粋に反映していたであろう、ということが前提とされている。すでに、以前から、地球の球状の形態はそれ自体目的論的にその外的な独立性と物質的な控えめさと関係することが想定されてきた。(第I部、S.106.242)。それゆえ、人間の形態と地球を区別するものは、人間のささやかな独立と完璧さの表出としてたんに理解されるべきものである。 (II.S.105)

つまり、地球→人間の頭→人間の眼、という順に一種のヒエラルキー構造を持つというのであろう。この引用文の後半の部分は筆者にもよく理解できないところがあるが、球形そのものが目的論化されていて、人間もまたそれなりにささやかではあるが、独立して完成に近づいているということが推測される。

ところで、門林岳史もこの問題について論じているのであるが、彼はフェヒナーの二冊の著書を比較して、その差異に注目している[30]。

……「天使の比較解剖学」においては、人間よりも高位の生物としての天使＝天体は、下等な生物から人間に至る序列の人間を越えた延長上に位置づけられていた。それに対して、『ゼンド＝アヴェスタ』においては天体は、下等生物から人間に至る生物の序列を包括するものとして位置づけられている。したがって、人間は地球上の生物の中で最も高位の (höchste) 存在であるのに対し、地球はそれらの地球上の生物よりも高次の (oberes) 存在である。かくして地球は、「世界の段階構造 (Stufenbau der Welt) において、その最も高次の段階である世界の段階と、人間を最高位に置く生物の段階を結ぶ中間段階であることになる。(156頁)

フェヒナーの形へのこだわりは、どちらが原因か結果かはわからないが、前記したように彼のアナロジーという方法と関係があるようである。本章でもこ

の後見るように、「形、色、行動」などは彼のアナロジーにおいて重視されているからである。

　しかし、フェヒナーが球形にこだわる度合いは、すでにアナロジーの域を超えているかもしれない。

　彼が物理学や精神物理学などで一定の評価を得られている研究実績をもっていない人間であったら、彼の主張はまったくとりあってもらえないという可能性さえあるだろう。

　しかし、球形という形はあくまでもものごとの入り口にすぎない。彼はあくまでも『昼の見方と夜の見方』の第五章の「第四節　とくに地球」においても、地球をわれわれより高次なもの、「われわれの仲間の被造者たちを等しく神のきづなの中に結びつけるところの一つの結び目」(51頁) として論じている。

　そして、地球が「最初から脳髄を持たぬが故に最初から死んでおり、精神を持たない」(53頁) という見方に激しく反撥し、「地球の精神」など考えようとしない「暗黒哲學者」や「ダーウィン主義者たち」を批判している。

(2) フェヒナーと神秘主義

　本書の「プロローグ」では、フェヒナーの神秘主義について、やや興味本位的に取り上げた。ここでは少し、まじめに考えてみよう。

　ただ、神秘主義というのはかなり曖昧で広い概念であり、「神秘主義＝非科学的」という図式はいかにも乱暴であり、間違っている。

　しかし、「降神術」というとかなり賛否がはっきりする問題であろう。

　フェヒナーは『昼の見方と夜の見方』の第二十三章を「降神術」に充てている。そして、まず、「光明觀と降神術との關係」について述べている。

　光明觀（「昼の見方」）と降神術の関係をなぜ問題にしなければならないか、奇異な感じがする。

　そして、フェヒナーは以下のような弁解からはじめる。

　　以下の私の考察が反降神術者を満足せしめるものでないと共に降神術者をも満足せしめるものでないことは私自身よく心得てゐる。反降神術者が何

故満足しないかといふと、私が降神術的事実を一般的に認容するからであり、また降神術者の私に対する不満は、私がかうした事実の性質と意義を降神術者ほどには高く買はないからである。(後略)(285頁)

　フェヒナーがあまり意義を認めない降神術を取りあげる理由とは、「私は光明観の立場からみてかう考へる。降神術に関するすべての事柄が世界のいはゞ蔭の面に属することはたしかだ。だが世界はいかなる蔭をも持たぬであらうか？そして、この蔭を無視することは果して何かの役に立つたらうか？たゞ蔭が白晝物事の姿を奇妙に歪めながら、自らわれこそ光なりと称する場合にのみ、それは正しくないといへるのだ。」(286頁) というものである。
　何かわかったようで、わからない弁明であるが、降神術が「蔭」に属すものであることは認めている。また、世界が蔭というものを含めて存在するものだ、とも言っている。
　そのような降神術との関係について、フェヒナーがこだわる理由は、実は彼が降神術とかかわりを持ったことがあるためである。
　彼はこの章でツェルナーの『科学的論文集』に言及し、(ツェルナーが)「曾てライプチッヒでアメリカ人の霊媒たるスレートと共に行つた降神術の集會について報告してゐるが、その中で彼は W. ウェーバーとシャイプナーの証言のほかに私の証言を降神術のために引用してゐる。」(308頁) ことを認めている。しかし、この証言はあまり役に立たないものであり、フェヒナー自身にとっても意味少ないものであると弁解している。
　最後にフェヒナーは次のように書いて、この章を閉じている。

　……そして私が降神術の事実性を止むなく認めるとしても、それはたゞ私が同時に降神術の変則的な性格を充分承知の上でのことであり、従つて降神術が健全な生活に適合せずまた健全な生活のための科学にも適合していないのである。(中略) 私が元來決して喜んで神秘的な現象を認めているのではないことは私の小著「動物磁気学の末路について」がこれを証明するであらう。ところで、私は今では七十八歳にもなり、これまで「ゼンド・アヴェスタ」

や本書を書いてきたのである。前述したやうなやり方で降神術を疑う反對論者にとつてこれ以上何が必要だといふのだらう。(313頁)

しかし、19世紀という時代にあって、降神術や、動物磁気、その他今日では非科学的とされている諸現象が、日常的な光景として存在していたことを忘れてはならない。

本書でもフェヒナーとその精神物理学に対する批評あるいは批判をたびたび引用している米国の心理学者ウイリアム・ジェームズにしても、有名な『宗教的な経験の諸相』(1902)を書いているし、その本は広く読まれた。これは英国での講演をまとめたものであるが、全二〇講のうち、第十六、十七の二講は「神秘主義」にあてられている。

1884年にはジェームズを中心としてアメリカ心霊研究協会が結成されている。

そもそも、19世紀にかぎらず、「心霊ブーム」なるものは近代社会においては何回もくり返されている。

日本でも、明治になって近代科学が組織的に導入され、心理学も徐々に制度化されつつあった。そうした中で、ジェームズにも影響を受けた、当時東京帝大の変態心理学担当の助教授であった心理学者福来友吉をめぐる「心霊スキャンダル」が生じ、社会的な関心を呼んだ。

それは、1910年前後のことで、透視能力を持つとされる女性に何回か実験が行なわれた。実験には当時の高名な学者たちが立ち会ったが、物理学者の中から批判が生じ、結局福来は大学を去ることになった。

このように、19世紀から20世紀にかけて、科学者の世界においても超常現象に関心をもつことは稀なことではなかったのである。

しかし、また、降神術との関係は別にして、フェヒナー自身が奇妙とも思える体験を記述していることは事実である。

例えば、本章でもすでに述べたように、『ナナ』(S.89)にはフェヒナーが「花の霊」を見たというような記述がある。

しかし、このことをもって、フェヒナーが超能力のようなものの持ち主とい

うのは全くの見当はずれであろう。おそらく、彼は人一倍敏感で繊細な神経を持ち、自然を愛しただけなのであろう。

したがって、フェヒナーが降神術にとらわれていたかはともかく、広い意味での神秘主義者であり、そうであるがゆえに人々が通常意識することのない自然界の神秘に心を奪われたことがあっても不思議はない。

5．アナロジーという方法

フェヒナーが「アナロジー」という方法を多用したことはよく知られている。
そもそも彼の著作活動のはじまりが『月がヨードで出来ていることの証明』であって、アナロジーが重要な意味をもっていることについては、本章でも「球形への偏愛」ですでにその一端を見た。

米国の心理学者 W.R. ウッドワードは「フェヒナーの汎心論：精神－身体問題の科学的解法」(1972)という論文の中で、フェヒナーの「アナロジー（類推）」という方法について詳細に論じている。

彼はフェヒナーにとってのアナロジーの重要性について述べつつ、「アナロジーの果敢な一撃によって、彼は霊的な世界と物質的世界との間の関係を発見しようと望んだ。」とする。そして、「アナロジーの最初の明確な考察は『ナナ』の中に見いだされる」として、

> 形、生命、活動の最も一般的な現れの中で非常に類似したものが、すべての中で最も一般的なものの中で類似していないとするなら、形、生命、活動からどのようなサインを受け取ることができるのであろうか？われわれは外部の世界からこの内部（の世界）について結論を出す以外のことはできないことを銘記すべきであろう。(p.368)

と、アナロジーの言わば必然的な使用を主張する。
そして、彼はフェヒナーのアナロジーを次の四つに類別する。

・　部分 – 全体（The Part-Whole）のアナロジー

　ウッドワードはまず、「部分 – 全体のアナロジーは、フェヒナーが有機体の物質的部分の機能的相互連絡としてさまざまに述べているものに対しての私の言い方である。」と述べ、『ナナ』と『ゼンド＝アヴェスタ』に充満している、と言う。

　そして、「フェヒナーは動物の神経システムを植物の導管システムになぞらえる。実際、彼は神経システムを社会のシステム、地球の意識的および無意識的な精神（minds）になぞらえるところまで行った。」(p.370) と述べている。

　また、フェヒナーは各領域における部分と全体の相違はもちろん認めているが、その一方で、それぞれの部分と全体の間の関数関係について論じているのである。

　彼（フェヒナー）はさらに、植物の運動と動物の反射を観察し、感覚（部分）もまた神経と同じように、全体としての有機体のレベルで考えれば、精神（全体）のアナロジカルな証拠となるかもしれない、としている。

・　内的 – 外的（The Inner-Outer）アナロジー

　ウッドワードは、「物質的な有機体に対する意識の関係は、部分 – 全体アナロジーによって表現された。同様に、物質的世界に対する意識の関係は、内的 – 外的アナロジーによって表現することができる。」として、このアナロジーは『死後の生に関する小冊子』と『ナナ』、『ゼンド＝アヴェスタ』に現れているという。

　フェヒナーは、「人はこの世界において、外面的および内面的な生活の両方をおくる。一つは彼の容貌、言葉、行為によって誰にも見え、知覚できるものであり、もう一つは彼の思考と情緒であって、彼だけにしか認められないものである。」ということを前提にする。

　しかし、フェヒナーは「ある人間の内的な思考は彼の外的な行為によって知ることができる。」と話をすすめる。

　　私の友人であるあなたが心を持っているという結論は、あなたの外的な見

かけ、あなたの話しぶり、あなたの行動が私のものにアナロガスであるという事実に最終的に基づいている。すなわち、それは形、色、運動、それに音などに基づいているが、それらはすべて物理的な記号である。私があなたの心を直接見ることができるというのはどういうことか？私はこれらすべての要因を通して、それをたんに推測しているにすぎない。(『ナナ』、p.5)[31]

ウッドワードは、こうしてフェヒナーが唯我論（solicipsism）のパラドックスを解決したという。

そして、動物や植物、さらには地球までもが「心」を持っているとさらに話を進めてゆくのである。

・ 入眠－覚醒 （The Asleep－Awake） アナロジー

ウッドワードは、「このアナロジーは意識のヒエラルキー（Stufenbau）あるいは意識の低次レベルに対する高次レベルの関係を表現している。」として、その例として、フェヒナーの『死後の生に関する小冊子』の中の、入眠、半覚醒、覚醒、という人間の連続したレベルをあげている。

そこでは、「最初のレベルは胎児に対応し、第二のレベルは個人に、そして第三のレベルは他者の記憶の中にある各個人の痕跡にあたる。」のである。

また、後には『ナナ』の中で、植物の精神活動の系統発生を動物における同様の系統発生と比較して、動物の世界の内的複雑さの高次の段階と比較して、植物の世界では外的複雑さの高次の段階に達していた、とした。そして、動物が高程度の知的能力を持っている一方で、植物は高い度合の感受性を持っていると主張した。

植物も動物も「公平に」扱うフェヒナーの態度は理解できつつも、このようなアナロジーだけでも少し無理が感じられる。

しかも、ウッドワードによる次のような記述はどう考えたらよいだろうか？

　　精神生活のヒエラルキー、あるいはその連続体は、入眠－覚醒のアナロ

ジーによって立証された。なぜなら、植物はよりしばしば入眠状態にあり、動物はより覚醒しているからである。フェヒナーは覚醒に対する入眠の関係は知的な、あるいは精神的な認識に対する感覚的な認識の関係であると考えた。例えば、地球の意識（Erdseele）は『ゼンド＝アヴェスタ』において、絶え間なく入眠と覚醒が存続することによって、低次の認識の形態を包含する。惑星がその軸の上で回転する時、一方はつねに太陽に向き合い、覚醒していて、もう一方は暗黒に面している。(p.373)

このように、天体のレベルに達すると、『天使の比較解剖学』でも見たように、われわれの「経験」からはるか離れた荒唐無稽な寓話あるいは神話の世界に入り込んでしまうように思う。
　筆者には、こうしたアナロジーは少なからず乱暴なように思われる。
　しかし、それらを否定してしまうと、そもそもフェヒナーの理論体系が成り立たなくなってしまう可能性もある。
　フェヒナーによる物理的刺激と人間の感覚反応の関数関係についての実証的研究だけを取り出すことはできないのである。

・　自由－決定論（The Freedom-Determinism）アナロジー

ウッドワードが最後に取りあげる最も根本的とする問題は「自由対決定論」とそれをフェヒナーが論じるアナロジーである。

　新しいアナロジーは、意識の低次と高次のレベルの間で生じる前述の"順序，……関係、……結合、……変化"を記述するために必要とされた。この問題は原因と結果を説明するものであった。そして、フェヒナーの解答はいつものようにこの問題を一つのアナロジーの中に投げかけるものだった。彼は心理学的出来事は、物質的な出来事が重力の法則に支配されるのと同様なやり方で、連合の法則によって支配されると推論した。しかし、もしこれが正しいとしても、意識はその自由を失わねばならないだろう。フェヒナー

は決定論に味方するように思われたが、それでも彼は『ゼンド＝アヴェスタ』からの次の引用文で自由意志を閉め出さなかった：

> 高次の精神の心理学において、交わりのあらゆる法則と人間の歴史が活動し始める；それらがわれわれの心の中の心理学的法則と一緒になると、高次の抽象的な領域の心理学法則もまた、低次の微粒子のような領域とも合体する。(p.374)

ここでフェヒナーは、われわれの内なる無意識の神経的結合や因果関係を考える。したがって、やがて消え去る幼児期に形成される精神連合を例にして、自由と決定論、意識的記憶と無意識の記憶は互いに対立するものではなくなるのである。

かくて、自由に対応する自分自身の衝動としての感情と、決定論に対応する生理学的衝動のアナロジーから、意識のすべてのレベルは自然界の普遍的法則に従うことが仮定される。

以上で、各アナロジーの説明を終えたウッドワードは、次の節で「関数関係」を取りあげる。彼はフェヒナーの中心となる関心がアナロジーと「事実の冗漫な蓄積」の中に埋め込まれているので理解することが困難である、としている。

そして、フェヒナーが「心－身問題」のためにとった解法への、自分自身の「構造的アプローチ」について、次のように説明している。

フェヒナーは1861年の著書『魂の問題について』の中で、心を措定する彼自身の推論を概観した。その論議は、(1)類似性あるいはアナロジー、(2)充実（plenitude）、(3)漸次的移行（gradation）、(4)相互結合、(5)因果律、そして、(6)自由、であった。われわれの図式では、入眠－覚醒アナロジーが充実と漸次的移行を伝える。すなわち、植物は動物と共存して発達したという概念である。部分－全体アナロジーは活動と意識の相互結合あるいは感覚と運動の関係を伝える。最後に、自由－決定論のアナロジーは記憶と感情

を通じて残りのものの背後にある因果性の法則を伝える。(p.376)

そして、この文章に続けて、次のように述べている。

　私は、フェヒナーのメタ心理学の成熟を示すために四つのアナロジーを呈示した。私はそれらの中に次の科学的関係の具象化を認める。すなわち、(1) 内的世界に対する意識の関数関係、(2) 外的世界に対する意識の関数関係、(3) それ自体あるいはその連続体に対する意識の関数関係、である。それぞれが、1850年10月22日にフェヒナーに起こった対数法則以前に、多岐にわたるアナロジーを通じて詳細に述べられていたのである。(p.376)

つまり、1850年10月の精神物理学の構想のもととなった思いつき以前から内的・外的世界や意識自体に対する意識の関数関係がアナロジーという形で述べられていた、というのである。
　『ナナ』はともかく、『ゼンド＝アヴェスタ』は1850年以降に書かれている。しかし、ウッドワードが「関数関係」を示すためのアナロジーという方法にこだわっているということは伝わってくる。
　以上、ウッドワードによるフェヒナーのアナロジーについての考察をこまごまと見てきた。
　それらは、たしかに興味深くはあるが、同時に、すべてがアナロジーという切り口で説明されるかというと、話は別である。もう一つ、実証科学へとつなげるためのかけ橋となるような概念が必要である。ここで、ウッドワードの次のような文章を紹介しよう。

　ともかくも、フェヒナーは『天界と彼岸のことがらについて』の奇抜で、空想的な自然省察（Naturbetrachtung）を精神物理学という穏健で分別のある科学へと翻訳することに従事した。この翻訳という歴史的難題への私の答は関係である。アナロジーと物理学の間の中間にある言葉は関係である。アナロジーは関係の類似物である。すなわち、物理学は独立変数に対する従

属変数の関係のもとに築かれている。物理学者のみが、実際、心一身問題を実証的に解決しようとする傾注している物理学者のみが、心を測定するこのやり方を発見することができたのであろう。心にそれが可能な唯一の判断、同じか、同じでないかの感覚の判断をさせてみよう、そして、この感覚の刺激が比率あるいは関係として表現されるようにしてみよう。すると、精神物理学は心的および物理的世界の間の関数関係となるが、そこでは存在論的な架け橋は、私の心とあなたのそれの間のアナロジーなのである。(p.377)

この文章で、ウッドワードが「関係」という言葉を用いているのは興味深いし、重要である。

ところで、この後もウッドワードの論文は「唯心論と唯物論」、「単子論とアイデンティティー」、「単子論者の批判」等々、延々と続いてゆく。

そして、最後の最後に「結論」の節で、「私が引き出した結論は精神物理学の始まりは物理学者のマインドを必要としたということである。関数関係はどの問題が実験的処理を受け入れられ、どれがそうでないかを理解する物理学者にとっては第二の天性だった。」としたうえで、「フェヒナーのアナロジカルな世界観の重要性は、それが実験的精神物理学のための関数関係を示唆したということであった。」(p.386) と結論づけている。

ここで筆者はカッシーラーの「実体概念と関数概念」の問題をあらためて想起する。ウッドワードの「関係」はカッシーラーの「関数概念」と対応する言葉なのではないかと思うのである。

6．本章のまとめ

本章では、フェヒナーの「宗教・科学と世界観」をタイトルに掲げてはいるが、実際には彼の「方法」や「論理」にも話が及んでいる。

ということは、ことはフェヒナーの生涯の仕事全体にも及んでいるということになり、問題はあまりにも広範囲でしかもまとめるのは困難である。

それでも、いくつかの特徴的な点は見えてくるように思える。

まず、宗教については「異教」への関心、で『ゼンド＝アヴェスタ』と『ナナ』についてふれ、ついで『死後の生についての小冊子』、『魂（Seele）の問題について』、を取りあげた。
　そして、フェヒナーの理論構成において「魂（Seele）」という言葉が特別な意味をもっているのかどうか、について考え、最後にフェヒナーとキリスト教との関係について見た。
　フェヒナーが神の存在を信じていること、神の存在を前提にしてあらゆるものを考えているということは疑いようのない事実と言ってよいと思う。
　しかし、彼の宗教は狭義の「信仰」のようなものに押し込められるものではあり得ないし、キリスト教の「教義」などにも制約されるものではない。
　人間の魂が死後そこにゆくという天国や地獄などそもそも存在しない。
　キリストも、前記したように、ゲーテ、シラー、ナポレオン、ルターなどのような偉大な人々の中で、最も偉大で強力な精神であるというのだ。
　フェヒナーが考える神、それは人間や動物のためだけの神ではなく、宇宙にあまねく遍在する神である。
　また、「科学」に対する態度についても、基本的には一貫しているし、疑いなくそれを信奉し、尊重している。
　まず、基本的に彼は当時一流の物理学者であり、また、挫折はしたけれど数学者にまでなろうとしていた。つまり、基礎科学を重視していたのである。
　さらに、彼は「実証」ということも重視していた。
　彼はつねにあらゆるものを計算していたし、生涯手放すことのなかったものは「対数表」であったと言われている。実際に、対数が好きだったのだろう。さまざまなところで、それは出てくる。
　しかしながら、その一方で、一般の科学的見方からすると、疑義が生じかねない主張をしていることも事実である。
　前記の平田は、フェヒナーの晩年の学究的生活を紹介した後で、「讀者は必ずフェヒネルが事實經驗を尚ぶ熱心なる科學者であつて、經驗を超越した、言はゞ架空的の哲學には極力反對した學者であつたことを了するであらう。然し讀者は「死後の生活」を讀み、フェヒネルが經驗を超越したる來世の生活を

詳かに語るを見て、其矛盾の甚だしきを怪まざるを得ないであらう。」（192頁）と述べる。そして、地球も遊星も霊をもち、そのうえに神が宇宙霊としてあるなぞ、経験を超越した架空の哲学のようではないか、という。

もちろん、平田はこのような批判的な見方を示した後で、フェヒナーの弁護をするのであるが、それはフェヒナーの持つ三つの特性よりなっているとする。すなわち、第一に、彼が最上の科学的才能を有していたこと、第二に、感覚的直感世界に対する強い興味、そして、第三の特性が宗教的感情である。

さらに、もう一つ重大な要素があるとして、彼が何ごとにもとらわれないで、自説を構成するのにきわめて大胆であり、いささかも既成の権威などを顧慮することはなかったことをあげる。

この平田の意見（特に最後の点）には筆者も同感である。

そして、「世界観」については、特に彼の連関論的な見方（Synechologische Ansicht）を取りあげたが、そこで見たようにそれは、「夜の見方」の根底にある機械論的要素主義と対立する要素間の相互作用的連関性を特徴とする「昼の見方」の根底にあるものである。

最後に、フェヒナーの著書の中で顕著に認められるアナロジーという「方法」をウッドワードの論文を拠り所にしながら考えた。

アナロジーは自然科学で主にとられる帰納的方法とは明らかに異なる。前記したようにカッシーラーの「実体概念と関数概念」という考えを借りれば理解できる気もするが、微妙に異なる点もあって、筆者には確信が持てない。

さて、このように本章ではフェヒナーの宗教、科学と世界観について考えてきた。

フェヒナーは、科学と宗教の融和をはかろうとしたなどという人もいる。

しかし、彼は「宗教」という殻、装いを取り去り、「神」そのものを問題にしている。

また、「科学」というものは彼にとっては、人間や人間以外の生物、無機物、星々、そして神、つまり宇宙の全存在を統一するルールに他ならない。

したがって、彼は個別の各領域、各部分においては科学性を保持しつつ、それらによって構成された全体系においては、通常の科学的世界を突き抜けた形

而上学的なものとならざるを得なかった。

　しかし、このような「矛盾」とも思えるいくつかの点は、フェヒナーの生涯にわたる仕事を考えるうえでも重要なものである。これらについては、次の「エピローグ」でもあらためて取りあげてみたい。

註）

1) Gustav Theodor Fechner（Dr. Mises）1906　(Sechste Auflage) *Das Büchlein vom Leben nach dem Tode*. Hamburg und Leipzig, Verlag von Leopold Boß.
　（初版は 1836 年、Dr. Mises の名前で、Dresden: Ch. F. Grommer. より出版された。）
2) Gustav Theodor Fechner　1848　*Nanna oder über das Seelenleben der Pflanzen*, Leipzig, Leopold Voß.
3) ドナルド・A・マッケンジー（東浦義雄・竹村恵都子編訳）1912（1997）『北欧のロマン　ゲルマン神話』、大修館書店
4) ヴィルヘルム・グレンベック（山室静訳）1965 年版（2009）『北欧神話と伝説』、講談社学術文庫
　（グレンベックの初版は 1927 年、山室の訳書は 1971 年に新潮社より刊行されている）
5) フェヒナーについて書かれたものでは、ナナが「花の女神」であるとしているものがほとんどである。しかし、筆者が参照した北欧（ゲルマン）神話の文献では、ナナが何の女神であるか、下記のものを含めて確認することは出来なかった。
　ジョルジュ・デュメジル（松村一男訳）1959（1993）『ゲルマン人の神々』、国文社. なお、ナナが月の侍女であるのに対し、妹のスンナは太陽の侍女であり、また、メソポタミヤ神話では月の神（男）であることを考え合わせると、月（の光）に関係しているのかもしれない。さらに、デンマークの「史書」ではナナは人間の女性であり、バルデュルは彼女を求めて人間と争う。
6) 山下正男　1977　『植物と哲学』、中公新書 490.
7) Gustav Theodor Fechner（Herausgegeben von Anneros Meischner-Metge, Bearbeitet von Irene Altmann）2004　*Tagebücher 1828 bis 1879*, Leipzig, Verlag der Sächsischen Akademie der Wissenschaften zu Leipzig.
8) Gustav Theodor Fechner　1851　*Zend-Avesta oder über die Dinge des Himmels und das Jenseits. Vom Standpunkt der Naturbetrachtung*, Leipzig, Leopold Voß.
9) 伊藤義教　2012　『原典訳アヴェスター』、ちくま学芸文庫
10) 前田耕作　2003　『宗祖ゾロアスター』、ちくま学芸文庫
11) 青木健　2008　『ゾロアスター教』、講談社選書メチエ 408.
12) 福元圭太　2012　「『ツェント・アヴェスター』における賦霊論と彼岸：グスターフ・

テオドール・フェヒナーとその系譜（3）」、『言語文化論究』第28号、pp.121-134.

13) Gustav Theodor Fechner　1861　*Ueber die Seelenfrage. Ein Gang durch die sichtbare Welt um die unsichtbare zu finden*, Leipzig, C. F. Amelang.
14) Gustav Theodor Fechner　1879　*Die Tageansicht gegenüber der Nachtansicht*, Leipzig, Breitkopf & Härtel.
15) フェヒネル著（上田光雄訳）　1879（1948）『宇宙光明の哲學・靈魂不滅の理説』、光の書房
16) William R. Woodword　1972　Fechner's Panpsychism : A Scientific Solution to the Mind-Body Problem, *Journal of the History of the Behavioral Sciences*, 8., pp.367-386.
17) 岩渕輝　2014　『生命（ゼーレ）の哲学—知の巨人フェヒナーの数奇なる生涯』、春秋社
18) Kurd Lasswitz　1910　*Gustav Theodor Fechner*, Stuttgart, Fr. Fromanns Verlag（E. Hauff）
19) Michael Heidelberger（translated by Cynthia Klohr）　2001　*Nature from within: Gustav Fechner and his psychophysical worldview*. Pittburgh: University of Pittburgh Press.
（Originally published as *Die innere Seite der Natur; Gustav Theodor Fechners wissenschaftlich-philosophische Weltauffassung*, Frankfurt am Main, 1993.）
20) シャルル・ボネ（Charles Bonnet, 1720-93）は、十八世紀当時のジュネーブ共和国の博物学者で、後に哲学に転じた。フェヒナーはボネが行ったミミズや昆虫などの分割と再生の実験に関心をもち、『原論』の「精神物理学的連続性と非連続性」の章で詳しく取りあげている。
21) Johannes Emil Kuntze　1892　*Gustav Theodor Fechner（Dr. Mises）, Ein deutsches Gelehrtenleben*. Leipzig, Breitkopf und Härtel.
22) P.M. ハーマン（杉山滋郎訳）　1991（1982）『物理学の誕生—エネルギー・力・物質の概念の発達史』、朝倉書店
23) Gustav Theodor Fechner　1864（Zweite Vermerte Auflage）*Ueber die Physikalische und Philosophische Atomenlehre*, Leipzig. Hermann Mendelssohn.
24) J. P. ギルフォード（秋重義治監訳）　1954（1959）『精神測定法』、培風館.
（なお、原著の初版は1936年に出版されている）
25) Gustav Thedor Fechner　1876　*Vorschule der Aesthetik*, Leipzig, Druck und Verlag von Breitkopf & Härtel.
26) 平田元吉　1910　『死後の生活』、丙午出版社
27) Dr. Mises　1825　*Vergleichende Anatomie der Angel*, Eine Skizze. Leipzig, Industrie=Comptoir.

28) アンリ・F・エランベルジェ（中井久夫編訳）1999 「フェヒナーとフロイト」（『エランベルジェ著作集1』所収）、みすず書房
29) 田中純　2010　『イメージの自然史・天使から貝殻まで』、羽鳥書店
30) 門林岳史　2010　「G. Th. フェヒナーの精神物理学——哲学と心理学の間、精神と物質の間」、『現代思想』、28（5），142-166.
31) この『ナナ』の一節はローリー（Lowrie）による英訳の一部にウッドワードが手を加えたという注釈がある。

エピローグ　それでも残る謎

1．心理学との関係について

(1) 精神物理学の父としてのフェヒナー

　フェヒナーが「精神物理学の父」であることに異論を唱える人はいない。しかし、「実験心理学の父」ということになると、少し話しは別となり、まして「心理学の父」などという人はほとんどいない。これについては、本書の「プロローグ」ですでに述べたことである。

　近代心理学は、W．ヴントが1879年にライプチヒ大学に心理学実験室を開設した頃に始まった、というのが一般に認められる見方である。

　このヴントがフェヒナーの仕事、あるいは精神物理学についてどのように考えていたかについては、それぞれ本書のⅠ章、Ⅱ章ですでに紹介した。

　その中で、ヴントはフェヒナーを「精神物理学の創始者」とする一方で、それが「心理学の基礎やまた一部といったものではなく、形而上学に属するもの」であるとし、フェヒナーが「個人的には心理学にはほとんど関心を持っていなかった」事実も指摘している。

　このことは、本書でも見てきたように、直接否定する材料はない。ただ、フェヒナーの三種の測定法はその後の心理学で広く用いられるようになり、そのことだけでも「心理学の基礎やまた一部」に関係してはいると思う。

　また、一方で、フェヒナーはヘルバルトの「心理学」に影響を受け、『ゼンド＝アヴェスタ』の「補遺」で「数学的心理学」についての彼の構想を描き、さらに『美学入門』では「心理学」という言葉を何度か用い、当時の心理学理論を意識していたのも事実である。

　実はヴントは「自伝」のこの文章に続けて、さらに次のようなエピソードも紹介しているのである[1]。

……このようにかなり狭い領域に関心を集中させていたのだということについて私の記憶にあるのは、ある日彼にライプチヒに心理学研究所を作りたいという計画を説明したときのその驚きようである。「そうなればあなたは数年後には、心理学全部を片づけてしまっているでしょうね。」と彼は言った。（302頁）

ヴントのこの文章からは、フェヒナーが心理学にあまり現実的な関心を持っていなかったことがあらためて感じられる。

ところが、K. ラスヴィッツは、「フェヒナーは、"それほど大がかりにやるつもりなら、あなたは二、三年で精神物理学を完成させてしまうかもしれませんね"と冗談めかして言った。」（S.89）と書いているのである[2]。

この二つの文章には、「言った」と「冗談めかして言った」、それに「心理学」と「精神物理学」という二点での違いがある。

もし、著者たちの書き間違いでないなら、どちらかが勘違いをしているということになる。

実は、ヴントのフェヒナーに対する態度は、時期によって少しずつ変化しているのではないかと考えられるのである。

つまり、はじめはヴントはフェヒナーに対して一定の遠慮と敬意をもっていた。しかし、フェヒナーの死後、年月を経て、絶大な権力をもつにいたって、そうした配慮は薄れていったのかもしれない。

したがって、「精神物理学の父」というのは、ヴントなどのある人たちにとっては、しかし、「心理学の父」ではない、ということを暗に主張しているものとも解される。

(2) 心理学者による批判と擁護

フェヒナーが「心理学の父」ではない、というのは一理ある。

たしかに、フェヒナーはライプチヒ大学でヴントによって心理学が「制度化」されようとしていた時に、それに直接関わっていたわけでもないし、そのよう

な立場にもいなかった。多分、あまり関心もなかったことであろう。

しかし、フェヒナーの「精神物理学」が根本から、つまり、その前提から誤っていたということになると話は別である。

つまり、誤った前提のもとにつくられた理論なり研究領域であるとするなら、「父」であろうとなかろうと、関係ないということになる。

実際、「プロローグ」でも見たように、戦前の日本の心理学者松本亦太郎はフェヒナーの精神物理学における感覚の測定を「基数」と「序数」の問題があるゆえに認めることはできないとされた、とする[3]。

ここで繰り返すと、「基数」とはものの多さや大きさなどを数える計数量であり、一方、「序数」とはものの順序を数える順序数である。

したがって、基数は「物理量」に、序数は「心理量」に対応させて用いられている。基数の方がより高次な統計的処理を可能にするのであるが、序数は平均値を計算するなどの数量的処理もできない。

したがって、フェヒナーの測定によって得られたものは、科学的にはあまり意味のないものであって、あえて言えば「誤り」である、というのが松本らの主張であろう。

その後、米国の実験心理学者であるS.S. スティーブンスが、「名義尺度」(nominal scale)、「順序尺度」(ordinal scale)、「間隔尺度」(interval scale)、「比率尺度」(ratio scale) の四種の測定尺度というものを分類した[4]。

スティーブンス（Stanley Smith Stevens, 1906-73）は米国の実験心理学者だが、スタンフォード大学を卒業後、本書でも何度も言及しているハーバード大学のボーリングのもとで、学位をとり、後に同大の教授となった。

特に、音響心理学（Psycho-accoustics）の領域で多くの業績をあげているが、彼が一般に知られるようになったのは、操作主義にかかわる科学論関係と、スティーブンスの四種の測定尺度等の研究であろう。

これによれば、従来の「基数」は「比率尺度」に、「序数」は「順序尺度」に対応するということになるだろう。

また、「名義尺度」は野球のユニフォームの番号など、個体の識別には用いることができるが、番号そのものには意味がない、といった例が示す尺度である。

問題は、残る「間隔尺度」で、これは、文字どおり間隔がつねに一定であることが仮定されているが、原点は定まっていない。テストの得点などに対してこの尺度が想定されている。
　ただし、基数が比率尺度と呼ばれようが、測定される心理量が同じなら、従来と何ら変わることはないという反論があるかもしれない。
　しかし、実はスティーブンスは精神物理学について、次のようなことを書いているのである。少し、長くなるが以下に引用しよう[5]。

　　測定の尺度は、心理学の全ての領域において応用することが可能であるが、それが最も重要な関心事となるのは、精神物理学においてである。（中略）そうなる理由は、この学問が、その創始者の用語に従えば、心身の函数関係についての正確な科学である、とされたことによる。ここでは、フェヒナー（Fechner, 1860）が、この学問によって精神と物質の区別を追放し、唯心論的哲学を建設しようとしたこと、あるいは、感覚は間接的にのみ（フェヒナーの法則によって）測定しうるという偏見を抱いていたこと（Boring）、などの欠陥のあげ足をとる必要はない。フェヒナーこそは、実験の意味と測定の本質をよく理解していた人であり、精神物理学はその思想に基づいて作られている、というだけで充分である。
　　数学と同様に、精神物理学もまた、奇妙な歴史をもっている。前者に比べるとずっと若いが、この学問は、既にいくつかの価値ある貢献を行なってきた。フェヒナーはピタゴラスと同様、神学を証明しようとして科学を進歩させたのである。以後、感覚は単位と量を有するものか否か、という点に関する議論がうるさくなされたが、（中略）あるいは無以下の数に平方根がある（虚数の存在）と主張された ときの騒ぎに比べれば、はるかに小さかったといわねばなるまい。精神物理学の方法と解釈の、些細な点に関する議論のつまらなさは、幾何学における点や線の存在に関する無用な議論と同等のものというべきである。（109-110 頁）

　つまり、スティーブンスの主張を簡単に言えば、要するに測定の尺度などは

「些細な点」にすぎないというものであろう。

　そして、実際に、その後の心理学の展開を見ればわかるように、現代心理学においても、たて前は別として、「基数」も「序数」も区別することなく混同して用いられているのが現実である。

　これを可能にしているものは、一つには19世紀末からの統計学の発達であろう。

　これには、二つの流れが認められる。

　一つは、英国のフィッシャー（Ronald Aylmer Fisher, 1890-1962）などによる実験計画法（Experimental design）や分散分析法などの推測統計学の進展である。

　これは現在、いわゆる統計的検定として実験や調査の結果得られたデータに適用されている。

　もう一つは、やはり英国のピアソン（Karl Pearson, 1857-1936）などによる相関係数の使用を中心とした相関分析法（広い意味では正準相関分析 [canonical analysis]）の系譜である。これはその後、重回帰分析や因子分析などを含む多変量解析法として、心理学でも使われるようになった。

　これら二つの流れを合わせたものが、一部の数学者からは疑義をもたれつつも「心理統計」として流布していったのである。

　なお、余談ではあるが、フィッシャーやピアソンなどは優生思想の持ち主であって、ゴールトンの系譜に連なるものである。

　いずれにせよ、統計学の進歩や数量化されたデータの分析方法の進展によって、心理学は科学的体裁を整えていったと考えられる。

　だが、一体何を測っているのかはっきりしない場合も多い、という事情はフェヒナーの時代とあまりかわっていないのである。

　例えば、学力テストや知能テストなどの心理テストについて考えてみよう。

　いくつかの問題があるのだが、その中に、国語や数学、英語などの異なる教科の成績を加算することができるのか、加算された点数は一体何を意味するのか、という疑問がある。

　また、入学試験などでは総点主義がとられていて、受験した何科目かの得点の合計点によって合否を定める。ところが筆者の体験では、例えばある一科目

（数学としておこう）だけ零点だった受験生が総点では合格のはずなのに、入学を認めることはできないという主張があって議論になったことがある。その理由は零点は特別で、数学の学力がまったくないのは問題だ、というのである。

通常、総点主義とは算術平均を取るということと同義で、一教科でも0ならダメというのは、幾何平均を取った場合である。それに得点は間隔尺度で、尺度をずらせば（いわゆるゲタを履かす場合）どうとでも変わる。しかし、結局、筆者の反論は受け入れられなかった。

このように、現代のテストではコンピューターによって処理されているので厳密に行なわれていると思う人もいるかもしれないが、実体は基本的なことが考慮されていないのである。

(3) 心理学の父としてのフェヒナー、あるいはその功績

本章のはじめの(1)で、フェヒナーを「精神物理学の父」として位置づける傾向には、しばしば、暗に「しかし、心理学の父ではない」ということを意味させている、と述べた。

一方、ヴントについては、1879年にライプチヒ大学に、世界ではじめて心理学実験室をつくり、その後、大学より実験室のための予算を計上させることに成功したと言われている。

そのことによって、近代心理学の創始者とされていることは事実である。

したがって、もしヴントがいなかったとしたら、フェヒナーの精神物理学の考え方も、その後の実験心理学の基礎づくりに貢献した各種の実験法や測定法も、あまり流布しないままに終った可能性もある。

少なくとも、近代心理学の成立はもう少し遅くなっていたことであろう。

筆者は、「制度としての学問」、「制度としての心理学」にこだわってきた。そうした立場からすれば、ヴントの役割はかなり決定的なものだと考えている。

本書で明らかになったことは、フェヒナーと彼の死後、現代心理学で用いられるようになった多くの心理学的方法について、その萌芽的な姿をすでに示していることである。

それは、フェヒナーが考えだした「調整法」、「極限法」、「恒常法」、などの

精神物理学的方法に留まらない。実験心理学以外の分野でも、すでにさまざまな工夫や試行錯誤がなされていたのである。

『美学入門』においては、最も重要な美学原理の一つとして、「連想」を挙げているが、ある講演でのその説明の中で、それは心理学に属するものではないかという批判を受けたとフェヒナー自身が述べている[6]。

それでは、フェヒナーの学問的アイデンティティーというものはどこにあったのだろうか？

心理学というものをある程度気にしていたことは事実であろう。実際、ヘルバルトの影響はあるだろうが、『ゼンド＝アヴェスタ』の「補遺」ではすでに見たように「数学的心理学の新しい原理の短い説明」を書いている。

しかし、彼が一つの学問体系としての心理学を考えていたとまでは思えない。

筆者は今回、フェヒナーの『美学入門』を最も興味をもって読んだ。そして、そこではフェヒナーは自身それと気付かぬままに「心理学者」になっていたのではないかと思った。

次項で見るように、フェヒナーの遺稿である『集合測定理論』にしても[7]、筆者にはその価値を充分に評価する力はないが、心理学史の流れから見ても、それが現われたことは必然のことのように思われる。

いずれにせよ、フェヒナーの仕事には、心理学史的に見て、いまだ解明されていない多くのことがらが、思った以上に残されている。

例えば、『実験美学のために』(1871)や『美学入門』(1876)の中で、「黄金分割と正方形」についての実験で呈示されている三つの方法、「選択法」、「調整法」、「現物法（利用法）」などにしても、それらがフェヒナーによって提唱されていたことを、いまの心理学者はどの程度知っているのだろう。それらがその後どのような過程を経て、受け継がれていったのかどうかについてははっきりしない。特に、「現物法」などは現在も形を変えて存在するはずであるが、その詳細は不明である。

思うに、心理学者たちはフェヒナーの著書のほんの一部しか読もうとしなかったのであろう。

彼の試みた矩形を用いた黄金分割の実験でとられた方法や考察なども、本書

の第Ⅳ章「美学入門の方法」で紹介したように、その後の米国流の心理学のひな形的意味もあると思うのだが、ほとんど取りあげられていない。

その他、失敗に終わったとはいえ、ホルバインのマドンナをめぐる彼の試みなども、その方法は稚拙であったとはいえ、絵を鑑賞した多数の人たちから直接その反応（真偽の判断）を得ようとしている。

そうした試みは、それまでの「心理学」者や哲学者からすれば、きわめて異例なものであったろう。

最後に、フェヒナーの心理学における功績あるいは役割をあらためて五点にまとめておこう。

第一には、彼が物理量に対応する心理量という概念を設定し、実験によって両者の関数関係を示そうとしたことである。

それまでにも、人間の心理のある側面（例えば、表象など）に関する関係を推論したり、模式化、数式化の試みをする人間はいたが、実験まで行おうとしたものはなかったと思われる。

第二には、心理学でその後も用いられるようになる測定方法の原型を呈示したことである。すなわち、「最小弁別法または丁度可知差異法（後に極限法）」、「正誤法または当否法（後に恒常法）」、「平均誤差法（後に再生法）」、の三つである。

これらは実験心理学の研究方法としてその後不可欠のものとなった。

第三には、数学的心理学（あるいは数理心理学）の系譜において、数学的モデルをはじめて提唱し、それを実験において検証しようとしたことである。

これは第一の点とも関係するものであるが、心理学史においてエビングハウスに先んじた数理心理学研究として一般的に認められている。

第四には、実験美学の研究における黄金分割の研究などに関連して、萌芽的なかたちではあるが、その後の心理学研究において用いられる評定判断や内省報告などの方法の原型を示したことである。

最後に、第五として、フェヒナーが精神分析のフロイトに与えたさまざまな影響についても、第Ⅵ章で見たように無視することはできない。

精神分析は心理学ではないが、その理論は心理学に大きな影響を与えてきたからである。そういう意味で、実験心理学以外の分野の心理学に対しても、フ

ロイトを通じてフェヒナーの影響は及んでいるということにもなる。

さらに、次項の「集合測定論」で論じられている問題は、測定誤差の問題から出発して、その後の心理学においても重要な役割を演じることになる近代統計学の基礎に関わるものであった。

(4)「集合測定論」——きたるべき心理学のために

フェヒナーの遺稿である『集合測定論』を本節につけ加えるのは、それが直接心理学に影響を及ぼしたからではない。

それがその後の心理学(特に米国心理学)が歩んだ道(というよりも方向性)を先取りしていたからに他ならない。

フェヒナーはその「序言」を次のように書き出す。すなわち、「新しい名前をもって、その名のもとに登場するその論を、私はそれでも一つの完全に新しい論とは思わない。」が、それでも発展の途上にある科学は専門化され、それに応じて新しい名前が必要となるという。

そして、「ケトレーの"確率論についての手紙"(1846)と彼の"社会物理学"(1869)」を最も普遍的なもの、最も興味深いもの、最も功績のあるものとして認め、「E. H. ウェーバーを精神物理学の父と認めるように、ケトレーを集合測定論の父と認めてもよいだろう。」と述べる。それでも、その仕事をさらに進展させる必要があるとして、以下のようにつづける。

> この点では、私は一面では主要成果として、他面では、以下の研究全部の主要な根底として、ガウスの法則の偶然誤差の一般化の相互にチェックする数学的な正当化と実証的証明を主張する。それによって、算術平均からの両側の誤差の対称的な確率と比例した小ささへのそれの制約が除かれる。そして、いままで知られなかった法則的関係が現われるが、その最も重要なものは§33でまとめて示されている。実際のところ、この最も一般的な補正法(Regulator)の法則化において、集合測定論において話題にのぼる全ての関係が、単一のガウスの法則におけるすべての物理学的及び天文学的な厳密な算定と同じように与えられている。(S.vi)

フェヒナーが集合測定論に熱中していたということは、彼が『原論』のあとに『美学入門』を書いた以上にテーマが飛躍しているという印象を与えるかもしれない。しかし、このテーマは以前から関心をもっていたものであり、彼なりの必然性を持っていたのである。

　そもそも『原論』を書く以前の1850年代に、すでにザクセンの富くじの数年分の当たり番号表を入手しているのである（S.45）。この番号が偶数の場合＋に、奇数の場合－として、その順序をみてみた。そこでガウスの法則と合致しない傾向、つまり非対称の分布をみいだしたのである。

　ハイデルベルガーは、フェヒナーは「その要素が互いに連続的に独立である集合対象（後述のK.G.）の原型として富くじを使っている」（p.304）と書いている。

　そして、『原論』では、8章の「正誤法」の中でと15章の「平均誤差法」の中で観察誤差の問題、つまり「集合測定論」の基礎にある問題について、すでに取りあげているのである。

　実際のところ、彼はこの本の「序言」の中で、精神物理学の方法としての「正誤法（Methode der richtigen und falschen Fälle)」にも言及している。

　この方法における測定誤差の問題を考える中でも、ガウスの誤差法則に関心をもっていたのであろう。

　現在、一般的に正規曲線（normal curve）とよばれ、特に心理統計などでは必ずと言ってよいほど前提とされているこの分布は、確率曲線、誤差曲線、それにガウス曲線とも言われる。すなわち、ガウスの見いだした誤差の分布が左右対称の正規分布に近似するという話である。

　「序言」では、$\frac{2}{\sqrt{\pi}} \int_0^t e^{-tt} dt$という式が示されているが、これは正規分布の確率密度関数を0～tまで積分したものである。tは独立変数で算術平均等の代表値からの偏差（誤差）、個体数、πなどから計算される。これは正規分布の右半分のtまでの確率（面積）を求めるための式で、tの表（現在のt検定などのtの表とは無関係）が当時からつくられていた。

　なお、現在ではtのかわりに標準得点z（平均0、分散1）を用いている[8]。

　しかし、測定対象によっては左右が非対称の分布も現われてくる。

フェヒナーはこの点に注目して、非対称の分布についての理論的・実証的研究を行った。そして、非対称の場合のガウスの法則の補正を試みたのである[11]。

その結果は、「序言」で予告されたように§33（S.69〜）及び§37（S.81〜）にまとめられている。そこでは、ガウスの法則とその一般化として、非対称の分布を含めて考えているのだが、八つの特別法則のうち、最初の三つが最も重要であるとして、1）原法則（算術平均からの両側の算術偏差の対称的確率という仮定に対する、単純で本来的なガウスの法則）、2）二段組みのガウスの法則（ガウスの法則の算術的一般化、最頻値（dichteste wert, 並数）の左側と右側でそれぞれ偏差を求めることから出発する）、3）比例法則（任意の大きさの非対称および任意の大きさの比例する変動に有効なガウスの法則の対数による一般化）、を挙げている。

ところで、この本は理論的な問題を扱っている一方で、フェヒナーの特徴の一つである「実際的」動機によっても書かれている。

「序言」の後半でもふれられていることであるが、フェヒナーは独立変数 t が当時の表において、小数第2位までしか示されておらず、物理学者や天文学者は補間（内挿）法を用いざるを得ないので不便であるとしている。

精神物理学の方法の一つである「正誤法」でも、t の表は少なくとも小数第4位まで表示するように願っている。

また、巻末の附録（§183）には t 表が示されているが、t の値に対応する確率（面積）は小数点以下4けたの t 表Ⅰに5けたの t 表Ⅱが加えられている。

このような実際に計算をする側の立場の「実務家」としての研究者フェヒナーの特徴的な側面を示すものであろう。

なお、本文では「K.-G.」という言葉がよく出てくるが、これは「集合対象（Kollektivgegenstande）」の略称である。この、対象物の集合とは、現在の「母集団」を意味すると思われる。そして、集合対象を形成しているのは「個体（Exemplaren）」である。

他ならぬヴントが、フェヒナーが亡くなった時の、追悼文の中で次のように「集合測定論」の意義を認めている[9]。

　　追求された目的、つまり最も高次の理論的関心は別として、すでに確率論

計算の原理の独特な応用が、それはその時まで、客観的な測定に対してのみ適用されていたが、主観的知覚の領域へと適用される。それゆえ、われわれの世を去った友人が、同じように、彼の人生の最後の年月に、また別の領域でも確率理論と関連した問題をますます掘り下げていたということは理解できる。この研究の成果、—それを彼は膨大で大部分はほとんど完成した"集合測定論"についての著作として後に残したのだが、—その公開を保留したままにしないということが望まれる。(S.359)

ヴントも望んだように、この著作は死後刊行され、そして、実は次項でも取りあげるフェヒナーの多様性を示す仕事の一つとして、この「集合測定論」が位置づけられるのである。

アーレントはフェヒナーの死後になされた評価や影響、さまざまな動きにふれる中で、集合測定論にも言及している[10]。特に、オーストリアの数学者、哲学者のR. フォン・ミーゼスによる『確率・統計と真理』(1928)では、ミーゼスがフェヒナーの影響を認めてはいるが、同時に彼の「教え子」であると認めることは避けている、と述べている。

一方、ハイデルベルガーは『集合測定論』とフェヒナーについて、非常に詳細に論じている[11]。

ハイデルベルガーの集合測定論についての記述は二つの部分に大別される。前半は「集合対象 (Collective Objects)」(pp.296-308) として、フェヒナーに影響を与えたケトレーの「道徳統計学 (moral statistics)」[12]とガウス、エンケル、ベッセル、等の誤差論について説明されている。そして、フェヒナーが『原論』を書く以前から確率の問題に関心をもっていたことが指摘されている。

さらに、フェヒナー自身が『原論』を書いてから、『集合測定論』にいたる間に書かれた三つの誤差論についての論文等を取りあげている。その一つは、「中央値 (median)」についてのものであり、また、『美学入門』で用いた「主観判断順位づけ法 (methods of ranking subjective judgements)」もそうであるという。

後半は、フェヒナーの死後の「フェヒナーからフォン・ミーゼスへ」

(pp.309-317) と題されたものである。

「1919年に、フェヒナーのアプローチの数学的特質がリチャード・フォン・ミーゼスによって改善された」(p313) とミーゼスによるフェヒナーの仕事の認知にふれ、それには三つの主な特徴があるとする。すなわち、フェヒナー受容の極みであり、頻数解釈の強化と飛躍的進展、そして確率論におけるラプラス時代の終焉であった、という。

1928年には、フォン・ミーゼスは前記の『確率・統計と真理』を書き、自分の考えを詳細に示したが、これは数学者でないものにも読み易い本だという。

最後に、ハイデルベルガーはフォン・ミーゼスがフェヒナーの仕事をどう考えていたかを再度取りあげている。そこでは、ミーゼスがフェヒナーのコレクティフの概念の扱い方から刺激は受けたことは目立たない形で認めている一方、コレクティフはその要素が無限数からなること、その特性として不規則性を要求するということから、フェヒナーに勝っている、と信じているということである。

なお、このハイデルベルガーの集合測定論についての論考の大きな特徴は、それが「非決定論 (indeterminism)」の枠組みでなされていることであろう。

言うまでもないことであるが、フェヒナーは決定論を認める一方で、基本的には頑固な非決定論者であった。

この問題は、非決定論における「人間の自由」とも関連していて、実は非常に重要なことではあるが、ここではこれ以上ふれる余裕がない。しかし、今後ともぜひ追求してゆく価値があると思われる。

そして、フェヒナーのこの「集合測定論」が直接的に推計学の発展に寄与したということではないにせよ、なぜか、その後の特に米英の心理学の流れを予感していたのである。

2．フェヒナーの多様性と一貫性について

(1) その多様性と難解さ

フェヒナーは非常に多くのテーマについて論じた多彩で、多才な人というイ

メージが強く浸透している。

　しかし、彼が自分の興味、関心を次々に変えていった、というのは適切ではない。

　「プロローグ」でも見たように、ボーリングなどはフェヒナーの生涯を、「七年間は生理学者として、十五年間は物理学者として、十二年間は寝たきりのような状態で、十四年間は精神物理学者として、十一年間は実験美学者として、この間を通じて少なくとも四十年間は、周期的、持続的に哲学者であった。」としているが、これは誤解を生みやすいまとめ方である。

　例えば、『死後の生についての小冊子』(1836) 一つをとってみても[13]、ボーリングの言う「物理学者としての生活」と重なる時期、まだ眼病を患わない時期に書かれている。つまり、フェヒナーは眼病等の大病を患ったから形而上学的な本を書いたのではない。実際、『死後の生』には彼の生涯を貫く思想の原型がすでに示されている。

　フェヒナーのそれぞれの本の中に、多様なテーマが詰め込まれ、一見すると問題が整理されていないこと、彼の文章が冗長で、ダラダラと記述されているように思えることが多いが、それらの背景には、彼が常にいくつもの自分のテーマ、関心事を同時に抱え込み、それらを常に考えていたことがあるように思われてならない。

　ところで、多様性とか多彩と言っても、ただ様々なことに関心をもって、いろいろなことに首を突っ込んだ、というだけではあまり意味がない。

　一般的な意味でいえば、それぞれの分野で、独自の見解を示したり、ある程度かたちの見える成果なりを示すことができて、しかもそれに対して、評価されないまでも、批判されることなどを含めて、ある程度社会的なレスポンスがあった、ということが重要であろう。

　そういう意味で、彼のテーマの多様性と難解さを示す一つの「証拠」をフィリップ・P・ウィーナー編の『西洋思想大事典』（本巻四巻、索引一巻）から見てみよう[14]。

　この、普通の百科事典とは少し異なり、専門家たちがそれぞれの項目ごとに書き下ろした各分野の研究史からなるような事典に、フェヒナーは以下のよう

に、そのテーマを異にする九項目で取りあげられている。

1. 「確率：客観的確率論」、ヒルダ・ガイリンガー（Hilda Geiringer）執筆（安藤洋美訳）、第1巻、416-433頁．
2. 「行動主義」、R. S. ピーターズ（R.S. Peters）執筆（梅津耕作訳）、第2巻、130-143頁．
3. 「効用と価値（経済思想における）」、ニコラス・ジョルジェスク＝レージェン（Nicholas Georgescu-Roegen）執筆（佐藤光訳）、第2巻、165-174頁．
4. 「心理学派（ヨーロッパ思想における）」、フェルナン＝リュシアン・ミュラー（Fernand-Lucian Mueller）執筆、（入江良平訳）、第2巻、635-640頁．
5. 「心理学理論（アメリカ思想における）」、マール・カーティ（Merle Curti）執筆、（入江良平訳）、第2巻、640-653頁．
6. 「斉一説（言語学における）」、ルロン・ウエルズ（Rulon Wells）執筆（浜口稔訳）、第3巻、85-92頁．
7. 「非合理主義（哲学史における）」、ジャン・ヴァール（Jean Wahl）執筆（福田収訳）、第3巻、603-607頁．
8. 「美の理論（19世紀中葉以降）」、モンロー・C. ビアズリー（Monroe C. Beardsley）執筆（森利夫訳）、第4巻、14-22頁．
9. 「連続と非連続（自然と知識における）」、ザロモン・ボホナー（Salomon Bochner）執筆、（渡辺博訳）、第4巻、618-631頁．

　上記の項目の中で、3番目の「効用と価値（経済思想における）」については、本書の第Ⅴ章「快・不快と数理心理学の系譜」の中で取りあげているので、ここでは省略する。
　はじめに、常識的にも取りあげられるのが自然と思われる心理学関係のものとしては、「行動主義」、「心理学派（ヨーロッパ思想における）」、「心理学理論（アメリカ思想における）」の三項目があるので、それらについて見てみよう。
　興味深いことに、これらの各項目での説明で、フェヒナーは必ずしも好意を持って評価されているわけではないことである。

むしろ、批判や非難めいたものの方が多いかもしれない。

例えば、「心理学派（ヨーロッパ思想における）」では、フェヒナーにより定式化された感覚の増減と刺激の対数の関係に言及した後で、「フランスの哲学者アンリ・ベルクソンは、精神物理学者の諸結論を否定した．彼は、刺激は実際に測定できるが、感覚そのものは測定できないこと、そして両者の間に設定された等価関係は純粋に慣習的なものにすぎないことを証明しようとした（『意識の直接与件に関する覚書』、1889）．」と書かれ、一方で、「ヴェーバーとフェヒナーが意図したような精神物理学は、物理的刺激と感覚の間の生理学的な媒介項を無視していたために、不十分であることが明らかになった．それはまさに物理的状態と生理的状態（内分泌腺の、神経の、脳の状態）の相関に焦点を当てた生理心理学によって押しのけられたのである．ヴィルヘルム・ヴント（1832-1920）が心理学を導こうとしたのも、この方向であった．」などと書かれている。

どうも、フェヒナーとヴントは相性が悪いらしく、（ヴントについては）「彼はきわめて広汎な教養を備えた生理学者であり、経験科学としての心理学を建設しようという熱意に燃えていた．実際、経験科学としての心理学の創始は、正しくも彼に帰せられている．」ともされている。

なお、「行動主義」の項目では、「測定可能データの退屈な証人は、かの有名な丁度可知差異（jnd単位）である．」と二、三行しか割かれていない。

したがって、残るのは五つの項目だが、内容はかなりバラバラである。

まず、六番目の「斉一説（言語学における）」は、［新文法学派］における閾の問題に関連して取りあげられている。

　……統覚作用と呼ばれる意識もしくは気づきを知覚と対比させることは、当時の心理学に特徴的なことであった．そして、知覚や言語変化の気づきを扱う時に、新文法学派は「まさに顕著な違いの現象」と呼ばれるかなり最新の心理学上の発見を利用したのである．その現象は、①それを数量化しようとするフェヒナーの試み、そして、②そのような数量的な処置が身心関係の科学的な説明を可能にするという見込みの故に、心理学者の興味を惹いたのである．しかしながら、言語学者が関心を抱くところとなったのは、これら二

つの理由のいずれによってでもなく、3番目の理由、即ち量的な側面よりはむしろ、いわゆる「識別不可能性の非推移性」と呼ばれる「質的な」側面であった．（90頁）

ここで、「まさに顕著な違いの現象」と訳されている部分は「丁度可知差異」のことではないかと思われる。

いずれにせよ、「識別不可能性の非推移性」などというと難しくてよくわからないが、具体的には音などの量ではなく、その質、すなわちある一つのメロディなどにおける部分としての音などを想定しているのではないかと想像される。

七番目の「非合理主義（哲学における）」では、次のように述べられている。

　こうした幾つかのグループの思想家たちとは別に、われわれは精神物理学の創始者であるG.T.フェヒナーに特に言及しないわけにはいかない．彼は個々人の霊魂の上位に世界霊を据えた．世界霊魂は個々の霊魂を包含しているのだが、今度はそれが宇宙霊魂に包み込まれたり吸収されたりするのである．その世界観のもう一方の側で、彼は日の光を機械論的科学の夜の光と対比させている．世界を超えたこうしたヴィジョンという点で、彼はガストン・バシュラールの見解を先取りしているのである．（605頁）

ここでは、主として『昼の見方と夜の見方』に焦点を当てている[15]。ガストン・バシュラール（Gaston Bachelard, 1884-1962）はフランスの哲学者で、パリ大学等で、哲学等の教鞭をとった。

次に、『美学入門』という著書もあるので、当然あってしかるべき、八番目の「美の理論（19世紀中葉以降）」では、「III．美の諸研究」の「3．実験心理学」の項目の冒頭で、「美的反応の実験的研究として体系の整ったものは、一般にグスタフ・フェヒナーの『美学入門』（ライプツィヒ、1876）を嚆矢とすると考えられている．彼に範を仰いだ後進の研究者は数多くいるが、そのなかではリヒャルト・ミュラー＝フライエンフェルスとマックス・デソワールとがとりわけ注

目に値する．（後略）」と述べられている．

ここでは，「実験美学」という言葉は用いられていないが，内容的には難解な表現はない．

九番目の「連続と非連続（自然と知識における）」はなかなか難しく，かつ皮肉たっぷりに書かれている．

この項目の筆者は，「ライプニッツ以後，18世紀は哲学における連続の理解に対して注目すべき貢献は何もしていない．」と書き出す．

そして，「19世紀の一般的な哲学における連続についてのたいがいの意見も同様に単調で退屈である．」とR.Eislerの言葉を引用している．

しかし，ヘルバルトについて言及した後で，「次に，グスタフ・テオドール・フェヒナー（1801-87）は計量心理学の名高いヴェーバー・フェヒナーの法則（感覚の強度は刺戟の対数に比例して変化する）—その種の最初のもの—の確立者の一人であるが，見通しが得にくく理解しがたい著書の中に，「連続論的見地対モナド論的見地」という一節を置いている．」と述べている．

「見通しが得にくく理解しがたい」とは同感であるが，これは『昼の見方と夜の見方』の第二十二章「光明観から見た單子論—連關論的見解と單子論的見解との対照—」をさすと思われる．

そして，「ヘルバルトの連続論は，実在論と心理学の特異な合成物である．」として，実在論者としての彼は空間，時間，物質のような自然哲学における与件はわれわれの外部に存在するとし，心理学者としての彼はそうした与件の属性，とりわけ連続は，与件がわれわれに対して生じさせる直観に働きかけている心理学的過程によってつくり出されていることを見いだす」，とする．そして，「これら二つの発見は別の方向へ向かうように見えるが，彼はある仕方でそれらを調和させる」，という．

それは，「連続は分離における結合であり，結合における分離である」という格言であるという．

ついで，「また，ヘルバルト以後では，フェヒナーにヘルバルトの言い回しに対応するものがあり，こちらの方がもっと独創的であるように見える．翻訳すると次のようになる．」として，次の文章を示している．

精神的に一様かつ単純なものは物理的な多様性から生じる．また物理的多様性は精神的に一様で、単純で、あるいは、いずれにせよより単純なあるものへと縮小される．（上田の訳本では、278頁）

筆者が参照した上田訳のものとは若干異なるが、上田訳ではこれにつづけてフェヒナーは、「換言すれば、精神的に統一的なもの、單一なものは物理學的多様性の合成物であり、物理的多様性は統一的乃至單一的な合成物を生む」とし、さらに言い換えると「精神または靈魂は肉體的組立ておよび構成のための結合的原理である」と述べている。

これらについては、フェヒナーの『原子論』でも『原論』の「内的精神物理学」においてもすでに説明されている。

ここで、『西洋思想大事典』にもどると、最後に次のように記述されている。

これに続いて、フェヒナーは難解をきわめる文章の中で、この「縮小」を世界における一種の「連続論的」均等分布に導くと断言しているが、これを諸々の点における「モナド論」的集中に対立させている．またフェヒナーは、この 均等分布についてわれわれは神に霊感を得た意識を持っていると続けている．（628頁）

以上、『大事典』の執筆者自身が「難解をきわめる文章」と呼んでいるので、わかりにくいところも多いが、ここではフェヒナーの「連関論」に関心をもつ人が、現代にもあるということを確認するだけで充分であろう。

なお、「縮小」は上田訳では「凝集」となっている。

最後になるが、一番目の「確率：客観的確率論」である。

一見すると、フェヒナーとただちに結びつくようなテーマとは思えないが、内容はフォン・ミーゼスによる「確率の頻度説」をめぐってのものである。

フェヒナーがどのような文脈で引用されているかというと、「同種の観察の長い系列というフォン・ミーゼスの概念と定義式」は必ずしも新しいものでは

なく、同じようなアイディアはエリス、ヴェン、バースによって提起されてきた、G.T. フェヒナーと H. ブルンスの理論は前期のアイディアに関連し、G. ヘルムの「コレクティーフ概念の理論としての確率論」もそうである、これらの著作は完璧な確率論を築きあげるにいたらなかった、なぜなら彼らは無作為性を特徴づけるところの「コレクティーフ」のある特質を組み込むことに失敗したからである、ということである。そして、このことを試みたのがフォン・ミーゼスの理論の独創的、特徴的なものだというのである。

それでは、「コレクティーフ」とは一体なんなのであろう。かんたんに言えば、「集合」のようなものである。

貨幣投げで「表」を1、「裏」を0で表わすならば、貨幣をくり返し投げて生成された数列は「無作為数列」になるだろう。フォン・ミーゼスはこの系列をコレクティーフと呼んだのである。厳密にはコレクティーフとは、二つの条件を満たす集団現象あるいは観察結果の無限系列である。この二つの条件もそれほど難しい話ではないが、ここでは省略する。

ただ、重要なことは『大事典』ではフェヒナーの文献があげられていないが、それが明らかに本章の1-(4)で取りあげた『集合測定論』を指しているということである。

以上、『西洋思想大事典』でフェヒナーが取りあげられている九項目を見てきたわけだが、これから一人の学者の専門領域を推定するのは現代ではなかなか難しい。それほど多様である。

さらに、フェヒナーの仕事（業績）には『思想史大事典』ではふれられていないものが、他にもまだ多くある。しかし、彼の多様性を示すにはもう充分であろうから、ここで終えることにしたい。

(2) 一貫していた問題意識――主著『ゼンド＝アヴェスタ』と『昼の見方と夜の見方』の重要性

『ゼンド＝アヴェスタ』を[16]、表面的に通読する（それさえも、なかなか困難であるが）人がいたとするなら、本書でもたびたび取りあげた、補遺「数学的心

理学の新しい原理についての短い説明」と「地球の形と色の美学的評価についての補遺」が同じ本の中に収められているのを知って、信じられない思いをするかもしれない。しかし、これこそがまさに自然哲学の真骨頂なのである。

　前者では主として、本書の第Ⅱ章「精神物理学の構想（1）―物理学から」の中でも取りあげているように、「精神物理学」のもととなった基本的考え方が展開されている。

　それは物理学と数学をもとに組み立てられているもので、精神活動のもととなる身体活動の強度をその活力によって測定し、その微小な増分を考え、それに対応する精神的強度の比例的な増分との関数関係を構想したものである。

　つまり、厳密科学に基づいての新しい理論構成をはかったもので、フェヒナー自身、その確立のためには「厳密な科学が要求する決定的実験」が必要である、と述べている。

　後者では、前章の「フェヒナーにおける宗教・科学と世界観」における「球形への偏愛」の中でも明らかなように、地球、人間の頭、人間の眼を一つのヒエラルキーの中で考えている。

　しかも、その「球形」へのこだわりは、すでにフェヒナーの初期のエッセー『天使の比較解剖学』でも展開されているのである。

　こちらは、用いられている方法は主としてアナロジーであり、汎心的とも言える思想であり、人によってはたんなるファンタジーと解しかねないものである。

　『ゼンド＝アヴェスタ』は一般には自然哲学の書と解されているが、内容にはこのような一見相容れないとも思えるものが含まれているのである。

　ここで、現代の一般の常識から考えれば破天荒とも思える『ゼンド＝アヴェスタ』がなぜ、フェヒナーの主著であるのかについて、あらためて確認しておこう。

　ヴントは、「G.T.フェヒナーの思い出」において、次のようなエピソードを語っている。

　　かつて私は親しいさる人から、われわれの最も偉大にして最も深遠なる数

学的思想家、ベルンハルト・リーマンの死後、彼の哲学的遺作の調査を委託されたとき、私はときどき、すでに一度出会っていた思想を、時にかつて読んだことがある文章に見つけて驚いたことがある。それらを私はすでに一度読んでいたと思ったのだ。そして、これは驚いたのだが、より詳細な調査によって、これらの文章が文字通りフェヒナーの『ゼンド＝アヴェスタ』から抜き出されたということが明らかにされた。(S.354)

ベルンハルト・リーマン（Bernhard Riemann, 1826-1866）とは、ドイツの数学者でリーマン幾何学で有名である。その考え方はアインシュタインの相対性理論にも影響を与えたと言われる。

ヴントは「リーマンの「哲学的遺作」と言っているので、数学と直接関係はないのだろうが、残念ながらフェヒナーの『ゼンド＝アヴェスタ』のどの部分に関するものかわからない。

『ゼンド＝アヴェスタ』という著作の重要性については、ラスヴィッツによっても認められている。彼は、フェヒナーの「思索世界の総まとめ」と同時に、「彼の世界の建造物の構築への大胆な先取り」として、次のように述べている。

フェヒナーは『ゼンド＝アヴェスタ』をもって、彼の思索世界の総まとめへと進んだ。彼が後に成し遂げるもののすべてが、すでにこの本において、その萌芽のかたちで埋め込まれている。しかし、もちろん、フェヒナーが彼の長い人生とたゆまぬ努力の中で、実証的基礎の内壁をはり、諸事実と諸法則を集積し、定式化することができなかったなら、萌芽として埋め込まれたままであったろう。彼はそれら諸事実と諸法則の推論を彼の世界の建造物の構築への大胆な先取りとして用いたのである。『ゼンド＝アヴェスタ』は世界への飛翔に踏み出すことはほとんどなかった。そこで、幅広い視野を持った哲学者、霊感を吹き込まれた予言者は、その精力を細部の作業へと集中し、長い数表から男と女の歩幅の法則を発展させるために通行人の歩数を数えた（『自然科学・人類学中央雑誌』、第1巻、1853）。(S.63-64)

ラスヴィッツは、「彼が後に成し遂げるものすべてが、すでにこの本において、その萌芽のかたちで埋め込まれている。」とする。たしかに、『精神物理学原論』をはじめとする多くの著作に『ゼンド＝アヴェスタ』の痕跡が認められる。

　それと逆に、晩年の『昼の見方と夜の見方』（1879）の本文の中でも注釈というかたちでも、『ゼンド＝アヴェスタ』の言及は非常に多くなされている。

　しかし、一方で、フェヒナーが若い頃からあたためていた多くの考えがあらためて、この本の中で、登場していることも事実である。

　例えば、前記の『天使の比較解剖学』の例であるが、若い頃の考え方が、『ゼンド＝アヴェスタ』の中で継承され、最終的には晩年の『昼の見方と夜の見方』でもあらためて示されることになる。

　おそらく、『精神物理学原論』の考え方の萌芽（一部）は『死後の生についての小冊子』にも存在し、『昼の見方』で再度呈示されていると考えてもよいだろう。

　つまり、この本は未来を予見するだけでなく、未来からふり返えられる過去と未来をつなぐ書でもあるのである。

　このように見てくると、『昼の見方と夜の見方』はフェヒナーの仕事の集大成という位置づけがされているが、あらためて『ゼンド＝アヴェスタ』と並ぶもう一つの主著（というとおかしな言い方だが）と言ってよいだろう。

　したがって、いま述べたように、当然のことながら、『ゼンド＝アヴェスタ』で述べられていることがらの補足説明などもなされているのである。例えば、次のように『ゼンド＝アヴェスタ』と『原論』との関係について述べている。

　　しかしながら、光明観をして真に自然哲學たらしめる點においては、つまりその理論的部面においては、光明観とはただ精神物理學（Psychophysik）が下から始めたものを上から完成させ完結させたものにほかならない。もしくは精神物理學が直接的に知識の上に求めた根の上に咲いた信仰の花であり、果實であるにすぎない。光明観を最初に述べた書物たる「ゼンド・アヴェスタ」の著者と「精神物理學」の著者が同一人であることに世人は驚いた。世人はこの二つの書物が全然別箇な書物であり、著者の思想が矛盾してゐる

と考へた。だがよく注意して讀めば、この二つの書物の説明原理は相互に密接な關係を持ち一致するものであることが判るではないか。精神物理學がやつたやうに經驗されうるものの領域に關しては經驗に基づくといふことゝ、光明觀が理論的に行つたやうに經驗を超へた領域についてもやはり經驗に基づき、ただその見地を必要な程度に一般化し擴大し高めるのだといふことは全然別箇なものではない。(『宇宙光明の哲學』、109 頁)

そして、以前は光明觀という名称を用いなかったが、精神物理学の最初の萌芽が光明觀の最初の叙述(『ゼンド＝アヴェスタ』II.S.373)から生まれたのであり、「……そして「精神物理學入門」の終りの數章(五十五章および五十六章)においては精神物理學を一般化すれば光明觀に至ることが示されてゐるのである。」とつけ加えている。

(3) こだわっていた諸点——一元論、汎心論、目的論、非決定論、快・不快論等

フェヒナーには一貫してこだわっていた大きな枠組みというものの存在があると思われる。

それらは一元論、汎心論、目的論、非決定論などといった彼の哲学的立場、世界観であると言ってよいであろう。そして、そこから非常に重要な観点である関数関係、相互作用性、などが導きだされたのではないかと考えられる。

これらは彼の思想の根本を支えたと同時に、彼の考えたさまざまな法則、原理などの形で表現された。ただ、一面で非常に厳密に考えられたと同時に、他面ではかなり柔軟に取り扱われたというのも、フェヒナーの特徴の一つとして留意されるべきであろう。

ここでは、一つの例として、「非決定論」の問題を考えてみよう。重要なことは、フェヒナーにとって「非決定論」は「決定論」に対立するものではなく、「自由」の問題であったということである。

そのことに、最初に気づいたのは『原論』の「活力」の記述の中での「意思の自由」への言及である。

また、感覚の測定における「誤差」の問題も自由の問題と関係している。

もう一つの枠組みは、判断基準としての「快・不快」および「真善美」という規範的概念である。
　本書では、フェヒナーの思想の核に「快・不快」という概念が存在していることについて、主張してきた。
　それには、一つの理由として、フェヒナー自身の自然に対する原体験ともいうべき、心から心地よいと思った瞬間があるのではないかということが推測される。
　したがって、「快＝心地よいこと」の再認識、というものが彼の思想体系や諸理論においても求められたのかもしれない。
　例えば、彼の「美学研究」を思い返してみよう。
　彼はまず、「好ましい（Gefallen）」と「好ましくない（Missfallen）」、「快（Lust）」と「不快（Unlust）」というそれぞれ対比した二つの概念を用いる。そして、「「好ましい」と「好ましくない」という概念は本質的に快・不快概念に左右される」と考える。
　次に、「美学的、実際的、理論的カテゴリー」を考える。そして、美学の中心概念として「美しさ（Schönen）」を考えるのは当然としても、これらのカテゴリーには、美（Schon）、善（Gut）、真（Wahr）、価値（Werth）、利益（Interesse）」などが含まれる。
　しかしながら、「快・不快」も「真善美」なども、それ自体の分析的な説明はない。
　『昼の見方と夜の見方』でも述べているように、それらは計量不可能とまでは言えないにしても、量的関係を詳細に規定することはできない、としている。
　実際に、アーレントも、前記したように「フェヒナーの快概念はその本の中で何ら幅広い解明がなされなかった。著者にとって、その概念は分析可能とは思われなかったのだ。」（S.105）と書いている。
　さらに、フェヒナーの快概念を中心とした道徳論について、アーレントは興味深いことを指摘している。
　彼はフェヒナーがドイツにおける道徳思想の伝統を受け継いでいるのではなく、ヨーロッパにおけるもう一つ別の潮流であるギリシャ起源の快楽説あるい

は幸福説の原理の伝統の中にあったという。もちろん、その最も著名な主唱者は英国のジェレミー・ベンサムであった。(S.106)

　つまり、「幸福論的あるいは快楽論的な道徳は、アングロサクソンの国々で見られ」、フェヒナーのドイツではなかったのである。

　このような点一つをとってみても、フェヒナーが当時のライプチヒにおける学者や研究者の仲間たちの中で孤立していたわけでは決してないにしても、どこか「異端」というか、「変わり者」という側面をもっていたことが想像される。

　しかし、その考え、つまり、「快・不快」、「真善美」などの概念がそもそも何を契機に生じたのかは必ずしも明らかになったとは言えない。

　おそらく、自然を愛好する性向や、眼疾と精神的不調の後に迎えた「生の喜び」なども関係しているのでは、と思われるが根拠があるわけではない。

　また、フェヒナーはものごとを人間中心に考えず、宇宙の万物を、無機物も生物も含めて考える。ただ、それらにフェヒナー独自の「序列」をつける。

　たとえば、生物は人間だけでなく動物も、さらには植物をも考えて精神世界に包み込む。

　キリストには「偉大な人間」としての敬意を払うが、ゲーテなどと並べて述べられる。

　また、「神」は最も高次な精神ではあるが、われわれから遠く離れた世界にあるのではなく、宇宙にあまねく存在する「遍在する神」である。

　このように、フェヒナーはいわゆる「人間中心主義者」とは言えない。

　彼はむしろ人間の世界から「下方へ」（例えば『ナナ』における植物の精神生活）も、「上方へ」（例えば『ゼンド＝アヴェスタ』における天界での死後の生）も「境界」を拡げることを目指している。つまり、人間中心から宇宙の中の人間へという流れである。

　フェヒナーが唯物主義に対する批判だけでなく、「人間中心主義」についても事実上批判していることについては、すでに見てきたところである。

　しかし、彼は人間よりも高次のものとして地球を位置づけ、「これまで述べてきたことから考えれば、地球は物質的にも精神的にもわれわれより高次のもの、われわれ自身よりもっと高い意味において統一的に結ばれたもの、つまりわれ

われ自身とわれわれの仲間の被造者たちを等しく神のきづなの中に結びつけるところの一つの結び目と解すべきである。」(『光明觀』、51 頁) と述べる。

ここでも、「われわれの仲間の被造者」と呼んでいるように地球上の他の生物たちは人間の仲間に他ならない。

したがって、人間より上に地球があり、その上の究極に絶対神が存在するという一種のヒエラルキー構造である。

ここで重要なことは、『ゼンド＝アヴェスタ』の「序言」でも述べているように、すべての自然が生きていて、神によって生命あるいはゼーレを与えられている、という考え方である。しかも、個別の魂を否定することなく、個別からなる全体的存在にも魂を認めようとするものである。

(4) 関係性および相互作用・共同作用の重視

前項で、「こだわっていた諸点」として一元論から非決定論等まで、フェヒナーのこだわっていた思想的立場を列挙してみたわけだが、それらにもまた個別の研究分野、理論に全体として見られる興味深い傾向があることに気づかされる。

それは、二つまたはそれ以上のものの間の相互の関係に対する強い関心である。その関心が方法（論）に向けられる場合には、それはアナロジーや関数関係などのかたちで表現されている。

フェヒナーはとりわけ外界と内界、肉体と精神などの関係に関心をもっていたわけだが、それらは一方から他方を推測する強力な武器となっていたのである。

つまり、われわれが直接手にすることができるのは、外界であり、肉体にすぎないのであるが、それぞれから内界、精神を伺い知ろうとするものである。

もう一つ、フェヒナーには「相互作用」および「共同作用」ということの重視があると考えられる。

これは、例えば大脳のはたらきのようなものから、彼の『死後の生の小冊子』において示されているような、一人の人間の死後に残される「影響」の波紋にまでいたるきわめて幅広く、かつ重要な考え方である。

また、精神物理学においては、刺激と感覚の依存関係、関数関係であり、大

脳などの機能におけるさまざまなものの共同作業というものの強調である。

　フェヒナーは精神物理学的活動において、大脳というものをかなり重要視しているが、かといってそれがすべてを決定するというふうには考えていない。他のものと関連し合って、共同で影響を及ぼすと考えるのである。

　さらに、美学入門では、美学的法則の一つとして、「美学的補助あるいは増進の原理」をあげているが、そこでは「それ自体ではわずかのはたらきしかしない個別の快の要素も、それらがいくつか矛盾なくつけ加えられる場合には、全体として大きな快を生み出す」と考えられているのである。

　フェヒナーは、原子の単子論などを支持している一方で、それらの結びつきを重視する。

　つまり、フェヒナーの連関論的（Synechologisch）見解は宇宙の万物を説明しようとする統一的原理の役割を果たしているが、そこでは、「意識の統一性が宇宙要素間の相互作用的関連性に基づく」と考えているのである。

3．フェヒナーの矛盾と調和

(1) 哲学的物理学者フェヒナー

　筆者は物理学に関してまったくの門外漢であるが、フェヒナーが弱冠33歳で、ライプチヒ大学の物理学の正教授に推挙されたということからも、電磁気学の分野で著書『ガルヴァーニ電池の量的測定』（1831）に結実するような業績をあげていることからも、フェヒナーが当時の一流の物理学者であったことは疑いない。

　しかし、彼は40歳前後に目を痛め、心身の不調におちいり、その後物理学の実験にもどることはなかった。

　それでも、物理学者ではありつづけたようで、1855年には『物理学的及び哲学的原子論について』を書いており、1864年の増補第二版では大幅に加筆されている[17]。

　物理学者の湯川秀樹・井上健も、すでに本書の「II．精神物理学の構想（1）」の中でもみたように、19世紀の科学思想におけるフェヒナーの役割、すなわち、

「ボスコヴィッチのダイナミズムによって彼の体系を基礎づけ、いわゆる精神物理学を展開した。」ことに言及している[18]。

その一方で、「この種のダイナミズムの形而上学的体系への逆流は、ショーペンハウアー、ニーチェ等の思想の中にたどることもできる。」とも述べている。

これは、フェヒナーにおいてはその「原子論」をさしていることと思われる。

さらに、ドイツのエルンスト・カッシーラーも、その著書『実体概念と関数概念』の中で、フェヒナーを「哲学的物理学者（Philosophisch Physiker）」と呼んでいる[19]。

カッシーラーはすでに本書の第Ⅱ章でも見たように、フェヒナーを何カ所かで引用しているのであるが、すべて「原子論」からのもので、『原論』への直接の言及はない。

このように、物理学の研究者や、そのような観点からはフェヒナーの「原子論」は一定の関心を集めているのであるが、心理学史の方ではほとんど無視されてきたといってよいだろう。

心理学者をはじめとして、フェヒナーに関心を持つ人々の多くは、『精神物理学原論』を彼の最も重要な著作だと考えるだろう。

本章でも、実は『ゼンド＝アヴェスタ』と『昼の見方と夜の見方』がフェヒナーの主著であると述べている一方で、『原論』が現代心理学の基礎を築いたことを主張もしている。『原論』の重要性をいささかも否定しているわけではない。

しかしながら、筆者は、本書を書いている途中から、本当のところ、彼の「原子論」についての本も『原論』の成立にかかわっているのではないかと考えるようになった。それは、『原論』の誕生の秘密と無関係と言えないかもしれない。

ところが、フェヒナーの「原子論」はフェヒナーについて研究する人たちの間でも、特に精神物理学との関係については、ほとんど顧みられてこなかったようである。

しかし、フェヒナーの伝記で「原子論」が無視されているわけではない。

まず、クンツェであるが、彼は自著の第Ⅶ章「自然研究者フェヒナー（1853-1864）」の中で、「精神物理学」のすぐ前の項目として「原子論」（S.203-209）をたて、それについて述べている[20]。

著者というものは、(彼がはっきりと語っているが)その著書によってより一般の読者を前にしている。それゆえに、彼は原子論者と力動論者(ダイナミカー)あるいは二律背反論者の対立を、具象的な像によって説明する場を探し求める。最終審の物質、あるいは"物質の究極の分子構造"を一つの連続体として考える、具象的な像によって説明する場を探し求める。彼は原子界の細分化された実体を非難する力動論者は、分割を細分化と混同しているという。なぜなら、宇宙のより美しい光景みずからさえも、関連した接着作用で満たされていると考えるべきなのかということである。その個々の天球をもった天空は、大体において一つの原子論的システムでしかないであろう。(中略)原子論的な見方にしたがえば、物質は分散されて空間を浮遊する。しかし、力学的な見方によれば、空間は物質で満たされている。(物質が)空の空間はそれでも充満の空間(原子の大きさは非常に小さいだろうから)よりも大きいかもしれない。それゆえ、力学的世界においては、空間は物質の立場からはそれ自体場所をもたない。そして、精神は空間を自由に飛んで通り抜けられるかわりに、原子論におけるように、つねに新しい休息の場所とともに、そこをただ歩いて渡るだけである。そうして、原子論的見方は力学的見方よりも、決して唯物論的でないだろう。"人がすでに、まず時間について、それから空間について、ついで運動について、それに力と法則について、さらに精神と神について、宇宙の一巻の書物を手にした後では、人は最後にはそれで十分か、すべての巻の後には(必然的に推定されるが)結びつけられている何かが望ましいであろう。そう、結び付けられているものは必然的に受け入れるべきであり、宇宙の多くのものは互いに結び付いているかもしれないので、絶対的宇宙の神もまたその書物で得られるものである。"
(第二版、S.79-86.)(S.208-209)

　ここで語られているのは、フェヒナーが一元論者であることを前提にして、彼が「具象的な像によって説明する場を探し求める」調停者の役割をはたそうとした、ということであろう。

ここには、フェヒナーの「連関論的見方」の初期のものが表現されているようにも思える。実際、フェヒナーは『原子論』(S.248) の中で、すでに「連関論的（synechologische）という言葉を用いている。
　また、ラスヴィッツもこのあとすぐに、「(3) 実証科学と哲学の狭間で」で見るように、フェヒナーが「原子論」によって、哲学と自然研究（自然科学）との関係を見事に整理した、という意味のことを述べているのである。
　さらに、アーレントも第Ⅱ章ですでに引用したように、フェヒナーは「物理学の分野から原子論に対する反論の余地のない三つの証拠」を挙げ、「原子の理論が自然科学にとってまさに不可欠である」(S.138-139) ことを示した、としている。
　実際、筆者が「原子論」に着目するきっかけは、フェヒナーの研究書からではなく、物理学に関係した本を読んだことによるものである。
　つまり、フェヒナーがいわゆる「啓示」を受けてから『原論』にいたるまでの「変化」がよく理解できないままに、湯川・井上論文（解説）を読んで、ボスコヴィッチ－フェヒナーの単一原子論を調べる中でのことである。このフェヒナーの「原子論」の中にはすでに見たように、ボスコヴィッチについての詳しい記述がある。
　そして、彼らについて記述しているカッシーラーの『実体概念と関数概念』という本を知るにおよんで、「精神物理学」が構想される過程での「原子論」の役割は無視できないと考えた。
　カッシーラーの本は、筆者にはいささか難しすぎたが、「精神物理学」には直接ふれることなく、それに対する根源的な批判をしているように思えた。
　考えてみれば、『原子論』の初版が出版されたのは、1855年であり、さらに1864年には増補第二版が刊行されている。
　つまり、『精神物理学原論』が発表される前後に書かれている本なのである。
　したがって、この「原子論」が『原論』の内容と何のかかわりもないということはないはずだ、ということが考えられる。
　しかし、カッシーラーにしても『精神物理学原論』には言及していないなかで、問題は「原論」のどこが、どのようにして、「原子論」の影響を受けてい

るのかを具体的に示せるかどうか、ということであろう。
　これについては、次節でもあらためて考えてみよう。

(2) 自然哲学的背景

　フェヒナーの文章の中で、比較的よく知られているものに、次の一節がある。

　　或る朝のこと私はライプチッヒのローゼンタールでスイス農家風の家の近くのベンチに腰を下ろしながら、眼の前の小薮の透間を通して廣々とした綺麗な草地を眺めていた。それは病みついた私の兩眼を草地の綠で慰めるためだつた。太陽は明るく暖かに輝いてゐた。とりべの草花が草地の中から華かな姿を見せ、蝶々がその間をあちこちと飛び廻つてゐた。上の方では木枝の中で様々な小鳥が囀ずりながら朝の合奏曲を私の耳に送つてくれてゐた。私の五官はかうしたものに没頭し、満足感を覺えていた。（上田訳、3頁）

　これは、フェヒナーの晩年の集大成の著である『昼の見方と夜の見方』の冒頭の部分である。
　これが特に知られるようになったのは、哲学者の西田幾多郎がその著『善の研究』の第二版の序に、「フェヒネルは或朝ライプチヒのローゼンタールの腰掛に休らいながら、日麗（うららか）に花薫り鳥歌い蝶舞う春の牧場を眺め、色もなく音もなき自然科学的な夜の見方に反して、ありの儘が真である昼の見方に耽（ふけ）ったと自らいっている。」と書いたからでもある[21]。
　この文章からは自然の中に身をおいて、全身の五官でそれにひたり、安らぎを感じているフェヒナーの偽らざる気持ちが感じ取れる。
　それと同時に、自然を本質において無機的なものと見る暗黒の唯物論的な見方への批判ともなっている。
　フェヒナーは若い頃、医学生時代には唯物論のとりことなっていたことを自ら述べている（『宇宙光明の哲学』、229頁）。しかし、その後は終生唯物論的自然観に反対していた。
　それを最も直接的に語っているのは、さきに引用した『昼の見方と夜の見方』

の冒頭の文章より少し後に出てくる次の部分である。

　「奇妙な錯覚だ」とその時私は内心獨語した。私の眼の前に、私の廻りにあるものはすべて畢竟するに暗黒であり静寂である。私が自分の眼を向けることを憚るあの輝かしい太陽も実際は暗黒の中に己が途を捜し求める暗い球體であるにすぎない。草花や蝶々はその色彩を偽つており、提琴や笛はその音を欺いてゐるのだ。天地を包むこの一般的な暗闇、荒涼と静寂の中に内的な明るさ、色彩、音を持つた生物がほんの僅かばかり漂つているにすぎない。それはいはば點の如きもので、暗黒から立ち現れてはまた暗黒に沈んでゆくのだが、しかもその際、己れの光りと音とを全然後に残さない。彼らはお互いに見合いはするのだが、しかも彼らの間の何ものもそれによって明るくなるわけではない。

　また彼らはお互に語り合ひはするのだが、しかも彼らの間の何ものも音を發しない。現在さうであり、此の世の初めからさうであつたし、そして未来永劫に亘つてさうであるだらう。それどころか、かつて何十億年といふ長い間言語を絶する寒冷が支配したやうに、いつかは知らぬ未來にはこのやうな生物の存続を許さぬ冷却が訪づれるだらう。その時には嘗てと同じやうに一切が再び暗闇となり静寂となるだらう。（4頁）

　しかし、フェヒナーが「こんな馬鹿げた考え」を思いついたわけではなく、ただ彼は世間一般の人たち誰もが、このような考えをもっているということを言いたいだけだ、という。
　もちろん、ここで言う「世間の人たち」とはフェヒナーにとって第一に唯物論的な科学者たちであったろう。
　本書では、フェヒナーが自然哲学に影響を受けたということを前提にしてきたが、いままで自然哲学とのかかわりについては直接取りあげてこなかった。しかし、後の議論に必要なので、ここであらためて少しだけ自然哲学を問題とすることにしよう。
　自然哲学は古代ギリシャのタレース（Thalēs）が万物の根源を考えたときに

までさかのぼるとされているが、十九世紀に至るまでさまざまな自然哲学が存在した。

そもそも、アリストテレスの「自然学」が「自然哲学」であり、「物理学（physics）」（の語源）に他ならない。

近代においても、フェヒナーに影響を与えたボスコヴィッチ（哲学者であって、数学者・天文学者）にせよ、オーケン（博物学者でもあった）にせよ、哲学と科学が共存している場合がおおかったのであろう。

しかし、その一方で、シェリングのように思弁的色彩の強い自然哲学者もいたわけである。

もちろん、シェリングも当時の「自然科学」にも関心をもち、ライプニッツにも影響されて「有機的自然観」を主張しているが、それ自体独立した自然科学研究は行っていないと思われる。

フェヒナー自身の自然哲学に対する考え方もときどきで変わったようであるが、『ゼンド＝アヴェスタ』の「序言」では少なくとも「シェリングとヘーゲルに由来する自然哲学的考察法」を尊重していると述べている。そして、晩年の『宇宙光明の哲學』においては次のようである。

すなわち、「光明觀はともすれば自然哲學と混同され易い。そしてそれは當然でもある。たゞ自然哲學にも色々あつて、光明觀をそのどれとでも混同するやうなことがあつてはならない。（108頁）」として、自然哲学の見地を三つの点から説明している。

まず第一に、「物質界を精神的内容には顧慮することなく支配するところの最も一般的な見地および法則に關する學」という見方である。これはもちろん、「一般的なまた高次の自然科学」を意味する。そして、フェヒナーはこれが「たんなる断片や問題のみ」を提供しているのでなかったら、光明観の根拠となっただろうとする。

次に第二に、「精神界と物質界、もしくは内的現象界と外的現象界との間の最も一般的な、最高の諸關係に關する學問」であって、全世界に神の霊魂が宿っているという考え方、そしてこのような霊魂を持った世界の構造についての考え方をとる。このような自然哲学は光明観も要求するもので、理論的な性格だ

けでなく、宗教的、実践的性格も持たねばならない。

最後に第三として、「むしろ精神的領域に属するやうな、あるいは物質界と精神界の二つの見地が不分明に混合しているような諸カテゴリーによって、しかも出來合いの圖式に從つて自然を考察する學問」であって、最近現われたものであるとする。これは自然科学を混乱させ、自然哲学という言葉自体が評判が悪くなってしまった。そして、自分の光明観も自然哲学と思われて評判を悪くした、と批判している。

以上の三点の見地の自然哲学に対しては、第一の見地をある程度は認めつつも、第三の見地を強く批判し、フェヒナー自身は第二の見地に同一視している。

前章でも引用したが、フェヒナーは半生を回想して、一時はシェリングの自然哲学に強く影響されたが、結局それも「人生のための果實を何ら私に与えてくれなかつた。(229頁)」と述べている。

このように、十九世紀後半においては、自然哲学から自然科学を切り離そうとする動きが強まっていたと想像されるのであるが、普通名詞としての「自然哲学」にはこだわることなく、固有名詞としての「光明觀（昼の見方）」を大切にしたのであろう。

(3) 実証科学と哲学の狭間で

フェヒナーの思想は一元論だと言われている。

言うまでもないことだが、一元論的な見方は二元論あるいは多元論的な見方より単純であるというわけではない。

すでに見たように、ライプニッツに対しても、彼の二元論を批判しているが、一方において柔軟な考え方も示している。

特にフェヒナーの場合は、そこに「実証科学」の要請と「哲学」あるいは「存在論」の要請とが重なっていて、その間で苦闘したと言ってもよいだろう。

ラスヴィッツも、フェヒナーが「原子論」という場を舞台として、その戦いを行なったとして次のように述べる。

　そう、フェヒナーにとって経験を基にして得られた科学的成果が、存在の

観念論的要請をも満足させるということを実証することが、生涯の課題となった。そうして、彼はこの彼の出発点を無視するような、哲学に反する立場を取らざるを得なかった。彼が自然現象における精神的内容の抽象的解釈を求める自然哲学の目的を拒否したということではない。ただ、彼は惑わすものとして、その方法と戦ったのである。いま、自然研究なしでやっていけないようなある理論を拒絶するために、それをめざしてつき進む思弁的な方法が現われたとしたなら、これはその能力に反する一つの証拠であった。しかし、そのような理論が「原子論」である。この特別な問題はそのことからフェヒナーによって特に思弁的な自然哲学の無力と間違った行い一般をみんなにはっきりわからせるために選ばれた。(S.68)

経験論的な科学的成果と存在の観念論的要請の両立あるいは止揚がフェヒナーの課題であったことを、ラスヴィッツはあらためて述べているのだが、その場合に、物体や空間などに対する考え方が大きな対立点となっていたとして、次のように述べる。

カント、フィヒテ、シェリング、ヘーゲルのような偉大な観念論の哲学者たちは、不連続の物質と中身のない空間の明確な反対者である。彼らは、物質は空間を絶えず満たしており、そして、これはその学説と方法との不可分の関係にある、と説明している。もし、彼らの哲学が正しいなら、原子は存在することはできない。原子が存在するということが証明されるなら、彼らの哲学は誤りである。それゆえフェヒナーは、彼の本(『物理学的原子論について』の第1部)では、すべての根拠を収集し、一目瞭然のやり方でそれらをグループ分けした。それによって、自然科学は原子の仮定へと強くうながされた。すでに、数多くの幅広く過去にさかのぼった歴史的証拠と結びついたこの構成は、特に第二版において、その本に物質論の歴史の源泉として永続的な価値を与えている。著作のこの意義は争点自体は今日現実性がないけれど、今もあり続けている。(S.68-69.)

ここで、われわれは第Ⅱ章で見たようなフェヒナーの原子論やエーテルなどのことを思い起こす。実際、この本は当時の学者に対してだけでなく、現代の一部の物理学者の関心も引いたようである。
　そして、ラスヴィッツは次のようにフェヒナーを称賛する。

　　この哲学に対してフェヒナーは完全に勝利を得た。人は原子をもはや超越的な存在としてではなく、批判的な意味における自然認識の概念形成として見なしているので、それによって、倫理学的、審美的、宗教的な問いにおける形而上学的な世界像は影響を及ぼされることはない。そこで、後者の観点における原子論の擁護もまた、もはや直接われわれの心を動かすことはない。フェヒナーはもちろんまだ、原子論が唯物論的な世界観とは何のかかわりもないということ、それが"ダイナミックな"（より正しくは"plerotische"）見方として、より教化的で美しくあること、それが人間の理念的要請と何の矛盾も持っていないこと、等を示すことが重要であったに違いない。なぜなら、原子論はデモクリトスとエピクロスの哲学と結びついていて、機械的世界事象の主唱者によって好まれたという歴史的事実は、原子論が無神論的な世界観へと導くのではといううわさを招いたからである。フェヒナーは原子論の擁護をこのような観点でも見事になしたのである。(S.68)

　しかしながら、この「原子論」の「成功」をもって、実証科学と哲学の間の問題がすべて解決したわけではなかった。「原子論」が寄与したのは哲学と実証科学の中の自然科学との間のことがらであった。
　フェヒナーにとってはまだ、「人間の精神」の実証的研究という最大の難問が残っていた。
　そして、ここにおいてこそ、「フェヒナーの矛盾と調和」が最大限に発揮されるのである。
　つまり、精神物理学的測定においては観察誤差は避けて通ることのできない問題であった。また、「負の感覚値」の存在は数学的にはあり得ても、現象としては人間が体験できないものである。

科学者である以上、根本的な立場として決定論的なものとならざるを得ないが、実際には非決定論的柔軟さも持っていたのである。これは「誤差」というものに人間の「自由さ」を認めるようなことにつながっているのではないか[22]。
　そして、このこととも関係するが、例えば、球形とか黄金律といった理想態を認め、志向する一方で、その形成過程とか、人間の個人差を考えようとする傾向もめばえているのである。
　これは、学問においても理論家であると同時に、実験などを含めて実践的研究をしているがゆえにもたらされたフェヒナーの独自性であるかもしれない。

4．おわりに——「フェヒナーと心理学」のまとめ

　本書を書いた動機は、プロローグでも述べたように、四つの点を明らかにすることであった。すなわち、「(1) 心理学の立場からのフェヒナーの仕事の再考」、「(2) 精神物理学はどこまで物理学か？」、「(3) 科学者と詩人と道徳学者のはざまで」、「(4) なぜ、いまフェヒナーなのか？」、である。
　一つ目の問題は、フェヒナーには物理学者、哲学者、精神物理学の創始者などさまざまな顔があるが、彼の生涯の仕事（そのほんの一部しか見ることはできなかったが）を心理学の立場からあらためて見直すと、どのような事実や特徴が浮かびあがってくるかを、確かめることであった。
　そして、この観点をさらに進めて、彼の実証的な研究のほとんどはその後の心理学（狭義の実験心理学だけでなく）の基礎となるような萌芽的な研究ではなかったか、確かめることであった。
　この点については、本章の1.でもあらためてまとめているように、予想していたように、フェヒナーの仕事は実験心理学にとどまらず、心理学と大きな関わりがあることが明らかになった。
　しかし、本書のプロローグの段階においては、実はフェヒナーの『集合測定論』もその関連の文献も読んでおらず、それに言及もしていなかった。このエピローグで最後に取りあげているが、まだ不充分であると思われる。
　二つ目の問題であるが、筆者の推論は、はじめ物理学から出発し、やむをえ

ず、結果として心理学として着地した、というものである。

これについては、本書のII、III章でも、質点系や活力、微積分の使用など具体的な論拠を示したつもりである。

さらに、VII章5.で紹介したウッドワードの「私が引き出した結論は、精神物理学の始まりは物理学者のマインドを必要としたということである。」という言葉である。これは、筆者の「フェヒナーの精神物理学は物理学として出発し、……」という考え方と矛盾しない。

三つ目の問題、すなわち、「科学者と詩人と道徳学者」であるが、これについては前節でも、その他のところでもふれたように、非決定論の科学、つまり、決定論にしたがわない諸現象の背後にある「科学」のようなものをめざしていたのかもしれない。フェヒナーの関心や仕事はすでにくり返し見たように、きわめて多様でさまざまなものがあるのであるが、同時にその思考法や「方法」もまた単純なものではないということである。

すなわち、具体的には実証的な科学者の側面と、形而上学的な思弁哲学者の二つの側面をもち、それぞれが強烈に自己主張しているということである。

つまり、実証的なプロセスを経た部分を含む、あるいは組み込んだ形而上学、あるいは形而上学と実証の間を行き来しているような科学である。いずれにせよ、「矛盾」というよりはフェヒナーの「思想」と考えたい。

これは、二つ目の問題である「精神物理学」はどこまで物理学であるのか、ということにもかかわるものである。

この点は、フェヒナーの「科学者」としての功績を認める多くの人にもある、フェヒナーの自然哲学者としての側面、全体ににじみ出る宗教性というものが、科学とは相いれないものであったのではないか、という疑念を検討することであった。

こうした中で、プロローグの中でもふれていた「快・不快」の問題が予想したよりもフェヒナーにとって大きな意味をもっていることが明らかとなっていった。

つまり、フェヒナーの考えを見ていきながら、当初予想もしていなかった最も意外なことの一つは、彼が「快」というものを非常に重視していることであっ

た。

　本書でも「快・不快」について一章を設けているが、それは「数理心理学の系譜」という文脈においてであった。

　しかし、彼は「善」にも「美」にも快・不快を結びつけて考えている。「快」は彼の道徳論の根底にあるものであり、また、『美学入門』でもその理論の基底にある。人生に「快」をもたらすものが、彼にとっては大事な物である。

　もちろん、その快は「高次」なものであって、直接人間の感覚に訴えかけるものではない（と、いちおうは彼は言う）。

　だが、フェヒナーの自然観照の態度からうかがい知れるものは、フェヒナー自身が大自然に対して大いなる「感覚的」な快を感じていたのではないか、ということである。この、「観念」のみに徹しきれないというフェヒナーの特徴は、一方において、カッシーラーなどからの批判を受けるような、彼の理論の曖昧さの原因となったのかもしれないが、他方において経験論的な「心理学」に接近させ、また身近な自然を愛するという態度に導いたともいえる。

　本書を書き進めていく段階で、筆者の中で大きく問題となっていったものに、物理学、特に、「原子論」がある。

　カッシーラーの『実体概念と関数概念』は「数学の哲学」をめざして書かれたとされているが、そこでフェヒナーの「単原子論」も肯定的に取りあげられている。しかし、それによってかえって実証主義者フェヒナーに内在する矛盾、あるいは自然哲学そのものの中にある矛盾を浮かびあがらせているようにも思える。

　具体的には、手触りのような感性的な認識（実体概念に対応する）と抽象化された関数関係（関数概念に対応する）との矛盾あるいは乖離である。

　しかし、自然哲学者であるがゆえの矛盾をフェヒナーがかかえていたと言いきることも間違いであろう。

　例えば、哲学者のカントについては、「カントにとっては、人間の認識能力の分析は、あくまでも哲学的な課題であり、心理現象には数学が適用できないから、独立した学問にならないとされた。」（南、268頁）と主張したことはよく知られている[23]。

彼もまた、特に若い頃にはニュートンの自然哲学に関心を持つ自然哲学者であった。特に、1750年代には星雲説など宇宙の生成にかかわる自然科学的な研究を精力的に行っていた。しかし、その後の彼は人間の認識能力の批判を行うという仕事に生涯を捧げたのである。
　カントにかぎらず、近代においては自然科学的な研究と形而上学的な研究を一生つづけるのはなかなか難しいが、とりわけ両者の分離が進んだ19世紀後半には不可能に近づいていたであろう。
　しかし、フェヒナーの場合は違っていた。彼は実証的部分と形而上学的部分の両方を含んだ精神物理学を最後まで守ろうと戦った。また、彼の遺稿（晩年の仕事）である『集合測定論』は直接形而上学的部分をほとんど持たず、その後の統計学の先駆をなすものの一つであった。
　そういう意味では、フェヒナーは当時の自然哲学者としては、例外的なくらい「正統派」であったのかもしれない。
　フェヒナーが残した謎にはいくつかあるが、——というより、筆者が理解できなくて謎のままに終ったと言った方が正確であろうが——その最大のものはフェヒナーはなぜ、実質的な心理学に近づいたのであろうかということである。もっとも、なぜこれが謎であるのかについては説明が必要であろう。
　すなわち、フェヒナーは一方では物理学などの厳密科学者としての体験を持ち、一方で頑固な原理主義的な汎心論者とも見られている。
　そうした人間がなぜ科学としては経験科学を志向しながらも厳密科学とは認められないような心理学に（本人は意識しないにしても）近づいたのであろうか。
　筆者はそれがフェヒナーにおけるある種の「柔軟性」にあると考えている。
　たとえば、フェヒナーは一元論の立場を取るのであるが、第Ⅰ章第1節1項の「肉体と精神の関係」でも述べたように、『宇宙光明の哲學』（『昼の見方と夜の見方』）の「第二十一章　物質の原理と精神の原理との基本的關係。二元論と一元論」において、一元論も二元論も考え方において、結局同じようなものとなる、あるいは同じように考えてよい、と述べている。
　ここで、若干つけ加えれば、「……真に哲學的な興味からすれば、一元論の方が遙かに大きい長所を持つており、……」とか、「……科學の一般的通則と

して、一つの原理で間に合うときには何らの媒介手段もないやうな二つの原理を仮定しないことが必要なのである。一つの原理ならば何らの媒介も必要としないのであり、従つて一元論的見解は原則的に二元論的考え方よりも統一的性格を持つているという長所がある。」(270頁)、とフェヒナーは言う。

しかし、その一方で「…二元論的説明の方が一元論よりもずつとはつきりしており、従つてまた俗受けもするのである。」とか、「…今日では二元論的考へ方は哲學者の間では殆んど尊重されてゐないのだが、にも拘らず現實の人生で主として用ゐられている言葉や考へ方はむしろ二元論的立場に近いのである。だから私もさうした言葉を、例えば宇宙の靈魂化とか人間的肉體の靈魂化とかいつた言葉を遠慮なく用ゐることにする。但し私がさうした言葉を使つたからといつてそれは必らずしも二元論的考へ方を是認するわけではない。」(269頁)と言つてもいるのである。

フェヒナーの言うことは理解できるにしても、こうした言い方からは「柔軟性」だけでなく、「便宜性」も感じとれるのである。

また、フェヒナーの生涯を通じて守り続けた原理、原則を印象づけられる一方で、彼のよく言えば柔軟性、悪く言えば矛盾、葛藤のようなものを感じないわけにもいかなかった。

フェヒナーのこのような矛盾は、彼の美学研究の中にもよく現われている。

すなわち、ホルバインのヴィーナスの真贋論争においては、その判断を絶対的あるいはアプリオリな基準に求めることはできない。

ある人物によって描かれた絵は個性を持ち、それ自体の唯一無二の存在を主張する。

彼の美学的諸原理は二枚の絵の前で無力である。だからこそ、彼はその判断を一般の大勢の人々にも判断してもらうという方法も選んだのであろう。

一方、黄金比についての実験は折衷的というか、彼自身の内なる矛盾をはらんでいる。「黄金比」という基準がありながらも、一方で人々の判断に委ねざるをえないという態度である。

こうした態度が、結果として心理学的な研究とは切り離せないものであると筆者は考えている。

つまり、厳密科学であることにこだわりを持つフェヒナーにしても、一方で「不可量物」のようなものを考えていても、それはカッシーラーによって批判されるように、徹底したものではなく、現実の感覚世界の中で自分の感覚をも大切にした。

実際、本書で見たように「心理学的方法」によるプラクティカルな測定も行なったのである。

心理学に対しても、『ゼンド＝アヴェスタ』と『昼の見方と夜の見方』では一見すると反対のようなことを言っているのである。しかし、よく読めば、反対のように見えるものも条件付きで認めていたりして、全体としては柔軟である。

ところで、本書の「プロローグ」の「4．目的と課題」でも述べたような、フェヒナーの「統一的な原理」をわれわれは見つけることができたのであろうか。あるとすれば、「連関論」であるかもしれない。

しかし、そうであってもこれは全体としては形而上学の範疇に入るものであって、そのまま受け入れるにはいかないだろう。

また、例えば、地球、人間の頭、眼などの球形のヒエラルキーなどの主張も納得するのは難しい。彼は一方では、空間の性質やエーテルなどの物理学的説明にこだわりを見せるが、一方では誇大な「虚構」としか思えないものを呈示してみせる。

そして、最後の四つ目の問題、すなわち、「なぜ、いまフェヒナーなのか？」である。これは矛盾ではなくパラドックスと呼ぶべきであろうが、彼は唯物論批判をしつつも結果として近代化に手を貸し、それを加速させるような仕事をした。もちろん、これはフェヒナー個人の問題に帰するわけにはいかないことで、個人を越えた歴史の流れの問題でもあるのだが。

18世紀から19世紀にかけては、人間が行なう「測定」ということに関して、画期的な変化が生じた時代である。

その変化の一つは天文学の領域で生じた。すなわち、測定誤差の問題から明らかとなった「個人差」の存在である。

すなわち、天文学者ベッセル（1784-1846）による観測誤差の要因としての反

応時間の違いという個人差が存在するという発見から、「個人方程式（Personal equation）」を用いての修正という提案である[24]。このようなわずかな誤差が注目されるようになった背景には、急速な科学技術の進展による観測機器の精密化などの物質的条件の向上がある。

つまり、フェヒナーによる精神（感覚）の測定の背景にもまた、物質文化の繁栄という現象があるのである。

岩渕輝も、フェヒナーが「……心の数値化を急いだ目的は、当時急速に拡大しつつあった物質主義的世界観に歯止めをかけることにあった。」としたうえで、次のように述べる[25]。

> ……私見では、フェヒナーのそうした真意とは裏腹に、フェヒナーの心の数値化は人間をモノや機械と同等とみなす物質主義的世界観や機械論的世界観を加速してしまったように思われる。そうだとすれば、歴史とは皮肉なものである。（256頁）

たしかに、歴史とは皮肉なものであるが、フェヒナーがどのような意図を持っていたかにかかわらず、彼の仕事の成果は「科学的心理学」という新しい枠組みの中で再評価され、それに組み込まれる。

しかし、逆に言えば、近代化の波にのみこまれる直前のフェヒナーの著作はさまざまな可能性を秘めていたということも言える。

もちろん、100年以上前の、いまではほとんど読まれることのない、フェヒナーの諸著作に新しい光を当てられたかどうかは、筆者も自信がない。

ただ、当時「新しい心理学」が一斉に走り出そうとしていたその時期にあって、心理学が今にいたるまでとは別の道があったかどうかは、疑わしいかもしれない。

しかし、英米でその後進展していったゴールトン、キャッテルの流れのような操作的でイデオロギー的なものと、フェヒナーの思想がはっきりと一線を画していたことは間違いない。

それは純粋科学に基礎を置きつつも、それがただちには届かない射程にもア

ナロジーその他の方法によって想像力をめぐらせ、宇宙全体を理解しようと試みた。

その後、心理学は順調に発展をつづけ、社会の注目を浴びたり、その効用を評価されたりすることもあった。

しかし、専門分化が進むにつれ、心理学全体としてはその独自の方法論や独自の研究領域を失ってゆき、気がつけば「心理学」総体としてのアイデンティティーも喪失し、心理学の存続意義そのものも揺らぐにいたっているのである。

思い返してみれば、筆者たちの学生時代（もう半世紀以上も前の話だが）には、近代心理学が哲学から分離したことによって成立したということが強調されていた。したがって、古い心理学の本を読むな、とわざわざ強調する教師もいたくらいである。

実際、古いことを学ぶ以前に、新しく学ぶべきものが外国（主として米国）から大量に流入していたのである。

そして、主として操作的でプラクティカルな方法が思考までをもしばっていった。そのことによって、そもそも「心とは何か？」というすぐには答えられないが、心理学にとって最も基本的な問いが忘れ去られていったのである。

しかし、いま、「不可量物」などという概念をあらためて示されると、かつて考えた根本的問題あるいは素朴な疑問に立ち返ったような懐かしさを覚える。

当初の素朴な問題意識はその後の米国心理学の操作的な定義や概念の洪水によって押し流されてしまっていたからである。

われわれはいまさら19世紀のフェヒナーの時代に立ち戻ることはできないし、あまり意味はないだろう。

だが、当時論議されていた問題意識の中から、現代のわれわれが汲み取るべきものは、実は豊富に存在するのかもしれない。

その一つに、ヴントなどによる近代心理学が誕生しようとしていた時代にあって、形而上学的問題にとらわれているという意味で、時代遅れでありながら、実は時代の先端を進んでいた、というパラドックスもあるのかもしれない。

最後に、自然哲学者としてのフェヒナーの思想の現代における意義を考えてみたい。

一言で、自然哲学と言っても、さまざまな自然哲学があるようだが、もし、これを、「形而上学と実証科学の幸せな結びつき」ととらえることができるならば、それは現代においてこそ必要とされているということができるかもしれない。

　現代において、科学技術はさまざまな分野でわれわれ人間が直接目にすることができない領域へと発展をつづけている。そこでは、いかにしてあるかを説明することができても、なぜあるのかを説明することはできない。

　つまり、それは宗教や精神性の領域になってしまうが、それについて思いをめぐらす人たちがいても不思議はない。

　そうした領域を考える場合、フェヒナーの目的論的、非決定論的な立場は一つのヒントを示唆しているのかもしれない。

　わが国でも、いまだに絶対神を求める一神教的な思考には抵抗感をもつ人が多いだろうし、一方で万物に何らかの精神性を感じる感性は生き続けているように思える。

　そういう意味でも、フェヒナーの思想に共感する土壌は存在しているのかもしれない。フェヒナーが呈示した世界観、宇宙観は現代科学では承認できないものであることは間違いないが、どこかでわれわれの欠乏感に応えてくれるものかもしれない。

　より本質的な問題として、実証科学はそれ自身で完結することができるのだろうか、という疑問がある。

　地球が誕生した時には、人間の意識などどこにも存在しなかったのは科学的事実であろう。そのプロセスはわからないものの、無機物だけの世界に有機物が生まれ、結局人間の意識なるものもいつのまにか存在するようになっていた。

　ここで、あらためて物質で説明できないものの存在を信じざるを得ない契機、あるいは人間の感情や精神などの不可量物の測定など、いわば心理学のパラドックスとの関係にもつながってくるのかもしれない。

註)
1) ヴィルヘルム・ヴント（川村宣元・石田幸平共訳）1920（2002）『体験と認識―ヴィルヘルム・ヴント自伝―』、東北大学出版会
2) Kurd Lasswitz 1910 *Gustav Theodor Fechner*, Stuttgart, Fr. Frommans Verlag (E. Hauff)
3) 松本亦太郎 1937 『心理学史』、改造社
4) S. S. Stevens 1946 On the Theory of Scales on Measurement, *Science*, Vol. 103, No. 2684, pp. 677-680.
5) S.S. スティーブンス（吉田正昭訳）1951（1968）「数学、測定、精神物理学」（吉田正昭訳編『計量心理学リーディングス』第Ⅱ部第2章）、誠信書房
（原典は、S. S. Stevens Mathematics, Measurement, and Psychophysics, 1951, In Stevens (ed.) *Handbook of experimental Psychology*, N. Y.: Wiley. 1-51.）
6) Gustav Theodor Fechner 1876 *Vorschule der Aesthetik*, Leipzig, Druck und Verlag von Breitkopf & Härtel.
7) Gustav Theodor Fechner (Herausgegeben von Gottl Frieder Lipps) 1897 *Kollektivmasslehre*, Leipzig, Verlag von Wilhelm Engelmann.
8) フェヒナーは平均偏差 $\varepsilon = \Sigma \theta /m$（$\theta$ は代表値からの偏差）を考えるが、$\Sigma \theta^2/m$ の正の平方根は、後に（1894年以降）ピアソンが標準偏差（standard deviation）とよび、現在一般に使われているものである。
　ガウスの法則では代表値として算術平均が用いられているが、フェヒナーは非対称の分布（つまり、山の頂が中心より右か左にかたよっている場合）において、代表値として最頻数（現在では並数 mode とよばれる）を使ったのである。
9) Wilhelm Wundt 1887 Zur Erinnerung an Gustav Theodor Fechner, (Johannes Emil Kuntze 1892 *Gustav Theodor Fechner: Ein Deutsches Gelehrtenleben*, S.351-361), Leipzig, Breitkopf und Härtel.
10) Hans-Jürgen Arendt 1999 *Gustav Theodor Fechner. Ein deutscher Naturwissenschaftler und Philosoph in 19. Jahrhundert*, Peter Lang.
11) Michael Heidelberger (Translated by Cynthia Klohr) 1993 (2004) *Nature from within: Gustav Theodor Fechner and his psychophysical world view*. University of Pittsburgh Press.
12) 道徳統計学とは、犯罪、非行、自殺などを対象とした「平均」概念を中心とする統計であり、教育との関係も考察する19世紀に始まった学問分野である。ケトレーの社会物理学の一部門と考えることも、道徳統計の方法論として社会物理学を考える場合もあるようである。
13) Gustav Theodor Fechner (Dr. Mises) 1906 (Sechste Auflage) *Das Büchlein vom Leben nach dem Tode*. Hamburg und Leipzig, Verlag von Leopold Boß.

(初版は 1836 年、Dr. Mises の名前で、Dresden: Ch. F. Grommer. より出版された。)
14) フィリップ・P・ウィーナー編（日本版編集委員荒川幾男他）1968,73（1990）『西洋思想大事典』、平凡社
15) Gustav Theodor Fechner　1879　*Die Tageansicht gegenüber der Nachtansicht*, Leipzig, Breitkopf & Härtel.
（フェヒネル著（上田光雄訳）1879（1948）『宇宙光明の哲學・靈魂不滅の理説』、光の書房）
16) Gustav Theodor Fechner　1851　*Zend-Avesta oder über die Dinge des Himmels und das Jenseits. Vom Standpunkt der Naturbetrachtung*, Leipzig, Leopold Voß.
17) Gustav Theodor Fechner　1856　*Physikalische und Philosophische Atomenlehre*, 2. Aufl., Leipzig, 1864.
18) 湯川秀樹・井上健　1973　「十九世紀の科学思想」（『世界の名著 65　現代の科学 I』）、中央公論社
19) エルンスト・カッシーラー（山本義隆訳）1910（1979）『実体概念と関数概念──認識批判の基本的諸問題の研究』、みすず書房
20) Johannes Emil Kuntze　1892　*Gustav Theodor Fechner: Ein Deutsches Gelehrtenleben*, Leipzig, Breitkopf und Härtel.
21) 西田幾多郎　1979　『善の研究』、岩波文庫
（原著は旧仮名等を用いているが、この文庫版では「用字を読み易く」してある。）
22) 決定論と非決定論には様々な分野でいろいろなものがあるが、ここでは量子力学が登場する以前の 19 世紀における因果論的決定論を念頭においている。フェヒナー自身は『昼の見方と夜の見方』（上田訳）の「第十六章　自由の問題」（234-268 頁）で決定論と非決定論についてそれぞれ詳述している。両者の長所と短所をあげているが、一方的にどちらかを支持するということはしていない。そこでは当然、神の存在について論究されているが、本書ではふれていない。
23) 南博　1974　『原典による心理学の歩み』、講談社
24) Edwin G. Boring,　1950　(2nd Ed.)　*A History of Experimental Psychology*, Prentice-Hall, Inc.
25) 岩渕輝　2014　『生命（ゼーレ）の哲学──知の巨人フェヒナーの数奇なる生涯』、春秋社

附録：G. Th. フェヒナーの著作および論文の年代順目録

（『精神物理学原論』第二版掲載の、ドレスデンの軍医大尉・医学博士ルドルフ・ミュラー（Rudolph Müller）作成のリストを転載。）

1821. (Dr. Mises.) Beweis, dass der Mond aus Jodine bestehe. Germanien. [Penig.] (Cfr. (1832.)

1822. (Dr. Mises.) Panegyrikus der jetzigen Medicin und Naturgeschichte. Leipz., C. H. F. Hartmann. 8. 68 S.

1823 Katechismus oder Examinatorium über die Physiologie des Menschen. Leipz., Baumgärtner'sche Buchhandlung. 8. VIII u. 198 S.

Katechismus der Logik oder Denklehre, bestimmt zum Selbst- und Schulunterricht. Leipz., ibidem.

Praemissae ad theoriam organismi generalem. 4.24pp. Lipsiae, typ. Staritii.

1824. Uebersetzung von L é o n R o s t a n's Untersuchungen über die Erweichungen des Gehirns, zugleich eine Unterscheidung der verschiedenen Krankheiten dieses Organs nach charakteristischen Zeichen beabsichtigend. 2. Aufl. Leipz., Leop. Voss. gr. 8.

(Dr. Mises.) Stapelia mixta. Leipz., ibidem. 8. VIII u. 205 S.

E r s t e r u n d z w e i t e r Band der Uebersetzung von B i o t's Lehrbuch der Physik. Leipz., L. Voss.

1825. (Dr. Mises.) Vergleichende Anatomie der Engel. Eine Skizze. Leipz., Baumgärtner.

E r s t e r Band der Uebersetzung (nebst Vervollständigung) von T h e n a r d's Lehrbuch der theoretischen u. praktischen Chemie. Leipz., L. Voss. 8. XXVI u. 584 S., mit Kpfrtfln.

Dritter u. vierter (letzter) Band der I. Auflage der Uebersetzung von Biot's Lehrbuch der Physik. Leipz., L. Voss. (Cfr. 1828 u. 1829.)

1826. Zweiter Band von Thénard's Lehrbuch der Chemie. X u. 494 S., mit 6 Kpfrtfln.

Dritter Band von Thénard's Lehrbuch der Chemie. XVI u. 656 S., mit 3 Kpfrtfln.

Repertorium der organischen Chemie. Ersten Bandes erste Abtheilung. XVI u. 430 S. –(Bildet gleichzeitig die 1. Abth. des vierten Bandes von Thénard's Lehrb. d. Chemie.)

1827. Repertorium der organischen Chemie. Ersten Bandes dritte Abtheilung. XIV u. 1666 S., mit 2 Kpfrtfln. —(Bildet gleichzeitig die 3. Abth. des vierten Bandes von Thénard's Lehrb. d. Chemie.)

Ueber die Sättigungscapacität der Weinschwefelsäure. Schweigger's Journ. f. Chemie u. Physik. XLIX. p. 66–69.

Ueber den Sauerstoffgehalt einer von Hennel aus dem Weinöl dargestellten Substanz. Ebendaselbst p. 73.

Ueber die Theorie der Schwefelätherbildung. Ebendaselbst p. 75–100.

1828. Ueber Umkehrungen der Polarität in der einfachen Kette. Schweigger's Journ. f. Chemie u. Physik. LIII. 5. p. 61–77 u. 6. p. 129–151.

Kritische Bearbeitung von De la Rive, Ueber die Umstände, von welchen die Richtung u. Intensität des elektrischen Stromes in der galvanischen Kette abhängt. Ibid. 8. p. 416–428.

Beitrag zu den galvanischen Fundamentalversuchen. Ibid. p.429–441.

Erster Band der zweiten Auflage der Bearbeitung von Biot's Lehrbuch der Experimental-Physik. Leipz., L. Voss. 8. XIV u. 412 S., mit 6 Kpfrtfln.

Repertorium der organischen Chemie. Zweiten Bandes 1. Abth, X u. 504 S. –(Bildet gleichzeitig d. 1. Abth. des fünften Bandes von Thénard's Lehrb. d. Chemie.)

Sechster Band von Thénard's Lehrb. der Chemie. X u. 428 S., mit 5 Kpfrtfln.

Das Brom, ein neuentdeckter einfacher Stoff, nach seinen sämmtlichen chemischen Verhältnissen betrachtet. Sep.-Abdruck a. d. 6. Bande von Thénard's Lehrbuch der Chemie. Leipz., L. Voss.

Beseitigung einer Schwierigkeit in d. elektro-chemischen Theorie. Schweigger's Journ. f. Chemie u. Physik. LII. p. 27–33.

Ueber Weinschwefelsäure und Aetherbildungs-Theorien. Ebendaselbst p. 92–94.

Ueber die Zusammensetzung des Zuckers. Ebendaselbst p. 449.

Ueber einige neue organische Basen. Ebendaselbst p. 457–458.

Nachträge und Zusatze zu fremden (von F. übersetzten), namentlich zu de la Rive's Abhandlungen über Richtung und Intensität der elektrischen Ströme. Ebendaselbst LIII. p. 416–423.

1829. Resultate der bis jetzt unternommenen Pflanzenanalysen. Leipz., L. Voss. 8. VIII u. 351 S.

Zweiter Band d. 2. Aufl. von Biot's Lehrb. d. Experimental-Physik. VI u. 350 S., mit 2 Kpfrtfln.

Lehrbuch des Galvanismus und der Elektrochemie. Nach den Originalquellen bearbeitet. Leipz., L. Voss. 8. XIV u. 564 S., mit 2 Kpfrtfln. —(Bildet zugleich den dritten Band von Biot's Lehrb.) Vierter Band d. 2. Aufl. von Biot's Lehrb. VIII u. 488 S., mit 8 Kpfrtfln.

Fünfter Band d. 2. Aufl. von Biot's Lehrb. VIII u. 559 S., mit 5 Kpfrtfln.

Nachtrag zu den galvanischen Fundamentalversuchen. Scweigger's Journ. f. Physik u. Chemie. LV. 2. p. 223–232.

Referat über A. de la Rive, Einige Beobachtungen über die Flüssigkeit, welche man durch Condensation des schwefeligsauren Gases erhält. Ibidem, 2. p. 232–237.

Ueber die Nobilischen Figuren. Ibidem, 4. p. 442–444.

Beiträge zur Lehre des Galvanismus, Ibidem, LVII. 1. p. 1–16. u. 3. p. 291–302.

Uebersetzung und Kritik von Becquerel, Ueber die thermo-elektrische Kraft der Mentalle. Ibidem, p. 302–321.

1830. Repertorium der neuen Entdeckungen in der unorganischen Chemie. Erster Band. Leipz., L. Voss. 8. VIII u. 768 S. —(Bildet zugleich d. 1. Abth. d. 7. B. von Thénard.)

Repertorium der neuen Entdeckungen in der organischen Chemie. Erster Band. Leipz., L. Voss. 8. VI u. 562 S. —(Bildet zugleich die 2. Abth. d. 7. B. von Thénard.)

Pharmaceutisches Centralblatt, Erster Jahrgang. Leipz., L.Voss.

Elementar-Lehrbuch des Elektromagnetismus, nebst Beschreibung der hauptsächl. elektromagnetischen Apparate. Leipz., L. Voss.

1831. Massbestimmungen über die galvanische Kette. Leipz., Brockhaus.

Pharmaceutisches Centralblatt. Zweiter Jahrgang.

1832. Repertorium der Experimental-Physik. 3 Bände. Leipz., L.Voss.

(Dr. Mises.) Schutzmittel für die Cholera. Leipz., L. Voss. 12 (Cfr. 1837 u. 1839.)

Pharmaceutisches Centralblatt. Jahrg. III.

Zweite Auflage vom »Beweis, dass der Mond aus Jod bestehe«. Leipz., L. Voss 16. 26 S. (Cfr. 1821)

1833. Pharmaceutisches Centralblatt, Jahrgang IV.

1834. Das Hauslexikon. Erster Band. 8. VIII u. 861 S. Leipz., Breitkopf & Härtel.

Pharmaceutisches Centralblatt. Jahrg. V.

1835. (Dr. Mises.) Friedlich Rückert. Siehe: Blätter für literarische Unterhaltung 1835, I. Nr. 60–63.

(Dr. Mises.) Heinrich Heine als Lyriker. Ibidem, II. Nr. 182–185.

Das Hauslexikon. Zweiter Band. 863 S.

Dritter Band. 861 S.

De variis intensitatem vis galvanicae metiendi methodis. 4. IV et 32 pp. Lipsiae, typ. Breitkopfio-Haertelianis.

De nova methodo magnetismum explorandi, qui per actionem galvanicam in ferro ductili excitatur. 4. II et 25 pp. Lipsiae, typ. Breitkopfio-Haertelianis.

Pharmaceutisches Centralblatt. Jahrgang VI.

1836. Das Hauslexikon. V i e r t e r Band. 859 S.

F ü n f t e r Band. 870 S.

Das Büchlein vom Leben nach dem Tode. Dresden, Grimmer. (Cfr. 1866 u. 1887.)

Pharmaceutisches Centralblatt. Jahrgang VII.

1837. Das Hauslexikon. S e c h s t e r Band. 862 S.

S i e b e n t e r Band. 861 S.

Z w e i t e Auflage der »Schutzmittel für die Cholera«. (Cfr. 1832.)

Ueber einen Apparat zur Anstellung der Volta'schen Grundversuche. Poggend. Annalen der Physik u. Chemie. 41. Bd. p. 225–243.

Ueber die Kniepresse. Ibidem, p. 501–511.

Rechtfertigung der Contakt-Theorie des Galvanismus. Ibidem, 42. Bd. p. 481–516.

Pharmaceutisches Centralblatt. Jahrgang VIII.

1838. Das Hauslexikon. A c h t e r (und letzter) Band. 993 S.

Einige Versuche zur Theorie des Galvanismus. Poggend. Ann. d. Phys. u. Chem. 43. Bd. p. 433–440.

Versuch einer Theorie des Galvanismus. Ibidem, 44. Bd. p. 37–43.

Ueber die elektrische Intensität der isolirten Säule. Ibidem, 44. Bd. p. 44–59.

Ueber die subjectiven Complementärfarben. Ibidem, 44. Bd. p. 221–245 u. p. 513–535.

Ueber eine Scheibe zur Erzeugung subjectiver Farben. Ibidem, 45. Bd. p. 227–232.

Ueber die Vortheile langer Multiplicatoren, nebst einigen Bemerkungen über den Streit der chemischen und der Contact-Theorie des Galvanismus. Ibidem, p. 232-246.

Pharmaceutisches Centralblatt. Jahrgang IX.

1839. (Dr. Mises.) Ueber einige Bilder der zweiten Leipziger Kunstausstellung. Leipz., L. Voss. gr. 8. 137 S.

D r i t t e Auflage der »Schultzmittel für die Choleras«. (Cfr. 1832 u. 1837.)

Beitrag zu den elektro-chemischen Merkwürdigkeiten der salpetersauren Silberlösung. Poggend. Ann. d. Phys., 47. Bd. p. 1-32.

Ueber die B e c q u e r e l' sche Kette und die Elektricitäts-Erregung durch gegenseitige Berührung von Flüssigkeiten. Ibidem, 48. Bd. p. 1-26 u. p. 225-269.

De magnetismo variabili, qui chalybi actione galvanismi inducitur. (Universitätsprogramm.) Lipsiae. typ. Staritzii. 19 pp. 4. (Cfr. l842.)

Pharmaceutisches Centralblatt. Nr. 1-5 des Jahrganges X.

1840. Ueber die subjectiven Nachbilder und Nebenbilder. Poggend. Ann. d. Phys. u. Chem. 50. Bd. p. 193-221 u. p. 427-470.

Ueber Elektricität durch Vertheilung. Ibidem, 51. Bd. p. 321-350.

1841. (Dr. Mises.) Gedichte. Leipz., Breitkopf & Härtel. 8. IV u. 187 S.

1842. Vom vorübergehenden Magnetismus, welcher durch galvanische Wirkung im Stahl erregt wird. Poggend. Annalen, 55. Bd. p. 189-208. (Cfr. 1839.)

1845. Ueber die Verknüpfung der F a r a d a y' schen Induktions-Erscheinungen mit den A m p è r e' schen elektro-dynamischen Erscheinungen. Poggend. Annalen, 64. Bd. p. 337-345.

1846. Ueber das höchste Gut. Leipz., Breitkopf & Härtel, gr. 8. 67 S.

(Dr. Mises.) Vier Paradoxa. Leipz., Leop. Voss. 8. 92 S.

1847. (Dr. Mises.) Die Bohnenpflanze. Siehe: Dresdner Album (herausgegeben von Elfriede v. Mühlenfels. Dresden, Meinhold u. Söhne), S. 86 u. 87.

(Dr. Mises.) Die aufblühende Blume. Ebendaselbst, S. 88-90.

1848. N a n n a oder über das Seelenleben der Pflanzen. Leipz., L. Voss. XII u. 399 S.

Ueber das Lustprincip des Handelns. Fichte's Zeitschr. f. Philos.u. philos. Kritik. N. F. XIX. p. 1–30 u. p. 163–194.

Ueber directe und indirecte Wahlen der Volks–Abgeordneten. »Leipziger Abendblatt« (Beiblatt zum Leipziger Tageblatt) Nr. 1, vom 15. April 1848.

Ueber Volkssouverainetät. Ebendaselbst Nr. 27 vom 11. Mai 1848.

Noch ein paar Worte in Sachen der Volkssouverainetät. Ebendaselbst Nr. 32. vom 16. Mai 1848.

1849. Ueber die mathematische Behandlung organischer Gestalten und Processe. Berichte der Kgl. sächs. Ges. d. W., math.–phys. Cl. 1849. S. 50–64.

Ueber das Causalgesetz. Ebend. S. 98–120.

1850. (Dr. Mises.) Räthselbüchlein. Leipz., G. Wigand.

1851. Z e n d – A v e s t a, oder über die Dinge des Himmels und des Jenseits. Vom Standpunkt der Naturbetrachtung. Drei Theile. Leipz., Leop. Voss.

1852. Ueber die Erkenntniss Gottes in der Natur aus der Natur. Fichte's Zeitschr. f. Philos. u. philos. Kritik. N. F. XXI. p. 193–209.

1853. Centralblatt für Naturwissenschaften u. Anthropologie. E r s t e r Jahrg. Leipz., Avenarius u. Mendelssohn.

Darin: Ueber das Verhältniss der männlichen zur weiblichen Schrittgrösse; über das Tischrücken; über einige Erscheinungen des Sinnengedächtnisses; u. s. w.

Zur Kritik der Grundlagen von Herbart's Metaphysik. Fichte's Zeitschr. f. Philos. u. philos. Kritik. N. F. XXIII 1. p.70–102.

1854. Centralblatt für Naturwissenschaften u. Anthropologie. Z w e i t e r Jahrgang.

Ueber die Atomistik. Fichte's Zeitschr. f. Philos. u. philos. Kritik. N. F. XXV. p. 25–57.

Beginn der Mitarbeiterschaft an der Uebersetzung von Franz Arago's sämmtlichen Werken. Herausgegeben von Prof. W. G. Hankel. 16 Bände.

Leipzig, Otto Wigand, 1854–1860.

1855. Ueber die physikalische und philosophische Atomenlehre. (Cfr. 1864.)

1856. Professor Schleiden und der Mond. Leipz., Adolf Gumprecht. 8. XV u. 427 S.

1857. In Sachen der Atomistik. Fichte's Zeitschr. f. Philos. N.F. XXX. p. 61–89 u. 165–190.

Ueber den Gang der Muskelübung. Berichte über d. Verhandl. der Kgl. Sächs. Gesellschaft d. Wissensch. Math.–phys. Klasse IX. p. 113–120.

1858. Z w e i t e Auflage vom »Räthselbüchlein«. (Cfr. 1850.)

Beobachtungen, welche zu beweisen scheinen, dass durch die Uebung der Glieder der einen Seite die der andern mitgeübt werden. Ber. d. Kgl. sächs. Ges. d. Wiss. 1858. S. 70–76. (Zusatz zu einer vorangehenden Abhandl. Volkmann's.)

Das psychische Mass. Fichte's Zeitschr. f. Philos. N. F. XXXII. p. 1–24.

Ueber den Punkt. Ebendaselbst XXXIII. p. 161–183.

1859. Ueber ein psychophysisches Grundgesetz und dessen Beziehung zur Schätzung der Sterngrössen. Abhandl. d. Kgl. sächs. Ges. d. Wiss. 1859. Bd. IV. S. 457–532.

Nachtrag zu dieser Abhandlung. Ber. d. Kgl. sächs. Ges. d. Wiss. 1859. Bd. XI. S. 58–86.

1860. Elemente der Psychophysik. Leipz., Breitkopf & Härtel. 8. 1. Band. XIV u. 336 S. 2. Band. XII u. 571 S.

Ueber die ungleiche Deutlichkeit des Gehörs auf linkem und rechtem Ohre. Poggend. Annalen, 111. Bd. p. 500–509. —(Aus den Berichten d. Kgl. sächs. Gesellschaft der Wissensch.)

Ueber die Contrastempfindung. Ber. d. Kgl. sächs. Ges. d. Wiss., math.–phys. Cl. 1860. S. 71–145.

Ueber einige Verhältnisse des binocularen Sehens. Ahhandl. d. Kgl. sächs. Ges. d. Wiss. 1860. Bd. V. S. 337–564.

Einige Bemerkungen gegen die Abhandlung Osann's über Ergänzungsfarben.

Ber. der Kgl. sächs. Ges. d. Wiss. math.-phys. Cl. XII. p. 146–165.

1861. Ueber die Seelenfrage. Ein Gang durch die sichtbare Welt, um die unsichtbare zu finden. Leipz., C. F. Amelang. 8. VII u. 229 S.

Ueber die Correctionen bezüglich d. Genauigkeitsbestimmung der Beobachtungen. Ber. d. Kgl. sächs. Ges. d. Wiss. 1861. S. 57.

Ueber den seitlichen Fenster- und Kerzenversuch. Ebendaselbst S. 27.

Ueber das Sehen mit zwei Augen. Westermann's Monatshefte IX. Nr. 54. p. 620–626. März 1861.

Ueber das Hören mit zwei Ohren. Ebendaselbst X. Nr. 59. p. 512–516. August 1861.

1863. Die drei Motive und Gründe des Glaubens. Leipz., Breitkopf & Härtel. 8. VI u. 256 S.

1864. Ueber die physikalische u. philosophische Atomenlehre. 2. vermehrte Auflage. Leipz., Hermann Mendelssohn. 8. XXII u. 260 S.

Ueber die Frage des psychophysischen Grundgesetzes mit Rücksicht auf A u b e r t' s Versuche. Ber. d. Kgl. sächs. Ges. d. Wiss., math.-phys. Cl. XVI, p. 1–20.

1865. D r i t t e vermehrte Auflage des »Räthselbüchlein«. (Cfr. 1850 u. 1858.)

Ueber die Frage des goldenen Schnittes. Naumann-Weigel's Archiv f. d. zeichnenden Künste XI. p. 100–112.

1866. Das Büchlein vom Leben nach dem Tode. Z w e i t e Auflage. Leipz., Leop. Voss, 12. VIII u. 85 S. (Cfr. 1836.)

Vorbesprechung über die Deutungsfrage der Holbein'schen Madonna mit Rücksicht auf die Handzeichnung Nr. 65 des Baseler Museum. Naumann-Weigel's Archiv f. d. zeichn. Künste. XII. p. 1–30.

Die älteste historische Quelle über die Holbein'sche Madonna. Ibidem, p. 58–72. —(Beide Abhandlungen erschienen auch vereinigt als Separat-Abdruck, mit dem Titel: Zur Deutungsfrage und Geschichte der Holbein'schen Madonna. Leipz., Rud.Weigel, 8. 45 S.)

Die historischen Quellen und Verhandlungen über die Holbeinsche Madonna. Naumann–Weigel's Archiv, XII. p. 193–266. —(Auch separat. Rud. Weigel. 8. 74 S.)

Nekrolog auf C h r i s t i a n H e r m a n n W e i s s e. Leipziger Tageblatt vom 7. October 1866.

Das Associationsprincip in der Aesthetik. C. von Lützow's Zeitschrift f. bildende Kunst I. p. 179–191.

1868. Nachtrag zu den drei Abhandlungen über die Holbein'sche (Meier'sche) Madonna. Naumann–Weigel's Archiv f. d. zeichn. Künste. XIV. p. 140–187; XV. p. 97–98.

Ueber die fragliche Auslegung der Handzeichnung Nr. 65 des Baseler Museums, v. Zahn's Jahrbücher für Kunstwissenschaft I. p. 138–162.

1869. Berichtigung zur Abhandlung über die Holbein'sche Madonna. Naumann–Weigel's' Archiv. XV. p. 97 u. 98.

1870. Der Streit um die beiden Madonnen von Holbein. Grenzboten. XXIX. 15. p. 41–58.

Ueber das Holbein'sche Votivbild mit d. Bürgermeister Schwartz. Naumann–Weigel's Archiv f. d. zeichn. Künste XVI. p. 1–39.

Einige Bemerkungen über den Fahnenschmuck Leipzigs in den verwichenen Tagen (1. und 3. September 1870). Leipziger Tageblatt vom 8. September 1870. p. 8018.

1871. Ueber die Aechtheitsfrage der H o l b e i n' schen Madonna. Discussion und Acten. Leipz., Breitkopf & Härtel. 8. XII u. 167 S.

Zur experimentellen Aesthelik. Erster Theil. Abhandl. d. Kgl. sächs. Ges. d. Wiss. Bd. IX. S. 553–635.

1872. Bericht über das auf der Dresdner Holbein-Ausstellung ausgelegte Album. Leipz., Breitkopf & Härtel.

16 Scherzräthsel. Die Gartenlaube. Jahrg. 1872. Nr. 47. p.780.

1873. Einige Ideen zur Schöpfungs– und Entwickelungsgeschichte der Organismen.

Leipz., Breitkopf & Härtel. 8. VI u. 108 S.

1874. Ueber die Bestimmung des wahrscheinlichen Fehlers eines Beobachtungsmittels durch die Summe der einfachen Abweichungen. Poggend. Ann. d. Phys. u. Chem. Jubelband. p. 66–81.

Kritische Besprechung von J. D e l b o e u f' s Étude psycho-physique (Bruxelles, 1873, F. Hayez). Jenaer Literaturzeitung I. 28. p. 421–423.

Ueber den Ausgangswerth der kleinsten Abweichungssumme. Abhandl. d.Kgl. sächs. Ges. d. Wiss., math.–phys. Cl Bd. XI. Leipz., Hirzel. 1874.

1875. Untersuchung über den räumlichen und zeitlichen Zusammenhang in der Verschiedenheit der Menschengrösse. Reclam's »Gesundheit«, I. No. 1–4.

Kleine Schriften von Dr. Mises. Leipz., Breitkopf & Härtel. 8. VIII u. 560 S.

Nekrolog auf Dr. H e r m a n n   H ä r t e l. Leipziger Tageblatt vom 10. August 1875.

1876. Erinnerungen an die lelzten Tage der Odlehre und ihres Urhebers. Leipz., Breitkopf & Härtel. 8. 55 S.

Vorschule der Aesthetik. Leipz., Breitkopf & Härtel. 8.1.Theil. VIII u. 264 S. 2. Theil. IV u. 319 S.

(Dr. Mises.) Räthselbüchlein. V i e r t e vermehrte Auflage. Leipz., Schlicke 16. (Cfr. 1850. 1858. 1865.)

1877. In Sachen der Psychophysik. Leipz., Breitkopf & Härtel. 8. VIII u. 220 S.

1878. Wie es der experimentalen Aesthetik seither ergangen ist. »Im neuen Reich«, Jahrg. 1878, II. p. 41–51 u. 81–96.

Nekrolog auf E r n s t   H e i n r i c h   W e b e r. Leipziger Tageblatt vom 30. Januar 1878.

1879. Die Tagesansicht gegenüber der Nachtansicht. Leipz., Breitkopf & Härtel. 8. VI u. 274 S.

1880. Einige Bemerkungen zu der Ausstellung der Transparentbilder mit Musikbegleitung im Leipziger Vereinshause für innere Mission. Wissenschaftl. Beilage d. Leipz. Ztg. vom 11. Januar 1880, Nr. 4. p. 17–19.

1882. Revision der Hauptpunkte der Psychophysik. Leipz., Breitkopf & Härtel. 8. XII u. 426 S.

Ueber die Aufgaben der Psychophysik. Allgemeine Zeitung (München), 1882, Beilage Nr. 339. 340.

Das Wünschelmännchen. Ein Märchen. Grosser Volkskalender des Lahrer hinkenden Boten, Jahrgang 1882. Auch separat: Lahr, Moritz Schauenburg, 1884. 8. 26 S.

1884. Ueber die Frage des Weber'schen Gesetzes und des Periodicitätsgesetzes im Gebiete des Zeitsinns. Abhandl. d. Kgl. sächs. Ges. d. Wiss., math.–phys. Cl. Bd. XIII. S. 1–108. Auch separat: Leipzig, Hirzel.

Ueber die Methode der richtigen und falschen Fälle in Anwendung auf die Massbestimmungen der Feinheit oder extensiven Empfindlichkeit des Raumsinns. Ebend. S. 109–312.

Ueber die Methode der richtigen und falschen Fälle in Anwendung auf die Massbestimmung der Feinheit des Raumsinns oder der sog. extensiven Empfindlichkeit der Haut. Zeitschr. f. Biologie. XXI. p. 527–569. (Vom Autor selbst gefertigter Auszug aus der vorhergehend angeführten Abhandlung.)

1885. In Sachen des Zeitsinns und der Methode der richtigen und falschen Fälle, gegen Estel und Lorenz. Wundt's Philosophische Studien, Bd. III. Heft 1. S. 1–37.

1887. Ueber die psychischen Massprincipien und das Weber'sche Gesetz. Wundt's Philosophische Studien, Bd. IV. S. 161–230.

Das Büchlein vom Leben nach dem Tode. D r i t t e Auflage. Hamburg u. Leipz., Leop. Voss. (Cfr. 1836 u. 1886.)

Zur Kritik des Leipziger Mendebrunnens. Leipz., Breitkopf &Härtel. 26 S.

（補遺）

　ここに転載したフェヒナーの著書・論文のリストは、1880年までのものをルドルフ・ミュラーがまとめたものである、とヴントが書いている。しかし、

実際には1887年までのものが含まれているが、それについての言及はない。なお、ミュラーがどのような人物であったかはわからない。

はじめ、『精神物理学原論』第二版（1889）に収録され、後にクンツェによる評伝（1892）にも転載された。後者はドイツ文字で印刷されているが、内容は基本的に同一である。ただ、前者ではIbidem（ラテン語）であるのが、後者ではEbendaselbstとなったり、また他の略語や記号でも若干の違いがある。本書では隔体字の部分の確認などのために、後者も参照した。

フェヒナーの著書・論文のリストではあるが、新聞に掲載された文章なども含まれている。特に、晩年にはC.H. ヴァイセやH. ヘルテル、E.H. ウェーバーなどへの追悼文などがある。

なお、このリスト以外に独立したフェヒナーの著作等のリストは、筆者の知るかぎりではない。ハイテルベルガー、アーレント、岩渕の本などでも参考文献（Bibliography）あるいは伝記事項の中に実質的に含まれるかたちになっている。

本書を終えるにあたって

数多くはない読者へ

　本書は心理学およびそれに関連する領域の研究者、学生等の人たちを主な対象として書かれた。しかし、心理学に関する教科書的な本ではないし、一般的、啓蒙的な本でもない。したがって、かなり取っ付きにくい本であることは否めないだろう。

　ただし、従来の心理学史に飽き足らない人、現在の心理学の黎明期がどのようなもので、フェヒナーがそれにどのように「貢献」したかを知りたい人にはぜひ一読してもらいたい。

　心理学史や精神物理学の研究者にしても、フェヒナーの思想体系に関心をもつ人は非常にわずかだろう。現在、わが国でフェヒナー研究にかかわっている人は、私が知る限り五人にも満たない。しかもその中には多分、心理学者は含まれていないだろう。

　つまり、フェヒナーは現代の心理学とはもはや縁はなく、ただ歴史の闇に埋もれたままの存在となっている。しかし、こうした状況は私には残念である。なぜなら、フェヒナーこそが近代心理学の誕生のカギを握っていると考えるからである。したがって、それは「人の心を測る」ということの、心理学が内包する当初からの矛盾をもかかえているのである。すなわち、フェヒナーはその後の現代心理学が無視して「発展」する前の原則的な問題、人の心をいかにして表現するかという問題に物理学の物差しを用いようとするところから出発している（その試みは結局挫折したと私は考えているが）。

　かつて、草創期の心理学においては研究方法においても、制度上においても哲学からの分離が大きな課題になっていた。そして、フェヒナーもまた哲学的、形而上学的な学者と考えられていた。しかし、事実はその反対で、その学者がむしろ実験や調査などの実証的な方法で後の心理学の方向性を先取りしていた

のである。そうした情報が伝わっていない背景の一つに、フェヒナーの紹介者が主として実験心理学者であったということがある。例えば、彼らはフェヒナーの実験美学を「美学」の一種としてとらえ、心理学的考察や諸方法の部分を無視したのである（例えば、E.G. ボーリングの『美学入門』への言及）。

わが国において、フェヒナー研究を妨げている要因の一つに、彼の著書の翻訳が非常に限定されていることと、ドイツ語を読む人が減少していることがあげられるだろう。私もその一人であるが、必要に迫られて自己流で強引なやり方で少しばかり読めるようにはなった。お手本にはならないかもしれないが、後ほど、それを紹介させてもらいたい。

フェヒナーのドイツ語は初学者の私には難しすぎたし、彼の思想も難解ではあったが、数年間苦闘する中で、新しく見えてきたと思われるものもあった。

その一つが、予想以上に心理学との関わりをもった研究をしていることである。もちろん、フェヒナー自身は「制度としての心理学」にほとんど関心をもつことはなかったのだが、19世紀という時代が彼をして後に「心理学」となる諸研究に向かわしめたのであろう。彼が様々な（心理学的）概念や原理を考え出したところも、その後のとりわけ米国心理学を予見していた。

以下、かなり個人的なことだが、本書をとにかくも書き終えるまでの軌跡について書き記すことをお許し願いたい。

先の見えない出発

私が本のテーマに迷いつつもフェヒナーに決めたのは2012年の6月頃のことだった。迷った最大の原因は肝心のフェヒナーについて、よくわかっていないということであった。しかも、前記のようにフェヒナーの著書で和訳や英訳がされているものはほとんどない。ドイツ語の原著を自分で読むしかない。

したがって、まず真っ先に取り組まなければならないのはドイツ語である。

ドイツ語は大学の教養科目で第二外国語として一年間受講したことはあるが、半世紀以上も接していない。そこで、自己流で強引な勉強法を考えた。まず、ドイツ語の辞書を5、6冊買い込んだ。そのうえで、電子辞書（小学館独

和大辞典第2版）も買ったが、結果的にはこれが一番役立った。

　そして乱暴にもフェヒナーの主要な著書の「目次」を直接訳しはじめた。目次はほとんど名詞を中心にして構成されている。それを片っ端から辞書で引いて書き込んでいった。それらをつなぎ合わせるとかなり意味が分かる。そうして、それぞれの本の内容の概略を把握しようとした。

　これと並行して始めたのが初級独文法の勉強である。これも、何冊か購入したが、一番薄い「きほんドリル」という本を選んだ。

　私は毎朝このドリルをくり返した。覚えてもすぐ忘れた。三年間で少なくとも百回以上はやっているはずである。でも、結局丸暗記はできなかった。

　こうした心細い準備状況にもかかわらず、私は無謀にも「はしがき」を訳し始めようとした。しかも、最初に取りあげたのは彼の主著とも言える『ゼンド＝アヴェスタ』であった。実はこの本はフェヒナーの著作の中でも最も難解なものの一つであるが、そんなことはまったく知らないことだった。ただ、長く続く文章には閉口した。まず、半頁以上も続く文章の主語と述語がわからない。動詞もいくつもあって、文章がどう続いてゆくのかわからない。かくて、「はしがき」の訳は早々に中止せざるを得なかった。

　こんな状態だったから、引用するフェヒナーの訳文例が初めてできるまでに三年もかかった。当初の予定では、すでに本書を書き終えているはずであった。

　克服すべき課題はドイツ語だけではなかった。それ以外にも、19世紀の物理学や数学、自然哲学などがあることがわかってきた。数学はいまさら始めても仕方がないので、主にエネルギー論を中心として物理学の本を読んだ。

　その中では、P.M.ハーマンの『物理学の誕生―エネルギー・力・物質の概念の発達史―』、湯川秀樹・井上健の「十九世紀の科学思想」、カッシーラーの『実体概念と関数概念―認識批判の基本的諸問題の研究』の三冊が有益だった。湯川・井上の解説論文は、フェヒナーの精神物理学がボスコヴィッチの「ダイナミズム」によって基礎づけられていると書いていた。また、カッシーラーは、「ボスコヴィッチとフェヒナー」を取りあげ、興味深い考察を行っていた。そもそも、ボスコヴィッチなどという名前は聞いたことがなかったし、それらは難解ではあったが、新しいフェヒナー理解への道に通じるように思われた。

六年間をふりかえって

　私は現在にいたるまで本を何冊か書いてきた。だが、それらの本の構想と内容はいつも書く前にほぼ出来あがっていた。

　しかし、この本を書くにあたっては、これから勉強してみないことにはどういう観点で何を書くのか、具体的には決まっていなかった。一度くらいは執筆過程で試行錯誤をするという、そういう「冒険」をしてみたかったのである。もう一つの願いは、雑用に追われずに自分の好きなことにすべての時間を費やすことであった。そして、私はこの六年余りの間に初心にもどって原点から考えることの「快」と「苦痛」を不充分ながら、少しは体験することができた。

　毎日家に閉じこもり、ほとんど外出しない。冠婚葬祭の類いもやむを得ない近親者の場合をのぞいて、不義理を通した。はじめのうちは楽しいことも多かった。70代になって記憶力や理解力もめっきり落ちているのは自覚していたが、それでも新しいことを学ぶのは楽しかったのである。

　一方で、不健康で偏った生活から、身体のあちこちが悲鳴をあげはじめるようになった。最も早くそれが起こったのは眼の不調である。

　当然のことだが、毎日のように19世紀のドイツ語の本の不鮮明な複写に接し、しかも最初の頃ははじめてのドイツ文字（ひげ文字）を習得しながらのことで、眼には相当な負担をかけていた。ある日突然、右目に激しい痛みを感じた。医者はよく我慢できたね、と言いながら簡単な手術をしてくれた。角膜の上皮がめくれあがっていたのを切除したということだった。自分では眼の酷使が原因だと思っていた。それからも、突然の痛みは何回か襲ってきた。その都度、眼科に駆け込んだ。

　身体の不調はその後もいろいろなかたちで現われたが、慣れない「執筆生活」は代償も払うものだと知らされた。そして、最後に、もう校正段階に入っていた頃には、体調を完全に崩していた。そんなわけで、私のにわか学究生活は化けの皮がはがれることになったが、それでも六年間は続いたのである。

　しかし、今にして思えば、数十年間ならいざ知らず、このような短期間で本当の意味で物事をつきつめて考え、追求出来たとするのはおこがましいこと

だったと実感している。

書き残したこと

　書きたかったけれど、書く余裕がなかったということはそれほどあるわけではない。問題はそれ以前のことで、フェヒナーをはじめとする各著作物を読んだ量が絶対的に不足していたことである。

　読むべき文献の量は余りにもぼう大であった。そもそも、フェヒナーの主要な著書は実質的に二、三巻本で、総ページ数も千頁前後のものもある。少なくとも私には、一冊全てを文字どおり読み通す余裕はなかった。

　フェヒナーの論文も読むことができなかった。それより以前に読むべき主要著書で手一杯の状態だった。問題は私の語学力にあったが、それをいまさら言っても仕方がない。

　以上のような意味で、「書き残した」ではなく、そもそも「読み残したこと」が多かったということなのである。したがって、書く材料そのものが不充分であったことを認めざるを得ない。しかし、もう少しきちんと書けば、あるいは詳しく書けばよかったと思うこともないわけではない。

　特に、『集合測定論』については本の執筆がかなり進んだ後で読んだので、最後に「エピローグ」に追加で挿入したというのが事実である。

　いま思えば、一つの独立した章とすべきだったと考える。もちろん、すべてを理解できたわけではないが、彼が試みようとしていたことは、丁寧な説明（それは丁寧すぎるとも思われた）によってある程度わかった。具体的な数値例を用いていて、計算やそれに基づく表の作成などを通じて途中の過程が詳しくわかる。そして、フェヒナーが「実証の人」、つまり、頭を使うだけでなく、実際に手を動かす人であることをあらためて感じた。

　もう一つは、フェヒナーの哲学的立場について、きちんと整理できなかったことである。彼は、一元論と二元論、決定論と非決定論、目的論と因果論、のような二項対立的な哲学的概念にしばしば言及している。また、唯物論や汎心論などについてもはっきりとした主張を持っている。

しかし、それらの一方が完全に否定されることは少なく、しばしば条件付きで、あるいはそれぞれの長所と短所を相対化するということがなされている。

この背景には、学者としての「慎重さ」だけでなく、彼の実証的な研究の体験があると思われるが、具体的には述べることができなかった。

さらに、カッシーラーの「実体概念と関数概念」にしても、彼のフェヒナー批判はその後の「科学的心理学」への批判にも通じていると思われながら、徹底して論じることができなかったのは残念なことである。

著者の弁明あるいは本書の意義

この本を書きながら私がもっとも悩んだのは、個別のテーマの難解さや、私の理解の不充分さにあったのではない。問題はその先にあり、もっと決定的なものだった。

つまり、私はこの本を書いてもよいのかどうか、という問題だった。ある段階で、ドイツ語の読解やフェヒナーの考え方の理解の壁のようなものを意識せざるを得なかった。そのような壁を越えるには、環境を変え、整え、さらに長い年月がかかることが予想された。

それはたんにドイツ語が正確に訳出できるようになることだけを意味しない。そこからさらに、フェヒナーの考えをより正確に理解できねばならない。

私がもし、まだ20代や30代の若手であったならば、このようなことにそれほど思い悩まなかったかもしれない。しかし、現実の私は充分に歳をとっていて、「別の機会」があるかどうかはわからない。だが、本にするにしても最低限の基準はクリアしなければならないだろう。明らかな誤訳は載せたくないし、完全には理解していないフェヒナーの主張を紹介するわけにはいかないだろう。

ただ、その基準さえもが次第に下がっていくのを自覚せざるを得なかった。

最後に私は、この本が提起する問題の重要性（？）という口実を考え出した。実はこのとき、おこがましいにもほどがあるが、19世紀フランスの夭折の数学者エヴァリスト・ガロアのことを考えていた。

ガロアは10代にして「群論」などの数学史に名を留める領域を開拓したが、

彼が学士院等に送った論文は、生前は完全に無視されていた。彼は20歳で決闘に倒れるが、その前夜友人にあてた手紙の中で、「以上の諸定理の正否についてではなく、その重要性に関してヤコービあるいはガウスが意見を述べてくれるように、公開の依頼状を出してくれたまえ。」と書いている。

　もし、私が本の内容の「正否」はともかく「重要性」を確信できるなら問題はない。しかし、私が主張できるのは心理学の世界でも他の人とは多少異なる考え、あるいは「特異な観点」を持っているということくらいであろう。

　かくて、最後にたどり着いたのは、例えば、「カッシーラーのフェヒナー批判は心理学にとっても本質的な問題をついているように思える」等のいくつかの問題提起である。これは、理論物理学で予測された物質の存在が後に実験物理学で立証される、というような意味での実証が心理学ではとり得ないままに進んでいった、ことともかかわる。つまり、心理学における実体や実証の意味が曖昧なままであったことを意味する。フェヒナーにしても、精神物理学の中核概念である媒介概念としての「精神物理学的活動」が将来解明され得ると本当に信じていたのだろうか、などの疑問さえある。したがって、もし、これらの問題提起に触発され、誤りも多いけれど新しい見方もあると感じてくれる人がいるなら、本書の意義はかろうじて存在することになるだろう。

謝辞に代えて

　前記したように、不充分なままの本書ではあるが、それでもいちおうの体裁を整え、出版にこぎ着けるためには多くの方々の助力を得た。

　ここでは、お名前を記さないが、何人かの方にはドイツの日常品についての訳語等をご教示いただいた。

　また、私が大学在職中は若い同僚であった、友人の茨城大学の教員三輪壽二さんには文献、とりわけ雑誌論文の入手をお願いした。多忙な三輪さんに、このようなことをお願いするのは心苦しかったが、東日本大震災後のいくつかの事情もあって三輪さんの協力を仰いだ。快く応じてくれた氏には感謝したい。

　ドイツ語の訳文の校閲等に関しては、大学院時代からの旧友である定方昭夫

さん(元長岡大学教授、ユング心理学、東洋思想・東洋医学)に全面的にお世話になった。そもそも、定方さんの協力がなければ、本書はまとめることができなかっただろう。

　私は、彼がC.G.ユング他による『黄金の華の秘密』(湯浅泰雄と共訳、人文書院)等の本を何冊か翻訳していることを知っていた。もともと心理学の出身で気心も知れている。私は2015年のはじめに思い切って、彼に「校閲」を依頼したが、快諾を得ることができた。そして、その年の9月頃から二年近くにわたって、「対訳草稿集」と称して、フェヒナー他の原文と拙訳を送らせてもらった。それらは逐次丁寧に添削されて返送されてきた。途中二回ほど定方さんの住む新潟市を訪ねて、長時間にわたって疑問に答えてもらった。

　なお、訳文は最終的には自分なりの解釈と表現を用いており、その責任は私にある、ということは言うまでもない。

　また、現代書館の菊地泰博さんには今回も出版と編集でお世話になった。菊地さんは今回、いままでの縦書きではなく、横書きにすること、数多い引用文は全て柔らかい感じの書体に変えて、本文との違いを示すことなど、いくつかの思いがけない提案をしてくれた。校正も時間をかけて、本来ならあまり好ましくない大幅な加筆も受け入れてくれた。なによりも、困難な出版を引き受けてくださったことにはあらためて感謝したい。

2018年9月1日

❖ 山下恒男（やましたつねお）

1940年、横浜に生まれる。茨城大学名誉教授。
著書『反発達論』(1977、現代書館)、『日本の教育心理学』(1982、明治図書)、『日本人の「心」と心理学の問題』(2004、現代書館)、『近代のまなざし』(2012、現代書館) 他。

フェヒナーと心理学

2018年9月25日　第1版第1刷発行

著　者	山　下　恒　男	
発行者	菊　地　泰　博	
組　版	プ ロ ・ ア ー ト	
印刷所	平　河　工　業　社	(本文)
	東　光　印　刷　所	(カバー)
製本所	積　信　堂	
装　丁	大　森　裕　二	

発行所　株式会社　現代書館
〒102-0072　東京都千代田区飯田橋3-2-5
電話 03(3221)1321　FAX03(3262)5906
振替 00120-3-83725　http://www.gendaishokan.co.jp/

Ⓒ 2018 YAMASHITA Tsuneo Printed in Japan ISBN978-4-7684-3565-6
定価はカバーに表示してあります。乱丁・落丁本はおとりかえいたします。

本書の一部あるいは全部を無断で利用（コピー等）することは、著作権法上の例外を除き禁じられています。但し、視覚障害その他の理由で活字のままでこの本を利用できない人のために、営利を目的とする場合を除き、「録音図書」「点字図書」「拡大写本」の製作を認めます。その際は事前に当社までご連絡ください。
また、活字で利用できない方でテキストデータをご希望の方はご住所・お名前・お電話番号をご明記の上、右下の請求券を当社までお送りください。

活字で利用できない方のための
テキストデータ請求券
『フェヒナーと心理学』

現代書館　山下恒男・好評既刊本

子どもという不安
情報社会の「リアル」
山下恒男 著

現実の子どもとオトナが抱いている子ども観との亀裂が修復不可能なほど拡大している中で、オトナに不安を生じさせる存在となっている子ども。その「子どもという不安」を通して、オトナの不安についても考えてみた子ども・オトナ論。

3000円+税

シルバー・シネマ・パラダイス
山下恒男 著

老いと孤独・闘う老人・異色の老人映画・働く老人・女性と老い・老いと死という七つのテーマで描く老人映画論。「老人と海」「許されざる者」「ドライビング・ミス・デイジー」「楢山節考」など各国の秀作21作品を取り上げる。

2000円+税

近代のまなざし
写真・指紋法・知能テストの発明
山下恒男 著

19世紀末の欧州。都市の人口は爆発的に増加した。結果的に、その匿名の大衆から個人を特定する手段として発達した写真（見える）・指紋（見えるだけで意味を持たない）・心理テスト（見えないが特定できる）が発達。その社会的影響を考察した。

2600円+税

日本人の「心」と心理学の問題
山下恒男 著

日本人の「心」と心理学の問題を歴史的、文化的に相対化し、心理学の役割は、結局は自他の支配に帰結することを明らかにする。さらに「心の問題」のたてられ方を、研究する側だけでなく、それを「消費」する側にもあるとして対象化した。

6800円+税

差別の心的世界
増補新装版
山下恒男 著

私たちの心の中に潜在する差別はどこから生まれてくるのか？　実生活にある差別、小説・芝居等の中にある差別表現、ネット上の差別情報、それらは私たちの「差別する心」にどんな影響を与えるのか。多様化する差別と「人権」について考察。

3200円+税

反発達論〈新装版〉
抑圧の人間学からの解放
山下恒男 著

1977年初版のロングセラー新装本。近代社会がなぜ「発達」という概念を必要としたのか？　発達という概念が子ども・障害者への抑圧思想になったのではないか。21世紀人類の生き方が問われる時、新しい共生思想を考える最良の一書。

2000円+税

定価は二〇一八年九月一日現在のものです。